Markus Mirschel und Samuel Kunze

Diktatur im Wandel

Markus Mirschel und Samuel Kunze

Diktatur im Wandel

Eine Geschichte der DDR in Quellen

HERDER

FREIBURG · BASEL · WIEN

MIX
Papier | Fördert gute Waldnutzung
FSC® C014496

GEFÖRDERT VOM

Bundesministerium für Bildung und Forschung

www.herder.de

Umschlaggestaltung: Verlag Herder GmbH
Umschlagmotiv: Demonstration gegen das SED-Regime anlässlich des 40. Jubiläums der DDR in Ost-Berlin. Stasi-Mitarbeiter filmen und fotografieren die vom Alexanderplatz zum Palast der Republik ziehende Demonstration aus einer Wohnung heraus - © Jacques Torregano / akg-images

Satz: ZeroSoft SRL, Timişoara
Herstellung: GGP Media GmbH, Pößneck
Printed in Germany

ISBN Print: 978-3-451-39579-6
ISBN E-Book (EPUB): 978-3-451-83191-1
ISBN E-Book (PDF): 978-3-451-83193-5

Inhalt

Einleitung

In den frühen 1950er Jahren wurden vom SED-Regime definierte „Feinde des Sozialismus" nach inszenierten Schauprozessen noch zu drakonischen Strafen verurteilt und teils in sowjetische Lager nach Sibirien verbracht. Nur wenige Jahre später ging es für die vermeintlichen Delinquenten zur „Bewährung in der Produktion". In der Lausitz förderten sie unter schwierigsten Bedingungen Braunkohle für die Energieversorgung der Republik und im thüringischen Unterwellenborn arbeiteten sie im Dreischichtsystem in der Stahlproduktion am „Aufbau des Sozialismus". Wo die Deutsche Volkspolizei (VP) und das nach sowjetischem Vorbild am 8. Februar 1950 gegründete Ministerium für Staatssicherheit (MfS) anfangs verbreitet zu körperlicher und sichtbarer Gewalt griffen, entwickelten sie in den folgenden Jahrzehnten ein differenziertes Instrumentarium an verdeckt repressiven Mitteln und Methoden des Vorgehens gegen den „Klassenfeind". In unterschiedlicher Art und Weise wurden so die repressiven Mittel zur Durchsetzung der SED-Politik eingesetzt. Sie verweisen (wie zu zeigen sein wird) auf die politischen und gesellschaftlichen Veränderungen in der Deutschen Demokratischen Republik (DDR). Durch Willkür oder systematisch gesteuerte (Des-)Informationen, durch die offene Kontrolle oder die verdeckte Beobachtung aller Lebensbereiche sorgte die Geheimpolizei im Auftrag der Staatspartei für Beklommenheit und Unsicherheit in Bezug auf ihre nächsten Schritte. Die bewusst herbeigeführte Unkalkulierbarkeit nachfolgender repressiver Maßnahmen sowie das Unwissen der Betroffenen gegenüber den von der Geheimpolizei eingesetzten Mitteln bildeten dabei wirkmächtige Ressourcen der staatlichen

Repression. Vorbeugend sollte ein „Einwirken konterrevolutionärer Kräfte“ aus dem Ausland verhindert und das Aufkommen und die Äußerung kritischer Gedanken in der DDR unterbunden werden. Nonkonforme Menschen sollten so in die Konformität gepresst werden, wurden in die innere Immigration gezwungen oder versuchten, ihre Heimat zu verlassen.

Zur Entwicklung der Repressionsgeschichte gehört aber auch, dass die betroffenen DDR-Bürger zunehmend Erfahrungen im Umgang mit staatlichen und geheimdienstlichen Behörden sammelten. In Prag oder Budapest traf man sich mit der Verwandtschaft oder geflüchteten Freunden aus der Bundesrepublik. Kritische Geister fanden unter dem Dach der Kirche oder in der Anonymität der Kleingärten Freiräume zur Diskussion. Oppositionelle, die auf den Beobachtungslisten des MfS standen, entwickelten Strategien, der Observation durch Finten oder Ablenkungen zu entgehen. Eine Repressionsgeschichte ist stets auch eine Geschichte des Widerstandes bzw. der Opposition.

Vor dem Hintergrund gegenwärtiger Entwicklungen erscheint dieser Umstand ermutigend. Politische Repression ist auch im 21. Jahrhundert kein Auslaufmodell; kommt sie zur Anwendung, dann stützt sie sich auf Methoden der Vergangenheit und erweitert die Mittel um die aktuellen Möglichkeiten. In der Konsequenz einer politischen und gesellschaftlichen Transformation nach 1991 sind es paradoxerweise gerade auch die Staaten des ehemaligen „Ostblocks“, in welchen der Wert der einst erstrittenen Freiheit erneut infrage gestellt wird – und im Falle der Russischen Föderation zugunsten der Repression und eines geführten Angriffskrieges beantwortet wurde. Doch verweist die historische Erfahrung darauf, dass liberale Impulse zur Veränderung weiterhin stärker aus der Zivilgesellschaft selbst erwachsen, als von Regierungen initiiert werden.

Diese Entwicklungen bringen die Geschichte, die in diesem Buch erzählt wird, auf den Punkt: Die Abhandlung beleuchtet die Entstehung, die Entfaltung und den sich wandelnden Charakter des Repressionsregimes in der Sowjetischen Besatzungszone (SBZ) und der DDR zwischen 1945 und 1989. Als eine „Erzählung in Quellen" verfolgt es einen zeitlich und thematisch übergreifenden Ansatz und bildet die Repressionslandschaft im SED-Staat und die Erfahrungen ihrer Bürger in verschiedenen Facetten paradigmatisch ab. Das Buch stellt keine wissenschaftliche Untersuchung im engeren Sinne dar, sondern zielt auf eine grundlegende Wissensvermittlung sowie auf eine Förderung des Verständnisses zeitgenössischer Zusammenhänge ab. Im Zentrum stehen Fragen danach, wie sich die staatlichen Zwangs-, Straf- und Disziplinierungsmaßnahmen über die Jahre in ihren Zielen und Ausprägungen veränderten und wie sie von den Betroffenen wahrgenommen und eingeordnet wurden. Welche das Regime stabilisierende Kontinuitäten sicherten das Fortbestehen der DDR über Jahrzehnte hinweg ab? Welche Prioritäten setzten die Machthaber etwa bei der Durchsetzung ihrer Ziele, die anfänglich noch stark durch die Vorgaben aus Moskau geprägt waren? Wer waren die entscheidenden Protagonisten und welche Institutionen oder Entwicklungen waren grundlegend in der Vorgabe und der Durchsetzung repressiver Strategien? Welche Möglichkeiten wiederum standen den Repressierten zur Verfügung, ihren Unmut kundzutun und somit ihren individuellen Vorstellungen Raum zu geben?

Eine Geschichte der Repression kann nicht ohne die Erfahrungen und Bemühungen der Betroffenen geschrieben werden. Tausende gerieten in den jeweiligen Phasen der SED-Herrschaftsausübung in den Fokus der Geheimpolizei und Justiz. Politische Aktivisten der frühen Jahre, Ausreisewillige, Zeugen Jehovas oder Punks lehnten mit ihren Lebensentwürfen die gesellschaftliche Umgestaltung unter Federführung der SED sowie den Alltag in der DDR teils kategorisch ab. Andere, wie der Dissident Robert Havemann, forderten verhältnismäßig früh eine umfassende Reform der DDR, ohne das sozialistische Modell abschaffen zu wollen. Die Ausgrenzung aus der Mehrheitsgesellschaft war der Preis, den diese Menschen für ihre Individualität sowie ihr dissidentisches

Engagement zahlten. Unabhängiges und nonkonformes Verhalten gegenüber einem zentralistisch durchgesetzten und stark von ideologischen Dogmen geprägten Herrschaftsstil des SED-Regimes – sei es als persönliche Verweigerung, als politischer Dissens oder in Form zunehmender Oppositionstätigkeit eines Teils der ostdeutschen Gesellschaft – ist somit ebenso ein prägendes Merkmal der DDR-Geschichte wie die Absicherung des „sozialistischen Weges" durch den Einsatz repressiver Mittel.

In diesem Buch soll darüber hinaus aufgezeigt werden, wie die von den Herrschenden ins Werk gesetzte Politik an der verweigerten Unterordnung einzelner Menschen scheiterte. Besonders die letzten beiden Jahrzehnte waren durch wirtschaftliche und gesellschaftliche Modernisierungsdefizite vonseiten der Partei- und Staatsorgane geprägt. Diese beförderten subkulturelle Milieus, die von den DDR-Bürgern als Rückzugsorte, aber auch als Orte des Austausches genutzt werden konnten. Somit lautet eine der in diesem Buch verhandelten Thesen, dass sich die Lebenspraxis der Menschen und ihre Erfahrung mit der Anwendung repressiver Mittel zur Herrschaftsdurchsetzung, -etablierung und -sicherung zu einem erlernten Umgang damit weiterentwickelten. Aber woraus speiste sich das Wissen der Bürger um die Repressionsmechanismen des Regimes? Wie vermochten es Gegner und Kritiker des SED-Staates, eine Routine der Vorsicht zu entwickeln, und wo waren ihnen Grenzen gesetzt?

Ferner soll verdeutlicht werden, dass auch die Mittel der Diktatur in der DDR aufgrund wirtschaftlicher Faktoren, ihrer Lage als „Frontstaat" im Kalten Krieg, der historisch bedingt starken Position der Kirche (besonders der evangelischen) sowie des autonomen Engagements Einzelner oder kleiner Gruppen zunehmend limitiert waren.

Eine Repressionsgeschichte der DDR mit Fokus auf zentrale Ereignisse zu erzählen, birgt die Gefahr, das Geschehene alleinig anhand einiger Zäsuren einzuordnen. Erzählungen dieser Art können nur unvollständig sein: Wo der Moment dominiert, drohen die oft langen Vor- und Folgegeschichten aus dem Blick zu geraten. So wichtig „(symbolträchtige) Schlüsseldaten"[1] auch gerade für die Erinnerungskultur sind, reduzieren sie doch Geschichte in ihrer Komplexität. Ereignisse wie der Aufstand vom 17. Juni 1953, der Mauerbau 1961 oder der 9. November 1989 finden hier zwar ihren Platz, werden aber zu Bestandteilen einer übergreifenden Darstellung. Entlang von vier zentralen Themenfeldern wird die politische Verfolgung im SED-Regime eingeordnet. Die Voraussetzungen und Grundgedanken zu sogenannten Zersetzungsmaßnahmen – wie sie prägend in der MfS-Richtlinie 1/76 von 1976 als Werkzeug der Geheimpolizei umfassend dargelegt wurden – hatten ihren Ursprung schon in den 1960er Jahren. Die geheimpolizeilich abgeleitete „Notwendigkeit", auf Zersetzung als Methode zurückzugreifen, basierte wiederum auf dem Wunsch nach internationaler Anerkennung der DDR-Staatlichkeit, einem die Phasen und Zäsuren übergreifenden Anliegen des SED-Regimes. Die Entwicklungen sind demnach nicht separat zu betrachten – vielmehr laufen sie ineinander und bedingen sich gegenseitig. So ist es das Ziel dieses Buches, nach Ursachen und Konsequenzen von politischen Entscheidungen zu fragen. Im Fokus steht die Repression als Werkzeug zur Errichtung, Konsolidierung und Stabilisierung des ersten sozialistischen Staates auf deutschem Boden.

Der sich verändernde Herrschaftsstil der DDR-Machthaber bildet hierbei einen roten Faden und bindet das Erzählte in einen chronologischen und thematischen Rahmen ein. Dem stark willkürlich sowie gewaltsamen Auftreten der Staats- und Parteiorgane zum Zweck des Umbaus der Gesellschaft in den 1950er Jahren folgte ein euphorischer Stil des Anpackens. Auch wenn die 1960er Jahre durch einen Zickzackkurs auf der Suche nach der richtigen Dosierung der Repression geprägt waren, schritt ein Großteil der Gesellschaft im Eifer der Reformen und im Glauben an die sozialistische Utopie voran. Mit dem Machtwechsel von Walter Ulbricht zu Erich Honecker Anfang der 1970er Jahre galt es, das Erreichte abzusichern und die Bevölkerung mit den Versprechungen der „Einheit von Wirtschafts- und Sozialpolitik" an das Sozialismusmodell der DDR zu binden. Die Erhöhung des Lebensstandards und der sozialen Leistungen stellte ein staatliches Angebot als Gegenleistung für die Akzeptanz der Diktatur und den gesellschaftlichen Frieden im Land dar. Die 1980er Jahren wurden daraufhin zu einer Phase, in der die Mittel der Repression die Herrschaft des Regimes zu konservieren hatten. Eine der Diktatur gegenüber stille Mehrheit bedeutete zwar nicht notwendigerweise die Akzeptanz der Verhältnisse, jedoch hatten sich viele Menschen mit dem Status quo arrangiert. Zu dieser Zeit bestand die Hauptaufgabe der Sicherheitsorgane unter anderem darin, die erstarkende Opposition zu zerschlagen und ihre Mitglieder mundtot zu machen.

So fragen die vier Hauptkapitel nach den Spezifika der repressiven Praxis und setzen sie in Relation zur jeweiligen innen- sowie außenpolitischen Verfasstheit der DDR. Welchen Einfluss hatten demnach auch Entwicklungen im sogenannten Ostblock sowohl auf die Partei- und Staatsführung als auch auf die Herausbildung staatskritischer Gedanken in der DDR?

Wie prägend der sowjetische Einfluss war, verdeutlichen die ersten Jahre der SBZ ebenso wie die Frühphase der Repression nach der Gründung der DDR im Jahr 1949. Am Beispiel der Kollektivierung der Landwirtschaft wird im ersten Kapitel veranschaulicht, dass die Repression nicht nur geheimpolizeilich organisiert werden musste, sondern auch auf der Ebene der politischen Justiz. Infolge der Verkündung des „Aufbaus des Sozialismus" im Juli 1952 entfalteten sich im Rahmen der Kollektivierung umfassende Verfolgungsmaßnahmen gegen die ländliche Elite (die sogenannten Großbauern).

Das „Kahlschlagplenum" von 1965 beendete eine kurze Phase der Liberalisierung im Umgang mit Jugendlichen und jungen Erwachsenen und zog eine Periode zunehmender Überwachung, Kriminalisierung und Verfolgung unangepasster Jugendlicher nach sich. Unter dem Titel „Erziehung zur Konformität" geht das zweite Kapitel auf das breite Spektrum staatlicher Disziplinierungsversuche sowie die Auswirkungen dieser „Erziehungsdiktatur" ein. Die Proteste um die Niederschlagung des „Prager Frühlings" in der ČSSR bildeten hierbei einen Kulminationspunkt.

Das Augenmerk des dritten Kapitels liegt auf den staatlichen Strategien zur Einhegung von Ausreisewilligen und der infolge der KSZE-Schlussakte von 1975 verstärkt einsetzenden Dynamik, die vom MfS zunehmend als Problem wahrgenommen wurde. Die DDR-Sicherheitsorgane durchliefen hierbei einen Lernprozess, der sowohl in normierten Vorgehensweisen gegen die Antragsteller als auch in der „Erprobung" angepasster Repressionsmethoden wie der Ausbürgerung und der „Zersetzung" mündete.

Die 1980er Jahre waren durch starke Impulse der Veränderungen im Lager der sozialistischen Staaten geprägt und gleichzeitig von einer herrschaftswahrenden Wagenburgmentalität des SED-Regimes gekennzeichnet. Das letzte Kapitel skizziert die im ost- und mitteleuropäischen Vergleich verspätet einsetzende Transformation der DDR-Protestbewegung in eine zivilgesellschaftliche Opposition. Die Motive ihrer Protagonisten kommen ebenso zur Sprache wie jene Strategien des MfS, die als „politische Untergrundtätigkeit" (PUT) bezeichnete Opposition zu zerschlagen. Der Epilog umreißt das für viele unerwartete Ende der SED-Repressionslandschaft und zeichnet den Weg der Opposition an den „Zentralen Runden Tisch" nach. Viele der in der DDR verbliebenen Aktivisten verloren sich im Strudel der Ereignisse und gerieten nicht selten unter die Räder der Friedlichen Revolution.

Die Grundlage für die Beschäftigung mit dem Unterdrückungsregime in der DDR bildet ein weites Verständnis des Begriffes der politischen Repression. Darunter werden alle staatlichen Maßnahmen gegen Individuen oder Gruppen verstanden, die die von der SED gesetzten Normen und Regeln infrage stellten, sich ihnen zu widersetzen suchten oder einen individuellen Weg durch das stark normierte (real-)sozialistische Leben anstrebten. Aufgrund des umfassenden Kontroll- und Gestaltungsanspruches der SED wurden Verfolgungs-, Disziplinierungs- und Zwangsmaßnahmen in nahezu allen Gesellschaftsbereichen in sehr unterschiedlichen Formen sichtbar. Die Bereitschaft der SED-Herrschaft zur Repression und ihre Praktiken richteten sich hierbei an den jeweiligen Phasen der Entwicklung der DDR aus. Die Geschichte der Repression war demnach evolutionär. Die Staatssicherheit sah sich vom Zeitpunkt ihrer Gründung bis zu ihrer Umstrukturierung in der späten DDR stetig mit Herausforderungen konfrontiert. Sie musste sich etwa eingestehen, dass die Verbreitung staatskritischer Positionen nur kontrolliert, aber nie vollständig unterbunden werden konnte. Im Jahr 1989 ging das MfS von circa 2500 oppositionell aktiven Bürgern in der DDR aus; nur 60 von ihnen wurden als „harter Kern" definiert.[2] Die Geheimpolizei schätzte die Opposition in der späten DDR demnach als zahlenmäßig gering ein. An der Gesamtbevölkerung gemessen war sie es auch. Es ist ein historisches Merkmal nahezu jeder Opposition, das unter anderem auch für die Sowjetunion galt. Doch wenn die späte UdSSR im Nachhinein als ein Koloss auf tönernen Füßen beschrieben wird, dann stand die im Verhältnis kleine DDR bis zum Herbst 1989 auf erstaunlich festem Fundament.

Die Anwendung von Repression war ein durchgängiger Bestandteil im Gefüge des SED-Regimes. Dieses Modell basierte – wie bei allen „Volksdemokratien" des Ostblocks – auf der monolithischen Einheit aus herrschendem Partei- und Staatsapparat sowie dem Anspruch einer vollständigen „Durchherrschung" der Gesellschaft. Aus der Sicht des MfS galt die Macht der Staatspartei und ihrer Exponenten durchgängig als bedroht: In jeder Dekade des Bestehens der DDR kamen Widerstände aus den verschiedensten Bereichen der Gesellschaft, darunter von Landwirten, Christen, Studenten und Arbeitern. Der jeweilige Dissens richtete sich unter anderem gegen die von oben durchgesetzte Kollektivierung der Landwirtschaft, die Militarisierung der Gesellschaft oder gegen die Einschränkung individueller Freiheiten. Die Gegnerschaft wandelte sich von einer fundamentalen Ablehnung der radikalen Umgestaltung des Staates zu Kritik aus dem System heraus. Was lässt sich aus diesen Entwicklungen zum Anspruch der „Durchherrschung“, was zur Wirksamkeit der ostdeutschen Geheimpolizei, Justiz und Parteiarbeit ableiten? Wo bildeten sich Freiräume heraus, aus denen ein systemkritisches Denken in die Mehrheitsgesellschaft hineinwirken konnte? Auch wenn die DDR ein Staat mit einer oppositionellen Minderheit war, begründete doch die stille Ablehnung des DDR-Sozialismus durch Teile der Gesellschaft ihre finale Krise mit. Diesen Sachverhalten und Fragen versucht sich „Diktatur im Wandel. Eine Geschichte der DDR in Quellen“ anzunähern.

Zu den Quellen

Das Format einer „Erzählung in Quellen“ als eine Mischung aus kontextueller Darstellung sprechenden Dokumenten und interpretierender Einordnung, rückt ausgewählte Zeitzeugnisse aus der DDR-Geschichte in den Mittelpunkt. Authentisches und prägnantes Quellenmaterial zur Repressionsgeschichte der zweiten deutschen Diktatur wird so historisch verortet und auch für Nachgeborene zugänglich gemacht. Das Quellenmaterial variiert hierbei von vollständigen Dokumenten bis hin zu aussagekräftigen Auszügen, zum Beispiel aus normativen Dienstanweisungen und Analysen oder dissidentischen Positionspapieren und Erinnerungen. Diese Darstellungsform bietet die Möglichkeit, das Innere gesellschaftlicher Teilräume zu beleuchten: Wie verfasste etwa das MfS interne Dokumente, welcher Wortwahl und Sprache bediente sich das Ministerium? Wer hatte an wen zu berichten oder welche argumentative Strategie verfolgten dissidentische Kreise in ihren oft illegalen Veröffentlichungen? Einige Dokumente dienten der geheimpolizeilichen beziehungsweise dissidentischen Selbstvergewisserung und lassen demnach Rückschlüsse zur jeweiligen Weltsicht und Selbstverortung der Beteiligten zu. Diese Anmerkungen schmälern nicht den Wert der Quelle, erweitern ihn sogar um eine Interpretationsebene: jene des Selbstverständnisses der Akteure.

Die Abhandlung kann einerseits als Einstieg in die Geschichte der DDR dienen, wie sie andererseits auch als vertiefende Darstellung die Verflechtung von Staat und Gesellschaft beleuchtet. Darüber hinaus eröffnen die Quellen einen Blick in den „Maschinenraum" der jeweiligen Sicherheitsorgane sowie involvierten Ministerien. Auf diese Weise veranschaulichen sie, wie politische Unterdrückung in der DDR gedacht, angepasst und, wenn nötig, „optimiert" wurde. Als notwendiges Korrektiv werden die normativen Überlieferungen durch die Wahrnehmungen der Betroffenen ergänzt. So finden Briefe, Erinnerungen sowie Interviews von Zeitzeugen, Opfern der Repression oder Protagonisten der oppositionellen Szene ihren Widerhall in der Darstellung.

Das Buch stützt sich auf bereits veröffentlichte und noch unveröffentlichte Materialien. Darüber hinaus wird der ostdeutschen Geografie Rechnung getragen – neben Quellen aus den politischen wie gesellschaftlichen Zentren des SED-Regimes, der Hauptstadt der DDR oder der Bezirksstadt Leipzig werden auch Dokumente aus den ländlichen Regionen und politischen Landschaften der Peripherie herangezogen.

Von zentraler Bedeutung für das Verständnis von Repressionspraktiken in der DDR sind hierbei die Bestände des Stasi-Unterlagen-Archivs in Berlin und seinen regionalen Standorten, die heute Teil des Bundesarchives (BArch) sind. Durchgesehen wurden hier neben Richtlinien, Dienstanweisungen, Schulungsakten oder internen Analysen auch die Berichte der Zentralen Informations- und Auswertungsgruppe (ZAIG) des MfS sowie einzelne Untersuchungsvorgänge bzw. Personal- und Fallakten. Auch wichtige MfS-Bezirksverwaltungen wie jene der Bezirke Potsdam, Frankfurt/Oder und Magdeburg finden sich mit ihren regionalen Eigenheiten und Themen in den Quellen wieder.

Um die politischen Aushandlungsprozesse und die Aufgabenverteilungen zwischen den unterschiedlichen Instanzen und ihre Umsetzung vor Ort nachvollziehen zu können, wurden Quellen aus dem Bundesarchiv und im Besonderen der ihr zugeordneten Stiftung Archiv der Parteien und Massenorganisationen der DDR in Augenschein genommen. Eine vertiefende Berücksichtigung fanden die Bestände des Ministeriums des Innern der DDR (MdI) – durch seine Verantwortung für die Deutsche Volkspolizei oder etwa die Verwaltung in den Kommunen war das Ministerium integraler Bestandteil des repressiven Systems in der DDR. Wie die politische Kommunikation zwischen den SED-Bezirks- und Kreisleitungen und der Berliner Machtzentrale aussah, ist in den Landesarchiven von Brandenburg und Sachsen-Anhalt überliefert. Dennoch konnte für das Buch nur eine begrenzte Zahl an Dokumenten ausgewählt und verwendet werden. Dabei wurde ein möglichst repräsentativer und die Erzählung unterstützender Querschnitt ausgewählt.

Im Hinblick auf die Zeitzeugen und Opfer der Repression sind die Bestände des Archivs der DDR-Opposition unter dem Dach der Robert-Havemann-Gesellschaft maßgeblich gewesen. Quellen zur Interpretation zeitgenössischer Ereignisse und ihrer Wahrnehmung, sogenannte Ego-Dokumente, beleuchten die andere Seite geheimdienstlicher Aktivitäten: ihre Rezeption. Herrschende und Beherrschte agierten hierbei nicht im ereignisleeren Raum, sie reagierten auf internationale Ereignisse, innenpolitische Weichenstellungen oder ideologische Dogmen. Beide Seiten richteten ihr Handeln an den erlebten Erfahrungen aus und standen in einem Aktions- und Reaktionsverhältnis zueinander. Erst das Zusammenspiel von Ego-Dokumenten der Betroffenen einerseits und normativ ausgerichteten wie auch analytischen Dokumenten des staatlichen Berichtswesens oder der geheimpolizeilichen Arbeit andererseits macht jene Beeinflussungen sichtbar, die durch repressive Mechanismen bedingt waren.

Der Authentizität der Quellen wird dadurch Rechnung getragen, dass Änderungshinweise, Streichungen, aber auch der formale Aufbau der Überlieferung in der Abhandlung weitestgehend beibehalten wird. Handschriftlich vermerkte Hinweise der SED-Führungsriege bleiben dabei ebenso erkennbar wie nachweisbare Randnotizen innerhalb von Aufrufen, Grundsatzpapieren oder Appellen der oppositionellen Szene in der DDR. Orthografische und grammatikalische Fehler nehmen besonders in den Dokumenten des Ministeriums für Staatssicherheit (MfS) über die Jahre hinweg ab. Dies spricht unter anderem für die zunehmende Professionalisierung des Apparates, die über höhere Bildungsabschlüsse bei den Mitarbeitern angestrebt wurde. Fehler, so sie von geringer Qualität waren, wurden stillschweigend korrigiert. Eingriffe in das Zitat wurden durch eckige Klammern kenntlich gemacht.

Aus Gründen des Datenschutzes mussten vereinzelt Personennamen anonymisiert werden. In den meisten Fällen handelt es sich um unbekannte Personen, die in anderen Zusammenhängen nicht wiederauftauchen. Die Quellenaussage wird dadurch nicht beeinträchtigt.

Prolog – Der sowjetische Terror kommt nach Deutschland: Die SBZ 1945–1946

Es war der 2. Januar 1946 im mecklenburgischen Ludwigslust. Erika Riemann war mit der Probe für einen Theaterauftritt beschäftigt, als zwei Männer in sowjetischer Uniform in die Garderobe des Theaters traten und sie zum Mitkommen aufforderten. Für die 15-Jährige war es nicht das erste Mal, dass sie mit Angehörigen der sowjetischen Besatzungsmacht zu tun hatte. Wenige Monate zuvor war sie schon einmal vorgeladen worden, um zu erklären, warum sie eine Abbildung Josef Stalins mit Lippenstift bemalt hatte. Damals war sie auf nachgiebige Mitarbeiter der sowjetischen Geheimpolizei getroffen, die ihrer Erklärung, wonach der Führer der Sowjetunion auf dem Bild so traurig ausgesehen und sie dessen Bart deshalb mit einer Schleife versehen habe, Glauben schenkten und sie mit einer Verwarnung davonkommen ließen. Dieses Mal war alles anders. Anstatt einer kurzen Aussprache zur Klärung des vermeintlichen Missverständnisses ihrer erneuten Vorladung wurde Riemann in Haft genommen und in die Kellerräume der von der sowjetischen Geheimpolizei besetzten Villa gesperrt.[1] Wenige Stunden später begannen die nächtlichen Verhöre, die sie in ihrer Autobiografie in eindrücklichen Worten beschreibt:

> „Artistka, Artistka, aufwachen." Eine freundliche Stimme reißt mich aus meinen wirren Träumen. Die Prozedur des Abends läuft in umgekehrter Reihenfolge ab. Der sanfte Posten reicht mich an den groben weiter. Die Übergabe findet an der Grenze zwischen

Ober- und Unterwelt statt. Man trennt die Welten hier streng voneinander. In den Wochen, die ich hier verbringen muss, werde ich nie einen Wärter aus den Katakomben über der Erde treffen. Andererseits bin ich in meinem Kellerkabuff vor meinen Peinigern sicher. Die Einzige, die die unsichtbare Demarkationslinie überschreiten darf, scheine ich zu sein, so wie in der Sagenwelt nur die Toten den Styx passieren können.

Wieder werde ich über erleuchtete Flure gezerrt.

In dem Büro sitzen dieselben Personen wie bei dem ersten Verhör. Sie haben sogar dieselben Plätze inne. Es scheint, als wäre ich gar nicht fort gewesen.

Die folgenden Verhöre zerfließen zu einer einzigen alptraumhaften Erinnerung. Der Ablauf ist immer der gleiche. Nachts werde ich geweckt. Kurz darauf nehme ich auf dem Hocker Platz. Meistens wird meine Anwesenheit zunächst ignoriert. Meine Peiniger tafeln und plaudern. Der stete Strom russischer Worte wird hin und wieder von aufbrandendem Gelächter unterbrochen. Die eisige Stimme der Dolmetscherin nimmt einen kehligen Klang an, je weiter die Nacht voranschreitet.

Irgendwann kommt unweigerlich jede Nacht der Zeitpunkt, an dem ich auf meinem Hocker nicht mehr gerade sitzen kann. Sobald ich auch nur ein wenig in mich zusammensinke, trifft mich der Gewehrkolben des Postens schmerzhaft im Rücken. Erst diese Bewegung scheint die vergnügte Runde auf mich aufmerksam zu machen. Dann prasseln plötzlich Fragen auf mich ein. „Wie alt bist du? Warst du im BDM [Bund Deutscher Mädel, eine NS-Organisation, Anm. d. Verf.]? Welche Sabotageakte habt ihr geplant? Seit wann arbeitest du in der Gruppe Werwolf [eine von der NS-Führung Ende 1944 ins Leben gerufene Untergrundorganisation, Anm. d. Verf.] mit? Wie heißen deine Verbindungsleute?“

Bei den ersten Verhören gebe ich mir noch Mühe, die Fragen zu verstehen und gewissenhaft darauf zu antworten. Später bringe ich lediglich ein „Ja“, ein „Nein“ oder „Weiß nicht“ heraus. Es scheint ohnehin egal zu sein, was ich sage. Es gelingt mir nie, zufriedenstellende Auskünfte zu geben. In einigen Nächten gebe ich alles zu, ja, Werwolf, ja, BDM, nein, Namen kenne ich nicht.

An besseren Tagen streite ich alles ab: „Ich weiß überhaupt nicht, was Werwolf ist. Ich kenne niemanden, und mit Sabotage habe ich auch nichts zu tun."

Ein Punkt, auf dem sie beharrlich herumreiten, bleibt mein Alter. „1928, da bist du geboren. Du bist siebzehn Jahre alt." In besonders müden Nächten entgleitet mir sogar mein Geburtsdatum. So oft, beinahe gebetsmühlenartig, habe ich nun gehört, ich sei 1928 geboren, dass ich es selbst fast glaube. Am meisten fürchte ich die Nächte, in denen ich von Anfang an im Mittelpunkt der Aufmerksamkeit stehe. Auch solche werden immer wieder eingestreut. Dass ich vorher nie weiß, was mich erwartet, ist vielleicht das Schlimmste daran.

Diese speziellen Verhöre beginnen in völliger Stille. Ich bemühe mich um kerzengeraden Sitz, während einer der Offiziere beständig meinen Hocker umkreist. Ab und zu bleibt er stehen und zielt. Meist trifft er den Napf neben der Tür, nur selten spuckt er daneben. Ich habe Mühe, meinen Ekel zu verbergen, aber jede Regung zieht einen Knuff oder eine Ohrfeige nach sich. Sonst wird die Stille nur unterbrochen, wenn die Dolmetscherin „Der Major wartet" sagt.

Man liest mir meine Geständnisse vergangener Nächte vor. Es wird mit Papieren gewedelt. Ich soll unterschreiben. Manchmal bin ich kurz davor. Ich bin so müde. Für eine ungestörte Nacht würde ich beinahe alles tun. Aber jedes Mal, wenn ich das Bündel mit den russischen Schriftzeichen in der Hand halte, taucht aus irgendwelchen Tiefen meine alte Widerspenstigkeit auf. „Ich werde hier gar nichts unterschreiben. Und schon gar nicht dieses russische Geschreibsel, das ich nicht lesen kann. Da könnt ihr lange warten." Einer mit besonders vielen Sternen klopft seine Pfeife auf meiner Stirn aus. Glühende Asche regnet auf meinen

> Schoß herab, frisst sich durch die Kleidung. Unwillkürlich hebe ich die Hand, versuche die Glut wegzufegen. „Sitz still!“ Ein harter Schlag ins Gesicht unterstreicht den Befehl.
>
> Dann wieder Versprechungen. „Unterschreib einfach, dann hast du deine Ruhe. Wir lassen dich nach Hause gehen. Heute Nacht unterschreiben, morgen bist du zu Hause.“ Aber was sie auch tun, ich unterschreibe nicht. Meine Unbeugsamkeit hat wenig mit Heldentum zu tun. Es ist die Unwirklichkeit der ganzen Situation, aus der sich mein Widerstand speist. „Das geht vorbei, Erika. Das können sie nicht ernst meinen. Eine Fünfzehnjährige kann man auch nicht nach Sibirien schicken. Wenn ich das zu Hause erzähle, glaubt mir das keiner. Bald bin ich wieder zu Hause, und dann ist alles wieder gut.“ Das Ganze kommt mir vor wie ein Abenteuer. Es ist ein scheußliches Abenteuer, aber ich fühle mich zu keinem Zeitpunkt wirklich bedroht. Die Wirklichkeit wird einsetzen, wenn ich das Buch zuklappe. Ich werde in meinem Bett aufwachen und lachen.[2]

Was sich für Riemann wie ein Alptraum anfühlte, setzte sich auch in den kommenden Wochen fort. Unterbrochen wurde der sich wiederholende Rhythmus, bestehend aus Befragungen, Misshandlungen und Erniedrigungen, erst, als die 15-Jährige einige Zeit später vor ein Sowjetisches Militärtribunal (SMT) treten musste, das ihren Fall verhandelte:

> Die Verhandlung beginnt. Ich bin zwar die Hauptperson, aber von dem, was hier vorgeht, bekomme ich wenig mit. Es wird nur Russisch gesprochen, und so bin ich meinen Beobachtungen überlassen. Angesichts der ernsten, fast schon feindseligen Mienen am Richtertisch hat es mein Optimismus schwer. Immer wieder blättert man raschelnd in meiner Akte. Die ist mittlerweile zu beachtlichem Umfang angewachsen. Was da wohl drinstehen mag, frage ich mich nun doch besorgt. Einige meiner Geständnisse tauchen jetzt brennend wieder an der Oberfläche auf. „Na, dann bin ich eben Werwolf“, ist ein solcher Satz. Während vor

mir mein Schicksal verhandelt wird, überfällt mich bittere Reue. Schließlich klammere ich mich an der Tatsache fest, dass ich ja nichts unterschrieben habe.

Dann kommt Bewegung in das Geschehen. Ich habe die beiden Posten hinter mir keine Sekunde lang vergessen. Auf einen Wink hin packen sie mich an den Schultern. „Aufstehen!" Es ist das erste Wort der Dolmetscherin.

Der Schreiber zieht das Papier aus der Schreibmaschine. In feierlichem Ton verliest er, was dort geschrieben steht. Ich begreife noch immer nichts, aber diese wenigen Zeilen werden mir anschließend übersetzt.

„Das Tribunal hat Sie verurteilt zu zehn Jahren Zwangsarbeit in Sibirien."

Ob der Bedeutung ihrer Worte macht die Dolmetscherin eine Pause. „Gründe für das Urteil sind Beleidigung der Roten Armee und Werwolftätigkeit." Wieder kurze Stille, bevor sie fragt: „Haben Sie das verstanden?"

So ein Affentheater, ist mein erster Gedanke.

Auch der zweite Gedanke stellt sich leider als Irrtum heraus.

„Zehn Monate, dann muss ich ja bald entlassen werden. Ich sitze doch bestimmt schon über ein halbes Jahr hier."

Die Frau zeigt keine Gefühlsregung, als sie mich korrigiert.

„Zehn Jahre, Sie sind zu zehn Jahren verurteilt."

Diese Auskunft beweist mir, wie absurd die ganze Veranstaltung ist. Lächerlich, völlig lächerlich der Zirkus hier. Wie immer soll ich dann unterschreiben. Da sind sie eigen. Und wie sonst auch besteht das Geschriebene ausschließlich aus russischen Hieroglyphen.

„Das mache ich nicht. Ich weiß nicht, was da steht, und ich unterschreibe das nicht." Jetzt werden sie richtig wütend. Einer der Richter schreit mir mit donnernder Stimme etwas entgegen, auch aus den aufgerissenen Mündern der anderen ergießen sich russische Beschimpfungen über mich. Die Posten hinter mir treten unruhig von einem Bein aufs andere. Ich kämpfe nun doch mit meiner Angst. Der Krach nimmt bedrohliche Ausmaße an.

Irgendwann tritt Stille ein. Alle Blicke sind erwartungsvoll auf mich gerichtet. Ich schüttle nur den Kopf, die Lippen fest zusammengepresst. Es wird kurz beraten. Dann kritzelt die Dolmetscherin einen kleinen Zettel, den mir der Posten vor die Nase hält. Zehn Jahre Sibirien, steht dort auf Deutsch. Ich halte einen Stift in der Hand, ein Schubs mit dem Gewehrkolben in den Rücken unterstreicht die Aufforderung:

„Unterschreiben!"

Ich setze meine Unterschrift unter den Zettel.

Die Tinte kann noch nicht trocken sein, da trifft mich schon wieder der Gewehrkolben. „Ruki nasad!" – Hände auf den Rücken. Zum ersten Mal höre ich dieses Kommando. Unter Stößen und Puffen bugsiert man mich zur Kellertreppe. Dort werde ich in Empfang genommen, aber heute ist man alles andere als sanft und freundlich. Der Griff ist grob und das Schweigen eisig.

Stille. Es bricht eine beinahe unerträgliche Stille über mich herein. Die Außenwelt hat mich offenbar gelöscht aus ihrem Ablauf. Es finden keine Verhöre mehr statt, niemand will irgendetwas von mir.

Zweimal am Tag stellt einer der Posten die übliche Wassersuppe in meine Zelle. Wortlos. Zelischka und Artistka scheinen gestorben zu sein, und auch ich beginne mich zu fühlen, als sei ich bereits tot.

Unheimlicher noch als das Schweigen außen ist die Tatsache, dass in meinem Inneren die gleiche Grabesruhe herrscht. Keine Angst, keine Hoffnung, keine Wut, da ist nichts. Mein Verstand umkreist dieses Urteil viele Male, kann aber den Sinn nicht entschlüsseln. Zehn Jahre Zwangsarbeit in Sibirien, das ist einfach nicht real. Genauso gut hätte man mich dazu verurteilen können, auf dem Mond Zwiebeln zu ernten.

Um zu fühlen, dass ich überhaupt noch am Leben bin, nehme ich endlose Wanderungen durch meinen kleinen Verschlag auf. Fünf Schritte hin, fünf Schritte zurück. Gedichte fallen mir ein. Ich sage eines nach dem anderen auf, froh, wenigstens meine eigene Stimme zu hören.[3]

Mit dem Schuldspruch durch das Militärtribunal begann für Erika Riemann eine leidvolle Odyssee, die sie durch mehrere Lager und Gefängnisse auf deutschem Boden führte und nach mehr als sieben Jahren erst am 18. Januar 1954 mit ihrer Freilassung endete.[4] Um ihr Schicksal einordnen zu können, ist ein Blick auf die Situation in dem sowjetisch besetzten Teil Deutschlands in den Jahren 1945 bis 1946 notwendig.

Mit der bedingungslosen Kapitulation des Oberkommandos der Wehrmacht war der Zweite Weltkrieg in Europa im Mai 1945 zu Ende gegangen und die Armeen der alliierten Siegermächte USA, Sowjetunion, Großbritannien und Frankreich hatten das ehemalige Deutsche Reich besetzt und in vier je von einer der Besatzungsmächte verwalteten Zonen aufgeteilt. Während der Alltag der Zivilbevölkerung in den ersten Monaten vor allem von der Suche nach Nahrung und Unterschlupf sowie der Unsicherheit über den Verbleib ihrer Angehörigen bestimmt war, begannen die Alliierten mit der Neuordnung des Landes. Auf der Potsdamer Konferenz im Juli und August 1945 einigten sich die „großen Drei" – der sowjetische Diktator Josef Stalin, US-Präsident Harry S. Truman und der britische Premierminister Winston Churchill[5] – anknüpfend an vorherige Vereinbarungen darauf, Deutschland zu entmilitarisieren, die Bevölkerung zu entnazifizieren und die Kriegsverbrecher zu bestrafen sowie das Erziehungssystem, die Justiz, die Verwaltung und das öffentliche Leben entsprechend demokratischer Grundsätze umzugestalten. Darüber hinaus bekräftigten die Siegermächte ihre Absicht, alle wichtigen und das ganze Land betreffenden Angelegenheiten gemeinsam zu entscheiden, ließen die Frage nach der konkreten Ausgestaltung eines zukünftigen deutschen Staates aber offen. Verantwortlich für die Umsetzung der in Potsdam vereinbarten Ziele waren Militärregierungen, die von den Armeeführungen der jeweiligen Besatzungsmacht eingesetzt worden waren. Für die Sowjetische Besatzungszone (SBZ), die sich über Mecklenburg und Vorpommern, die mitteldeutschen Länder Sachsen und Thüringen, die Provinz Sachsen-Anhalt und einen Großteil der Provinz Brandenburg erstreckte, war die Sowjetische Militäradministration in Deutschland (SMAD) zuständig.[6]

Das Leben unter der sowjetischen Besatzungsmacht war für die Zivilbevölkerung von Beginn an von Rechtlosigkeit, Willkür und großer Unsicherheit geprägt. Verantwortlich dafür waren die sowjetischen Sicherheitsorgane, die neben der regulären Armee nach Deutschland gekommen waren. Unter der Führung der Geheimpolizei NKWD[7] hatten sie den Befehl erhalten, alle „verdächtigen und feindlichen Elemente" zu verhaften und die sowjetische Besatzungsherrschaft auf diese Weise abzusichern. Unter diese Definition fielen nicht nur Angehörige von NS-Organisationen wie der Wehrmacht, der Gestapo oder der Hitler-Jugend (HJ) sowie „aktive" Mitglieder der Nationalsozialistischen Deutschen Arbeiterpartei (NSDAP) und das Leitungspersonal von Verwaltungen und Zeitungen, sondern alle potenziellen Gegner der sowjetischen Besatzungsherrschaft wie vermeintliche „Werwölfe", „Saboteure" und ausländische „Spione". Um diese Personengruppen aufzuspüren, führte das NKWD nach Kriegsende groß angelegte Razzien durch und durchkämmte dabei systematisch Ortschaften, Wälder, Bahnhöfe, Häfen, Gaststätten und Hotels. Bei einer der größten Suchaktionen wurden in den ersten beiden Augustwochen 1945 fast 65 000 Personen aufgegriffen, von denen über 3000 verhaftet wurden. Darüber hinaus ging die sowjetische Geheimpolizei, wie im Fall von Erika Riemann, zielgerichtet gegen einzelne Personen vor, über die Hinweise auf „feindliche Aktivitäten" eingegangen waren. Die Informationen der sowjetischen Sicherheitsorgane stützten sich dabei nicht nur auf ein wachsendes Netz von Spitzeln, das im Februar 1946 bereits mehr als 3000 Personen umfasste, sondern auch auf Denunziationen aus der Bevölkerung. Diese erfolgten häufig freiwillig aus politischer Überzeugung, Missgunst und Neid bzw. dem Bestreben, sich einen persönlichen Vorteil zu verschaffen. In vielen Fällen gingen die Anzeigen aber auch auf die Unterdrucksetzung und Folter von bereits Inhaftierten durch das NKWD zurück.[8]

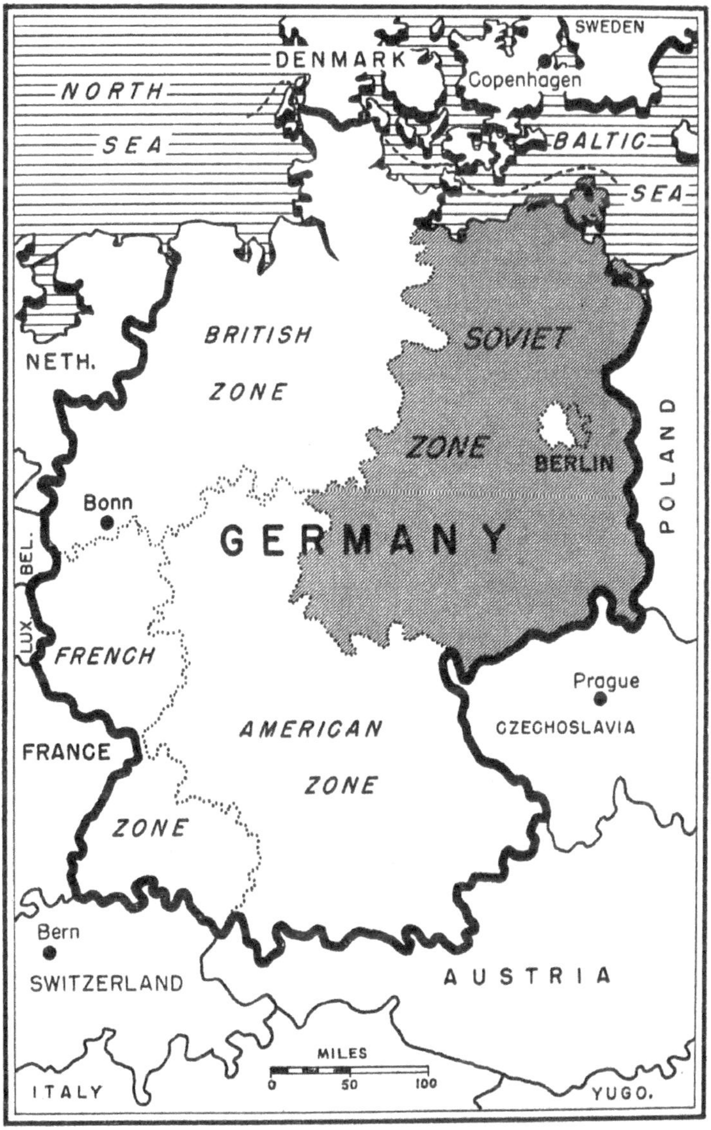

Zeitgenössische Abbildung der alliierten Besatzungszonen.

Für die Betroffenen begann mit ihrer Inhaftierung häufig ein langer und qualvoller Leidensweg, der sie zunächst in eines der vielen sowjetischen Untersuchungsgefängnisse führte. Diese in der Bevölkerung entsprechend der früheren Bezeichnung der sowjetischen Geheimpolizei „GPU-Keller“[9] genannten Haftorte wurden nicht nur in ehemaligen Gefängnissen, sondern auch in anderen öffentlichen Gebäuden sowie Privathäusern eingerichtet. Die Inhaftierten sahen sich hier meist katastrophalen Bedingungen ausgesetzt, wobei sie neben einer unzureichenden Versorgung mit Lebensmitteln auch unter mangelnder Hygiene und Überfüllung der Zellen zu leiden hatten. Darüber hinaus wurden sie, wie von Erika Riemann beschrieben, stundenlangen Verhören unterzogen, die in der Regel nachts stattfanden und von Einschüchterungen, körperlichen Misshandlungen und seelischer Folter geprägt waren. Während die Schuld der Inhaftierten dabei schon durch die Tatsache ihrer Verhaftung als erwiesen galt, zielten die Vernehmungen darauf ab, Details über die „feindliche Aktivität“ der Verhafteten sowie die Namen weiterer „Täter“ und Informationen über die Organisationen wie den Werwolf aus den Gefangenen herauszupressen. Für einen Teil der Inhaftierten zogen sich die Vernehmungen über mehrere Monate hin, wohingegen andere nur ein oder einige wenige Male befragt wurden. Zu einem Ende kam die Tortur der Verhöre für die Betroffenen in der Regel erst, wenn sie die in Russisch verfassten Vernehmungsprotokolle unterschrieben hatten, selbst wenn sie deren Inhalt häufig nicht verstanden.[10]

Der Großteil der Verhafteten – bis zum Oktober 1946 ca. 63 000 – wurde nach dem Abschluss der Vernehmungen ohne Gerichtsverfahren und Urteil in eines der sogenannten Speziallager verlegt. Dabei handelte es sich um ein System von insgesamt zehn großen Haftorten, die von der sowjetischen Besatzungsmacht zwischen April 1945 und Mai 1946 auf dem Areal ehemaliger Gefängnisse bzw. NS-Konzentrationslager eingerichtet worden waren. Der weitaus kleinere Teil der Untersuchungshäftlinge – 1945 etwa 800 und 1946 etwa 4300 Personen – wurde vor eines der Sowjetischen Militärtribunale gestellt und dort unter Ausschluss der Öffentlichkeit und ohne die Möglichkeit, sich zu verteidigen, im Schnellverfahren abgeurteilt. Die ausgesprochenen Urteile lauteten dabei in der Regel auf 10, 15 oder 25 Jahre Lagerhaft und in mehreren Hundert Fällen auf Todesstrafe. Nachdem die sowjetische Führung anfangs geplant hatte, die durch die Militärtribunale Verurteilten als Arbeitskräfte in die Sowjetunion zu deportieren, wurden sie zur Verbüßung ihrer Strafe ab 1946 ebenfalls in die Speziallager verlegt.[11]

Die Speziallager wurden somit zum zentralen Bestandteil und zum Symbol des sowjetischen Repressionsregimes in der SBZ und verwiesen auf dessen Grundcharakter. Zum einen verdeutlichen sie den doppelten Zweck der sowjetischen Strafmaßnahmen. Richteten diese sich im ersten Jahr der sowjetischen Besatzung in erster Linie gegen Angehörige verschiedenster nationalsozialistischer Organisationen, darunter sowohl einfache Mitglieder als auch tatsächlich belastete NS-Kriegsverbrecher, wurden ab 1946 zunehmend Personen, die als politische Gegner der sowjetischen Herrschaft wahrgenommen wurden, inhaftiert. Zum anderen wird an den Speziallagern auch die extreme Rücksichtslosigkeit der sowjetischen Führung im Umgang mit ihren Gegnern deutlich. So starben in den Jahren 1945 und 1946 Zehntausende von Inhaftierten vor allem infolge unzureichender Versorgung mit Lebensmitteln, katastrophalen hygienischen Bedingungen und Krankheiten.[12]

Parallel zur Verfolgung „aktiver" Nazis und potenzieller Gegner durch die sowjetischen Sicherheitsorgane trieb die SMAD die Neuordnung der SBZ voran. Deren Handeln war dabei immer an die übergeordneten strategischen Ziele Stalins gebunden. Dessen Priorität lag zunächst auf dem Wiederaufbau der vom Krieg zerstörten Sowjetunion, der durch umfassende Demontagen deutscher Industriebetriebe und die Ableistung von Entschädigungszahlungen aus Deutschland möglich gemacht werden sollte. In der Hoffnung, Reparationen nicht nur aus der eigenen Besatzungszone, sondern auch aus den anderen Teilen Deutschlands zu erhalten, versuchte der sowjetische Diktator nach Kriegsende zunächst, die Zusammenarbeit mit den Westalliierten aufrechtzuerhalten. Daher ging er auch vorsichtig im Hinblick auf sein zweites strategisches Ziel vor: die Erweiterung seines Machtbereiches und wohl auch die Schaffung eines wiedervereinigten Deutschlands unter sowjetischem Einfluss.[13] So sollte der – auch infolge der massiven Repressionen gegen die Bevölkerung entstehende – Anschein, die sowjetische Führung wolle auf deutschem Boden ein Regime stalinistischer Prägung errichten, vermieden werden.[14]

Vor diesem Hintergrund leiteten die SMAD und ihre regionalen Vertretungen auf Länderebene (SMA) sowie die örtlichen Militärkommandanturen bereits ab Juni 1945 umfassende Strukturreformen in Politik, Wirtschaft, Gesellschaft und Kultur ein. Diese sollten unter dem Stichwort der „antifaschistisch-demokratischen Umwälzung" den Eindruck erwecken, es gehe der sowjetischen Führung um die Errichtung einer Demokratie. Gleichzeitig wurden aber auch die Grundlagen dafür geschaffen, zu einem späteren Zeitpunkt ein kommunistisches Regime installieren zu können. Deutlich wurde diese doppelte Absicht beim Aufbau des neuen politischen Systems in der SBZ. Bereits am 10. Juni 1945 und damit noch vor den Westalliierten erlaubte die SMAD die Bildung von demokratischen Parteien, Gewerkschaften und gesellschaftlichen Massenorganisationen[15] und ermöglichte auf diese Weise die (Wieder-)Gründung von vier politischen Parteien: der Kommunistischen Partei Deutschlands (KPD), der Liberaldemokratischen Partei (LDP), der SPD und der CDU. Mit diesem Schritt wurde einerseits ein pluralistisches Parteiensystem geschaffen, das theoretisch einen demokratischen Wettbewerb ermöglicht hätte. Gleichzeitig wirkte die sowjetische Besatzungsmacht aber von Beginn an darauf hin, die ihr ideologisch nahestehende KPD als politische Führungsmacht aufzubauen. Dazu waren bereits vor Kriegsende drei Gruppen von emigrierten deutschen Kommunisten, die man in der Sowjetunion geschult und mit detaillierten Anweisungen ausgestattet hatte, in die SBZ zurückgebracht worden. Nach der Gründung der KPD übertrug die SMAD diesen Exil-Kommunisten – unter ihnen auch Walter Ulbricht – Schlüsselpositionen in der neu aufgebauten Verwaltung und bevorteilte die KPD darüber hinaus in materieller Hinsicht gegenüber den anderen Parteien, beispielsweise bei der Zuteilung von Papier für Wahlkampfmaterialien und Zeitungen. Ungeachtet dieser massiven Unterstützung gelang es der KPD bis zum Herbst 1945 nicht, sich die Zustimmung der Bevölkerungsmehrheit und die damit verbundene Führungsposition in der SBZ zu sichern.[16]

Aus diesem Grund änderte die KPD-Führung in Absprache mit der Besatzungsmacht im September 1945 ihr Vorgehen und strebte nun eine zuvor abgelehnte Vereinigung mit der SPD an, die Ende 1945 zur mitgliederstärksten Partei aufgestiegen war und zunehmend selbstbewusst auftrat. Viele Sozialdemokraten lehnten eine Verschmelzung mit der als „Russenpartei" geltenden KPD ab, sodass der Zusammenschluss der Parteien zur Sozialistischen Einheitspartei Deutschlands (SED) im April 1946 letztlich nur möglich wurde, weil die sowjetische Besatzungsmacht die Vereinigungsgegner systematisch einschüchterte, ihnen Redeverbote erteilte und sie in vielen Fällen verhaftete. Die Zwangsvereinigung der SPD mit der KPD war eine wichtige Zäsur für die weitere Entwicklung der SBZ. Zwar wurden zentrale Ämter in der neuen Partei paritätisch mit ehemaligen SPD- und KPD-Funktionären besetzt und die SED-Führung bekannte sich zunächst noch nicht offen zum Ziel der Errichtung eines stalinistischen Herrschaftssystems nach sowjetischer Prägung. Gleichwohl markierte die erzwungene Gründung der SED das Ende des Parteienpluralismus und verdeutlichte den unbedingten Willen der deutschen Kommunisten, sich mit allen Mitteln die politische Vorherrschaft in der SBZ zu sichern – ein Anspruch, den die SED-Führung im Jahresverlauf 1946 ungeachtet der Proteste der anderen Parteien zunehmend offensiv formulierte und der alle Gesellschaftsbereiche umfassen sollte.[17]

1 Kollektivierung und Justizterror – Die Frühphase der Repression auf dem Land

1.1 Thematische Einführung

1.1.1 Die Diktatur nimmt Gestalt an

Der sich abzeichnende Kalte Krieg veränderte die Rahmenbedingungen für die Entwicklung der Sowjetischen Besatzungszone (SBZ) grundlegend. War Stalin nach Kriegsende wohl zunächst bestrebt gewesen, ein geeintes Deutschland unter sowjetischem Einfluss zu schaffen, führten die zunehmenden Spannungen zwischen der Sowjetunion und den USA seit Anfang 1947 zu einem allmählichen Kurswechsel. Die sowjetische Führung intensivierte ihre Bemühungen, die SBZ in den eigenen Herrschaftsbereich einzugliedern, und leitete die Sowjetisierung Ostdeutschlands ein. Im Zuge dessen begann die Sowjetische Militäradministration in Deutschland (SMAD) ab 1948 nicht nur mit dem Aufbau einer zentral gesteuerten Planwirtschaft, sondern auch mit der Anpassung der politischen Strukturen an das Herrschaftsmodell des Stalinismus.[1] Unter diesen Vorzeichen legte die Führung der SED ihre öffentliche Zurückhaltung ab und strebte nun offensiv die Weiterentwicklung zu einer dem sowjetischen Muster entsprechenden „Partei neuen Typs“ an. Dazu wurden die noch in der SED verbliebenen ehemaligen SPD-Funktionäre aus den bis dahin paritätisch besetzten Führungspositionen verdrängt, die Kritiker der Parteiführung ausgeschlossen und auf diesem Wege die Dominanz der kommunistischen Kräfte untermauert. Dieser Prozess der Neujustierung war bis Januar 1949 abgeschlossen und bildete eine wichtige Vorrausetzung für die Schaffung einer stalinistischen Diktatur nach sowjetischem Vorbild.[2]

Seit 1948 drängte die SED-Spitze um Walter Ulbricht bei der sowjetischen Führung verstärkt auf die Gründung eines eigenständigen ostdeutschen Staates. Auf dieses Ansinnen reagierte Stalin aus strategischen Gründen jedoch weiterhin zurückhaltend, da er die Hoffnung auf die Schaffung eines Gesamtdeutschlands unter seinem Einfluss noch nicht aufgegeben hatte. Anstatt offen auf die Errichtung eines sozialistischen Staates hinzuarbeiten, mahnte er die SED-Führung zur Vorsicht und forderte die Verschleierung ihrer wahren Absichten vor der Öffentlichkeit. Diese abwartende Haltung gab der sowjetische Diktator erst im Mai 1949 auf, nachdem die Gründung der Bundesrepublik Deutschland verkündet worden war und sich die deutsche Teilung damit endgültig manifestiert hatte.[3]

Die Vorbereitungen für die Schaffung eines ostdeutschen Staates wurden nun intensiviert und noch im Mai der Deutsche Volkskongress als Vorstufe einer verfassunggebenden Versammlung gewählt. Davon ausgehend erfolgte am 7. Oktober 1949 die Gründung der Deutschen Demokratischen Republik mit ihrer Hauptstadt Ostberlin. Dabei wurde mit der Konstituierung des Parlaments als dem formal höchsten Organ nach außen hin der Schein einer parlamentarischen Demokratie gewahrt. Tatsächlich spielten die demokratischen Institutionen aber keine entscheidende Rolle, da alle zentralen politischen Entscheidungen von der Führung der SED in Absprache mit der sowjetischen Besatzungsmacht getroffen wurden. Zwar waren mit der CDU, LDP sowie der Demokratischen Bauernpartei Deutschlands (DBD) und der National-Demokratischen Partei Deutschlands (NDPD), die beide 1948 neu gegründet worden waren, offiziell weitere Parteien im Parlament vertreten. Allerdings konnten diese Blockparteien nicht unabhängig von der SED agieren und dienten lediglich der Vortäuschung demokratischer Verhältnisse. Um den Führungsanspruch der SED in der politischen Praxis zur Geltung zu bringen, wurde im Zuge der Staatsgründung eine Doppelstruktur aus staatlichen Stellen und Parteistellen geschaffen. Dabei gaben die Führungsgremien der SED – das Zentralkomitee (ZK), das Politbüro und das Sekretariat des ZK – nicht nur die Leitlinien der Politik vor, sondern ließen sich alle wichtigen Entscheidungen der Regierung, des Parlaments oder einzelner Minister vor ihrer Ausführung vorlegen und segneten diese ab.[4]

Die Gründung der DDR beendete formal die sowjetische Besatzung in Deutschland. Dementsprechend übertrug die SMAD ihre administrativen Funktionen am 10. Oktober an die DDR-Regierung und wurde in die Sowjetischen Kontrollkommission (SKK) umgewandelt. Auch wenn das Personal dieses Kontroll- und Beratungsorgans in den Folgejahren schrittweise reduziert wurde, blieb der maßgebliche sowjetische Einfluss auf zentrale Fragen von Politik, Wirtschaft, innerer Sicherheit, Justiz und Verwaltung erhalten.[5]

Die Herrschaft der SED war von Beginn an durch eine Mischung aus sozialistischer Ideologie und pragmatischen Überlegungen geprägt. Ausgehend von der Idee des Klassenkampfes zwischen den „werktätigen" Teilen der Bevölkerung auf der einen und den kapitalistischen „Ausbeutern" auf der anderen Seite bestand das langfristige Ziel in der Errichtung einer sozialistischen Gesellschaft nach sowjetischem Vorbild, deren Überlegenheit gegenüber dem westlichen, kapitalistischen System sich zwangsläufig aus der Geschichte ableite. Um dieses Ziel zu erreichen, sollte die Herrschaft der Arbeiter und der SED als ihrem Repräsentanten gefestigt, die Eigentumsverhältnisse neu geordnet und das Denken der Bevölkerung durch eine sozialistische Erziehung langfristig verändert werden. Die Anwendung von Gewalt gegen die Gegner dieser Ideen wurde dabei ausdrücklich als legitimes und notwendiges Mittel der Herrschaftsausübung angesehen. Seit Beginn ihrer Existenz war die Verwirklichung der kommunistischen Utopie für die Politik der SED handlungsleitend. Jedoch war der Parteiführung klar, dass die dafür notwendigen Schritte nicht kurzfristig und ohne Kompromisse vollständig umgesetzt werden konnten, ohne die eigene Macht zu gefährden. Vor diesem Hintergrund war die Herrschaft der SED in den folgenden Jahrzehnten häufig von Widersprüchen geprägt und gestaltete sich als eine Abfolge von Phasen unnachgiebiger ideologischer Politik und Zeiten zumindest begrenzter Kompromissbereitschaft und Zurückhaltung.[6]

Nach der Gründung der DDR war die SED-Spitze unter der Führung von Walter Ulbricht zunächst bestrebt, ihre Macht weiter auszubauen. Dazu wurden einerseits abweichende Meinungen innerhalb der eigenen Partei bekämpft und infolge einer Mitgliederüberprüfung im Jahr 1950 mehr als 150 000 als politisch unzuverlässig eingestufte Mitglieder ausgeschlossen. Andererseits gelang es der SED-Führung, ihren Einfluss auf die bis dahin zumindest teilweise unabhängig agierenden Blockparteien CDU und LDP auszuweiten und ihre Vormachtstellung im neu etablierten politischen System durch die Anpassung der Wahlregularien abzusichern.[7] Begleitet wurde die schrittweise Ausweitung der SED-Herrschaft von einer Militarisierung von Staat und Gesellschaft, die unter anderem in der Gründung der Kasernierten Volkspolizei als Vorform einer regulären Armee ihren Ausdruck fand, sowie von einer Wirtschaftspolitik, die in erster Linie auf die Stärkung der Schwerindustrie abzielte. All diese Maßnahmen dienten dem Aufbau eines sozialistischen Staates nach sowjetischem Vorbild, auch wenn sich die SED-Führung zunächst nicht öffentlich zu diesem Ziel bekannte.[8]

Das änderte sich erst im Frühjahr 1952. Im März hatte Stalin sich in einer diplomatischen Note an die Westalliierten gewendet und die Schaffung eines neutralen Gesamtdeutschlands in Aussicht gestellt. Die einstigen Bündnispartner der Sowjetunion sahen diesen Vorstoß jedoch lediglich als den Versuch an, die geplante

Einbindung der BRD in das westliche Verteidigungsbündnis zu verhindern, und lehnten ab.[9] Als Konsequenz daraus entsprach der sowjetische Diktator dem Wunsch der SED, die sozialistische Umgestaltung der DDR zu intensivieren, ohne dabei auf die öffentliche Meinung Rücksicht nehmen zu müssen. Auf der II. SED-Parteikonferenz im Juli 1952 kündigte der mittlerweile zum Generalsekretär gewählte Walter Ulbricht daher den „Aufbau des Sozialismus“ und die „Verschärfung des Klassenkampfes“ an. Damit einher ging nicht nur die Abriegelung der innerdeutschen Grenze und die Gründung der Nationalen Volksarmee (NVA), sondern auch eine territoriale Neuordnung des Landes, bei der die Länderstruktur durch Bezirke ersetzt und dadurch die letzten Reste regionaler Selbstverwaltung beseitigt wurden. Darüber hinaus forcierte die SED-Führung den Umbau der Wirtschaft nach sowjetischem Vorbild, richtete die Schul- und Kulturpolitik streng an der sozialistischen Ideologie aus und versuchte, den Einfluss der christlichen Kirchen zurückzudrängen.[10]

1.1.2 Der Repressionsapparat formiert sich

Begleitet worden war der schrittweise Aufbau der SED-Herrschaft von Beginn an durch den umfassenden Einsatz von Repressionen. Richteten sich die Verhaftungen in der unmittelbaren Nachkriegszeit vor allem gegen NS-Belastete, gerieten ab 1946 verstärkt all jene Personen ins Visier, die als Gegner der SED-Führung wahrgenommen wurden. Das umfasste zum einen Abweichler innerhalb der SED sowie die Mitglieder der bürgerlichen Parteien CDU, SPD und LDP. Zum anderen waren aber auch SED-kritische Intellektuelle betroffen sowie Handwerker, Unternehmer und Bauern, denen Verstöße gegen das im Rahmen der Einführung der Planwirtschaft verschärfte Wirtschaftsrecht vorgeworfen wurde.[11] Geplant und ausgeführt wurden die Verfolgungsmaßnahmen weiterhin zu einem Großteil von den sowjetischen Sicherheitsdiensten und den Sowjetischen Militärtribunalen (SMT), die noch bis 1955 tätig waren und bis dahin insgesamt fast 40 000 Deutsche verurteilten.[12]

Gleichzeitig wurden nach und nach die Voraussetzungen dafür geschaffen, die politische Strafjustiz an die DDR-Organe zu übertragen. Ein erster Schritt dazu war die Auflösung der drei noch existierenden sowjetischen Speziallager im Frühjahr 1950. Etwa die Hälfte der 30 000 verbliebenen Insassen wurde freigelassen. Ungefähr 10 500 der von den SMT verurteilten Häftlinge wurden in deutsche Strafvollzugseinrichtungen überstellt und weitere 3300 Personen in den Waldheimer Prozessen in Schnellverfahren ohne Verteidigung, Beweisaufnahme oder Zeugenvernehmungen verurteilt und in den meisten Fällen ebenfalls in deutschen Gefängnissen inhaftiert. In 33 Fällen wurden überdies Todesstrafen ausgesprochen.[13]

Als weiterer wichtiger Baustein für das Repressionssystem wurde der Aufbau einer der SED treu ergebenen Justiz angesehen. Im Rahmen der Entnazifizierung waren nach Kriegsende mehr als drei Viertel aller Richter und Staatsanwälte aus dem Dienst entlassen worden. Sie wurden in großer Zahl durch politisch zuverlässige, also der KPD bzw. SED nahestehende Laien ersetzt, die in Schnellkursen auf ihre jeweilige Funktion als sogenannte Volksrichter vorbereitet wurden. Ab 1948 leitete die SED die Zentralisierung, Politisierung und Sowjetisierung der Justiz ein. Dazu wurden zum einen die Organisationsstrukturen und das Strafprozessrecht in Teilen an das sowjetische Vorbild angepasst und zum anderen das verbliebene nichtsozialistische Personal durch SED-Mitglieder ersetzt. Diese Neuordnung war bis 1952 weitgehend abgeschlossen und resultierte in einem Justizwesen, das für den „verschärften Klassenkampf" vorbereitet war.[14]

Einen ähnlichen Transformationsprozess durchlief die Polizei. Nach ihrer Neuorganisation im Jahr 1945 war sie unter Anleitung der SMAD zunächst ausschließlich für Ordnungsaufgaben zuständig. Gleichzeitig wurde sie jedoch von Beginn an in die Repressionspolitik der Besatzungsbehörden eingebunden und war als Hilfsorgan der sowjetischen Geheimdienste vor allem ab dem Ende der 1940er Jahre an der Verfolgung vermeintlicher oder tatsächlicher Regimegegner beteiligt. Das spiegelte sich auch in der Rekrutierung des Personals wider, die in erster Linie nach politischen Kriterien erfolgte. Während die Leitungspositionen häufig mit ehemaligen Widerstandskämpfern und langjährigen Mitgliedern der KPD besetzt wurden, rekrutierte sich die Mehrzahl der einfachen Polizisten aus überwiegend kaum gebildeten, aber politisch zuverlässigen Arbeitern. In den Jahren nach der Staatsgründung wurde der Polizeiapparat kontinuierlich ausgebaut und umfasste 1952 schon über 60 000 Mitarbeiter. Zwar verfügte die Volkspolizei im Vergleich zu den anderen Sicherheitsorganen und dem Militär über weniger Ressourcen, gleichzeitig war sie aber besonders in den ländlichen Gebieten einer der sichtbarsten Repräsentanten der neuen Staatsmacht.[15]

Ein letzter grundlegender Schritt bei der Errichtung des Repressionsapparates war die Gründung des Ministeriums für Staatssicherheit (MfS) im Februar 1950. Als „Schild und Schwert der Partei" war das MfS von Beginn an eng an die SED-Führung gebunden und sollte als Geheimdienst äußere Gefahren abwehren und als Geheimpolizei die Gegner im Inneren bekämpfen. Bereits während der Besatzungszeit war mit dem Dezernat 5 der Kriminalpolizei (K5) eine für politische Kriminalität zuständige Abteilung innerhalb der Volkspolizei geschaffen worden, die jedoch ausschließlich als Hilfsorgan für die sowjetischen Sicherheitsdienste agiert hatte. Im Frühjahr 1949 entsprach Stalin dann dem Wunsch der SED-Führung, eine eigenständige deutsche Geheimpolizei zu gründen, und erlaubte im Zuge der Staatsgründung die Einrichtung der „Hauptverwaltung für den Schutz des Volkseigentums", die wenige Monate später zum Ministerium für Staatssicherheit wurde. Das Führungspersonal der Geheimpolizei umfasste ca. 85 Deutsche,[16] die zur ersten Generation der kommunistischen Bewegung gehört hatten und von Gewalterfahrungen in Deutschland und der Sowjetunion geprägt waren. Ähnlich wie bei der Volkspolizei bestand das übrige Personal überwiegend aus sehr jungen Männern, die aus sozial unterprivilegierten Verhältnissen stammten und meist nur über einen sehr niedrigen Bildungsstand verfügten, sich aber durch große Loyalität gegenüber dem neuen Regime auszeichneten. Die fehlende fachliche und allgemeine Qualifikation der MfS-Mitarbeiter führte in der Praxis zu zahlreichen Problemen, die selbst grundlegende Aufgaben der Polizeiarbeit wie das Abfassen von Vernehmungsprotokollen betraf. Infolgedessen konnte das MfS seinem Anspruch und Selbstbild eines elitären und diszipliniert agierenden Sicherheitsdienstes vor allem in den ersten Jahren seiner Existenz kaum gerecht werden und zeichnete sich in seinem Vorgehen weniger durch Geschick und Effizienz bei der Ermittlungsarbeit als durch große Brutalität aus. Während das MfS in den späteren Jahrzehnten der SED-Herrschaft zum dominierenden Akteur in der Repressionslandschaft der DDR wurde, war dies in der Anfangszeit noch nicht absehbar. So konkurrierte die Geheimpolizei in den ersten Jahren nach ihrer Gründung mit der Justiz sowie verschiedenen anderen offen oder verdeckt operierenden Überwachungsorganen um die Kompetenzen bei der politischen Strafverfolgung. Darüber hinaus war der MfS-Apparat sowie das damit verbundene Netz an Informanten anfangs noch vergleichsweise klein. Aus diesem Grund war die Geheimpolizei bis 1953 vor allem in den ländlichen Gebieten kaum präsent und verfügte beispielsweise im einwohnerschwachen Norden der DDR in vielen Kreisen nur über sieben bis acht Mitarbeiter.[17]

1.1.3 Die Umgestaltung der Landwirtschaft beginnt

Eine der ersten Maßnahmen des Gesellschaftsumbaus in der SBZ und der Ausgangpunkt der Landwirtschaftspolitik war die Bodenreform. Dabei wurden ab Herbst 1945 alle Großgrundbesitzer mit

Landbesitz von mehr als 100 Hektar sowie als „aktive Nationalsozialisten“ und „Kriegsverbrecher“ eingestufte Eigentümer entschädigungslos enteignet und das frei werdende Land an landlose Bauern, Landarbeiter und Flüchtlinge bzw. Vertriebene aus den ehemaligen Ostgebieten verteilt. Das Ziel dieser Neuordnung der Besitzverhältnisse war die grundlegende Veränderung des Sozial- und Machtgefüges auf dem Land. So sollten die bis dahin einflussreichen Gutsbesitzer entmachtet und die unterprivilegierten Schichten der Landbevölkerung sowie die als „Umsiedler“ bezeichneten Vertriebenen gestärkt und als sogenannte Neubauern dazu befähigt werden, ihren Lebensunterhalt eigenständig zu bestreiten.[18]

Nach der Bodenreform teilte die SED die Bauern entsprechend der ihnen zur Verfügung stehenden Ackerfläche in drei Gruppen ein. Kleinbauern bearbeiteten bis zu 10 Hektar Land, Mittelbauern verfügten über eine Fläche von 10 bis 20 Hektar und „Großbauern“[19] bewirtschafteten eine Fläche bis 100 Hektar. Diese Einteilung war in erster Linie ideologisch begründet und schaffte die Grundlage für den Umgang der SED mit den Landwirten in den folgenden Jahren. Während sich die SED als Interessenvertreter der Klein- und Mittelbauern als den sogenannten werktätigen Bauern verstand, betrachtete sie die „Großbauern“ als eine feindliche soziale Klasse, die die ärmere Landbevölkerung ausbeute und die sozialistischen Ideen ablehne.[20]

Ungeachtet dieser Freund-Feind-Zuschreibung richtete sich die Landwirtschaftspolitik von SED und SMAD bis 1948 nicht direkt gegen die „Großbauern“. Der Grund für diese Zurückhaltung lag neben der sowjetischen Deutschlandpolitik vor allem in der wirtschaftlichen Bedeutung dieser Gruppe. So handelte es sich bei ihnen häufig um erfahrene und gut ausgestattete Bauern, die hohe Ernteerträge erzielten und daher überaus wichtig für die Lebensmittelversorgung der Bevölkerung waren. Dagegen befand sich vor allem unter den Kleinbauern eine große Zahl von Neubauern, die häufig über wenig oder gar keine Erfahrung in der Landwirtschaft verfügten und zudem in vielen Fällen nicht die notwendigen Maschinen besaßen, um die ihnen übertragenen Ackerflächen effizient bewirtschaften zu können. Die SED konzentrierte sich in erster Linie darauf, die Neubauern zu unterstützen und auf diese Weise sowohl deren Existenz zu sichern als auch die landwirtschaftliche Produktion insgesamt anzukurbeln. Zu diesem Zweck wurde die Vereinigung der gegenseitigen Bauernhilfe (VdgB) gegründet und darüber hinaus Maschinen-Ausleih-Stationen (MAS) eingerichtet, die den Bauern die benötigten Landmaschinen gegen eine Leihgebühr zur Verfügung stellen sollten.[21]

Auch wenn bei der gezielten Förderung der Klein- und Mittelbauern zunächst wirtschaftliche Motive handlungsleitend waren, verfolgte die SED damit von Beginn an auch politische Ziele. So sollte durch die Stärkung der „werktätigen" Landwirte der Einfluss der „Großbauern" schrittweise zurückgedrängt werden. In der Praxis war von einer Veränderung der Machtverhältnisse jedoch in den ersten Jahren nach der Bodenreform wenig zu spüren. Während viele Klein- und Mittelbauern bis 1948 wirtschaftlich schwach blieben und trotz Einrichtung der MAS noch immer davon abhängig waren, Landmaschinen von den „Großbauern" auszuleihen, erzielten Letztere häufig hohe Gewinne und konnten ihren Einfluss auf die Dorfgemeinschaften aufrechterhalten oder sogar ausbauen – ein aus Sicht der SED unhaltbarer Zustand.[22]

Hatte die SED bis Mitte 1948 darauf verzichtet, aktive Maßnahmen gegen die „Großbauern" durchzuführen, änderte sich dies im Zuge der nun eingeleiteten verstärkten Sowjetisierung Ostdeutschlands. Ausgangspunkt der neuen Politik war die 11. Tagung des SED-Vorstandes im Juni 1948, auf der die Parteiführung ihre Rhetorik gegenüber den „Großbauern" verschärfte. So wurden diese nun auch öffentlich als Ausbeuter der „werktätigen" Bauern gebrandmarkt und ihre Zurückdrängung aus allen Sphären des dörflichen Lebens zum Ziel erklärt. Zu diesem Zweck sollten lokale Kontrollkommissionen, die im Jahr zuvor zur Bekämpfung des Schwarzmarkthandels gegründet worden waren, den Einfluss der „Großbauern“ in den Dorfgemeinschaften ermitteln und entsprechende Gegenmaßnahmen einleiten. Darüber hinaus wurde im Folgejahr das Steuerrecht so angepasst, dass die „Großbauern“ pro Hektar Land bis 30 Prozent mehr Steuern zahlen mussten als die Kleinbauern. Während diese Maßnahmen die wirtschaftliche Leistungsfähigkeit der betroffenen Landwirte nachhaltig schwächen sollte, wurden gleichzeitig die Anforderungen an diese Gruppe der Bauern sukzessive angehoben. Das entscheidende Mittel dafür war die Erhöhung der Ablieferungsquoten.[23]

Wie in der Planwirtschaft nach sowjetischem Vorbild üblich, konnten die Bauern nicht frei über die Menge und den Vertrieb der von ihnen produzierten landwirtschaftlichen Produkte entscheiden. Vielmehr wurde ihnen von staatlichen Funktionären entsprechend der Größe ihrer Ackerfläche vorgeschrieben, wie viel pflanzliche und tierische Erzeugnisse sie im jeweiligen Jahr zu einem festen Preis bei staatlichen Stellen abzuliefern hatten. Lediglich die darüber hinaus erwirtschafteten landwirtschaftlichen Erzeugnisse durften als sogenannte freie Spitzen von den Bauern selbst verkauft werden. Wer die vorgegebenen Ablieferungsquoten nicht erfüllte, musste mit harten Strafen rechnen, die von der Beschlagnahmung von landwirtschaftlichen Gütern bis hin zu Gefängnisstrafen reichen konnten. Ab 1949 nutzte die SED diesen Steuerungsmechanismus gezielt, um die „Großbauern“ unter Druck zu setzen, und erhöhte die Quoten bis Anfang 1952 schrittweise um bis zu 44 Prozent. Ab Beginn der 1950er Jahre konnten immer mehr der betroffenen Bauern diesem Druck nicht mehr standhalten und sahen sich gezwungen, ihre Bauernhöfe aufzugeben. So entschieden sich von den Landwirten mit einer Ackerfläche von mindestens 20 Hektar bis Ende 1951 mehr als 3300 dazu, ihre Bauernhöfe zu verlassen und zu einem großen Teil in die Bundesrepublik zu flüchten, um sich dort eine neue Existenz aufzubauen.[24]

Während die SED die Gruppe der Großbauern wie geplant schwächen konnte, blieben zwei zentrale Probleme der Landwirtschaftspolitik ungelöst. Zum einen gelang es vielen Neubauern trotz staatlicher Unterstützung nicht, das ihnen übertragene Land gewinnbringend zu bewirtschaften. Das führte dazu, dass viele Landwirte dieser Gruppe ebenfalls ihre Höfe aufgaben und in der Folge immer größere landwirtschaftliche Nutzflächen brachlagen. Zum anderen war die SED trotz ihres Engagements für die Klein- und Mittelbauern nicht in der Lage, diese Gruppe von der eigenen Politik zu überzeugen und an sich zu binden. Indem man sich auf die Seite der vermeintlich unterdrückten und ausgebeuteten „werktätigen" Bauern stellte, hatte die Partei gehofft, diesen Teil der Landbevölkerung vom Sozialismus zu überzeugen und sie gleichzeitig gegen die „Großbauern" als den vermeintlichen „Klassenfeind" aufzuhetzen. In der Praxis zeigte sich jedoch, dass der Zusammenhalt in vielen dörflichen Gemeinschaften stärker war als die ideologischen Grundannahmen der SED. So kam es statt des von der Partei erwarteten „Klassenkampfes von unten" insbesondere ab 1951 an verschiedenen Orten zu Solidaritätsbekundungen der Dorfbevölkerung mit den von Repressionen bedrohten „Großbauern".[25]

Bis Anfang 1952 war die Landwirtschaftspolitik der SED also nur teilweise von Erfolg gekrönt. Zwar gelang es auf der einen Seite, die Ernteerträge zu stabilisieren und den Gesamtumfang der landwirtschaftlichen Produktion in vielen Bereichen wieder auf das Vorkriegsniveau zu heben. Auf der anderen Seite stand die SED 1952 aber sowohl vor dem Problem, das durch die zunehmende Landflucht frei werdende Ackerland in den landwirtschaftlichen Produktionsprozess zu integrieren, als auch vor der Herausforderung, das eigene Klientel in seine Politik einzubinden und auf diese Weise die eigene Herrschaft auf dem Land zu sichern.[26]

1.2 Die Erzählung in Quellen

1.2.1 Die Kollektivierung beginnt – Die Gründung der ersten Genossenschaften

Vor dem Hintergrund der Probleme in der Landwirtschaft trat im Frühjahr 1952 eine Idee in den Fokus der SED-Politik, die in den Jahren zuvor bereits in anderen osteuropäischen Ländern in die Praxis umgesetzt worden war: die Kollektivierung der Landwirtschaft. Damit ist der Übergang von einer überwiegend in kleineren Privatbetrieben organisierten Landwirtschaft hin zu einer Bearbeitung der landwirtschaftlichen Nutzflächen durch Großbetriebe gemeint, in denen die Bauern Pflanzen- und Viehwirtschaft gemeinschaftlich betreiben. Ihren Ursprung hatte die Kollektivierung in der Sowjetunion, wo zwischen 1929 und 1933 in einer landesweiten Kampagne Landwirte enteignet, ihr Besitz verstaatlicht und auf dessen Grundlage Kollektivbetriebe, sogenannte Kolchosen, gegründet wurden. Dieser Umwälzungsprozess war von massiver Gewalt begleitet, die den Widerstand der Bauern brechen sollte und zur Hinrichtung von Tausenden sowie zur Vertreibung von Millionen von Landwirten führte. Im Zentrum dieser Repressionswelle standen die wohlhabenderen Bauern, die vom Staat als „Kulaken" bezeichnet und als „innerer Feind" bekämpft wurden.[27]

In der SBZ waren unter der Landbevölkerung bereits nach Abschluss der Bodenreform Gerüchte darüber aufgekommen, dass es bald zu einer neuerlichen, diesmal alle Landwirte erfassenden Enteignungswelle und zur Bildung von Kolchosen nach sowjetischem Vorbild kommen würde. Die SED-Führung trat diesen bis in die beginnenden 1950er Jahre anhaltenden Spekulationen entschieden entgegen und brandmarkte sie als Propaganda des Westens, die die Landbevölkerung in der DDR verunsichern sollte. Die in der Presse gebetsmühlenartig wiederholte Absage an die Bildung von Kollektivbetrieben war jedoch nur taktisch motiviert und vor allem der deutschlandpolitischen Situation geschuldet. So betonte die SED-Führung bis Anfang 1952 noch immer öffentlich, dass sie ein vereintes und demokratisches Deutschland schaffen wolle und ausdrücklich nicht die Errichtung des Sozialismus im ostdeutschen Teilstaat anstrebe. Da die Entwicklung der sowjetischen Landwirtschaft allseits bekannt war, hätte jeder Schritt in Richtung Kollektivierung diese Argumentation untergraben und wäre Wasser auf die Mühlen derjenigen Beobachter gewesen, die die DDR auf dem Weg in eine sozialistische Diktatur nach sowjetischem Vorbild sahen.[28]

Vor diesem Hintergrund reiste am 29. März 1952 die Führungsspitze der SED nach Moskau, um dort nach dem Scheitern der Stalin-Note mit der sowjetischen Führung zu Beratungen zum weiteren Vorgehen zusammenzukommen. Im Vordergrund der am 1. und 7. April stattfindenden Gespräche zwischen Stalin und der aus den Parteivorsitzenden Wilhelm Pieck und Otto Grotewohl, dem Generalsekretär des ZK Walter Ulbricht und dem Politbüromitglied Fred Oelßner bestehenden DDR-Delegation standen staats- und militärpolitische Themen wie der geplante Aufbau einer Armee der DDR und die Befestigung der innerdeutschen Grenze. Anders als von der SED-Führung beabsichtigt, lenkte Stalin die Diskussion aber auch auf die Situation auf dem Land.[29] Während er sich im ersten Zusammentreffen mit einer allgemeinen Auskunft über die Haltung der Bauern und die Lage der MAS zufriedengab,[30] stellte er beim zweiten Zusammentreffen die bisherige Agrarpolitik grundsätzlich infrage:

> Gen[osse] Stalin sagt, daß er eine zweite Frage hat. Er, Stalin, habe es so verstanden, daß es in der DDR überhaupt keine Kolchosen gibt und daß die Maschinen-Ausleihstationen nur für bäuerliche Privatwirtschaften Dienstleistungen erbringen.
>
> Gen. Ulbricht bestätigt das und fügt hinzu, daß wir die Gründung von Kolchosen sogar dort verboten haben, wo die Bauern

sie wollten, um die Bewegung für die Einheit Deutschlands nicht zu beeinträchtigen.

Gen. Stalin sagt, daß sie über die Kulaken [gemeint sind hier die „Großbauern", Anm. d. Verf.] klagten. Aber was ist das für eine Taktik, zu klagen?! Den Kulaken muß man umzingeln und um ihn herum Kolchosen gründen. Bei uns ging die Bildung der Kolchosen gleichzeitig mit der Entkulakisierung [Vertreibung und Repression gegen die „Kulaken", Anm. d. Verf.] vor sich. Für Sie taugt dieser Weg nicht. Soll der Kulak bei sich zu Hause sitzen. Rühren Sie ihn nicht an. Aber außer den Kulaken gibt es bei Ihnen im Dorf die Armut, die Seite an Seite mit dem Kulaken lebt. Sie muß man in eine Produktionsgenossenschaft einbeziehen. Wie viele arme Wirtschaften in eine Produktionsgenossenschaft eintreten – 5, 10 oder 15 –, das hat keine Bedeutung. Wichtig ist, daß sie sich organisieren. Jetzt hat die Armut keine Maschinen, das Saatgut reicht nicht, und es fehlt an den nötigen Kenntnissen und der Erfahrung für das Betreiben einer Wirtschaft. Deshalb ist es um ihre Ernte schlecht bestellt. Angesichts einer solchen Lage werden die armen Bauern ihre Wirtschaft ruinieren und sich zu den Arbeitslosen gesellen. Wenn Sie [aber] kleine Kolchosen gründen und ihnen helfen, die Wirtschaft in Gang zu bringen, dann denken die Bauern darüber nach, ob es besser ist, in eine Kolchose einzutreten oder allein, ohne Hilfe anderer dazusitzen. [...] Man muß den Produktionsgenossenschaften Vergünstigungen gewähren, so wie das seinerzeit bei uns der Fall war: Maschinen billiger überlassen und mit Saatgut und Beratung helfen. Falls Instrukteure für die Bildung der Kolchosen nötig sind, geben wir sie Ihnen. Wenn der Block der Parteien sich dagegen ausspricht, ist es natürlich eine andere Sache. Aber der Block kann keine Einwände erheben, wenn die Bauern [selbst] eine Produktionsgenossenschaft gründen wollen und wenn Sie den Bauern dabei helfen. Was ist [denn] daran schlecht? Sie werden selbst sehen, daß die Bauern diese Kolchosen aufsuchen werden, um zu sehen, wie das Leben auf neue Art sich macht.

Ich habe bemerkt, sagt Gen. Stalin, daß Sie den Bauern in Ihrer Politik keinen [besonderen] Wert beimessen. Das ist das alte sozialdemokratische Vorurteil hinsichtlich der Bauern. Wenn das so ist, dann muß man mit dieser Haltung Schluß machen.

Gen. Stalin fragt die deutschen Genossen, ob sie die Bauern bräuchten und ob diese ihnen Nahrungsmittel lieferten. Aber wenn sie die Bauern bräuchten, dann heißt das, daß man eine Basis für ein Bündnis mit der Bauernschaft haben muß.

Gen. Pieck sagt, daß [ihre] Feinde agitiert hätten, daß sie Kolchosen gründen wollten, als in der DDR die Bodenreform durchgeführt wurde. Die Bauern hatten ein starkes Vorurteil gegen die Kolchosen. Deshalb haben wir uns gefürchtet, die Frage der [Bildung von] Kolchosen aufzuwerfen. […]

Gen. Stalin sagt, daß man auf dem Dorf Produktionsgenossenschaften gründen und sie auch so nennen muß. Das bringt nur Vorteile. Sie werden unter den Bauern eine feste Stütze haben. In Ungarn entwickelt sich die Sache in dieser Hinsicht sehr gut. Und Sie hätten die Sache schon längst machen können. Agitation jeglicher Art darf man nicht schweigend hinnehmen, sondern muß mit Gegenagitation auftreten. Sie können sagen, daß die arme Bauernschaft in Produktionsgenossenschaften eintreten will und daß die Regierung sie dabei unterstützt.

Gen. Pieck sagt, daß das gut ist.

Gen. Stalin bemerkt, daß man den Genossenschaften Vergünstigungen gewähren muß: ihnen Maschinen billiger verkaufen und ihnen die ersten zwei Jahre mit Saatgut helfen. Dann werden sie stabiler. Also, ist das möglich?

Gen. Ulbricht sagt, daß das möglich ist. Das macht unsere Stellung auf dem Dorf leichter.

Gen. Stalin sagt: Natürlich, Sie bekommen Ihre Basis auf dem Dorf. Treiben Sie niemanden hinein: Wenn sie wollen – gut so, wenn sie nicht wollen, brauchen sie nicht. Die Bauern werden von selber in die Produktionsgenossenschaften eintreten. […] Man soll an der Hilfe für die Kolchosen nicht sparen; das zahlt sich später aus. Dann wird sich bei Ihnen ein Bündnis von Arbeitern und Bauern bilden. Doch ohne Bauern ist es für die Arbeiter schwer, sich allein zu behaupten. [Auch] für Sie ist die Hilfe von Seiten der Bauern nötig.

Gen. Ulbricht sagt, daß das Konsequenzen haben wird. Bisher haben wir in der DDR davon gesprochen, daß wir für ein demokratisches Deutschland eintreten, und haben eine Reihe von Maßnahmen nicht durchgeführt, die man bei einer Entwicklung in Richtung auf den Sozialismus durchführen muß: Wir haben auch niemals davon gesprochen, daß wir auf den Sozialismus zugehen.

Gen. Stalin sagt, daß das richtig war.

Gen. Ulbricht fragt, ob wir diese frühere Taktik fortsetzen sollen, nachdem sich in Deutschland eine so tiefe Spaltung ergeben hat.

Gen. Stalin sagt, daß man auch jetzt kein Geschrei um den Sozialismus zu machen braucht. Aber Produktionsgenossenschaften, das ist ein Stückchen Sozialismus, und Volkseigene Unternehmen sind ebenfalls Sozialismus. Natürlich muß man lavieren und sich gegenüber den Mittelschichten tarnen. […] Produktionsgenossenschaften auf dem Dorf – das ist ebenfalls ein Stück Sozialismus. Darum braucht man kein Geschrei zu machen. Wenn die Sache um die Produktionsgenossenschaften gut steht, dann wer-

> den alle Bauern die Vorteile und die Stärke der Genossenschaften erkennen, und dann werden sich die Bauern den Arbeitern zuwenden. Aber noch braucht man darüber keine großen Ankündigungen zu machen, weil Sie die Kolchosen nicht einfach aus der Tasche ziehen können. Meiner Meinung nach sollten Sie [aber] mit der Sache anfangen. Auch wenn in Deutschland zwei Staaten entstehen, braucht man den Sozialismus noch nicht groß anzukündigen: Kolchosen sollte man diese Wirtschaften [deshalb] auch vorerst nicht nennen, sondern man sollte sie Produktionsgenossenschaften nennen.
>
> Gen. Pieck sagt, daß die Frage der Produktionsgenossenschaft ernsthaft erörtert werden muß und daß in der Partei Klarheit in dieser Frage geschaffen werden muß.
>
> Gen. Stalin sagt: Gründen Sie zunächst einmal einige Kolchosen, und erörtern Sie dann die Sache in der Partei. Gegenwärtig gibt es für eine Erörterung bei Ihnen kein Material. Und lachend bemerkt der Gen. Stalin, daß am Anfang die Tat war, und dann das Wort.[31]

Dieser Auszug aus den Gesprächsprotokollen vom 4. Juli 1952 macht deutlich, dass die Initiative zur Kollektivierung der Landwirtschaft in der DDR von Stalin ausging. Während Ulbricht und Pieck mehrfach ihre Bedenken gegen die Gründung von Landwirtschaftlichen Produktionsgenossenschaften (LPG) vorbrachten und dabei sowohl auf die Vorbehalte in der Bauernschaft als auch auf die Außenwirkung eines solchen Schrittes verwiesen, ließ Stalin diese Einwände nicht gelten und forderte die Schaffung von Kollektivwirtschaften als notwendigen nächsten Schritt. Mit umfassender staatlicher Unterstützung sollten die LPG als attraktive Alternative zu den kleinen Privatwirtschaften aufgebaut werden und auf diese Weise nicht nur die Großbauern isoliert und in ihrer Machtposition geschwächt, sondern auch die Loyalität der Klein-

und Mittelbauern gewonnen und damit die Herrschaft der SED auf dem Land gefestigt werden. Bemerkenswert an Stalins Argumentation ist zum einen der zum Ausdruck kommende Optimismus und die Überzeugung, dass die „werktätigen" Bauern bzw. die „Dorfarmut" die Vorzüge der Kollektivwirtschaften zweifellos erkennen und den LPG letztlich aus freien Stücken beitreten würden. Zum anderen fällt die nachdrückliche Forderung des sowjetischen Diktators auf, bei den LPG-Gründungen auf jeglichen Zwang zu verzichten und überdies keine weiteren Maßnahmen gegen die „Großbauern" zu ergreifen – war es doch Stalin gewesen, der die von Gewaltexzessen und Verschleppungen geprägte Kollektivierung in der Sowjetunion zu verantworten hatte.

Nach der Rückkehr in die DDR leitete die SED-Führung den von der Sowjetunion geforderten Kurswechsel in der Landwirtschaftspolitik ein und begann mit den Vorbereitungen für die Bildung von Produktionsgenossenschaften. Wie von Stalin vorgegeben, ging sie dabei überaus vorsichtig vor und weihte zunächst weder die Öffentlichkeit noch das ZK und die Landesleitungen der Partei in die geplante Wende in der Agrarpolitik ein. Stattdessen wurden zunächst Delegationen nach Ungarn und Polen entsandt, um Erfahrungswerte über die praktische Umsetzung der Kollektivierung einzuholen, und es wurde damit begonnen, in Vorbereitung auf die LPG-Gründungen das System der MAS auszubauen. Anfang Juni 1952 informierte Ulbricht auf einer Konferenz der 1. Kreissekretäre der SED schließlich die Funktionäre auf lokaler Ebene über den neuen Kurs,[32] bevor er die neue Landwirtschaftspolitik auf der II. Parteikonferenz der SED einen Monat später als wichtigen Bestandteil des „Aufbaus des Sozialismus" dann auch offiziell verkündete:

> Die II. Parteikonferenz stellt fest:
> [...]
> Sechstens: Die politischen und die ökonomischen Bedingungen sowie das Bewußtsein der Arbeiterklasse und der Mehrheit der

> Werktätigen sind so weit entwickelt, daß der Aufbau des Sozialismus zur grundlegenden Aufgabe in der Deutschen Demokratischen Republik geworden ist. Das deutsche Volk, aus dem die bedeutendsten deutschen Wissenschaftler Karl Marx und Friedrich Engels, die Begründer des wissenschaftlichen Sozialismus, hervorgegangen sind, wird unter der Führung der Arbeiterklasse die große Idee des Sozialismus verwirklichen.
> Siebentens: Das Hauptinstrument bei der Schaffung der Grundlagen des Sozialismus ist die Staatsmacht. Deshalb gilt es, die volksdemokratischen Grundlagen der Staatsmacht ständig zu festigen. Die führende Rolle hat die Arbeiterklasse, die das Bündnis mit den werktätigen Bauern, der Intelligenz und anderen Schichten der Werktätigen geschlossen hat. Es ist zu beachten, daß die Verschärfung des Klassenkampfes unvermeidlich ist und die Werktätigen den Widerstand der feindlichen Kräfte brechen müssen.
> Achtens: *Der Aufbau des Sozialismus erfordert*:
> […]
> Den Landarbeitern und werktätigen Bauern, die sich auf völlig freiwilliger Grundlage zu Produktionsgenossenschaften zusammenschließen, ist die notwendige Hilfe zu gewähren und dadurch zugleich das Bündnis der Arbeiterklasse mit den werktätigen Bauern zu festigen. Gleichzeitig ist im Rahmen der Bündnispolitik die Zusammenarbeit mit den individuell arbeitenden Klein- und Mittelbauern weiter zu stärken und die gegenseitige Hilfe, die unter der Leitung der VdgB (BHG [Bäuerliche Handelsgenossenschaft]) erfolgt, weiterzuführen. Das geringschätzige Verhalten zur Bauernschaft, das ein Ausdruck des Sozialdemokratismus ist, muß entschieden überwunden werden.[33]

Die Abschlusserklärung der II. Parteikonferenz ordnete die staatlich unterstützen LPG-Gründungen in einen größeren ideologischen Kontext ein und präsentierte sie als einen wichtigen Schritt auf dem Weg hin zur Verwirklichung der sozialistischen Utopie.

Dabei war sie jedoch sehr allgemein formuliert und blieb im Hinblick auf die praktische Umsetzung des neuen agrarpolitischen Kurses vage. Fest stand lediglich, dass die Schaffung von Kollektivwirtschaften ausdrücklich auf Wunsch der Bauern erfolgen und der Eintritt in die LPG auf der freien Entscheidung eines jeden Landwirtes beruhen sollte, wobei die Beteiligung der „Großbauern" ausdrücklich nicht vorgesehen war.

Dieser Ankündigung folgend agierte die Staats- und Parteiführung zunächst noch relativ zurückhaltend und beschränkte sich darauf, möglichst gute Rahmenbedingungen für die Bildung von Kollektivwirtschaften zu schaffen. Dazu hatte sie bereits im Vorfeld der Parteikonferenz die Einrichtung einiger weniger Muster-LPG initiiert, die als Vorbild und Idealtyp für die weiteren Genossenschaftsgründungen dienen sollten. An diese Vorbereitungen anschließend versuchte die SED-Führung, die Gründungen nun vor allem dadurch herbeizuführen, dass sie den Landwirten großzügige Vergünstigungen in Aussicht stellte. So erhielten Mitglieder der Genossenschaften nicht nur einen privilegierten Zugang zu hochwertigem Saatgut und günstigere Tarife beim Ausleihen von Landmaschinen, sondern profitierten auch von erheblichen Steuervorteilen sowie zeitweise gesenkten Ablieferungsquoten. Darüber hinaus überließ es die SED-Führung ihren lokalen Parteiorganisationen, die LPG-Gründungen organisatorisch zu unterstützen, ohne konkrete Vorgaben zu machen.[34]

Die SED-Führung ging genau wie Stalin davon aus, dass die unterstützenden Maßnahmen ausreichen würden, um eine Eigendynamik in Gang zu setzen, im Zuge derer sich die Klein- und Mittelbauern nach und nach den LPG anschließen würden. Diese Hoffnungen schienen sich zunächst zu bestätigen und bis Mitte August 1952 stieg die Zahl der neu gegründeten LPG auf fast 800 an.[35] Gleichzeitig trat jedoch eine Reihe von grundsätzlichen Problemen zutage, die das Voranschreiten der Kollektivierung zu gefährden drohten. Beispielhaft zeigt sich dies an einem Bericht der SED-Bezirksleitung Potsdam vom 27. August, der ein zwiespältiges Zwischenfazit zur Entwicklung in den ersten Wochen nach der Parteikonferenz zog:

Die LPG Drackendorf im Bezirk Gera. Der feierliche Beginn der Aussaat.

> Betr.: Entwicklung der Produktionsgenossenschaften im Bezirk Potsdam
>
> […]
>
> Der Beschluß der II. Parteikonferenz der SED zum Aufbau des Sozialismus in der DDR findet unter der Landbevölkerung, besonders unter den werktätigen Bauern breite Zustimmung. In vielen Versammlungen diskutieren die werktätigen Bauern und Landarbeiter besonders die Fragen der Produktionsgenossenschaft, die ein entscheidendes Mittel zum Aufbau des Sozialismus in der Landwirtschaft ist.
>
> Aus der Erkenntnis der Richtigkeit dieses Weges wurden in zahlreichen Dörfern Produktionsgenossenschaften gegründet, eine große Anzahl Gründungskomitees gebildet und in vielen Orten werden vorbereitende Arbeiten zur Bildung von Komitees getroffen. […]

In der Entwicklung der Produktionsgenossenschaften zeigt sich jedoch ein unterschiedliches Bild.

Eine besonders gute Entwicklung hat die Produktionsgenossenschaft Gortz aufzuweisen, wo sich der Mitgliederstand in kurzer Zeit von 39 auf 44 erhöht hat und nur noch 6 werktätige Bauern im Dorf individuell arbeiten.

Große Schwächen in ihrer Festigung zeigt die Produktionsgenossenschaft Schönholz. Es wird keine gemeinschaftliche Arbeit durchgeführt. Fruchtfolge- und Druschpläne sowie Arbeitspläne wurden noch nicht ausgearbeitet. Faktisch bestand die Genossenschaft nur auf dem Papier. Die Ursachen dieses Zustandes liegen in der ungenügenden Unterstützung seitens der Kreisleitung, Verwaltung und MAS sowie in der ungenügenden Klarheit der Mitglieder. Die Mitglieder äußern Argumente wie: „In Russland sind wir der Kolchosarbeit entflohen und hier in der DDR sind wir darauf reingefallen." Solche Auffassungen werden in erster Linie begünstigt durch die Mängel und Schwächen im Ort, die im Kreis bekannt sind, jedoch nicht beseitigt wurden. So wird das Neubauern-Bauprogramm schleppend durchgeführt, die Kredite sind erschöpft und die Häuser nicht fertiggestellt. Hinzu kommt das Fehlen von elektrischem Licht sowie die mangelhafte Versorgung mit Petroleum. Die praktische Auswirkung dieser schlechten Arbeit ist, daß die Kraft und Zuversicht der werktätigen Bauern zur weiteren Arbeit geschwächt wurde. [...]

Schlußfolgerungen:
Die werktätigen Bauern folgen in ihrer Mehrzahl den Beschlüssen der II. Parteikonferenz und gehen an den planmäßigen Aufbau des Sozialismus. Sie ringen dabei um völlige Klarheit, besonders in den Fragen der Produktionsgenossenschaften. Alle Parteiorganisationen auf dem Lande müssen deshalb die Aufklärungsarbeit verstärken und die Genossen müssen offensiver argumentieren zur Zerschlagung der Lügen und Hetze der reaktionären Elemente im Dorf.[36]

Ungeachtet des Optimismus, der zu Beginn und am Ende des Berichts zum Ausdruck kommt, waren Probleme wie in Schönholz im ganzen Land zu beobachten. Im Gegensatz zu vielen Neubauern, die die LPG als echte Chance für die Verbesserung der eigenen Lebens- und Arbeitsbedingungen begriffen, nahm ein beträchtlicher Teil der Landwirte lediglich die Vergünstigungen der LPG-Mitgliedschaft in Anspruch, ohne sich ernsthaft an der gemeinsamen Arbeit zu beteiligen, oder lehnte das genossenschaftliche Wirtschaften rundheraus ab.[37] Um diesen Missstand zu beheben, mahnte der Autor des Berichtes eine verstärkte Initiative der örtlichen Parteiorganisationen an. In der Praxis trugen die lokalen SED-Funktionäre häufig jedoch nicht zur Verbesserung der Situation bei, sondern waren vielmehr selbst Teil des Problems. Während einige Parteimitglieder die Bauern unter Druck setzten und damit das Prinzip der Freiwilligkeit verletzten, stellten SED-Repräsentanten andernorts die Sinnhaftigkeit des genossenschaftlichen Arbeitens infrage oder positionierten sich gar offen gegen die Gründung einer LPG in ihrem Dorf. So heißt es in einem Bericht der SED-Bezirksleitung Potsdam:

> Der Bürgermeister der Gemeinde Gussow, Gen. Krischinsky, erklärte, dass zwar einige werktätige Bauern bereit sind, eine LPG zu gründen, [dies] aber zwecklos sei, da es sich um schwache Betriebe handele. Im gleichen Atemzuge erklärte er aber, [dass] die Schuld bei diesen Betrieben [liege], nicht bei den werktätigen Bauern selbst. Sie wären tüchtig, haben aber diese Betriebe erst vor einigen Jahren in völlig verwahrlostem Zustand übernommen und in einem Fall sei Unglück im Viehstall aufgetreten. [...]
>
> Das Parteileitungsmitglied der Dorfparteiorganisation Öhna, Genosse Loszka, erklärte uns zur Parteiarbeit in seinem Dorfe Folgendes: Wir sind 40 Genossen der Parteiorganisation, wovon nur 15–20 Genossen überhaupt am Parteileben teilnehmen. Die Übrigen kümmern sich wenig um das Zeitgeschehen und sehen nur ihre Arbeit. Das Parteilehrjahr wird auch nur zu 60 % besucht.

> Auf die Frage, ob sie sich schon mit den Fragen der landw. Produktionsgenossenschaften beschäftigt haben, erklärte er u. a.: „Beschäftigt schon, aber unsere Genossen stehen ablehnend dazu, weil sie in den LPG sehen, dass die Tüchtigen für die Bummelanten mitarbeiten müssen. Einige Genossen sehen in der LPG auch die Kolchose, und die wenigen Genossen, die noch klar sehen, haben nicht einmal den Mut aufzutreten und die Vorteile der Genossenschaft herauszustellen." Schlussfolgernd erklärte der Gen. Loszka dann u. a. dazu: „Was wollen wir dann, wenn in unseren Reihen nicht die richtige Einstellung und Klarheit über die Bedeutung und Bildung der LPG herrschen, von den uns Abseitsstehenden verlangen?"
>
> Dies ist der Zustand einer ländlichen Parteiorganisation im Kreis Jüterborg, wie in diesem Fall in Öhna.
>
> In der Gemeinde Lüdersdorf im Kreis Luckenwalde wurde der stellvertretende Sekretär der OPO [Ortsparteiorganisationen] gesprochen, da der Sekretär z[ur] Z[eit] auf Schule ist.
>
> Der Gen. Radtke erklärte u. a. zur Frage der Produktionsgenossenschaften: „Ich wünsche nicht, dass in Deutschland dieselben Verhältnisse wie in Russland eingeführt werden." Oder: „1946 stand nichts im Statut der Partei, dass landw. Produktionsgenossenschaften gegründet werden."
>
> [...]
>
> Diese Beispiele zeigen, wie notwendig es ist, Klarheit zu schaffen in den Köpfen unserer Genossen selbst und darüber hinaus die Anleitung der Genossen in den Fragen der LPG des Staatsapparates zu verbessern.[38]

Berichte wie dieser alarmierten die SED-Spitze und führten zur raschen Anpassung der eigenen Strategie. Hatte die Parteizentrale in Ostberlin in den ersten Wochen nach der Parteikonferenz kaum in die Entwicklung auf dem Land eingegriffen und sich auf lokale Initiativen verlassen, kam sie nun zu der Einsicht, dass die Parteifunktionäre auf lokaler Ebene konkrete Anweisungen benötigten.

Aus diesem Grund berief die SED-Führung bereits Mitte August 1952 eine neuerliche Konferenz der 1. Kreissekretäre ein und versuchte auf der Zusammenkunft, sowohl rechtliche und organisatorische Fragen im Zusammenhang mit den LPG-Gründungen zu klären als auch die lokalen Parteiführer mit Nachdruck auf die neue Linie einzuschwören. Als Hauptursache für die Probleme bei der Gründung und Etablierung der LPG sahen die SED-Oberen aber nicht die fehlende Anleitung ihrer Funktionäre, sondern die gegen die Genossenschaften gerichteten Aktivitäten des „Klassenfeinds“ in Person der „Großbauern“.[39]

1.2.2 Der „Gegner“ rückt in den Fokus – „Großbauern“ als Haupthindernis der Kollektivierung

Bereits in der Abschlusserklärung der II. Parteikonferenz hatte Ulbricht erklärt, dass der „Aufbau des Sozialismus“ zu einer „Zuspitzung des Klassenkampfes“, also einer zunehmenden Konfrontation zwischen den von der SED repräsentierten „werktätigen“ Bevölkerungsgruppen und den gegen den Sozialismus eingestellten „feindlichen Kräften“, in der Gesellschaft führen würde. Übertragen auf die Situation auf dem Land bedeutete dies, dass sich durch die LPG-Gründungen der Konflikt zwischen Klein- und Mittelbauern auf der einen und den „Großbauern“ auf der anderen Seite verschärfen und Letztere alles dafür tun würden, um den Aufbau der Genossenschaften zu stören. Diese Erwartung der SED schien sich durch Meldungen der Volkspolizei aus verschiedenen Landesteilen zu bestätigen, wie ein Bericht des Volkspolizeikreisamtes Eisleben vom September 1952 zeigt:

> Formen der Gegnerarbeit bei der Gründung von Prod. Gen.
> Beim Aufbau der Produktionsgenossenschaften bzw. bei der Vorbereitung zur Gründung solcher sind verschiedene Methoden des Gegners festzustellen, mit denen er [bereits in der Vergangenheit]

versucht [hat], die Gründung von Produktionsgenossenschaften zu verhindern bzw. zu stören.

Die nachfolgenden Beispiele lassen die verschiedensten Methoden der Gegnerarbeit erkennen, wobei festzustellen ist, dass in der Hauptsache Gerüchtemacherei, betrieben durch Großbauern und von ihnen abhängige bzw. gekaufte Elemente, angewendet wird, um die werktätigen Bauern vom Zusammenschluss von Produktionsgenossenschaften abzuhalten.

[...]

In der Gemeinde Droyßig, Kreis Zeitz, wurden mehrere Versammlungen zur Vorbereitung der Gründung einer Prod. Genossenschaft durchgeführt. In einer dieser Versammlungen gelang es den Neubauern [Name anonymisiert], durch Anführen von Vergleichen zwischen Kolchose und Produktionsgenossenschaft die Bildung einer Produktionsgenossenschaft zu verhindern.

Eine andere Versammlung in der gleichen Gemeinde scheiterte daran, dass man den Bauern ein fertiges Statut vorlegen wollte. Die anwesenden Bauern lehnten eine solche Maßnahme als diktatorisch ab. Am 27.7.52 wurde in der Werkstatt des Stellmachers [Name anonymisiert] in Weinsweh, Krs. Zeitz, über die Produktionsgenossenschaft gesprochen. Hierbei kam zum Ausdruck, dass die Kleinbauern von Weinsweh keine Lust mehr zur Arbeit hätten, weil sie auf dem Standpunkt stehen, dass aus ihren Wirtschaften sehr bald Kolchosen gebildet werden.

In der Gemeinde Hainrode, Krs. Sangerhausen, äußerte sich der dortige BHG-Angestellte [Name anonymisiert] zur Bildung einer Prod. Gen. wie folgt: Und wenn es in der ganzen DDR und darüber hinaus in der ganzen Welt gelingen würde, Prod. Gen. zu bilden, so wird dies in Stiege nie gelingen.

In Mücheln, Krs. Merseburg, kursierte das Gerücht, dass die Vorsitzenden der Prod. Genossenschaften bald mit Peitsche und Pistole herumlaufen werden.[40]

Berichte wie diese sind charakteristisch für die zweite Hälfte des Jahres 1952. Einerseits beschränkten sie sich häufig darauf, kritische oder ablehnende Äußerungen aus der Landbevölkerung zu den LPG-Gründungen festzuhalten. Andererseits wurden diese niemals nur als Meinungsäußerungen interpretiert, sondern in erster Linie als Ausdruck einer gezielten Desinformationskampagne der Großbauern verstanden. Dass die Ausführungen dabei in der Regel vage blieben und häufig nicht einmal spezifische Täter benannten, spiegelt die zutiefst ideologische Wahrnehmung von SED und Volkspolizei wider, wonach es sich beim „Gegner" nicht etwa um bestimmte Individuen, sondern vielmehr um die „Klasse" der „Großbauern" handelte. Aus Sicht der SED war dieser „Gegner" überall aktiv und bediente sich jedes Mittels, um seinen zerstörerischen Einfluss auszuüben. Ein fast schon grotesk anmutendes Beispiel für diese Auffassung liefert ein Parteibericht aus dem Bezirk Potsdam, der den lokalen „Großbauern" ein besonders raffiniertes Vorgehen unterstellte:

> Mit welchen Mitteln der Klassengegner auf dem Dorfe arbeitet, zeigen weitere Vorfälle im Kreis Oranienburg in der Gemeinde Flatow. Dort wurde der stellvertr. Leiter der Pol[itischen] Abteilung Gen. Erdmann von Großbauern betrunken gemacht und dann geschickt gegen einen Volkspolizisten ausgespielt.
>
> Der Volkspolizist stellte den Gen. Erdmann auf dem Nachhauseweg, beide gerieten ins Handgemenge, wobei Gen. Erdmann buchstäblich vom Volkspolizisten zusammengeschlagen wurde.
>
> Hier hat zweifellos der Klassengegner sein Ziel erreicht, nämlich einen wichtigen Funktionär unserer Partei und einen Volkspolizisten gegeneinander auszuspielen.
>
> Die Kreisleitung Oranienburg löste den Gen. Erdmann von seiner gehabten Funktion ab, erteilte ihm einen strengen Verweis, wobei gegen den Volkspolizisten ein Verfahren gegen Mißbrauch der Staatsgewalt eröffnet wird.[41]

In den ersten Monaten der Kollektivierung begegnete die SED-Führung der „Gegnerarbeit" vor allem mit verstärkter Anleitung der Parteifunktionäre sowie intensivierter „Aufklärungsarbeit", also gezielten Propagandakampagnen über die Vorteile der LPG. Ab Herbst verschärfte sie hingegen ihren Kurs gegenüber den „Großbauern". Ausgangspunkt für diese Entwicklung waren Vorfälle in dem kleinen Ort Friedrichaue, bei denen es im Zuge einer versuchten LPG-Gründung zu verbalen und handgreiflichen Auseinandersetzungen zwischen Befürwortern und Gegnern einer Genossenschaftsbildung kam. Nachdem die örtlichen Vertreter von Staat und Partei diese Geschehnisse zunächst nicht ernst genommen hatten,[42] wurden sie Ende Oktober zum Gegenstand einer eigens dafür einberufenen Sitzung des Politbüros, des höchsten Gremiums der SED:

> Beschluß des Politbüros des ZK der SED vom 31.10.52 zu den Vorgängen bei der Gründung der Produktionsgenossenschaften im Kreis Seelow
>
> Nach der II. Parteikonferenz ist die Entwicklung der Genossenschaftsbewegung der werktätigen Bauern in raschem Tempo vorangegangen. Dabei ist es wiederholt zu Fällen feindlicher Aktionen großbäuerlicher Elemente gegen die Organisatoren der Genossenschaftsbewegung gekommen. Man bedient sich der verschiedensten Formen des Kampfes, angefangen von Verleumdungen bis zu direkten Überfällen und terroristischen Aktionen.
>
> Die örtlichen Partei- und Staatsorgane messen allen solchen Fällen oft nicht die ihnen zukommende politische Bedeutung bei, manchmal lassen sie sich sogar vom Gegner düpieren, bagatellisieren ernste Vorfälle und stärken damit die reaktionären Kräfte. Besonders krass zeigte sich das bei der Gründung der Produktionsgenossenschaft Friedrichsaue im Kreis Seelow.
>
> Einige werktätige Bauern des Ortes, z. T. Mitglieder der SED bzw. DBD und parteilos, hatten für den 7. August alle an der

Bildung einer Produktionsgenossenschaft interessierten Bauern eingeladen. Im vorgesehenen Tagungslokal sahen sie sich jedoch allen der demokratischen Entwicklung in der DDR feindlich entgegenstehenden Elementen gegenüber, die aufgeputscht von Großbauern darauf warteten, die Bildung einer Produktionsgenossenschaft mit allen Mitteln zu verhindern. Deshalb zogen es die werktätigen Bauern vor, ihre Versammlung in eine Wohnung zu verlegen und dort die Gründung der Produktionsgenossenschaft vorzunehmen. Im Anschluß daran gingen sie zurück zur Gastwirtschaft, um von der Gründung die anderen Bauern zu informieren. Hier gingen reaktionäre Elemente gegen die Mitglieder der neugebildeten Produktionsgenossenschaft tätlich vor und entwickelten unter Führung des Schiebers [Name anonymisiert] und seines Helfershelfers [Name anonymisiert] eine Schlägerei.

Eine am 14.8. von der Kreisleitung durchgeführte öffentliche Versammlung wurde von diesen Elementen zum Tummelplatz wüstester Beschimpfungen der Mitglieder der Produktionsgenossenschaft und der Regierung der DDR gemacht.

Die durch zu späte Information erst jetzt veranlaßten Untersuchungen des Politbüros ergeben folgende Feststellungen:

1. In der Parteiorganisation des Ortes Friedrichsaue sind offene Parteifeinde als Mitglieder und bestimmen die Politik im Ort. [...]
2. Der Bürgermeister, das Mitglied der Partei, Arndt, ein Mann mit sehr dunkler Vergangenheit, hat sich ostentativ geweigert, an der Gründungsversammlung teilzunehmen, und hat, anstatt mit aller Energie die fortschrittlichen Kräfte des Ortes zu unterstützen, die Umtriebe der reaktionären Elemente nicht nur geduldet, sondern sogar gefördert.
3. Das Kreissekretariat Seelow hat ein unverantwortliches Verhalten an den Tag gelegt. [...]
4. Das Verhalten des Kreispolizeiamtes und des Leiters der Kriminalstelle Seelow ist in jeder Beziehung unverantwortlich.

> Der mit der Untersuchung beauftragte Hauptwachtmeister Ohl steckte mit den Großbauern unter einer Decke und mußte in Haft genommen werden.
>
> [...]
>
> Das Politbüro betrachtet die Ereignisse in Friedrichsaue als ein Symptom der zunehmenden Verschärfung des Klassenkampfes und des Versuches großbäuerlicher reaktionärer Elemente, die fortschrittliche Entwicklung in der Deutschen Demokratische Republik, vor allem auf dem Lande, zu verhindern. Das Verhalten des Kreissekretariats Seelow zeigt die ernste Gefahr auf, die darin liegt, daß Parteileitungen die Arbeit des Gegners unterschätzen und es an der notwendigen Wachsamkeit fehlen lassen. Das Politbüro benutzt diese Gelegenheit, um alle leitenden Parteiorgane und alle in den Staatsorganen leitend tätigen Parteifunktionäre auf diese Entwicklung aufmerksam zu machen, die aus den Reihen der werktätigen Bevölkerung und den Grundorganisationen zu ihnen kommenden Signale sorgfältiger und gewissenhafter zu behandeln und zum Anlaß zu nehmen, ihre gesamte Parteiarbeit zu verändern. Das Politbüro verpflichtet alle Kreis- und Bezirksleitungen, dem ZK von Aktionen reaktionärer Elemente gegen Produktionsgenossenschaften, deren Mitglieder und Vorstände sowie von anderen terroristischen Akten unverzüglich in jedem einzelnen Falle Mitteilung zu machen und von sich aus sofort die geeigneten Maßnahmen einzuleiten.[43]

Die Parteioberen deuteten die Vorfälle in Friedrichsaue als Symptom einer neuen Eskalationsstufe im „Klassenkampf" auf dem Land. In dieser Lesart wurde das Ausbrechen einer Wirtshausschlägerei nicht etwa als Ausdruck einer zuweilen zu Handgreiflichkeiten neigenden Konfliktkultur auf dem Land verstanden, sondern ausdrücklich zum terroristischen Akt stilisiert, ausgeführt von den „Feinden des Sozialismus", die sich nun immer mehr aus der Deckung wagten. Begünstigt würden die Aktivitäten des „Gegners" dabei vor allem durch das fundamentale Versagen der örtlichen Repräsentanten von Staat und Partei. Diese seien nicht bloß nachlässig und naiv gegenüber dem „Klassenfeind", sondern würden teilweise sogar offen mit den „Großbauern" zusammenarbeiten und sich an deren „Feindarbeit" beteiligen.

Als Konsequenz aus dem Politbürobeschluss wurden die unmittelbar Beteiligten öffentlichkeitswirksam abgestraft und gleichzeitig eine umfassende Überprüfung der SED-Parteifunktionäre und der Massenorganisationen im Bezirk Potsdam eingeleitet. Auf diesem Wege sollten unzuverlässige Funktionäre ausfindig gemacht und aus der Partei ausgeschlossen werden. Diese „Säuberung" der Parteibasis wurde zum Vorbild für andere Bezirke und sollte sowohl der Disziplinierung als auch der Mobilisierung der SED-Mitglieder dienen, von denen die Parteiführung ein entschiedeneres Auftreten für die LPG-Mitglieder und gegen die „Großbauern" einforderte.[44]

Gleichzeitig wurde die Polemik gegenüber den „Großbauern" verschärft und diese mittels einer groß angelegten Pressekampagne immer stärker unter Druck gesetzt. Ausgangspunkt dafür war ein Leitartikel im *Neuen Deutschland*, der wenige Tage nach dem Politbüro-Beschluss erschien und neben eindringlichen Appellen an die Staats- und Parteifunktionäre auch unverhohlene Drohungen in Richtung der „Großbauern" enthielt:

> Kann man es aber als normal und gewöhnlich bezeichnen, wenn die Großbauern und ihre Helfershelfer die Organisatoren von Produktionsgenossenschaften mißhandeln, sie verleumden, bedrohen, ihre Felder zerstören, Getreidespeicher anzünden, wie dies noch in einigen anderen Orten schon geschehen ist?
>
> Kann man es als normal bezeichnen, wenn der Bürgermeister der Gemeinde und der Sekretär der Ortsgruppe der SED nicht für die Organisatoren der Genossenschaft eintreten und damit die Feinde derselben in ihren Handlungen ermuntern?
>
> Kann man es schließlich als normal bezeichnen, wenn Vertreter der Kreispolizei, statt die Organisatoren von Produktions-

genossenschaften nach dem Gesetz vor Terror und Überfällen großbäuerlicher Elemente in Schutz zu nehmen, sich schützend vor die großbäuerlichen Gewaltverbrecher stellen?

Der Vorfall in Seelow zeigt den Mangel an Wachsamkeit in einigen Gliedern des Parteiapparates und das Vorhandensein kleinbürgerlicher, opportunistischer Auffassungen über den Aufbau des Sozialismus in den Köpfen einiger Funktionäre. Diese Leute sind offensichtlich der Ansicht, daß man den Sozialismus ohne Sorge, ohne verschärften Kampf, sozusagen im gemütlichen Hintreiben auf den Wellen des Lebens aufbauen könne. Es ist aber so, daß die Großbauern in vielen Orten ihren Kampf gegen die demokratische Macht und den Aufbau des Sozialismus im Dorfe offensichtlich verstärken, die Organisatoren der Produktionsgenossenschaft bedrohen, sie mißhandeln, die Ablieferung sabotieren und die Steuerzahlung verweigern. Sie wagen es sogar, die Hand offen gegen die demokratische Gesetzlichkeit und Ordnung im Dorf zu erheben.

Wie muß man mit den Großbauern in diesem Falle verfahren? Die Partei hat in dieser Hinsicht klare und unmißverständliche Richtlinien gegeben. Im Referat des Genossen Fred Geißner auf der Kreissekretär-Konferenz der SED am 20. August heißt es:

„Obwohl die II. Parteikonferenz die Aufgabe des planmäßigen Aufbaues des Sozialismus in der Deutschen Demokratischen Republik stellte, stellte sie nicht die Aufgabe der Liquidierung der Großbauernschaft als Klasse. Alle von feindlichen Agenten verbreiteten Gerüchte über eine angeblich bevorstehende Liquidierung der Großbauernschaft als Klasse sind völlig unbegründet. Wenn die Großbauern auch weiterhin ihre Verpflichtung gegenüber dem Staat gewissenhaft erfüllen, unsere Gesetze achten und sich loyal zu unserer Gesellschaft und zu unseren werktätigen Bauern verhalten, werden die Rechte solcher Großbauern und ihr Eigentum durch das Gesetz geschützt."

Weiter heißt es in dem Referat:

„Uns ist aber auch bekannt, daß in einer Reihe von Dörfern einige großbäuerliche Elemente den Versuch unternehmen, den Widerstand gegen die Organe unserer Staatsmacht und unseren demokratischen Aufbau zu organisieren, unsere Gesetze zu verletzen, die fortschrittlichen Bauern und Bäuerinnen zu terrorisieren, die Organisierung von Produktionsgenossenschaften zu verhindern, die Pflichtablieferung landwirtschaftlicher Erzeugnisse an den Staat zu sabotieren … . Solche Großbauern, die unsere Aufbauarbeit sabotieren, können natürlich nicht erwarten, daß wir ihrem Treiben tatenlos zusehen. Gegen die Großbauern, die ihre Verpflichtungen dem Staat gegenüber nicht erfüllen, die die Gesetze der Republik verletzen und versuchen, sich auf Kosten der werktätigen Bauern und Landarbeiter durch ungesetzliche Manipulationen persönliche Vorteile zu verschaffen, werden die Staatsorgane mit aller Strenge der Gesetze vorgehen."

Das ist die feste und klare Richtschnur der Partei.

Derjenige Großbauer oder sein Agent, der es wagt, die Rechte der werktätigen Bauern und die demokratische Ordnung im Dorf anzutasten, wird nicht nur allein die werktätigen Bauern, sondern die gesamte Macht der Arbeiterklasse, die im Bündnis mit der werktätigen Bauernschaft steht, sowie die gesamte Macht unseres demokratischen Staates gegen sich haben.[45]

Während SED-Funktionäre in Zeitungsartikeln wie diesem behaupteten, dass es der Partei ihrer scharfen Rhetorik zum Trotz nicht um die Zerstörung der „Großbauern" als soziale Schicht gehe, zeigte sich in der Realität ein anderes Bild. Bereits ab August 1952 war die strafrechtliche Verfolgung der „Großbauern" intensiviert und diese Gruppe der Landwirte im Vergleich zu Klein- und Mittelbauern überproportional häufig zu Haftstrafen verurteilt worden.[46] Zur Anwendung kam dabei ein Mittel, das in geringerem Maße schon in den Jahren zuvor eingesetzt worden war: die Bestrafung der Nichteinhaltung der Ablieferungspflicht. Ein typisches Beispiel für die Argumentation der Richter in solchen Verfahren liefert die Urteilsbegründung im Prozess gegen den 73-jährigen Landwirt Franz Schlottermann, der im Februar 1953 vom Kreisgericht Demmin zu zwei Jahren Haft und Vermögensentzug verurteilt wurde:

> Gründe:
> Der Angeklagte ist ein großbäuerliches Element.
> [...]
> Bis zum Jahre 1950 hatte der Angeklagte seine Ablieferungsverpflichtungen schlecht und recht erfüllt. Im Jahre 1951 blieb er mit seiner Ablieferung im Rückstand. Es ist ihm nur schwer gelungen, die Rückstände im laufenden Jahre 1952 abzudecken. Im Jahre 1952 hat der Angeklagte sein Ablieferungssoll in wichtigen Positionen nicht mehr erfüllt.
> [...]
> Die Beweisaufnahme zeigte, daß der Angeklagte durch schuldhaftes Handeln mit seinen Ablieferungen in den Rückstand geraten ist. Bei der Nichtablieferung des Ablieferungssolls mußte festgestellt werden, daß der Angeklagte das geerntete Ölleinen zwar geschnitten und in kleinen Haufen zusammengestellt hat, daß er aber seit Herbst keine Möglichkeit gefunden hat, die Früchte vom Felde zu holen und entsprechend zu verwerten.
>
> Das Ablieferungssoll an Milch war ebenfalls nicht erfüllt. Das hat seinen Grund darin, daß der Angeklagte nicht die notwendige Menge Vieh entwickelt hat. Soweit er bereits im Besitze von Vieh war, ging er dazu über, einen Teil desselben, und zwar drei Milchkühe, drei Färsen und sechs Schweine, an seinen Sohn zu übergeben, trotzdem er außer der familiären Bindung in keiner Weise zur Abgabe verpflichtet war. In diesem Zusammenhang hat der Angeklagte zu seiner Entlastung behauptet, daß ihm in der Entwicklung eines neuen Viehbestandes besondere Schwierigkeiten entgegengetreten seien. Schon im Jahre 1945 sei ihm durch Soldaten der Roten Armee fast das gesamte Vieh abgetrieben worden. Auch später, im Jahre 1947, sei ihm eine Menge Vieh

krepiert, ohne daß die Ursache des Krepierens hätte festgestellt werden können. Durch die Aussage des Zeugen Lewerenz und auch die Aussagen des Zeugen Mann kann als bewiesen angesehen werden, daß der Angeklagte in der Tat mit diesen objektiven Schwierigkeiten zu kämpfen hatte. Nach der Auffassung der Strafkammer sind aber für einen fortschrittlichen Landwirt, der mit neuen Agrarkenntnissen und Methoden und mit neuen Mitteln an die Erledigung seiner Aufgaben geht, diese Schwierigkeiten durchaus zu überwinden.

[...]

Der Angeklagte war bisher unbestraft und befindet sich im Alter von 73 Jahren. Dies machte der Angeklagte ganz besonders zu seiner Entlastung geltend. Das Alter kann nach der Auffassung der Strafkammer den Angeklagten aber nicht vor Strafe und Verantwortung schützen. Es ist keine Gesetzesbestimmung bekannt, welche etwa eine mildere Bestrafung bei hohem Alter vorsieht.

Es mußte andererseits aber in Betracht gezogen werden, daß bei der Schaffung der Grundlagen für den Aufbau des Sozialismus die Erfüllung der Pläne eine unbedingte Notwendigkeit ist. Nach dem Willen von Volk und Staat soll noch in diesem Jahr die Rationierung auch für Fleisch und Fett aufgehoben werden. Die Masse der werktätigen Bauernschaft hat die sich aus dieser Zielsetzung ergebenden Aufgaben erkannt und kämpft im Bunde mit den Arbeitern um die Erreichung dieses Zieles und damit um die Verbesserung unserer Existenz. Der Stand der Ablieferung aus dem Jahre 1952 zeigt aber, daß einige Elemente, vornehmlich aus den Reihen des Großgrundbesitzes, den Fortschritt durch Nichtablieferung hemmen. So auch der Angeklagte, der ein typisches großbäuerliches Element ist.

Statt im Rahmen der demokratischen Gesetze mit den werktätigen Bauern um die Erfüllung der Pläne und damit seines Ablieferungssolls zu kämpfen, vernachlässigte er seine Wirtschaft und sabotierte damit die Volksernährung. Diese Schädlingsarbeit schwächt natürlich unsere Wirtschaft und macht andererseits

> eine Stärkung des Klassengegners aus, der heute offen und versteckt versucht, den Aufbau zu hemmen. Die Taten des Angeklagten tragen daher im höchsten Grade wirtschafts- und gesellschaftsschädigenden Charakter. Es war für die Strafkammer ganz eindeutig klar, daß bei der Betrachtung der Straftat aus dieser Perspektive die Tat des Angeklagten nur mit einer empfindlichen Zuchthausstrafe geahndet werden konnte.[47]

In Gerichtsverhandlungen wie diesen wurden die Hintergründe der unvollständigen Ablieferungen zwar durchaus thematisiert und schwierige äußere Umstände wie schlechte Witterung oder Seuchen als Hinderungsgründe benannt. Jedoch spielten diese Faktoren bei der Bemessung des Strafmaßes und der Begründung des Urteils nur eine untergeordnete Rolle. Entscheidend war vielmehr, dass man den jeweiligen Landwirt den „Großbauern" zurechnete und ihm als Teil dieser Gruppe per se feindliche Absichten unterstellte. Als Konsequenz wurde die im Gerichtsverfahren festgestellte vermeintliche Fahrlässigkeit des Bauern zur aktiven Sabotage der Volkswirtschaft umgedeutet und damit eine harte und abschreckende Bestrafung gerechtfertigt. Ausgangspunkt der Strafprozesse gegen die „Großbauern" war also nicht die Unschuldsvermutung gegenüber dem Angeklagten, sondern die unverrückbare und ideologisch begründete Annahme, dass der jeweilige Landwirt aufgrund seiner „Klassenzugehörigkeit" gezielt und aus böser Absicht heraus die DDR-Wirtschaft schwächen wolle.

Wie wirkmächtig diese Überzeugung war, zeigt ein weiterer Fall, bei dem das Gericht die persönliche Notlage und das Pech des angeklagten Bauern zwar als wesentlichen Grund für die Nichterfüllung der Ablieferungspläne anerkannte, den Landwirt aber ungeachtet dessen mit einer Gefängnisstrafe belegte:

> Die Hauptverhandlung ergab, dass der Angeklagte unverschuldet sehr viel Pech mit seinem Vieh gehabt hat. Ihm sind mehrere Stücke Großvieh, 25 Ferkel und der größte Teil seiner Hühner

eingegangen. Attest wegen Tuberkulose beim Vieh hat der Angeklagte vorgelegt. Auch die Bearbeitung seines Ackers litt zum Teil darunter, dass die Frau des Angeklagten und seine Tochter erkrankten. Das heißt, dass der Angeklagte zum Teil unverschuldet in eine Notlage geraten war.

Diese Tatsachen jedoch können den Angeklagten nicht völlig entlasten, sondern lassen sein Verschulden in etwas milderem Licht erscheinen. Der Angeklagte hatte immerhin wesentliche Rückstände im Soll, sodass ich eine höhere Gefängnisstrafe für erforderlich hielt.

Antrag: 2 Jhr. Gefängnis, Anordnung der Treuhandschaft f. 5 Jhr. Berufsausübungsverbot für 5 Jahre.
Urteil: 15 Monate Gefängnis, Berufsausübungsverbot f. 5 Jhr.[48]

Die SED-Führung gab sich im Februar 1953 jedoch nicht mehr damit zufrieden, dass die säumigen Bauern mit Gefängnisstrafen belegt wurden, sondern machte sich nun auch daran, deren Arbeits- und Lebensgrundlage systematisch zu zerstören. Ein wesentlicher Schritt dafür war der Erlass der „Verordnung zur Sicherung der landwirtschaftlichen Produktion und der Versorgung der Bevölkerung" vom 19. Februar 1953, der die rechtliche Grundlage für eine dauerhafte Enteignung der verurteilten Landwirte schuf:

Die Landwirtschaft in der Deutschen Demokratischen Republik hat in den letzten Jahren große Erfolge errungen, die in hohem Maße auf die fleißige und fortschrittliche Arbeit der werktätigen Bauern zurückzuführen ist. Dagegen haben eine Anzahl Besitzer von großen Bauernwirtschaften ihre Betriebe heruntergewirtschaftet, um der Volkswirtschaft der Deutschen Demokratischen Republik Schaden zuzufügen. Anstatt die ihnen von der Regierung reichlich gebotene Hilfe zur Steigerung ihrer Produktion zu verwenden, verstanden es diese spekulativen Elemente auf dem Lande, die gesetzlichen Bestimmungen auf betrügerische Weise zu umgehen, und benutzten die ihnen gegebenen Mittel zu ihrer persönlichen Bereicherung.

Im Interesse der Sicherung der Volksernährung ist es erforderlich, daß solche Betriebe, die von ihren Eigentümern oder Bewirtschaftern vernachlässigt wurden, ordnungsgemäß bewirtschaftet werden. Zur Sicherung der landwirtschaftlichen Produktion und Versorgung der Bevölkerung wird deshalb folgendes verordnet:

§ 1

(1) Besitzern von landwirtschaftlichem Grundbesitz, die gegen die Gesetze der Deutschen Demokratischen Republik verstoßen und die Bestimmungen über die ordnungsgemäße Bewirtschaftung grob verletzt haben, kann durch Entscheidung des Rates des Kreises oder Beschluß des Gerichtes die weitere Bewirtschaftung ihres Grundbesitzes untersagt werden. Der nicht ordnungsgemäß bewirtschaftete Grundbesitz ist in die Verwaltung des Rates des Kreises zu nehmen. [...]

§ 6

(1) Der nach dieser Verordnung in die staatliche Verwaltung übernommene Grundbesitz ist bevorzugt Landwirtschaftlichen Produktionsgenossenschaften zur Nutzung zu übergeben. Soweit diese Möglichkeit noch nicht besteht, können derartige Betriebe und Flächen von diesen an volkseigene Güter zur zeitweiligen Bewirtschaftung bzw. zur Einrichtung von Rinder- und Schweinemastbetrieben gegeben werden.

Die Verordnung verdeutlichte nicht nur einmal mehr, wie unmittelbar die Bekämpfung der „Großbauern“ mit der Förderung der Genossenschaften zusammenhing, sondern markierte auch den Beginn der Eskalation in der staatlichen Repressions- und Verdrängungskampagne gegen die „Klassenfeinde“ auf dem Land. So wurden in den folgenden sechs Wochen bis Ende März über 6500 Betriebe und mehr als 200 000 Hektar Land enteignet und darüber hinaus weitere Maßnahmen zur systematischen Benachteiligung der „Großbauern“ eingeleitet. Diese umfasste nicht nur eine drastische Erhöhung der Landwirtschaftssteuern und Pflichtabgaben, von der die „Großbauern" überproportional stark betroffen waren, sondern auch weitgehende Zugangsbeschränkungen zu Saatgut, Düngemitteln und kurzfristigen Krediten. Diese Maßnahmen erhöhten den Druck auf die Bauern weiter und führten dazu, dass viele von ihnen kaum mehr in der Lage waren, ihren Verpflichtungen nachzukommen.[49]

1.2.3 Der Repressionsapparat wird diszipliniert – Der Justizterror und seine Folgen

Infolge der zunehmenden Schikanen und immer strengeren Auflagen stieg die Zahl der Strafprozesse gegen die „Großbauern" in den ersten drei Monaten des Jahres 1953 sprunghaft an. Ungeachtet dessen zeigte sich die Staats- und Parteiführung unzufrieden mit der Spruchpraxis der Gerichte – und das, obwohl wichtige Positionen im Justizwesen in den Jahren zuvor systematisch mit SED-Mitgliedern besetzt worden waren.[50] Anfang März 1953 sah sich der Justizminister Max Fechner daher gezwungen, in einem Runderlass an die leitenden Funktionäre des Justizapparats noch einmal auf die von den „Großbauern" ausgehende Gefahr hinzuweisen und ausdrücklich härtere Bestrafungen einzufordern:

> An alle Gerichte und Justizverwaltungsstellen der Bezirke in der Deutschen Demokratischen Republik.
>
> Betr.: Strafverfahren gegen Großbauern.
>
> Der historische Beschluß der II. Parteikonferenz der SED vom Juli 1952, in der Deutschen Demokratischen Republik mit dem planmäßigen Aufbau der Grundlagen des Sozialismus zu beginnen, ist ein Wendepunkt in der weiteren Entwicklung Deutschlands. [...]
>
> Gegen diesen Entwicklungsprozeß richten ein Teil der Großbauern und ihre Helfershelfer in verstärktem Maße ihre Angrif-

fe. Mit Mitteln, die von der Verleumdung angefangen bis zum Überfall gehen, die selbst vor einem Mord nicht zurückschrecken, versuchen diese Elemente die Bildung und den Aufbau der Produktionsgenossenschaften zu verhindern, zu verzögern und zu sabotieren. Vielfach erkannten die Gerichte den Charakter dieser Verbrechen als Ausdruck der Verschärfung des Klassenkampfes nicht. Sie sahen nicht, daß beabsichtigt war, den demokratischen Aufbau zu schädigen, und verurteilten nach den äußeren Erscheinungsformen des Tatbestandes. So konnte es geschehen, daß das Bezirksgericht Frankfurt/Oder in einem Prozeß gegen reaktionäre Bauern, die nicht nur einen fortschrittlichen Bauern, der sich für die Bildung der Produktionsgenossenschaften einsetzte, mißhandelten, sondern auch andere offene Provokationen begingen, zu einem in tatsächlicher und rechtlicher Beziehung unhaltbaren Urteil kam.

Eine andere Erscheinungsform des sich mehr und mehr verschärften Klassenkampfes auf dem Dorfe ist die Nichterfüllung des Ablieferungssolls an landwirtschaftlichen Produkten. In allen Bezirken nehmen diese Delikte an Zahl und Bedeutung zu. Auch hierbei ist die Praxis der Gerichte unterschiedlich, sodaß die Ergebnisse der Verfahren häufig nicht der Schwere der Verbrechen entsprechen. Während einige Gerichte, wie das Kreisgericht Meißen in der Strafsache gegen den Großbauern Melzer, das Kreisgericht Liebenwerda gegen den Großbauern Henschel, Urteile gefällt haben, die dem Grad der Gefährlichkeit dieser Verbrechen Rechnung tragen, lassen die Urteile anderer Gerichte, wie die Kreisgerichte Pasewalk und Calbe/Milde, häufig unter Zugrundelegung sogenannter „objektiver Schwierigkeiten" jedes Verständnis für die augenblickliche Situation vermissen.

Die Gerichte der Deutschen Demokratischen Republik haben aber die Aufgabe, den Aufbau der Grundlagen des Sozialismus zu schützen und zu fördern. Sie können dieser Aufgabe nur dann gerecht werden, wenn sie die politische Situation auf dem Lande richtig einschätzen und klassenfeindliche Aktionen der Groß-

> bauern mit allen Mitteln bekämpfen. Solchen Großbauern, die Verbrechen begehen, die sich gegen den demokratischen Aufbau richten, die die Gesetze der Deutschen Demokratischen Republik verletzen, müssen daher harte Strafen auferlegt werden. Bei der Verhandlung ist zu prüfen, ob die gesetzlichen Voraussetzungen für eine Vermögenseinziehung vorliegen, und bejahendenfalls ist eine solche auszusprechen.[51]

Der Runderlass verdeutlicht die zentrale Rolle, die die Führung der SED der Justiz im „Klassenkampf" auf dem Land zumaß. Im Gegensatz zu modernen Rechtsstaaten bestand die Aufgabe der Gerichte dabei weniger darin, die Einhaltung von Gesetzen zu überwachen und die Rechte des Einzelnen gegenüber dem Staat zu schützen. Vielmehr sollten sie als Repressionsinstrument der Partei den Umbau der Gesellschaft vorantreiben und die Errichtung des Sozialismus durch eine gezielte Rechtsprechung aktiv unterstützen. Als Entscheidungsgrundlage der Gerichte dienten demnach nicht allein die gesetzlichen Vorgaben, sondern vor allem die von der SED definierten Interessen der „werktätigen" Klasse der Bevölkerung, in diesem Fall die Bekämpfung der „Großbauern".

Bei der praktischen Umsetzung dieser von Fechner geforderten „Klassenjustiz" zeigten sich aber auch nach Verschicken des Runderlasses erhebliche Mängel, wobei weiterhin vor allem die vermeintlich zu milden Urteile gegen die „Großbauern" Anlass zur Kritik gaben. Als Reaktion darauf ordnete der Justizminister Ende März 1953 per Dekret an, dass die Staatsanwälte bei der Strafforderung gegen die „Großbauern" widrige äußere Umstände fortan komplett zu ignorieren hätten, Faktoren wie Seuchen oder schlechte Witterung also nicht mehr als strafmildernde Umstände berücksichtigt werden dürften. Darüber hinaus wurden die Kreisstaatsanwälte in einigen Bezirken zu speziellen Schulungen verpflichtet, wo ihnen noch einmal detaillierte Anweisungen über die Durchführung der Strafverfahren und insbesondere die Anklageerhebung gegen die „Großbauern" gegeben wurden.[52]

Wo diese Maßnahmen nicht zum gewünschten Ergebnis führten, griffen höhere Justizfunktionäre immer häufiger auch direkt in laufende Strafprozesse auf lokaler Ebene ein. Die Grundlage dafür bildete die streng hierarchische Organisation der Staatsanwaltschaft in der DDR, an deren Spitze der Generalstaatsanwalt stand. Diesem waren die Bezirksstaatsanwälte untergeordnet, die wiederum die Kreisstaatsanwälte in ihrem Zuständigkeitsbereich kontrollierten. Waren die General- oder Bezirksstaatsanwaltschaft mit der Verfahrensführung gegen die „Großbauern" unzufrieden, intervenierten sie und diktierten den Kreisstaatsanwälten die zu fordernden Strafmaße. So tauchen in den Rechenschaftsberichten des Generalstaatsanwaltes an die Justizabteilung der Sowjetischen Kontrollkommission zahlreiche Meldungen wie diese auf:

> Der Staatsanwalt des Kreises Bergen hat am 11.3.1953 Anklage wegen Vergehen nach § 1 Abs. 1 Ziff. 3 der WStVO [Wirtschaftsstrafverordnung] erhoben und beabsichtigt eine Freiheitsstrafe von 1 Jahr 9 Monate Zuchthaus und Vermögenseinziehung zu beantragen. Der Staatsanwalt des Bezirks Rostock hat Anweisung erteilt, eine Zuchthausstrafe nicht unter 5 Jahre und Vermögenseinziehung zu beantragen. Über den Ausgang des Verfahrens werde ich berichten.[53]

Dass in diesem Fall die vom Kreisstaatsanwalt ursprünglich als angemessen empfundene Haftstrafe vom Bezirksstaatsanwalt mehr als verdoppelt werden sollte, belegt die weiter zunehmende Willkür bei den Strafprozessen gegen die „Großbauern" im Frühjahr 1953. Während dabei nach außen noch immer versucht wurde, den Anschein von Rechtsstaatlichkeit aufrechtzuerhalten, waren die Strafverfahren von Willkür und politischer Einflussnahme geprägt und hatten nichts mit einem fairen Prozess gemein. Exemplarisch dafür steht ein Schreiben des Bezirksstaatsanwaltes in Dresden an den Kreisstaatsanwalt in Meißen vom Mai 1953, in dem dieser wie selbstverständlich detaillierte Absprachen zwischen dem Richter und dem Ankläger im Vorfeld des eigentlichen Strafprozesses anmahnte:

> Betr.: Strafsache gegen [Name anonymisiert] E II 123/53
> Ihr Sitzungsbericht vom 9.5.53
> Ich habe anlässlich einer heutigen Rücksprache – 11.5.53 – mit Kreisgerichtsdirektor Gratzl festgestellt, dass trotz meiner wiederholten Hinweise und Belehrungen, dass in Bauernsachen der Vorgang vor der Hauptverhandlung mit dem Richter gründlich durchzusprechen ist, von Ihnen eine solche Rücksprache nicht geführt wurde. Nach Mitteilung von Kreisgerichtsdirektor Gratzl sei die Differenz zwischen Antrag und Urteil in einigen Bauernsachen das Resultat der unterlassenen Aussprache zwischen Staatsanwalt und Richter.
> Ich weise hiermit noch einmal ausdrücklich an, solche Verfahren in dieser Hinsicht besser vorzubereiten, und sehe mich veranlasst, dem Generalstaatsanwalt zu berichten, falls ich die weitere Nichtbefolgung meiner Weisungen nochmals feststellen muss.[54]

Wie der letzte Satz dieses Schreibens andeutet, wuchs im Zuge der Radikalisierung der strafrechtlichen Bekämpfung der „Großbauern" auch der Druck auf die beteiligten Staatsanwälte und Richter. Diese standen vor der Herausforderung, einerseits den Anschein einer gesetzeskonformen und für die Bevölkerung nachvollziehbaren Rechtsprechung aufrechtzuerhalten und andererseits die politischen Vorgaben umzusetzen und die harte Bestrafung der „Klassenfeinde" zu gewährleisten. Betroffen davon war vor allem die unterste Ebene des Justizapparats, also die Kreisgerichte und -staatsanwaltschaften, die die überwiegende Mehrheit der Prozesse gegen die „Großbauern" durchführten. Gleichzeitig erhöhte der Generalstaatsanwalt aber auch den Druck auf die in der Hierarchie übergeordneten Bezirksstaatsanwälte, die für das Vorgehen der Kreisstaatsanwälte in ihrem Bezirk zur Rechenschaft gezogen wurden. Ein typisches Beispiel dafür bietet ein Brief an den Bezirksstaatsanwalt in Schwerin, dem von der Generalstaatsanwaltschaft nicht nur fehlendes „Klassenkampf"-Bewusstsein vorgeworfen, sondern auch eine stärkere Kontrolle der ihm untergebenen Kreisstaatsanwälte befohlen wurde:

> Betr. Strafsache gegen den Großbauern [Name anonymisiert], Gallin, Kreis Hagenow
>
> Im obengenannten Verfahren sind 9 Jahre Zuchthaus und Vermögenseinziehung zu beantragen. Ihr Strafvorschlag ist unverständlich, zumal ich schon fernmündlich die Genossin Fiege oft darauf hingewiesen habe, daß solch niedrige Strafen in keiner Weise unseren sozialistischen Aufbau fördern.
>
> Der Klassenkampf, der sich jetzt auf dem Dorfe abspielt, ist von Ihnen noch nicht im vollen Umfange erkannt worden. Gegen die Feinde unseres Staates der Werktätigen ist ein entscheidender Kampf zu führen. Sie wollen in Zukunft die von den Kreisstaatsanwälten eingereichten Anklageschriften überprüfen und dafür Sorge tragen, daß die Strafvorschläge auch dem Verbrecher und seiner verbrecherischen Handlung gerecht werden.
>
> Im Auftrag:
> (Stutzriemer)
> Staatsanwalt
>
> Die von Ihnen eingereichten Strafvorschläge wiesen versöhnlerische Tendenzen auf, die in keiner Weise gebilligt werden können.[55]

Der Vorwurf des „Versöhnlertums" war in dieser Zeit weitverbreitet und wurde immer dann erhoben, wenn Staatsanwälte sich angeblich zu nachgiebig gegenüber dem „Klassenfeind" zeigten. Er wurde von den oberen Hierarchieebenen der Justiz gezielt als Instrument der Disziplinierung der betroffenen Staatsanwälte eingesetzt und sollte bewirken, dass diese sich den politischen Vorgaben und den konkreten Anweisungen ihrer Vorgesetzten fügten. Wenn sich Staatsanwälte dem Druck von oben nicht beugen wollten und weiterhin auf einer gewissen Eigenständigkeit bei der Anklageerhebung beharrten, mussten sie immer häufiger auch mit persönlichen Konsequenzen rechnen. Ein solcher Fall, bei dem ein Disput über das richtige Strafmaß mit der Entlassung des Kreisstaatsanwaltes endete, wird in einem undatierten Bericht des Generalstaatsanwaltes der DDR an die Sowjetische Kontrollkommission beschrieben:

> Gegen [Name anonymisiert] wurde Anklage erhoben und Kreisstaatsanwalt Walther beabsichtigte, einen Strafantrag von 2 Jahren Zuchthaus und Vermögenseinziehung zu stellen. Nach Durchsicht der Anklage wies ich den Staatsanwalt an, eine Strafe nicht unter 5 Jahren Zuchthaus zu beantragen. In der am 27.2.1953 durchgeführten Hauptverhandlung wurde festgestellt, daß [Name anonymisiert] wegen der unberechtigten Schlachtungen bereits [durch] einem Wirtschaftsstrafbescheid in Höhe von 2000 DM bestraft wurde. Auf Grund dessen ging Staatsanwalt Walther von der gegebenen Weisung ab und beantragte 4 Jahre Zuchthaus und Vermögenseinziehung. Das Urteil erging antragsgemäß.
>
> Dass [Name anonymisiert] wegen der Schlachtungen bereits durch Wirtschaftsstrafbescheid bestraft wurde, berechtigte den Staatsanwalt nicht, von der gegebenen Weisung abzuweichen, da die Persönlichkeit des Täters und sein Verhalten, auch ohne die Schlachtungen in Betracht zu ziehen, eine Strafe von mindestens 5 Jahren Zuchthaus rechtfertigen. In dieser Abweichung kommt das versöhnlerische Verhalten des StA. Walther gegenüber sabotierenden Großbauern besonders deutlich zum Ausdruck. Trotz wiederholter Hinweise hat StA. Walther, er wurde auch infolge seiner unqualifizierten Arbeit zu der am 6.2.1953 bei mir durchgeführten Arbeitstagung hinzugezogen, um dadurch besondere Anleitung zu erhalten, den verschärften Klassenkampf auf dem Lande noch nicht erkannt. Ich beabsichtige werde nunmehr den

> Staatsanwalt Walther aus dem Kreise Meißen abzuberufen und durch einen anderen Staatsanwalt zu ersetzen.[56]

Nicht zuletzt die fortdauernden Disziplinierungsmaßnahmen gegen unwillige Staatsanwälte und Richter führten dazu, dass sich die strafrechtliche Bekämpfung im April und Mai 1953 noch weiter verschärfte und immer härtere Strafen ausgesprochen wurden. So stieg nicht nur die Zahl der Verurteilungen,[57] sondern auch die Höhe der ausgesprochenen Haftstrafen von häufig weniger als einem Jahr Gefängnis Ende 1952 auf bis zu 10 Jahre Zuchthaushaft im April und Mai 1953.[58]

Besonders hohe Strafen wurden verhängt, wenn Strafverfahren vor einer „erweiterten Öffentlichkeit" durchgeführt wurden. Dabei handelte es sich um Schauprozesse, die häufig nicht in Gerichtssälen, sondern in den Heimatorten der Beschuldigten vor verhältnismäßig vielen Zuschauern stattfanden. Indem die Angeklagten in diesen minutiös vorbereiteten Strafverfahren öffentlich bloßgestellt und mit überaus harten Strafen bedacht wurden, sollten Exempel statuiert und die verbliebenen „Großbauern" eingeschüchtert werden. Gleichzeitig zielten diese Schauprozesse aber auch darauf ab, die Landbevölkerung von der Richtigkeit des harten Vorgehens gegen die „Großbauern" zu überzeugen und die staatlichen Repressionen gegen die Landwirte damit öffentlich zu legitimieren. So maß ein Kreisstaatsanwalt des sachsen-anhaltinischen Saalkreises den Erfolg eines Schauprozesses im Teutschenthal vor allem daran, dass den anwesenden Zuschauern die vermeintliche Gemeingefährlichkeit der angeklagten „Großbauern" nachvollziehbar vor Augen geführt worden war:

> Die Hauptverhandlung wurde im Kulturraum der MTS Teutschenthal vor etwa 80 Arbeitern aus dem Kali-Werk Deutschland und etwa 200 Genossenschaftsbauern, werktätigen Bauern, Traktoristen der Gemeinde Teutschenthal sowie vor etwa 20 Schülern der Zentralschule der VdgB in Teutschenthal durchgeführt.

> Die der Anklage zu Grunde liegenden Rückstände in der Ablieferung von pflanzlichen und tierischen Produkten wurden mit Ausnahme von Kanitz, bei dem sich einige Änderungen ergaben, bestätigt. Die der Anklage zu Grunde liegenden Steuerrückstände haben sich in der Hauptverhandlung durch die Vernehmung eines Zeugen der Unterabteilung Finanzen bei den angeklagten [Name anonymisiert] und [Name anonymisiert] noch erhöht.
>
> Die Strafanträge, die durch konkrete Beispiele, inwieweit durch die Nichtablieferung von pflanzlichen und tierischen Produkten die Versorgung der Bevölkerung gefährdet worden ist, [bestätigt wurden,] wurden von den anwesenden Zuhörern anerkannt und als gerecht empfunden. Den Zuhörern konnte klargemacht werden, daß durch die Nichtablieferung [von] etwa 80 000 Liter Milch die 450 Milchkartenempfänger der Gemeinde Teutschenthal mit diesen Mengen 1 volles Jahr hätten versorgt werden können. Auch bei Fleisch konnten mit den nichtabgelieferten Mengen die 4500 Grundkartenempfänger der Gemeinde Teutschenthal etwa 3 Monate lang versorgt werden. Gleiche Beispiele wurden bei der Zurückhaltung der Steuern aufgeführt, wonach 1 Jahr lang 10 Hochschüler oder 64 Oberschüler oder 290 Berufsschüler oder 205 Grundschüler mit den nichtabgelieferten Steuern hätten ausgebildet werden können.[59]

Um mit den Schauprozessen die größtmögliche Wirkung zu erzielen, berichteten regionale und überregionale Zeitungen ausführlich über die Verhandlungen und die daraus zu ziehenden Lehren. Solche Presseartikel zielten nicht nur darauf ab, das Feindbild des „Großbauern" in der Gesellschaft zu festigen, sondern sollten darüber hinaus auch die staatlichen Institutionen als Kämpfer für Gerechtigkeit und Ordnung inszenieren. Diese Art der Propaganda wird insbesondere deutlich am Beispiel eines Zeitungsartikels vom März 1953:

Großbauer Bockholdt gehört hinter Schloß und Riegel

Von seinem Schweinefleisch in Höhe von 3,5 Tonnen könnte eine Familie 9 Jahre essen

Er hat noch kein Gramm Getreide ausgesät – Ein Schädling am Volke hat bei uns keinen Platz

Schwerin (eig. Ber.). So stellte er sich uns vor: Ein fauler, behäbiger Mann, beide Arme bis zu den Ellenbogen in den Hosentaschen vergraben; die Füße stecken in bequemen Filzpantoffeln. Und so wie das Äußere des Großbauern Bockholdt, so ist auch seine vierzig Hektar große Wirtschaft in Warnwitz. Mit unwahren Behauptungen versucht er, über die Gründe der Nichteinhaltung der gesetzlichen Ablieferungspflicht hinwegzutäuschen. Aber es gelingt ihm nicht, die unwiderlegbaren Tatsachen aus der Welt zu schaffen. Für das erste Quartal dieses Jahres hat er noch kein einziges Pfund Schweinefleisch geliefert, sein Lieferrückstand aus dem Vorjahre beträgt 3,5 t! Das sind über zwanzig Schweine. Von diesen 3500 Kilogramm könnte eine Familie gut neun Jahre lang jeden Tag ein Kilo Fleisch, Speck oder Wurst verzehren. Wie ist es zu diesem Rückstand gekommen? In der Handlungsweise eines Saboteurs der Versorgung unserer Bevölkerung hat Bockholdt kein einziges Schwein gemästet, sondern alle Ferkel verkauft. Es paßt zu den Machenschaften dieses Schädlings, daß er auch seine Felder verkommen läßt. Während die Mitglieder der Landwirtschaftlichen Produktionsgenossenschaften und werktätigen Bauern fast überall die Frühjahrsaussaat beendet haben, hat Großbauer Bockholdt bis heute noch kein Gramm Getreide ausgesät. Da ihm ausreichend Zugkräfte und Geräte zur Verfügung stehen, ist es offensichtlich, daß er auch hier bewusst als Feind unserer demokratischen Ordnung handelt. Für Verbrecher am Volke aber ist kein Platz bei uns, deshalb gehört Großbauer Bockholdt aus Warnwitz sofort hinter Schloß und Riegel.[60]

Der vorliegende Zeitungsartikel ist sowohl inhaltlich als auch in seiner Sprache charakteristisch für die Hetzkampagne gegen die „Großbauern“. Unter Verwendung von Zuschreibungen wie „Schädling am Volke“, die der Bevölkerung aus der nationalsozialistischen Propaganda überaus vertraut waren, wurde der Angeklagte als Prototyp der „Ausbeuter-Klasse“ beschrieben und auf diese Weise regelrecht dämonisiert. Der namentlich nicht genannte Autor unterstellte dem Landwirt dabei eine zutiefst „gesellschaftsfeindliche“ und seine Mitbürger verachtende Haltung. Darüber hinaus schob er ihm stellvertretend für alle „Großbauern“ auch die Verantwortung für die zunehmenden Schwierigkeiten bei der Versorgung der Bevölkerung mit Lebensmitteln zu und machte ihn damit zum Sündenbock für ein Problem, das das SED-Regime durch seine Kollektivierungspolitik wesentlich mitverursacht hatte. So zeigte sich bereits ab Ende 1952, dass die massenhafte Gründung der LPG nicht zu dem von der SED erwarteten Produktionsschub in der Landwirtschaft führte, sondern im Gegenteil die LPG häufig nicht in der Lage waren, die ihnen zugehörigen Ackerflächen effektiv und gewinnbringend zu bearbeiten.[61]

Während die SED-Führung davon ausging, die Landbevölkerung durch Schauprozesse und Pressekampagnen gegen die „Großbauern“ aufstacheln und damit ihre Politik legitimieren zu können, war in vielen Gegenden der DDR das Gegenteil der Fall. So sahen viele der kleineren Landwirte die „Großbauern“ weniger als „Klassenfeinde“ und „Ausbeuter“ denn als Nachbarn und Partner bei der Bestellung ihrer Felder. Infolgedessen lehnte die Dorfbevölkerung die ungleiche Behandlung der verschiedenen Gruppen von Bauern häufig ab und solidarisierte sich mancherorts sogar offen mit den repressierten Landwirten. Dass die sozialen Bindungen und persönlichen Beziehungen in den Dörfern häufig wichtiger waren als die von der SED-Führung vorgegebenen Feindkategorien, zeigen besonders die Fälle, in denen staatliche Funktionäre von der offiziellen Politik abwichen und die „Großbauern“ insgeheim unterstützten.[62] Gegen solche Aktivitäten ging die Justiz ebenfalls vor, wie am Beispiel eines Bürgermeisters deutlich wird, den das Kreisgericht Görlitz-Land Ende April 1953 für seine Einflussnahme zugunsten zweier „Großbauern" zu drei Jahren und zwei Monaten Gefängnis verurteilte:

> Sitzungsbericht
> Betr.: Strafsache gegen [Name anonymisiert] und andere
> Hauptverhandlung am 28. und 29. April 1953 vor dem Kreisgericht Görlitz-Land.
> [...]
> Die Abweichung beim Angeklagten [Name anonymisiert] wird im Urteil damit begründet, dass [Name anonymisiert] als Bürgermeister zwischen den Gruppierungen unter den Bauern hin und her geworfen worden sei und auch sein Gesundheitszustand dazu beigetragen habe, dass er sich gegen die Bestrebungen der Großbauern nicht durchsetzte und so zu ihrem Helfershelfer wurde.
>
> Gewiss war [Name anonymisiert] nicht klar und nicht standhaft. Gerade deshalb wurde bei ihm das Strafmaß im Antrag niedriger gehalten. Er ist aber als Bürgermeister nicht gegen die Großbauern aufgetreten, hat sich als Staatsorgan nicht für die Durchsetzung des zum Gesetz erhobenen Willen der Werktätigen eingesetzt, sondern die Auffassungen der Großbauern und der von diesen beeinflussten werktätigen Bauern durch seine Unterschrift unter Eingaben an den Rat des Kreises Niesky unterstützt, in welchen erklärt wurde, dass all der Gemeinde auferlegten Pläne, insbesondere der Viehhalteplan, zu hoch und unerfüllbar seien. Diese Auffassung hat er auch noch vertreten, nachdem der Rat des Kreises Niesky die Auflage in Rindern für die Gemeinde Deutsch-Ossig um 44 verringert hatte.
>
> Der Angeklagte [Name anonymisiert] hat – entgegen der Aufstellung der Differenzierungskommission [Organ der Gemeindeverwaltung, das die Höhe des Abgabesolls festlegte, Anm. d. Verf.] – (die von dieser allerdings nicht unterschrieben war) eigenhändig die Viehhaltebescheide für die Großbauern [Name

> anonymisiert] und [Name anonymisiert] ausgeschrieben. Dabei setzte er bei [Name anonymisiert] anstatt 69 Rinder nur 45 und bei [Name anonymisiert] anstatt 51 Rinder nur 40 ein. Auf diese Weise kam der Erlass des Rindersolls diesen beiden Großbauern zugute.[63]

Ungeachtet der Unterstützung und Solidarität, die den „Großbauern" von Teilen der Dorfbevölkerung entgegengebracht wurden, gerieten sie vor allem ab Frühjahr 1953 immer stärker in Bedrängnis und waren in ihrer Handlungsfreiheit weitgehend eingeschränkt. Da die betroffenen Landwirte nach Willen der SED weiterhin von der Mitgliedschaft in den LPG ausgeschlossen waren, sahen sie sich vor die Wahl gestellt, entweder auf ihren Höfen zu verbleiben und die steigende Gefahr einer Inhaftierung in Kauf zu nehmen oder aber ihre Existenzgrundlage aufzugeben und in die Bundesrepublik zu fliehen. Wie schwer vielen Landwirten diese Entscheidung trotz der zunehmend ausweglosen Lage fiel, verdeutlichen die Erinnerungen von Wilhelm Lindecke aus dem altmärkischen Seethen:

> Angst ging um in den Dörfern, natürlich nur bei den „Großbauern". Die Diskriminierung verschärfte sich. Aus den von den Vorvätern errichteten Spar- und Darlehenskassen wurden die „Großbauern" ausgeschlossen. In unserer Feuerwehr waren die „Großbauernsöhne" nicht mehr tragbar, ebenso wurden sie häufig vom Besuch landwirtschaftlicher Fachschulen ausgeschlossen. Maschinen wurden in den Werkstätten nicht mehr repariert. An unserem 25 PS NORMAG-Schlepper war der Magnetzünder defekt. Bei Bosch in Stendal wurde ich gefragt, ob ich Privatbauer wäre – also keine Reparatur.
>
> Wir hatten den größten Hof in Seethen. Ich konnte mir nicht vorstellen, jemals meine Heimat zu verlassen. Der Hof war mir so ans Herz gewachsen, gerade in den Jahren, als mein Vater inhaftiert war. Mein Bruder Hannes wurde in jener Zeit mit der Schule

fertig. Er hatte die Oberschule in Gardelegen und die Landwirtschaftsschule in Klötze besucht, die ich 1943 wegen der Einberufung vorzeitig hatte verlassen müssen. Hannes machte noch eine Landwirtschaftslehre und ein Praktikum. Arno war 1945 gerade elf Jahre alt. Nach Beendigung der Grundschule in Seethen besuchte er die Mittelschule in Bismark. Der anschließende Besuch einer Landwirtschaftsschule wurde ihm als „Sohn eines Großbauern" verwehrt.

Im Winter 1952 besuchte ich meinen Schulfreund Martin Franke in Bösdorf unmittelbar an der Zonengrenze. Ob man notfalls noch über die Grenze käme, wollte ich wissen. Er winkte ab: „Es geht nur noch über Berlin." [...]

Am Montag früh fuhr mein Vater ab Jävenitz mit dem ersten Zug nach Berlin. Er hatte eine Fahrkarte nach Frankfurt an der Oder gelöst. Der Bahnhofsvorsteher sagte nur: „Na, na!" Treffpunkt sollte bei Tante Frieda sein. Vater kam gut durch. Mittags fuhren Mutter und Arno getrennt im Zug, sie vorne, er hinten. Auch sie passierten die Kontrollen problemlos. Edith [Ehefrau des Autors, Anm. d. Verf.] und ich wollten um 16.30 Uhr mit dem Zug ab Gardelegen fahren. Nachmittags musste ich noch mit dem Schlepper nach Lindstedt zu einer Art TÜV. Wir dachten, so getrennt könnten wir am besten unbemerkt verschwinden. Nie vergesse ich den Moment, als ich zum letzten Mal im Sessel in der Stube saß. Habe ich geweint? Edith meinte: „Sollen wir beide nicht doch bleiben, wenn es Dir so schwerfällt?" Mein Gott, wie hing ich an dem Hof, dem Land, dem Wald und den Tieren! Ich ging noch einmal durch den Stall. Dann spannten wir die Pferde an, denn der Trecker wollte mal wieder nicht anspringen. Er musste angeschleppt werden. Er hatte einen auf Propangas umgebauten Holzvergaser, Baujahr 1944. Ich kam mit dem Trecker bis in die Werkstatt, ließ ihn samt Anhänger stehen, nahm einen Koffer und ging zum Treffpunkt. Edith war schon da. Sie fuhr dann mit dem Fahrrad zum Bahnhof. Als ich mit dem Koffer zum Bahnhof ging, rief mein alter Freund

Schünemann aus Rottendorf von der anderen Straßenseite her: „Du siehst aus, als wenn Du abhaust!“ Um 16.30 Uhr stiegen wir mit der Fahrkarte nach Ostberlin in den Zug; Ziel: Silberne Hochzeitsfeier. Der Wecker im Koffer rappelte um 16.45 Uhr, wir waren morgens um halb fünf aufgestanden und beide dick angezogen, um möglichst viel mitzunehmen. „Bis jetzt hat alles geklappt. Ob die in Seethen noch nichts gemerkt haben? Man könnte uns noch aus dem Zug holen wegen Republikflucht, und das ist strafbar.“ Auf halber Strecke nach Berlin kamen die Kontrollen, Papiere und Gepäck wurden überprüft. Ich fiel gleich auf als Bauer mit meinen langen Stiefeln. Außerdem stand der Beruf im Ausweis. In Döberitz mussten wir beide als einzige aussteigen. Der Zug fuhr ohne uns weiter. Man führte uns, es war schon lange dunkel, zu einem kleinen Kontrollhäuschen. Verdächtig war auch, wenn man viel Geld bei sich hatte. Das hatten wir, denn wir wollten in Berlin eintauschen, obwohl der Kurs West/Ost bei ca. 1:7 stand. Edith schmiss ihr Geld aus der Manteltasche in die Dunkelheit. Der russische Begleiter merkte nichts. In dem Häuschen, es waren Deutsche und Russen, mussten wir unsere Taschen entleeren. Geld wurde gezählt. Edith hatte nochmals unbemerkt Geld unter den Tisch fallen lassen. Anscheinend war unser Barvermögen jetzt an der Grenze des Zulässigen. Mit dem nächsten Vorortzug durften wir weiterfahren. Wir gingen erleichtert hinaus. Draußen konnten wir noch ein paar Geldscheine einsammeln. Keiner hatte etwas bemerkt. Der Zug kam, wir stiegen ein. In Staaken an der Sektorengrenze nach Westberlin mussten wir alle raus, um in die S-Bahn umzusteigen. Vor der hohen Holztreppe kam ein Grenzpolizist „Ost“ auf mich zu und sagte: „Kommen Sie mal mit zur Kontrolle!“ Mir rutschte fast das Herz in die Hose. Zufällig ging hinter uns der Polizist, der uns in Döberitz kontrolliert hatte. Er sagte dann wörtlich: „Den haben wir gerade kontrolliert, es ist alles in Ordnung.“ Noch zehn Meter und wir waren in Westberlin, im englischen Sektor. Als wir bei Tante Frieda ankamen war es 22.00 Uhr. Die Familie

> war wieder zusammen. Die anderen hatten schon das Schlimmste befürchtet. Wenn ich jemals einen Feind haben sollte, diese letzten zwei Wochen wünsche ich ihm nicht.[64]

Wie Wilhelm Lindecke entschieden sich in den ersten Monaten des Jahres 1953 immer mehr von Repressionen betroffene Landwirte zur Flucht und zum Neubeginn in Westdeutschland. Nachdem in den Jahren zuvor bereits mehrere Tausend „Großbauern" in die Bundesrepublik emigriert waren, verstärkte sich diese Entwicklung im ersten Halbjahr noch einmal drastisch und führte zwischen Januar und April zur Abwanderung von insgesamt mehr als 7500 Landwirten. Als Folge dieser Entwicklung verringerte sich die Zahl der „Großbauern" im Vergleich zu 1950 um fast 40 Prozent, wodurch die Sozialstruktur in den Dörfern wie von der SED beabsichtigt grundlegend umgestaltet wurde.[65]

1.2.4 Die Unzufriedenheit bricht sich Bahn – Der 17. Juni auf dem Land

Während die Repressionspolitik der SED gegen die „Großbauern" einerseits erfolgreich war und zu deren teilweisen Verdrängung als dörfliche Oberschicht führte, verschärfte sie andererseits die wirtschaftlichen Probleme in der DDR. Durch die Massenflucht der Bauern, die zunehmend auch unzufriedene Klein- und Mittelbauern umfasste, blieben immer größere Ackerflächen unbestellt. Das führte dazu, dass die landwirtschaftliche Produktion insgesamt zurückging und sich die Versorgungslage der Bevölkerung weiter verschlechterte. Außerdem benötigten die LPG für die Übernahme des brachliegenden Ackerlandes erhebliche zusätzliche Finanzmittel, die die Regierung in Form von Subventionen bereitstellen musste.[66]

Diese Zuschüsse sowie die anderen Maßnahmen für den „Aufbau des Sozialismus" – allen voran der Aufbau der Armee und die Förderung der Schwerindustrie – belasteten den DDR-Staatshaushalt so stark, dass im Frühjahr 1953 eine Wirtschaftskrise drohte. Die SED-Führung reagierte darauf mit der Erhöhung der Arbeitsnormen und umfassenden Sparmaßnahmen, die die Erhöhung von Steuern sowie die Streichung von Vergünstigungen für Arbeiter umfassten und die Bevölkerung zusätzlich belasteten. Infolgedessen nahmen auch unter der Landbevölkerung die Unruhe und Unzufriedenheit mit der SED-Politik, die sich vielerorts bereits am scharfen Kurs gegen die „Großbauern" entzündet hatte, weiter zu.[67]

In der Sowjetunion beobachtete die neue Führung der KPdSU – Stalin war am 5. März gestorben – die Entwicklung in der DDR mit zunehmender Sorge. Vor allem mit Blick auf den anschwellenden Flüchtlingsstrom, der neben den Landwirten auch Jugendliche und Arbeiter erfasste, stellte man in Moskau die bisherige Politik der SED zunehmend infrage und bewertete vor allem auch die kompromisslose Durchsetzung der Kollektivierung kritisch.[68] So stellte die sowjetische Führung in einem undatierten, wohl aber Anfang Juni 1953 verfassten Memorandum an die SED-Spitze fest:

> Infolge der Durchführung einer fehlerhaften politischen Linie ist in der Deutschen Demokratischen Republik eine äußerst unbefriedigende politische und wirtschaftliche Lage entstanden.
>
> Unter den breiten Massen der Bevölkerung, darunter auch unter den Arbeitern, Bauern und der Intelligenz, ist eine ernste Unzufriedenheit zu verzeichnen in Bezug auf die politischen und wirtschaftlichen Maßnahmen, die in der DDR durchgeführt werden. Das kommt am deutlichsten in der massenhaften Flucht der Einwohner der DDR nach Westdeutschland zum Ausdruck. [...]
>
> Als Hauptursache der entstandenen Lage ist es anzuerkennen, daß gemäß den Beschlüssen der Zweiten Parteikonferenz der SED, gebilligt vom Politbüro des ZK der KPdSU(B), fälschlicherweise der Kurs auf einen beschleunigten Aufbau des Sozialismus in Ostdeutschland genommen worden war ohne Vorhandensein der dafür notwendigen realen sowohl innen- als auch

> außenpolitischen Voraussetzungen. Die sozial-wirtschaftlichen Maßnahmen, [...] besonders eine übereilte Schaffung der landwirtschaftlichen Produktionsgenossenschaften ohne eine dafür notwendige Grundlage auf dem Dorfe, haben dazu geführt, daß auf dem Gebiet der Versorgung der Bevölkerung mit Industriewaren und Nahrungsmitteln ernste Schwierigkeiten entstanden, daß der Kurs der Mark stark gefallen ist, daß eine große Anzahl der kleinen Eigentümer wie Handwerker, Gewerbetreibende usw. ruiniert sind und haben bedeutende Schichten der Bevölkerung gegen die bestehende Macht gestimmt. Es ist so weit gekommen, daß zur Zeit über 500 Tausend Hektar Land verlassen und brachliegen, und die haushälterischen deutschen Bauern, die sonst stark an ihrem Landstück hängen, es begannen, massenhaft ihr Land und ihre Wirtschaft zu verlassen und sich nach Westdeutschland zu begeben.
>
> Das alles schafft eine ernste Gefahr für die politische Beständigkeit der Deutschen Demokratischen Republik.[69]

Die sowjetische Seite kritisierte in dieser Analyse zwar nicht das Ziel der Kollektivierung der Landwirtschaft, stellte der ostdeutschen Staats- und Parteiführung aber hinsichtlich ihrer praktischen Umsetzung ein vernichtendes Zeugnis aus. So sei die SED den „verschärften Aufbau des Sozialismus" und insbesondere die Kollektivierung nicht nur übereilt und ohne ausreichende Vorbereitungen angegangen, sondern habe auch Krisensymptome wie die brachliegenden Ackerflächen viel zu lange ignoriert und auf diese Weise die Stabilität der DDR gefährdet. Um eine weitere Zuspitzung der Lage zu verhindern, beorderte die sowjetische Führung am 2. Juni 1953 eine Delegation der SED nach Moskau und verordnete ihr eine politische Neuausrichtung. Dabei sollten nicht nur die bestehenden LPG überprüft und die Gründung neuer Genossenschaften ausgesetzt, sondern auch die Repressions- und Verdrängungspolitik gegen Privatwirtschaften, insbesondere gegen die „Großbauern", gestoppt werden.[70]

Diese Anordnungen aus Moskau mussten auf die SED-Führung wie ein Schock wirken, widersprachen sie doch der in den Monaten zuvor forcierten Politik grundlegend. Zwar hatte mittlerweile auch die Parteispitze um Ulbricht erkannt, dass die Kollektivierung nicht wie geplant durchgeführt werden konnte, und intern bereits Ende Mai 1953 die Gründung weiterer Genossenschaften untersagt. Mit dieser Entscheidung sollte die bisherige Landwirtschaftspolitik jedoch nicht grundsätzlich infrage gestellt, sondern lediglich die bisher erreichten Erfolge stabilisiert werden.[71] Ungeachtet dessen blieb der SED-Führung nach der Rückkehr nach Ostberlin nichts anderes übrig, als sich den sowjetischen Anordnungen zu beugen und eine politische Kehrtwende einzuleiten. Diese Vorbereitungen mündeten am 9. Juni 1953 in eine Erklärung, in der das Politbüro nicht nur öffentlich Fehler beim „Aufbau des Sozialismus" eingestand und die Rücknahme zahlreicher Maßnahmen ankündigte, sondern der DDR-Bevölkerung auch eine spürbare Verbesserung ihres Lebensstandards versprach:

> Kommuniqué des Politbüros des Zentralkomitees der SED vom 9. Juni 1953
>
> Das Politbüro des Zentralkomitees der SED hat in seiner Sitzung vom 9. Juni 1953 beschlossen, der Regierung der Deutschen Demokratischen Republik die Durchführung einer Reihe von Maßnahmen zu empfehlen, die der entschiedenen Verbesserung der Lebenshaltung aller Teile der Bevölkerung und der Stärkung der Rechtssicherheit in der Deutschen Demokratischen Republik dienen. Das Politbüro des ZK der SED ging davon aus, daß seitens der SED und der Regierung der Deutschen Demokratischen Republik in der Vergangenheit eine Reihe von Fehlern begangen wurden, die ihren Ausdruck in Verordnungen und Anordnungen gefunden haben, wie zum Beispiel der Verordnung über die Neuregelung der Lebensmittelkartenversorgung, über die Übernahmen devastierter landwirtschaftlicher Betriebe, in außerordent-

lichen Maßnahmen der Erfassung, in verschärften Methoden der Steuererhebung usw. Die Interessen solcher Bevölkerungsteile wie der Einzelbauern, der Einzelhändler, der Handwerker, der Intelligenz wurden vernachlässigt. Bei der Durchführung der erwähnten Verordnungen und Anordnungen sind außerdem ernste Fehler in den Bezirken, Kreisen und Orten begangen worden. Eine Folge war, daß zahlreiche Personen die Republik verlassen haben.

Das Politbüro hat bei seinen Beschlüssen das große Ziel der Herstellung der Einheit Deutschlands im Auge, welches von beiden Seiten Maßnahmen erfordert, die die Annäherung der beiden Teile Deutschlands konkret erleichtern. Aus diesen Gründen hält das Politbüro des ZK der SED für nötig, daß in nächster Zeit im Zusammenhang mit Korrekturen des Planes der Schwerindustrie eine Reihe von Maßnahmen durchgeführt werden, die die begangenen Fehler korrigieren und die Lebenshaltung der Arbeiter, Bauern, der Intelligenz, der Handwerker und der übrigen Schichten des Mittelstandes verbessern. Auf der Sitzung am 9. Juni hat das Politbüro Maßnahmen auf dem Gebiet des Handels und der Versorgung, auf landwirtschaftlichem Gebiet und auch hinsichtlich der Erleichterung des Verkehrs zwischen der Deutschen Demokratischen Republik und Westdeutschland festgelegt.

Um die Erzeugung von Waren des Massenbedarfs zu vergrößern, die von kleinen und mittleren Privatbetrieben hergestellt werden, und um das Handelsnetz zu erweitern, wird vorgeschlagen, den Handwerkern, Einzel- und Großhändlern, privaten Industrie-, Bau- und Verkehrsbetrieben in ausreichendem Umfange kurzfristig Kredite zu gewähren. Die Zwangsmaßnahmen zur Beitreibung von Rückständen an Steuern und Sozialversicherungsbeiträgen, die bis zum Ende des Jahres 1951 entstanden sind, sollen für Klein-, Mittel- und Großbauern, Handwerker, Einzel- und Großhändler, private Industrie-, Bau- und Verkehrsbetriebe, daß heißt in der gesamten privaten Wirtschaft, ausgesetzt werden.

[…]

> Das Politbüro schlägt ferner vor, daß die Verordnungen über die Übernahme devastierter landwirtschaftlicher Betriebe aufgehoben werden und die Einsetzung von Treuhändern wegen Nichterfüllung der Ablieferungspflichten oder wegen Steuerrückständen untersagt wird. Die Bauern, die im Zusammenhang mit Schwierigkeiten in der Weiterführung ihrer Wirtschaft ihre Höfe verlassen haben und nach Westberlin oder nach Westdeutschland geflüchtet sind {Kleinbauern, Mittelbauern, Großbauern}, sollen die Möglichkeit erhalten, auf ihre Bauernhöfe zurückzukehren. Ist das in Ausnahmefällen nicht möglich, so sollen sie vollwertigen Ersatz erhalten. Es soll ihnen mit Krediten und landwirtschaftlichem Inventar geholfen werden, ihre Bauernwirtschaften zu entwickeln. Strafen, die wegen Nichterfüllung von Ablieferungsverpflichtungen oder Steuerverpflichtungen ausgesprochen wurden, sollen überprüft werden. Dabei wird vorgeschlagen, den Minister für Land- und Forstwirtschaft zu beauftragten, die erforderlichen Maßnahmen zu treffen, damit die Interessen der landwirtschaftlichen Produktionsgenossenschaften gewahrt bleiben.[72]

Das am 11. Juni veröffentlichte Kommuniqué markierte einen tiefen Einschnitt der SED-Politik und betraf in besonderer Weise die Landbevölkerung. Zwar verzichtete die Partei weiterhin auf eine komplette Abkehr von ihrer Kollektivierungsabsicht und sprach sich für den Fortbestand der LPG aus, jedoch kündigte sie das Ende aller Maßnahmen an, die sich gegen Einzelbauern, allen voran gegen „Großbauern", richteten. So sollte an die Stelle der Gängelung dieser Landwirte deren staatliche Förderung mit Krediten und Landwirtschaftstechnik treten und die Folgen des Justizterrors durch die Überprüfung der entsprechenden Gerichtsurteile und die Rückgabe bzw. die Kompensation des enteigneten Eigentums rückgängig gemacht werden.

Die Landbevölkerung wurde von diesen Ankündigungen vollkommen überrascht, standen sie doch im krassen Gegensatz zur bisherigen Rhetorik und Handlungsweise der Staats- und

Parteiführung. Dementsprechend fielen die Reaktionen in den Dörfern sehr unterschiedlich aus. Während sich unter den Genossenschaftsbauern Verunsicherung und Sorge über die Zukunft der LPG breitmachte, reagierten die übrigen Dorfbewohner mit einer Mischung aus Skepsis, ob diese Ankündigungen auch tatsächlich umgesetzt würden, und Genugtuung über das Scheitern der bisherigen SED-Politik.[73] Allen voran die „Großbauern" interpretierten die Verlautbarungen der Parteiführung als Ausdruck des Scheiterns des Regimes und traten zunehmend selbstbewusst in Erscheinung, wie eine Analyse der SED-Bezirksleitung aus Suhl vom 29. Juni 1953 rückblickend feststellte:

> Viele konnten nicht begreifen, daß eine Regierung ihre Fehler öffentlich zugibt, diese Fehler korrigiert und darüber hinaus den rückkehrenden Republikflüchtigen noch Kredite gibt, damit sie ihre Betriebe wieder übernehmen und weiterführen können, die ihnen kurz zuvor wegen geringer Übertretungen wie Steuerschulden, Ablieferungsrückstände usw. weggenommen wurden oder die sie verlassen hatten.
>
> Ein großer Teil der Großbauern legte das Verhalten der Regierung als eine Schwäche aus und hoffte nunmehr, daß für sie die Zeit gekommen sei, wo sie wieder zu bestimmen hätten.
>
> Es kann allerdings nicht so ausgelegt werden, daß nun jeder dieser Großbauern ein Gegner der Regierung wurde, sondern sie forderten jetzt die freie Wirtschaft, Klärung der Erfassungsfrage usw.
>
> Ein bestimmter Teil der Großbauern fühlt sich heute so stark, daß er unseren Funktionären auf dem Lande zu verstehen gibt, daß diejenigen, die sich in der Vergangenheit dem Großbauern gegenüber human verhalten hätten, auch heute mit der Unterstützung derselben rechnen könnten, d. h. daß diese Großbauern bisher versuchten, unsere Funktionäre in ein Abhängigkeitsverhältnis zu bringen und dies heute fortsetzen möchten.[74]

Ihren sichtbarsten Ausdruck fand das wiedererstarkte Selbstvertrauen der „Großbauern" in „Freudenfesten" oder „Siegesfeiern", die in den Tagen nach der Veröffentlichung des Kommuniqués aus allen Teilen des Landes gemeldet wurden und im Zuge derer innerhalb der Dorfgemeinschaften vor allem die Mitglieder der LPG unter Druck gerieten. So heißt es in einem Tagesbericht der SED vom 12. Juni:

> Das Kommuniqué des Politbüros wurde von den Großbauern in allen Bezirken unserer Republik mit offener Schadenfreude aufgenommen. Sie führten Saufgelage durch, schüchterten teilweise die Genossenschaftsbauern ein und verstehen durch offene Benutzung der Riasargumente[75], Verwirrung unter den Genossenschafts- und werktätigen Bauern zu stiften. [...] In einigen Fällen haben die Großbauern werktätige und Genossenschaftsbauern in ihre Saufgelage hineingezogen und gegen die leitenden Funktionäre der LPG aufgehetzt.[76]

Hatte die Staats- und Parteiführung gehofft, mit ihren Zugeständnissen die angespannte Lage in den Dörfern zu entschärfen und die Zustimmung der Bevölkerung zurückzugewinnen, scheiterte sie mit dieser Strategie auf ganzer Linie. So diskutierte die Landbevölkerung in den Tagen nach dem 11. Juni immer offener über die Rolle der SED und Forderungen nach politischen Reformen wurden lauter. Begleitet wurden die Unmutsbekundungen von vereinzelten Protesthandlungen, die sowohl Arbeitsniederlegungen und die Verweigerung der Pflichtablieferungen umfassten als auch vereinzelte tätliche Übergriffe auf LPG-Vorsitzende und andere Repräsentanten von Staat und Partei. Auch wenn sich ein beträchtlicher Teil der Dorfbevölkerung nicht an solchen Aktionen beteiligte und sich abwartend verhielt, wurde immer deutlicher, dass die SED in ihrer Autorität enorm geschwächt war und bei den Menschen an Rückhalt verlor. Die lokalen SED-Funktionäre, die vom abrupten Kurswechsel der Parteiführung selbst vollkommen überrascht worden waren, hatten dieser Entwicklung nur wenig entgegenzusetzen und waren kaum mehr dazu in der Lage, die Situation in den Dörfern unter Kontrolle zu halten und im Sinne der Partei zu beeinflussen.[77]

In diese explosive Stimmung hinein verbreiteten sich am 16. Juni Nachrichten, dass in Ostberlin Bauarbeiter aus Protest gegen die Erhöhung der Arbeitsnormen in den Streik getreten und in einem großen Demonstrationszug vor das Regierungsgebäude gezogen seien. Als sich die Arbeitsniederlegungen und Demonstrationen ab dem Morgen des 17. Juni auf Betriebe in der ganzen DDR ausbreiteten,[78] eskalierte auch die Situation in den Dörfern und die Zahl der Protesthandlungen gegen das SED-Regime stieg sprunghaft an.[79] Sehr häufig handelte es sich dabei um lokal begrenzte Aktionen, bei denen sich Bauern zu spontanen Versammlungen zusammenfanden und ihrem tief sitzenden Frust gegen die Partei und deren Repräsentanten Luft machten und zu Widerstandshandlungen aufriefen. So berichtete die SED-Bezirksleitung Neubrandenburg am 18. Juni:

> In der Gemeinde Blumenhagen fand am 17.6.53 nach 21:00 Uhr eine große Zusammenkunft von Bauern statt. Diese wurde von einem gewissen [Name anonymisiert] geleitet. [Name anonymisiert] versuchte, die Bauern dadurch zu beeinflussen, indem er sie mit Alkohol freihielt und erklärte: „Jetzt fangen wir an zu streiken, indem wir keine Milch abliefern."
>
> Als der Genosse der Kreisleitung den Befehl des Kreiskommandanten für den Ausnahmezustand dem Bürgermeister überreichte, übergab dieser den Befehl dem [Name anonymisiert], der diesen Befehl verlas und die Bemerkung machte: „Brust frei, wir sind bereit, sie können kommen."
>
> Der Befehl wurde noch am selben Abend am Anschlagbrett angebracht. Morgens war dieser abgerissen. Anstelle dessen war ein handgeschriebener Zettel mit folgender Erklärung angebracht, worauf die aktivsten Genossen der Gemeinde aufgeführt wurden z. B.: Gustav Schulz, Hettmann, Rahn u. a.

> [...]
>
> Darauf stand: „Für diese Leute ist es höchste Zeit, dass sie sich einen Strick nehmen und sich aufhängen, sonst werden sie noch aufgehängt."
>
> Ein ähnlicher Zettel war an einer Pumpe im Dorf angebracht, worauf stand: „Befreit Euch von der SED, liefert keine Erzeugnisse ab. Die Stricke raus für Gustav Schulz, Hettmann, Priese und Rahn. Befreit Euch von dieser Pest. Nieder mit den Kommunistenschweinen."[80]

Begleitet wurden solche Proteste häufig von Vandalismus gegen Symbole der SED-Herrschaft sowie von Versuchen, Staats- und Parteifunktionäre eigenmächtig abzusetzen. So meldete die SED-Bezirksleitung Schwerin zur Entwicklung im Kreis Ludwigslust in einem Stimmungsbericht vom 18. Juni:

> In der Gemeinde Muchow, Kr. Ludwigslust, fand gestern eine Gemeindevertretersitzung statt. Nach dieser Sitzung begaben sich ca. 15 Bauern und Großbauern unter Führung des Großbauern [Name anonymisiert] bis um 2 Uhr nachts im Restaurant, krakelten dort, schimpften und führten anschließend eine Demonstration durch.
>
> Sie versuchten den Bürgermeister (SED) abzusetzen und den alten Bürgermeister (Mitglied der LPD) einzusetzen.
>
> Hierbei demolierten sie die Räume der Bürgermeisterei und zerschlugen die Fensterscheiben, zerrissen die Bilder und Fahnen und benutzten zerbrochene Gegenstände wie Stuhlbeine [und] Fahnenstangen zu Symbolen des Hakenkreuzes.[81]

Während sich der Protest in Muchow vor allem durch verbale Ausfälle und die Zerstörung von Symbolen staatlicher Macht ausdrückte, nutzten die Bauern anderenorts die Gunst des Augenblickes aus, um die Folgen der staatlichen Kollektivierungspolitik auf eigene Faust rückgängig zu machen. Ein solches Beispiel, bei dem zwei Landwirte eigenhändig die örtliche Genossenschaft auflösten, dokumentiert die Anklageschrift der Staatsanwaltschaft gegen die beiden Bauern im später durchgeführten Strafprozess:

> Zur Sache:
> Der Beschuldigte zu [Sachverhalt] 1 – [Name anonymisiert] – war am 17.6.1953 bis gegen 18.00 Uhr auf seinem Hof tätig und fuhr dann nach Calbe.
>
> Er hörte unterwegs, dass in der Deutschen Demokratischen Republik infolge Unzufriedenheit der Arbeiter Unruhen ausgebrochen waren.
>
> Er glaubte nun, dass „sein Tag" gekommen sei.
>
> Er begab sich sofort in seinen Heimatort zurück und ging in die Gastwirtschaft. Hier entdeckte er einen Gesinnungsgenossen in dem Beschuldigten 2 – [Name anonymisiert] –
>
> Er erzählte diesem, dass in Berlin, Calbe/Saale und überall Unruhen ausgebrochen wären und dass endlich die Landesproduktionsgenossenschaften aufgelöst würden und dass deshalb auch die LPG in Trabitz aufgelöst werden müsste.
>
> Er putschte ihn durch weitere Erzählungen, dass Fahnen verbrannt würden, auf.
>
> Beide kamen überein, die LPG aufzulösen und die [Wirtschaften] den beiden Besitzern, 2 Großbauern, zurückzugeben, vor allen Dingen dem einen Großbauern, der noch im Orte zurückgeblieben war, während der andere das Weite gesucht hatte.
>
> Beide gingen zum LPG-Vorsitzenden Neier und klärten ihn in ihrem Sinne auf über die jetzige Situation. [Sie] ließen sich die Listen der Genossenschaftsbauern sowie des eingebrachten Viehbestandes geben und bekamen diese auch, da die Genossenschaftsbauern durch das bestimmte Auftreten der beiden Beschuldigten eingeschüchtert wurden.
>
> Beide begannen nun, die LPG aufzulösen und den einzelnen Genossenschaftsbauern ihr Vieh zurückzugeben.
>
> Meinungen der Genossenschaftsbauern, dass dieses nicht so schnell gehe und sie auch dazu nicht berechtigt [seien], wurden

> mit den Worten, dass sie Radio hören sollten, dann würden sie diese Maßnahmen verstehen, zurückgewiesen.
>
> Mit diesen Worten, sie sollten Radio hören, haben sich beide Beschuldigte entlarvt, denn der Deutsche Demokratische Rundfunk brachte dauernd Meldungen, wo die Lage in Wirklichkeit geschildert wurde, während der Rias sowie andere Westsender durch Lügen und Hetzsendungen versuchten, immer mehr Störungen in die Bevölkerung der DDR zu bringen.
>
> Selbst dem Bürgermeister, der inzwischen eingetroffen war, gelang es nicht, gegen diese Provokateure aufzukommen.
>
> Ihm wurde gedeutet: „Du weißt wohl noch nicht, was los ist, was wollt Ihr denn noch?"
>
> Genossenschaftsbauern, die mit solcher Maßnahme nicht einverstanden waren, die an der von ihnen selbst aufgebauten Sache hingen, wurden gedroht, dass er mit Arbeitern aus Kalbe zurückkommen würde, die dann das ganze Dorf zusammenschlügen.
>
> Unter dem Druck dieser Drohungen und vollkommen eingeschüchtert von einem solchen provokatorischen Auftrag nahmen die Genossenschaftsbauern ihr Vieh und gingen damit in ihre Höfe zurück. Der Großbauer [Name anonymisiert], der inzwischen eingetroffen war, kontrollierte sofort die Landwirtschaft und verlangte [die] Räumung des Wohnhauses und fühlte sich bereits wieder als Besitzer, indem er Personal einstellte.
>
> [Name anonymisiert] und [Name anonymisiert] sind in der Vergangenheit immer Gegner der LPG gewesen. Am 17. Juni 1953 kam ihre Gesinnung zu Tage, denn sie glaubten, dass sie ihre Gesinnung austoben könnten und endlich die LPG auflösen durften, die in ihren Augen immer ein Ärgernis gewesen ist.[82]

Auch wenn es dem Staatsanwalt in diesen Ausführungen in erster Linie darum ging, die beiden angeklagten Bauern als notorische Staatsfeinde zu porträtieren, die nur auf eine günstige Gelegenheit gewartet hätten, um gegen die von ihnen gehasste LPG vorzugehen, verweist die Anklageschrift gleichzeitig auch auf die chaotische Lage in vielen Dörfern. So erkannten die beiden Angeklagten sowohl die tiefe Verunsicherung der LPG-Bauern als auch den kompletten Autoritätsverlust des Bürgermeisters und waren in der Lage, zu zweit das zentrale Symbol der SED-Landwirtschaftspolitik zu beseitigen und zumindest für eine kurze Zeit die einstigen Macht- und Besitzverhältnisse wiederherzustellen.

Während solche Widerstandsaktionen in der Regel auf die einzelnen Dörfer begrenzt blieben, formierten sich die Bauern in einigen Kreis- und Landstädten der DDR auch zu Demonstrationszügen, um ihrer Unzufriedenheit Ausdruck zu verleihen und mit Nachdruck Reformen zu fordern. Wie eine Übersicht der Volkspolizei des Bezirkes Mühlhausen vom 29. Juni 1953 zeigt, blieben diese Aufzüge in ihrer Teilnehmerzahl aber häufig begrenzt und waren überdies von relativ kurzer Dauer:

> Außerdem wurden folgende Vorkommnisse gemeldet:
> [...]
> Sömmerda:
> Bauernversammlung: ca. 300 Personen
> Dauer der Kundgebung: ca. 1 ½ Stunden
> Losung:
> – Ablösung der Vertreter der VdgB und der Landwirtschaftlichen Ausschüsse,
> – Rückgabe zweier enteigneter Betriebe von Großbauern,
> – Streichung aller alten Sollrückstände,
> – Überprüfung der Ablieferungsquote für das Jahr 1953,
> – Lebensmittelkartenausgabe an alle notleidenden Bauern,
> – Freie Wahlen für ganz Deutschland,
> – neue Preisbildung beim landwirtschaftlichen Sektor.
>
> Tunzenhausen, Krs. Sömmerda:
> Versammlung einberufen
> Teilnehmer: ca. 100 Personen

> Losung:
> - Herabsetzung des Ablieferungssolls,
> - Erhöhung der Renten,
> - Freigabe sämtlicher Kriegsgefangener,
> - Einheit Deutschlands auf friedlicher Grundlage,
> - Haftentlassung eines festgenommenen Wirtschaftsverbrechers.
>
> Großengottern, Krs. Mühlhausen:
> Bauernversammlungen
> Losung: Rücktritt der Gemeindevertretung und des CDU-Bürgermeisters.
>
> Apolda:
> Ansammlung von 500–600 Personen auf dem Marktplatz vor dem Kreisgericht in der Zeit von 17.30–19.00 Uhr.
> Losung: Freilassung von Inhaftierten[83]

Über diese kleineren und spontan durchgeführten Protestkundgebungen hinaus initiierten Bauern und andere Dorfbewohner in einigen Städten auch größere Demonstrationen, die nach kurzer Zeit auf die städtische Bevölkerung übergriffen. Eines der bekanntesten Beispiele für solche Proteste ereignete sich in Jessen im Bezirk Cottbus und wurde von der dortigen SED-Kreisleitung in einem „Situationsbericht" vom 17. Juni minutiös dokumentiert:

> Gegen 8.30 Uhr marschierte eine aus den umliegenden Ortschaften zusammengezogene Bauernschaft, die sich in der Hauptsache aus Großbauern zusammensetzte, geschlossen auf den Hof der Kreisverwaltung. Parteien, Polizei und VPKA wurden von uns sofort über den Aufmarsch der Großbauern unterrichtet, um den Schutz des Hauses sicherzustellen.
>
> Nachdem die Großbauern auf dem Hof angekommen waren, begaben wir uns als leitende Funktionäre sofort auf den Hof,

um sie nicht in das Haus zu lassen. Hierbei stellten wir fest, dass außer Großbauern, Mittel- und Kleinbauern, Handwerksmeister und Arbeiter aus den Betrieben (Mewa Jessen) sich unter den Demonstranten befanden.

Hier muss festgehalten werden, dass die Großbauern, ehe sie zu uns kamen, zur Mewa gingen, die Maschinen abschalteten und die dort befindlichen Arbeiter aufforderten, an der Demonstration teilzunehmen, da sie die gleichen Forderungen hätten, Heruntersetzung ihrer Normen, die ihnen aufgezwungen wurden, was auch bei den Auseinandersetzungen zum Ausdruck kam.

Die Demonstranten begannen zuerst mit einem wüsten Lärmen und brachten hierin zum Ausdruck, dass sie nicht irgendeinen, sondern den Vorsitzenden des Rates des Kreises zu sprechen wünschten, da er für alles verantwortlich ist.

Der Vorsitzende war momentan nicht zu finden, da er im Auftrage der Genossen sich mit der Kommandantur (da er der einzige ist, der russisch spricht) in Verbindung gesetzt hatte und eine persönliche Aussprache mit dem stellvertr. Kommandanten hatte.

Die Kommandantur hatte sofort die Situation erkannt und war, von hinten an das Gebäude herankommend, ohne dass die Demonstranten dieses bemerkten, im Zimmer des Vorsitzenden mit 8 Soldaten erschienen.

Die nächste Folge war, dass die Demonstranten den Staatsanwalt zu sprechen wünschten, der nach ihrer Meinung für die hohen Urteile u. die Entlassung der Inhaftierten verantwortlich zu machen sei.

Der Staatsanwalt Gen. Bogk, und der Bezirksstaatsanwalt, Gen. Heilborn sprachen zu der Masse und betonten, dass heute noch die Untersuchungsgefangenen entlassen werden würden, während bei den anderen erst die Akten durchgesehen werden müssten.

Kurz danach kam der Vorsitzende, der dann auch von dem Sprecher der Demonstranten aufgefordert wurde, zu sprechen. Der Vorsitzende wurde bei dem Eingeständnis, dass einige Fehler gemacht worden sind, die nun korrigiert werden, dauernd unterbrochen.

Es fielen Worte wie: Hunde, Strolche, Verbrecher, Lumpen, die Regierung muss sofort zurücktreten, wenn sie ihre Fehler eingesehen hat, auch die Kreisverwaltung muss weg, denn sie hat genauso Schuld wie die Strolche da oben – wir wollen freie Wahlen. Es wurde auch mit Totschlagen gedroht und Aufhängen und vieles mehr.

Der Sprecher formulierte dann nachfolgende Forderungen, die mit lautem Gebrüll aufgenommen wurden:

1. Forderung:
Wir fordern die sofortige Freilassung der Inhaftierten, wie es die Regierung beschlossen hat und der stellv. Bezirksstaatsanwalt hat bereits zugestimmt. Wir fordern, dass eine Delegation mitfahren kann und die Gefangenen sofort mitgebracht werden. Sollte der Delegation auch nur ein Härchen gekrümmt werden, dann passiert etwas.

2. Forderung:
Wir fordern, dass nicht nur diejenigen entlassen werden, die 3 Jahre Zuchthaus erhalten haben, sondern auch diejenigen, die mehr haben, außer kriminellen Fällen.

3. Forderung:
Wir fordern die sofortige Herabsetzung des Ablieferungssolls. Wir fordern, dass das Ablieferungssoll dem der Genossenschaften angeglichen wird.

4. Forderung:
Wir fordern freie Wirtschaft!

5. Forderung:
Wir fordern sofortige Ausgabe von Futtermitteln, die bei den BHG zahlreich lagern.

6. Forderung:
Wir fordern, dass die Bauern, die irgendwohin transportiert wurden, sofort innerhalb 24 Stunden wieder in ihre Häuser können.

7. Forderung:
Wir verlangen, dass den Arbeitern von Fuhrmanns (Mewa, Jessen) für die Zeit, die sie mitdemonstriert haben, kein Pfennig gestrichen wird. Sie dürfen in keiner Beziehung eine Benachteiligung erfahren.

8. Forderung:
Wir fordern weiterhin noch kategorisch, dass diese elende Person, die uns als Riashörer beschimpfte, aus dem Staatsdienst entlassen wird.

Nachdem die Forderungen formuliert waren, nahm der Vorsitzende dazu Stellung und sagte, nach Absprache mit dem Bezirksstaatsanwalt, dass sofort eine Delegation, bestehend aus 2 Mann mit dem Bezirksstaatsanwalt nach Herzberg bzw. Liebenwerda fährt, um die Untersuchungsgefangenen freizulassen. Damit war man einverstanden.

Die Demonstranten wurden aufgefordert, den Hof zu verlassen, doch sich ruhig zu verhalten. Außer 2 Kommissionen verließen die meisten das Gebäude, um sich auf dem Marktplatz zu versammeln, wo einige mit den Maßnahmen nicht einverstanden waren, ein paar Transparente schrieben, die folgendermaßen lauteten:

Freie und geheime Wahlen für alle Deutschen.

Wir fordern die sofortige Freilassung aller Bauern.

Sie formierten sich zu einem Demonstrationszug, bei welchem sie diese Transparente mitführten, und forderten alle Bürger, die sich auf der Straße befanden, auf, mitzumarschieren.

Beim Hause des Vorsitzenden protestierten sie laut und versuchten auch, in das Haus einzudringen, weswegen der Kommandant mit 4 Soldaten und der Vorsitzende, sowie der Koll. [Name anonymisiert] (Sekretär) dort hinfuhren, um zu sehen, wie sich die Dinge entwickelten.

Angekommen wurde festgestellt, dass sich der Demonstrationszug weiterbewegt hatte und es zu keinen Tätlichkeiten gekommen war.

Etwa 100 m weiter waren sie stehen geblieben und waren in das vordere und hintere Tor der HO-Niederlassung eingedrungen, um die dort beschäftigten Angestellten in den Demonstrationszug zu zwingen.

Der Gen. Sekretär [Name anonymisiert] befand sich unmittelbar danach bei der HO, um festzustellen, ob irgendwelche Schäden zu verzeichnen waren, wobei er das eben Berichtete feststellte. Die Angestellten weigerten sich an der Demonstration teilzunehmen. Desgleichen alle die, die von der Kreisverwaltung zum Mittagessen unterwegs sind.

Von irgendwelchen Ausschreitungen ist bis jetzt folgendes bekannt:

Der Sekretär des FDJ-Kreisverbandes wurde gezwungen, im Demonstrationszug mitzumarschieren, und es soll ihm hierbei das blaue Hemd ausgezogen worden sein. Hierüber werden wir noch extra berichten.

Außerdem ist bekannt geworden, dass der VdB-Kamerad [Name anonymisiert], der hier früher Polizeikommissar in Jessen war (nach 1945), gezwungen worden ist, mitzumarschieren. Ob Tätlichkeiten an ihm begangen wurden, konnte bis jetzt noch nicht festgestellt werden.

Soeben wurde bekannt, dass sie weitere Transparente mitführen, die folgenden Wortlaut haben:

„Auflösung der Kreisverwaltung",

„Wir kämpfen für den Frieden".

Nach Berichten, die uns durch Übermittlung zugetragen wurden, haben die Demonstranten Abordnungen in den Kreis, selbst in die Kreise Herzberg und Liebenwerda gesandt, um dort

> die Bauern aufzufordern, an ihrer Demonstration teilzunehmen, eventuell den Sturm der Kreisverwaltung und der SED.
>
> Die Demonstranten, die zum Teil angetrunken sind, beginnen in den einzelnen Lokalen die Bilder unserer führenden Genossen abzuhängen.
>
> Dem Genossen Stellvertreter [Name anonymisiert] rief man zu:
>
> „Du hast abgewirtschaftet, Du musst auch gehen!"[84]

Der „Situationsbericht" ist im Hinblick auf die Protestaktionen am 17. Juni in mehrfacher Hinsicht aufschlussreich. Zum einen veranschaulicht er den umfassenden Kontrollverlust der örtlichen Vertreter von Staat und Partei, die den wütenden Demonstranten hilflos gegenüberstanden und sich daher gezwungen sahen, deren unmittelbarer Forderung nach Freilassung der inhaftierten Bauern nachzugeben. Im Hinblick auf die Demonstrierenden verdeutlichen die Ausführungen zum Zweiten die Vielschichtigkeit des Protestes. So zeigen die erhobenen Forderungen, die tiefgreifende politische Reformen wie freie und geheime Wahlen genauso umfassten wie praktische, auf die Landwirtschaft bezogene Veränderungen, dass die Menschen sowohl für eine rasche Verbesserung ihrer Lebens- und Arbeitsbedingungen auf die Straße gingen als auch für einen grundlegenden Politikwandel demonstrierten. Drittens verdeutlicht der vorliegende Bericht, wie umfassend die Proteste ab dem 17. Juni waren und dass sich ganz verschiedene Bevölkerungsgruppen an ihnen beteiligten. Dabei widerlegen die Beschreibungen der SED-Kreisleitung die in den folgenden Tagen von der Parteiführung verbreitete Deutung der Geschehnisse, wonach es sich bei den Protesten um von außen initiierte „Provokationen" gehandelt habe, zu denen Teile der Bevölkerung von „westlichen Agenten" aufgestachelt worden seien, um die DDR zu destabilisieren.[85] Insbesondere der Hinweis, dass sich neben „großbäuerlichen" Initiatoren auch Klein- und Mittelbauern, Arbeiter und Handwerker an der Demonstration beteiligt hätten, führt die offiziellen Verlautbarungen ad absurdum und zeigt, dass vor allem die „werktätigen" Teile der Bevölkerung und damit das eigentliche Kernklientel der SED gegen deren Herrschaft aufbegehrten.

Auf der Suche nach Kontrolle. Sowjetische Soldaten beim Volksaufstand in Belzig.

Betrachtet man das Ausmaß der Proteste über die beschriebenen Einzelfälle hinaus, wird deutlich, dass sich ein beträchtlicher Teil der Landbevölkerung an den Aktionen gegen das SED-Regime beteiligte. Zwar war die Intensität des Aufruhrs in den verschiedenen Regionen sehr unterschiedlich, jedoch wurden zwischen dem 16. und 21. Juni aus mehr als der Hälfte der über 800 Gemeinden und Landstädten Demonstrationen, Streiks oder Angriffe auf Staats- und Parteifunktionäre gemeldet.[86] Auch wenn die gegen das Regime gerichteten Aktionen auf dem Land dabei in der Regel spontan erfolgten und meist regional begrenzt blieben,[87] brachten sie das Regime in Kombination mit den Großdemonstrationen in den urbanen Zentren der DDR an den Rand des Zusammenbruchs. So konnte die SED ihre Macht letztlich nur aufrechterhalten, weil das im Land stationierte sowjetische Militär zugunsten der Machthaber in Ostberlin eingriff, in weiten Teilen der DDR das Kriegsrecht verkündete und die Demonstrationen durch den Einsatz von Panzern und Soldaten auflöste. Auch wenn sich der Einsatz des sowjetischen Militärs am 17. und 18. Juni auf die Städte konzentrierte, beendete er auch die offenen Widerstandshandlungen gegen die SED-Herrschaft in den Dörfern, insbesondere die Angriffe auf die örtlichen Repräsentanten von Staat und Partei.[88]

Durch das sowjetische Eingreifen konnte die öffentliche Ordnung zwar weitgehend wiederhergestellt und der Fortbestand des SED-Regimes gesichert werden, jedoch beruhigte sich die Lage in den Dörfern in den folgenden Tagen und Wochen nur langsam. So berichtete der Operativstab der Volkspolizei im Bezirk Halle noch mehrere Wochen später, am 10. Juli, von kleineren Sabotage- und Protestaktionen gegen die SED und ihre Landwirtschaftspolitik:

> VPKA [Volkspolizeikreisamt] Rosslau
>
> Im Krs. Rosslau wurde das Gerücht verbreitet, daß von jeder Gemeinde 10 Bauern nach Mecklenburg übersiedelt werden sollen. Ein ähnliches Gerücht lief im Krs. Querfurt.
>
> Ein Mittelbauer aus dem Krs. Rosslau hetzte die werkt. Bauern durch Flüsterparolen auf, ihr Soll nicht abzuliefern, sondern zu streiken. In diesem Fall hat das MfS Kenntnis.
>
> […]
>
> VPKA Zeitz
>
> Dort fand in einer Gemeinde ein Demonstrationszug anläßlich der Rückkehr eines Großbauern statt. Es wurde gesungen „Nun danket alle Gott". Die Einwohner wurden aufgefordert, bei dem Großbauern zum Ernteeinsatz mitzuhelfen.

VPKA Halle

In der MTS Teutschenthal wurde für den Mähdrescher bestimmtes Schmierfett durch unbek. Täter durch Sand verunreinigt und untragbar gemacht.

VPKA Aschersleben

Am 29.6.1953 wurde auf einer Vorstandssitzung der NDBD[89] von einem Referenten aus Halle gesagt, alle Maßnahmen sind eingeleitet, um die Regierung der DDR zu stürzen. Sämtliche LPGs werden aufgelöst. In diesem Zusammenhang ist auf eine öffentliche Bauernversammlung, die am 9.7.1953 stattfand, hinzuweisen, in der ca. 120 Bauern und andere Werktätige eine 13 Punkte-Forderung an die Regierung der DDR absandten.

VPKA Weissenfels

Am 8.7.1953 wurde in der Üchteritz eine öffentliche Versammlung durchgeführt. Die leitenden Funktionäre der OPO der SED waren nicht anwesend. Im Laufe der Versammlung kam es zu tumultartigen Szenen, die sich gegen die Maßnahmen der Regierung richteten. Von einer bestimmten Gruppe wurde die Freilassung des Großbauern [Name anonymisiert] sowie 2 weiterer Bauern gefordert unter gleichzeitiger Bekanntgabe der Namen derjenigen Parteigenossen und VP. Angeh[örigen], die die Festnahme der Vorstehenden veranlassen. Desweiteren wurde die Forderung, die am 17.6.1953 Festgenommenen wieder freizulassen, aufgestellt. In einer Entschließung wurde unter Zustimmung des Bürgermeisters S t o y [und] des 1. Ratsvorsitzenden H e r g e t (SED) diesem Beschluss zugestimmt.

Zur Bekräftigung der Forderungen wurden in der Gemeinde Unterschriften gesammelt.[90]

Die fortdauernde Unzufriedenheit der ländlichen Bevölkerung mit der SED-Politik kam neben solchen Protesthandlungen auch durch massenhafte Austritte aus den Genossenschaften zum Ausdruck. So lösten sich bereits innerhalb eines Monats nach der Niederschlagung des Volksaufstands 10 Prozent der bestehenden LPG wieder auf bzw. planten diesen Schritt. Diese Entwicklung führte zum Rückgang der Ernteerträge und war darüber hinaus ein für die Bevölkerung sichtbares Zeichen des Scheiterns der SED-Landwirtschaftspolitik.[91]

Auf das Aufbegehren der Landbevölkerung gegen die eigene Herrschaft reagierte die SED-Führung mit einer Doppelstrategie. Einerseits war sie bestrebt, Stärke und Handlungsfähigkeit zu demonstrieren, und griff erneut zum Mittel der Repression. Die Grundlage dafür bildete die Einteilung der Protestierenden in Initiatoren, sogenannte „Provokateure" oder „Rädelsführer", und bloße Teilnehmer, die zum Protest „verführt" worden seien. Während Letztere weitgehend unbehelligt blieben, verurteilten die DDR-Justiz und die SMT Erstere zu harten Strafen, um eine abschreckende Wirkung zu erzielen und die Bevölkerung von weiteren Widerstandshandlungen abzuhalten. Andererseits versuchte die SED-Spitze, die Situation zu entschärfen, indem sie die im Rahmen des „Neuen Kurses" angekündigten Maßnahmen umsetzte und den „Großbauern" die Rückkehr auf ihre Höfe ermöglichte. Dazu wurden nicht nur mehr als 3000 noch ausstehende Ermittlungsverfahren wegen Nichterfüllung der Ablieferungspflicht eingestellt, sondern auch bereits ausgesprochene Urteile überprüft und teilweise aufgehoben, sodass bereits im Juli 1953 mehr als 2000 inhaftierte Bauern freikamen. Gleichzeitig versprach das Regime allen Landwirten, die in den Monaten zuvor im Zuge von Gerichtsverfahren enteignet worden waren, die Rückgabe ihrer Bauernhöfe bzw. eine gleichwertige Entschädigung. Auch wenn vor allem die in den Westen geflohenen Bauern diesen Ankündigungen gegenüber misstrauisch blieben und nur selten von dem Angebot Gebrauch machten, erhielten bis Ende 1953 ca. 4700 Betroffene ihre Höfe zurück.[92]

Die nach dem 17. Juni gemachten Zugeständnisse an die Bauern sollten die Lage auf dem Land beruhigen und die landwirtschaftliche Produktion stabilisieren. Gleichzeitig bedeuteten sie jedoch nicht, dass die SED ihr Vorhaben einer Kollektivierung aufgegeben hatte. Nach einer mehrjährigen Phase der taktischen Zurückhaltung unternahm die Partei einen neuerlichen Versuch, die Landwirtschaft mittels Zwang und Repression entsprechend ihrer ideologischen Vorstellungen umzubauen. Mit ihrer Kollektivierungskampagne in den Jahren 1959 und 1960 sollte die Staats- und Parteiführung letztlich Erfolg haben und damit das agrarpolitische Scheitern der Jahre 1952/53 unter vollkommen veränderten Voraussetzungen korrigieren.[93]

1.3 Repression als Mittel des radikalen Gesellschaftsumbaus

Die Repressionskampagne gegen die „Großbauern" steht exemplarisch dafür, wie Zwangs- und Strafmaßnahmen von der SED-Führung in den ersten Jahren nach Gründung der DDR als Mittel der Umgestaltung der Gesellschaft eingesetzt wurden. Erklärbar wird diese Politik, wenn man die Ziele und Formen, die wesentlichen Akteure sowie die Ergebnisse der Kampagne gegen die Landwirte genauer betrachtet.

Die Grundlagen für die Verfolgung der „Großbauern" wurden bereits in der SBZ in der zweiten Hälfte der 1940er Jahre gelegt. Ausgehend vom Klassenkampf-Denken teilte die KPD bzw. SED die Bauern in der DDR in verschiedene Gruppen ein. Während die „werktätigen" Klein- und Mittelbauern als Verbündete der Arbeiterklasse galten, wurden die „Großbauern" als Teil der „Ausbeuter"-Klasse und damit als „Feind der sozialistischen Ordnung" kategorisiert. Aufgrund dieser Zuordnung sowie der Tatsache, dass die „Großbauern" bedingt durch ihre Wirtschaftskraft an der Spitze der dörflichen Gesellschaft standen, zielte die SED-Politik darauf ab, diese Gruppe von Landwirten zu schwächen und ihre Vormachtstellung auf dem Land zu beenden. Zu diesem Zweck begannen staatliche und Parteistellen bereits im Zuge der verstärkten Sowjetisierung der DDR ab 1948 mit der Zurückdrängung der „Großbauern“, wobei die ergriffenen Maßnahmen zunächst begrenzt blieben. Das änderte sich unter den Bedingungen der beginnenden Kollektivierung, als die „Großbauern“ von der SED als Haupthindernis der Vergenossenschaftlichung ausgemacht und ihre Bekämpfung infolgedessen zunehmend forciert wurde.

Um die Vorherrschaft der „Großbauern“ auf dem Land zu brechen, nutzte die SED ihre politische Monopolstellung und ihre Kontrolle über den Regierungsapparat, die Justiz und die Medien aus. Dementsprechend entfalteten sich die Repressionen gegen die „Klassenfeinde auf dem Land“ in mehrfacher Hinsicht. Zum einen wurden die Anforderungen an die „Großbauern“ im Hinblick auf die Steuern und Pflichtablieferungen schrittweise erhöht, ihr Zugang zu Produktionsmitteln und Krediten eingeschränkt und ihnen auf diese Weise die Bewirtschaftung ihres Ackerlandes erschwert. Zum anderen verschärfte die politisch gesteuerte Justiz sukzessive die Rechtsprechung gegen diejenigen Landwirte, die den staatlichen Vorgaben nicht mehr gerecht werden konnten, und sprach zunehmend harte Strafen gegen die steigende Zahl solcher Landwirte aus. Begleitet wurden diese Maßnahmen durch eine groß angelegte Verleumdungskampagne, die die „Großbauern“ als „Feinde“ der Gesellschaft diskreditierte und die übrige Landbevölkerung gegen sie aufhetzen sollte.

Hauptakteure der Repressions- und Verdrängungspolitik waren die Justiz und vor allem die Kreisgerichte, vor denen die meisten Fälle gegen die „Großbauern“ verhandelt wurden. Die Gerichte hatten aus Sicht der SED-Führung dabei in erster Linie den politischen Auftrag zu erfüllen, die „Großbauern“ zu bekämpfen und damit den Umbau der ländlichen Gesellschaft voranzutreiben. In den Fällen, in denen Staatsanwälte und Richter sich diesem Ansinnen verweigerten, wurden sie unter Druck gesetzt und mit dem Vorwurf einer „versöhnlerischen“ Haltung gegenüber den „Großbauern“ diszipliniert. Die Folge war eine Bestrafungspraxis, die sich schrittweise stärker radikalisierte und ab Frühjahr 1953 in einen regelrechten Justizterror mündete.

Für die Betroffenen hatte die staatliche Repressionskampagne dramatische Folgen. Während die Gefahr einer Inhaftierung insbesondere im ersten Halbjahr 1953 stieg, hatten die „Großbauern" angesichts der systematischen Benachteiligungen immer größere Probleme, ihr wirtschaftliches Überleben zu sichern. In der Konsequenz sahen sich viele Landwirte dazu gezwungen, ihre häufig über Generationen hinweg bewirtschafteten Höfe zurückzulassen und in die Bundesrepublik zu fliehen. Während diese Entwicklung einerseits als Erfolg der Verdrängungspolitik der SED gewertet werden kann, verschärfte sie andererseits sowohl die Unzufriedenheit der Landbevölkerung als auch die wirtschaftlichen Probleme der DDR. Im Zuge eines grundsätzlichen Kurswechsels auf Druck der sowjetischen Führung musste die SED die Repressionspolitik gegen die „Großbauern" Anfang Juni 1953 beenden und die Betroffenen sogar öffentlich rehabilitieren. Anders als von der DDR-Führung erwartet, konnten diese Maßnahmen die Unruhe auf dem Land aber nicht mehr entschärfen und die „Großbauern" wurden im Vorfeld und während des Volksaufstandes letztlich zu einer treibenden Kraft bei den vielfältigen Protesten der Landbevölkerung.

2 Erziehung zur Konformität – Die Disziplinierung der unangepassten Jugend

2.1 Thematische Einführung

2.1.1 Die Diktatur stabilisiert sich

Der Volksaufstand vom 17. Juni 1953 bedeutete sowohl für die SED als auch für die Bevölkerung eine tiefe Zäsur. Für die in der DDR lebenden Menschen war durch die gewaltsame Niederschlagung der Proteste endgültig klar geworden, dass es sich bei dem SED-Regime nicht – wie offiziell propagiert – um eine Arbeiter- bzw. Volksherrschaft, sondern um eine Parteiendiktatur handelte und dass jeder Versuch einer Veränderung dieses politischen Systems ohne Aussicht auf Erfolg war. Die SED-Führung wiederum musste sich aller offiziellen Verlautbarungen zum Trotz eingestehen, dass sie mit ihrem Vorhaben des „beschleunigten Aufbaus des Sozialismus" gescheitert war und mit der Arbeiterschaft vor allem ihre angebliche Kernklientel gegen sie protestiert hatte. Zum einen resultierte diese Erfahrung in einem tiefen und bis zum Ende der DDR fortdauernden Misstrauen der Parteispitze gegenüber der eigenen Basis und zum anderen in der Anpassung der eigenen Strategie. So verfolgte die SED-Führung nach dem Volksaufstand zwar unverändert das Ziel, die Gesellschaft nach sozialistischen Vorstellungen umzugestalten, schlug für diesen Transformationsprozess aber ein langsameres und für die Bevölkerung vermeintlich besser verkraftbares Tempo an.[1]

Angeführt wurde die Entwicklung in Richtung Sozialismus weiterhin von Walter Ulbricht. Dieser war im Zuge des Volksaufstandes innerhalb der Parteispitze zwar in die Kritik geraten, konnte seine Position nach einigen Wochen des schwelenden Machtkampfes mit seinen innerparteilichen Gegnern um Wilhelm Zaisser und Rudolf Herrnstadt aber mit Unterstützung der sowjetischen Führung festigen. In der Folge entmachtete Ulbricht nicht nur seine Gegenspieler innerhalb der Führungsgremien der SED, sondern veranlasste auch eine „Säuberung" des Parteiapparates von vermeintlichen „Parteifeinden", Anhängern sozialdemokratischer Ideen und passiven Mitgliedern. Das führte zu einem umfassenden Austausch in der mittleren und unteren Funktionärsebene, im Zuge dessen bis 1954 im Vergleich zu 1952 über die Hälfte der Mitglieder der Bezirksleitungen und mehr als zwei Drittel der 1. und 2. Kreissekretäre ersetzt wurden.[2]

Während die SED-Führung somit die letzten Reste der innerparteilichen Opposition beseitigte, zeigte sie sich nach außen hin zu Zugeständnissen bereit und versuchte, die DDR-Bevölkerung für die eigene Sache zurückzugewinnen. Dazu wurden nicht nur die Maßnahmen des „verschärften Klassenkampfes" zurückgenommen, sondern auch eine sozialpolitische Initiative mit Lohnerhöhungen, Reduzierung der festgesetzten Preise und der Aufbesserung der Renten gestartet. Um dem noch immer vorherrschenden Mangel an Produkten des täglichen Lebens entgegenzuwirken, beschloss die SED-Führung darüber hinaus, die Konsumgüterproduktion zu Lasten der bis zu diesem Zeitpunkt bevorzugten Schwerindustrie zu stärken. Im Verlauf der Jahre 1954 und 1955 zeigten die ergriffenen Maßnahmen Wirkung. Der Lebensstandard für die Menschen in der DDR verbesserte sich langsam und die SED konnte ihre Herrschaft trotz weiterhin hoher Fluchtzahlen nach Westdeutschland konsolidieren.[3]

Diese neu gewonnene Stabilität wurde zu Jahresbeginn 1956 durch die Ereignisse in der Sowjetunion erschüttert. Auf dem im Februar abgehaltenen XX. Parteitag der KPdSU verurteilte Nikita Chruschtschow in einer Geheimrede die von Stalin angeordneten Massenverbrechen und den Personenkult um den Diktator. Auch wenn er dabei weder die kommunistische Ideologie noch die führende Rolle der KPdSU infrage stellte, war dieser Schritt nicht nur für die Sowjetunion, sondern für alle kommunistischen Regime in Ost- und Ostmitteleuropa ein tiefer Einschnitt, waren Letztere doch in hohem Maße vom stalinistischen Herrschaftssystem geprägt worden. Für die SED-Führung, die selbst einen ausgeprägten Stalin-Kult gepflegt hatte, war die Geheimrede ein Schock. Letztlich musste sie aber – wenn auch widerwillig – auf den neuen Kurs der KPdSU einschwenken und erklärte sich zu begrenzten Reformen bereit. So wurden nicht nur ein Teil der 1953 entmachteten und teilweise inhaftierten Ulbricht-Gegner rehabilitiert, sondern im Zuge einer groß angelegten Amnestie bis Oktober 1956 auch 21 000 Häftlinge freigelassen, die meist aus politischen Gründen verurteilt worden waren. Gleichzeitig versuchte die SED-Führung, die Lebensverhältnisse in der DDR durch umfassende Wirtschaftsreformen und die Steigerung der Arbeitsproduktivität zu verbessern. Zu diesem Zweck sollten nicht nur industrielle Herstellungsverfahren modernisiert und automatisiert, sondern durch Lohnerhöhungen und eine Verkürzung der Wochenarbeitszeit auf 40 Stunden auch die Motivation der Arbeiter erhöht werden. An der grundsätzlichen Ausrichtung der SED änderten diese begrenzten Reformbemühungen jedoch wenig. Zwar wurde infolge der Geheimrede in den Führungsgremien der SED und somit vor den Blicken der Öffentlichkeit verborgen erneut Kritik an Ulbricht und seinem autoritären Führungsstil laut, jedoch konnte dieser sich im innerparteilichen Machtkampf abermals behaupten. So wurden die Anhänger eines alternativen sozialistischen Herrschaftsmodells wie Wolfgang Harich und Walter Janka Ende 1956 verhaftet und wenige Monate später zu hohen

Haftstrafen verurteilt. Durch diese Ausschaltung seiner innerparteilichen Gegner gelang es Ulbricht bis 1958, seine Machtposition erneut zu festigen und somit auch die zentralistisch ausgerichtete Struktur der SED sowie das damit verbundene hierarchische Führungsprinzip aufrechtzuerhalten.[4]

Nach der Überwindung der Entstalinisierungskrise fühlte sich die SED-Führung um Ulbricht Ende der 1950er Jahre in ihrer Macht gestärkt. Die Wirtschaftsreformen entfalteten langsam die gewünschte Wirkung und die Industrieproduktion in der DDR stieg 1957 und 1958 um 8 bzw. 11 Prozent. Das führte zu einer spürbar verbesserten Versorgungslage, was für die Bevölkerung insbesondere in der Abschaffung der Lebensmittelkarten und der damit endenden Rationierung von Zucker, Fleisch und Fett spürbar wurde. Gleichzeitig schienen die spektakulären Erfolge der Sowjetunion in der Raumfahrt – allen voran der im Westen sogenannte Sputnik-Schock – die stets behauptete Überlegenheit der kommunistischen Ordnung gegenüber dem kapitalistischen Gesellschaftssystem zu bestätigen. Vor diesem Hintergrund kündigte Ulbricht auf dem V. Parteitag der SED im Juli 1958 an, die Bundesrepublik innerhalb weniger Jahre wirtschaftlich ein- und überholen zu wollen, und leitete eine Forcierung des seit 1953 verlangsamten sozialistischen Umbaus der Gesellschaft ein. In diesem Zusammenhang wurde eine neue Kollektivierungskampagne gestartet, bei der sowohl Privatbauern als auch Handwerker mit Nötigungen und Drohungen zum Eintritt in LPG bzw. Produktionsgenossenschaften des Handwerkes (PGH) gedrängt wurden. Darüber hinaus gerieten auch die Bereiche Kultur und Bildung erneut in den Fokus der Machthaber. Dabei sollte nach dem Willen der SED-Führung die ideologische Erziehung an den Schulen und Universitäten weiter intensiviert, Schüler und Studenten also nicht nur fachlich gut ausgebildet, sondern vor allem zu treuen Anhängern des Sozialismus erzogen werden. Ähnliche Ziele verfolgte das Regime auch im Hinblick auf die Kunst- und Literaturszene, die noch stärker am sowjetischen Vorbild und dem Ziel der Verbreitung sozialistischer Ideale ausgerichtet werden sollte.[5]

Schienen die Maßnahmen zu der von der SED ausgerufenen „Vollendung des sozialistischen Aufbaus" zunächst erfolgreich zu sein, führten sie mittelfristig zu einer Destabilisierung der DDR. So schritt die Kollektivierung zwar rasch voran und führte allein innerhalb der ersten drei Monate des Jahres 1960 zur Vergenossenschaftlichung von 40 Prozent der landwirtschaftlichen Nutzfläche, gleichzeitig verstärkten sich dadurch aber die überwunden geglaubten Versorgungsschwierigkeiten erneut. Darüber hinaus stiegen aufgrund der zunehmenden staatlichen Gängelung der Bevölkerung die Flüchtlingszahlen vor allem unter jungen Menschen stark an. Bis zum Sommer 1961 spitzte sich diese Entwicklung zu und jeden Monat flohen Zehntausende DDR-Bürger über die noch offene Grenze nach Westberlin.[6] Da die politische und wirtschaftliche Stabilität zunehmend bedroht war, sah sich die SED-Führung zum Handeln gezwungen und entschied nach Rücksprache mit der Sowjetunion, die Grenzen nach Westberlin zu schließen und der Bevölkerung eine Flucht aus der DDR damit so gut wie unmöglich zu machen. Unter der Leitung von Erich Honecker wurde dieses Vorhaben in der Nacht vom 12. auf den 13. August 1961 in die Tat umgesetzt, als bewaffnete Einheiten der Volkspolizei und der Nationalen Volksarmee (NVA) die Sektorengrenzen nach Westberlin abriegelten und provisorische Stacheldrahthindernisse und Steinwälle errichteten, die in den nachfolgenden Tagen und Monaten durch eine insgesamt 45 km lange Mauer ersetzt wurden.[7]

Nach dem 17. Juni 1953 war der Mauerbau die zweite tiefe Zäsur für die DDR-Gesellschaft. Durch die Abriegelung des letzten „Schlupfloches" in den Westen gelang es dem SED-Regime, die Fluchtbewegung weitgehend zu unterbinden und damit ihre Herrschaft zu stabilisieren. Für die DDR-Bevölkerung wiederum bedeutete dieser Schritt einen dramatischen Einschnitt, war sie dadurch ja nicht nur komplett vom westlichen Kultur- und Warenangebot und den dort lebenden Freunden und Familienangehörigen abgeschnitten, sondern ihr auch jede Möglichkeit genommen, sich den Lebensverhältnissen in der DDR und dem Zugriff der SED zu entziehen. Viele Menschen reagierten darauf mit Wut und Verzweiflung, mussten sich aber mit dem Leben im ostdeutschen Teilstaat arrangieren. Wer dies nicht tat, bekam in den Monaten nach dem Mauerbau die ganze Härte des Regimes zu spüren und musste befürchten, in die Hände von MfS und Justiz zu geraten.[8]

Ab dem Jahreswechsel 1961/1962 konzentrierte sich die SED-Führung verstärkt darauf, den Unmut der Menschen durch verschiedene Integrationsangebote zu besänftigen. Diese richteten sich zum einen an die Frauen, deren Gleichberechtigung und gesellschaftliche Teilhabe zur Priorität erklärt wurde. Zum anderen signalisierte die SED-Führung auch der Jugend und der Künstlerszene im Land größere Kompromissbereitschaft und sicherte ihnen freiere Entfaltungsmöglichkeiten zu. Darüber hinaus versuchten die Parteioberen unter dem Slogan des „Neuen Ökonomischen Systems der Planung und Leitung“ ab 1963, die wirtschaftliche Leistungsfähigkeit der DDR weiter zu steigern und auf diese Weise auch den Lebensstandard aller Bürger zu verbessern, was ihr – wenn auch langsamer als geplant – gelang.[9]

2.1.2 Der Repressionsapparat etabliert sich

Im Hinblick auf den Einsatz von Repressionen war die Zeit zwischen 1953 und Mitte der 1960er Jahre durch einen Wechsel von Phasen verschärfter politischer Strafverfolgung und Perioden der Entspannung und Liberalisierung geprägt. Das war vor allem die Folge eines Lerneffektes, der bei der SED-Führung nach dem Volksaufstand am 17. Juni eingesetzt hatte. So war den Machthabern in Ostberlin klar geworden, dass sie nicht wie 1952/53 alle gesellschaftlichen Gruppen gleichzeitig gegen sich aufbringen konnten, ohne die eigene Macht zu gefährden, sondern Zwang und Repression dosiert anwenden mussten. Das Resultat war eine politische Strafverfolgung, die von der SED-Führung einerseits weiterhin kompromisslos als Mittel der Herrschaftssicherung und des gesellschaftlichen Umbaus eingesetzt wurde, andererseits aber bei Bedarf zeitweise in ihrer Intensität zurückgefahren werden konnte.[10]

Auf die Niederschlagung des Volksaufstandes und die Beendigung der Machkämpfe innerhalb der SED folgte 1953 und 1954 eine Repressionskampagne. Unter der Bezeichnung „konzentrierte Schläge" richtete diese sich gegen Oppositionelle und Kontaktleute verschiedener westlicher Organisation in der DDR und fand ihren Ausdruck in mehreren Verhaftungswellen, zahlreichen Verschleppungen aus Westberlin in die DDR und drakonischen Gerichtsurteilen.[11] Eine erste Phase der kurzzeitigen Entspannung setzte dann im Zuge der Entstalinisierung im Frühjahr 1956 ein, als neben der genannten groß angelegten Amnestie weitere Anpassungen bei der Strafverfolgung vorgenommen wurden. Diese Ansätze zur Liberalisierung im Umgang mit Kritikern des Regimes endeten jedoch bereits am Jahresende, als der SED-Führung durch den Volksaufstand in Ungarn im Oktober 1956[12] die negativen Konsequenzen nachlassender staatlicher Repressionen vor Augen geführt wurden. In der Folge wurde das politische Strafrecht verschärft und die Sicherheitsorgane erhöhten den Druck auf all diejenigen, die Reformen forderten. Als 1958 die Kollektivierung der Landwirtschaft erneut forciert wurde, spielten die Androhung von Gewalt und Inhaftierung abermals eine zentrale Rolle für das Erreichen politischer Ziele. So wurden Privatbauern, die sich offen gegen die Kollektivierung stellten, häufig unter fadenscheinigen Gründen zu Haftstraften verurteilt oder vor die Wahl gestellt, entweder „freiwillig" einer Genossenschaft beizutreten oder ins Gefängnis zu gehen.[13] Nach dem Abschluss der Zwangskollektivierung und unter dem Eindruck der steigenden Flüchtlingszahlen ließ das SED-Regime dann erneut den Willen zum Entgegenkommen erkennen und verkündete im Oktober

1960 einen Gnadenerlass, von dem mehr als 12 000 Inhaftierte profitierten. Mit dem Mauerbau im August 1961 erfolgte aber nur wenige Monate später ein Kurswechsel und eine drastische Verschärfung des Repressionsregimes. So reagierte vor allem das MfS überaus hart auf jedwedes unerwünschte Verhalten und nahm dabei neben ehemaligen Grenzgängern vor allem Jugendliche, vermeintliche Arbeitsverweigerer, Bauern und diejenigen Personen ins Visier, die eine Flucht über die geschlossene Grenze planten. Das führte dazu, dass in der zweiten Jahreshälfte 1961 fast 20 000 Menschen wegen politischer Delikte verhaftet wurden. Zum Jahreswechsel 1961/62 beendete die SED-Führung diese von Verhaftungswellen und harten Strafen geprägte Phase und wies die Justiz zu einer „differenzierteren", also weniger harten Rechtsprechung an. Die Folge war ein abermaliges Zurückfahren des staatlichen Disziplinierungs- und Strafregimes sowie eine erneute Amnestie, im Zuge derer 1962 16 000 Häftlinge freigelassen wurden. Dieser Kurswechsel begleitete die neue, stärker auf Annäherung an die Bevölkerung ausgerichtete Politik der SED und trug dazu bei, dass sich die innenpolitische Lage bis 1965 stabilisierte.[14]

Eine wichtige Voraussetzung für den flexiblen Einsatz von Repressionsmaßnahmen war neben einer lenkbaren Justiz, die ihre Verurteilungspraxis innerhalb weniger Tage an die Vorgaben der SED-Führung anpassen konnte,[15] der Ausbau des Ministeriums für Staatsicherheit. Nach dem Volksaufstand am 17. Juni war die Position der Geheimpolizei zunächst geschwächt, da diese nicht in der Lage gewesen war, die Proteste vorauszusagen und im Vorfeld zu unterbinden. Deshalb beschloss das SED-Politbüro im September 1953, den Überwachungsapparat und insbesondere die Geheimpolizei zu vergrößern und sie noch stärker als zuvor auf die Bekämpfung innerer Feinde auszurichten.[16]

Infolge dieser Entscheidung begann die Geheimpolizei damit, in großer Zahl neues Personal zu rekrutieren und ihre Strukturen sowohl in den Städten als auch auf dem Land systematisch auszubauen.[17] So stieg die Zahl der Mitarbeiter des MfS von 10 000 im

März 1953 auf 16 000 zu Jahresbeginn 1956 und 20 000 im Jahr 1961. Der Personalausbau beschränkte sich dabei nicht auf die hauptamtlichen Mitarbeiter, sondern schloss auch die Inoffiziellen Mitarbeiter (IM) ein, die als „Geheime Informatoren" bzw. „Geheime Mitarbeiter" im Auftrag der Geheimpolizei Informationen über die DDR-Bevölkerung sammelten. Deren massenhafte Anwerbung war zwar 1955 durch das Eingreifen der SED-Führung begrenzt worden, ungeachtet dessen betrug die Anzahl der Informationszuträger im Jahr 1957 bereits 15 000 Personen.[18]

Im Zuge des quantitativen Ausbaus des Personalbestandes rückte auch die Qualifikation der neu angeworbenen Geheimpolizisten in den Fokus. So wurden Bildung und Fachwissen bei der Rekrutierung ab 1956 größere Bedeutung beigemessen. Diese Entwicklung war eine wichtige Voraussetzung für die parallel verlaufende Anpassung der Methoden des MfS bei der Bekämpfung von Regimegegnern. Hatte bis 1955 die Anwendung und Androhung von physischer Gewalt insbesondere bei der Erpressung von Schuldeingeständnissen eine zentrale Rolle gespielt, führte die beginnende Entstalinisierung im Jahr 1956 zu einem schrittweisen Paradigmenwechsel und dem Ende des systematischen Einsatzes körperlicher Misshandlungen. Zwar kam es auch danach zu Übergriffen auf Gefangene, jedoch wich ab den beginnenden 1960er Jahren die körperliche zunehmend der psychischen Gewalt.[19]

Mit dem Ausbau des Personalbestandes und der Weiterentwicklung der Methoden ging auch eine Ausweitung der Aufgabenbereiche des MfS einher. So lag der Schwerpunkt der geheimpolizeilichen Tätigkeit zwar weiterhin auf der Verfolgung vermeintlicher oder tatsächlicher Gegner des Regimes, ab der zweiten Hälfte der 1950er Jahre wurde aber die Verhinderung von Fluchten in die Bundesrepublik bzw. nach Westberlin zu einem immer wichtigeren Tätigkeitsfeld. Mit der Übernahme der Passkontrollen an den Grenzübergängen im Jahr 1962 sowie einem stark vergrößerten Bereich Personenschutz führte das MfS darüber hinaus Aufgaben aus, die normalerweise nicht in den Verantwortungsbereich einer

Geheimpolizei fallen. Diese Erweiterung des Aufgabenspektrums sowie die wachsende personelle und finanzielle Ausstattung trugen dazu bei, dass sich das MfS bis zum Jahr 1965 neben Volkspolizei und NVA als dritte Säule der DDR-Sicherheitsarchitektur etabliert hatte.[20]

2.1.3 Die Jugend und die SED

Schon vor der Gründung der DDR war die SED-Führung davon überzeugt, dass sie für den Aufbau einer sozialistischen Gesellschaftsordnung auf die Generation der 14- bis 25-Jährigen[21] angewiesen war, und versuchte diese Gruppe daher bereits in der SBZ in ihrem Sinne zu prägen. Das Ziel der Partei bestand dabei in der Erziehung der Jugendlichen zu „sozialistischen Persönlichkeiten", die sich neben der Identifikation mit der SED vor allem durch Fleiß, Ordnung, Disziplin und einen ausgeprägten Willen zur Arbeit auszeichnen sollten. Um dieses Ziel zu erreichen, setzte die SED-Führung auf eine groß angelegte staatliche Förderung der Jugend sowie ein ausgefeiltes Erziehungs- und Sozialisationssystem, das die heranwachsende Generation an das politische System binden sollte. Eine zentrale Rolle spielte dabei die „Freie Deutsche Jugend" (FDJ), die 1946 als Jugendorganisation gegründet wurde und unter Führung von Erich Honecker politische, kulturelle und sportliche Aktivitäten organisierte, um die Jugendlichen zum Sozialismus zu erziehen.[22]

Diesen ambitionierten Zielen zum Trotz war die Jugendpolitik der SED von Beginn an von einem Grundproblem geprägt, das über die gesamte Geschichte der DDR hinweg ungelöst bleiben sollte. Aus Sicht der Machthaber in Ostberlin bestand grundsätzlich kein Gegensatz zwischen der eigenen politischen Agenda und dem Anliegen der DDR-Jugend, die ebenfalls am Aufbau des Sozialismus als bestmöglichem Gesellschaftssystem beteiligt sein müsse. Daraus zog die SED-Führung die Schlussfolgerung, dass sie selbst am besten über die Belange der heranwachsenden Generation entscheiden könne, ohne dass eine offene Diskussion mit den Betroffenen nötig sei. In der Praxis kollidierte dieses ideologiegeleitete Denken jedoch mit dem jugendlichen Streben nach Selbstverwirklichung und individueller Freiheit und führte zu einem ständigen Spannungsverhältnis zwischen dem Anspruch des SED-Regimes und dem Autonomiestreben der Jugendlichen. So waren die Vertreter des Staates aufgrund ihrer ideologischen Engstirnigkeit häufig schlicht nicht in der Lage, die Beweggründe der Jugend zu verstehen, und führten diejenigen jugendlichen Verhaltensweisen, die ihren Erwartungen widersprachen, geradezu zwanghaft auf eine mangelnde Erziehung oder negative Einflüsse von außen zurück.[23]

In den Anfangsjahren der DDR setzte die SED noch große Hoffnungen in die Jugend und machte ihr im ersten Jugendgesetz von 1950 großzügige Versprechungen über gesellschaftliche Mitsprache. Ab Mitte der 1950er Jahre wurde jedoch eine zunehmende Diskrepanz zwischen der Erwartungshaltung der SED und der Realität sichtbar. So regte sich unter den Jugendlichen nicht nur Protest gegen die 1952 einsetzende Militarisierung der FDJ, sondern sie zeigte auch zunehmende Begeisterung für Musik, Filme, Literatur und Konsumprodukte aus dem „feindlichen" Westen. Auf dieses Phänomen reagierten die Machthaber 1955 mit der „Verordnung zum Schutz der Jugend", die unter dem Vorwand der Jugendfürsorge die Einfuhr von westlichen Presseerzeugnissen, Büchern und anderen Medien einschränkte und auf diese Weise die ausländische Beeinflussung der Jugend mindern sollte. Anders als von der SED-Führung erhofft, führten Maßnahmen wie diese jedoch nicht zur stärkeren Identifikation der Jugend mit dem Sozialismus, sondern zu einer stetig hohen Zahl an Jugendlichen, die sich gegen ein Leben in der DDR entschieden und das Land in Richtung Bundesrepublik verließen.[24]

Wie wenig es der SED-Führung im ersten Jahrzehnt des Bestehens der DDR gelungen war, die heranwachsende Generation von sich zu überzeugen, zeigte sich in den Tagen nach dem Mauerbau im August 1961, als vor allem Jugendliche gegen die Abriegelung der innerdeutschen Grenze protestierten. Hierauf reagierte das Regime zunächst mit großer Härte, die ihren Ausdruck vor allem in hohen Gefängnisstrafen fand. Gleichzeitig setzte sich bei der SED-Führung aber die Einsicht durch, dass es einen neuen jugendpolitischen Ansatz brauchte und sie die Jugendlichen nur mit Zugeständnissen in das politische System einbinden konnte. Diese Überlegungen führten im September 1963 zur Verabschiedung des zweiten Jugendkommuniqués, einer amtlichen Bekanntmachung, in der das Regime der heranwachsenden Generation größere Freiräume zugestand. So sollte das Verhältnis der älteren Generation zur Jugend fortan weniger von Bevormundung als von Offenheit, Toleranz und Eigenverantwortung geprägt sein und den 14- bis 25-Jährigen als den „Hausherren von Morgen" mehr individuelle Entfaltungsmöglichkeiten gewährt werden. Infolgedessen wurde nicht nur die politische Indoktrinierung an den Schulen zugunsten der fachlichen Ausbildung zurückgefahren und die von den Jugendlichen häufig abgelehnten Wehrerziehungsprogramme ausgesetzt, sondern auch die bis dahin verpönte westliche Musik in staatlichen Jugendclubs erlaubt.[25]

Diese Zugeständnisse bedeuteten jedoch nicht, dass die SED ihren erzieherischen Anspruch aufgab, sondern ihre jugendpolitischen Ziele lediglich mit flexibleren und feineren Methoden zu erreichen versuchte. Sinnbildlich für diesen Ansatz steht das „Deutschlandtreffen der Jugend", zu dem im Mai 1964 mehr als 500 000 Jugendliche – 25 000 von ihnen aus Westberlin – in die Hauptstadt der DDR kamen. Auf dem Treffen kombinierte die Parteiführung die bei den Jugendlichen beliebten Musikkonzerte von westlichen Bands mit politischen Veranstaltungen, um die Heranwachsenden einerseits zu unterhalten und andererseits ideologisch zu indoktrinieren.[26] Mit der Erwartungshaltung, dass sich die Jugendlichen im Gegenzug für mehr Freiheiten im Freizeitbereich stärker für die Politik der SED engagieren würden, stieß die

Partei bei den Betroffenen jedoch meist auf taube Ohren. So nahm die Mehrheit der Jugendlichen die vom SED-Regime gewährten neuen Handlungsspielräume in den Jahren 1963 und 1964 vor allem dafür in Anspruch, ihre Begeisterung für westliche Musik- und Modetrends auszuleben, und sah auch das Deutschlandtreffen in erster Linie als eine Möglichkeit, Gleichaltrigen zu begegnen und gemeinsam die Konzerte westlicher Bands zu genießen.[27]

Aufgrund dieser Konstellation bildete sich in der DDR bis zum Sommer 1965 eine alternative Jugendkultur heraus, die sich stark am Westen orientierte. Im Mittelpunkt stand dabei die Beat-Musik, eine Form des Rock 'n' Roll, die auf die Beatles zurückging und ab 1964, ausgehend von England, auch bei der DDR-Jugend populär wurde. In der Folge gründeten Jugendliche im ganzen Land Musikbands, die den westlichen Vorbildern nacheiferten und häufig zwar weder über Englisch- noch über Notenkenntnisse verfügten, diese Mängel aber durch Einfallsreichtum und Enthusiasmus wettzumachen versuchten. Zu den Auftritten dieser Musikgruppen in Jugendclubs, Kulturhäusern, privaten Dorfkneipen oder Tanzlokalen reisten Jugendliche an den Wochenenden in großer Zahl durch das Land und bildeten eine stetig wachsende Fangemeinde. Diese neue Jugendkultur war nicht nur durch die gemeinsame Leidenschaft für den Beat geprägt, sondern auch durch ein neues Lebensgefühl und den Wunsch, sich selbstbestimmt und frei von staatlicher und elterlicher Bevormundung verwirklichen zu können.[28]

2.2 Die Erzählung in Quellen

2.2.1 Gegen „Gammler" und „Rowdys" – Das Ende der Kompromissbereitschaft

Der Sommer 1965 war für viele Jugendliche in der DDR eine Zeit der Freiheit, der Spontanität und des begeisterten Musikgenusses.

Während wochentags in der Schule oder im Ausbildungsbetrieb Fleiß, Disziplin und Lernwille gefordert waren, fieberte ein beträchtlicher Teil der jungen Generation im selbst ernannten Arbeiter- und Bauernstaat den Wochenenden mit seinen Beat-Konzerten und ausgelassenen Feiern entgegen. Das von der englischen Sprache und Musik geprägte Lebensgefühl dieser Tage illustriert die Autobiografie des damals 21-jährigen Bernd-Lutz Lange, der darin von einem von ihm mitinitiierten Spontankonzert berichtet:

> Während in den fünfziger Jahren noch keine englischen Begriffe im Sprachgebrauch erschienen, änderte sich das schlagartig mit dem Herüberschwappen des Rock 'n' Roll in den beiden deutschen Staaten. Selbst in meinem Tagebuch tauchen bei den Eintragungen Mitte der sechziger Jahre englische Wörter auf: … nettes girl kennengelernt … klappt alles very good … eine Mischung aus Angeberei und Übernahmen durch die Musik. Englische Spitznamen bei Jungs und Mädels wurden häufiger.
>
> 1965 war die Stimmung in Sachen Musik besonders angeheizt. Die ostdeutschen Jugendlichen wollten auch ihren Beat. Mit Thomas Köhler war ich in jenem Jahr auf einem Zeltplatz in Bansin. Ich lernte dort im Bierzelt einen jungen Mann vom Fernsehen kennen. Er hatte seine Gitarre dabei. Ein Klavier stand da. Unangemeldet und unabgestimmt fingen wir beide an, aus lauter Lust Musik zu machen. Ich sang, besser schrie, alle Rock-'n'-Roll-Titel, die ich mit meinem phonetisch nachahmenden Englisch draufhatte. Also „King Creole", „Jailhouse Rock", „Tutti frutti …". Wenn man laut genug singt, geht's auch ohne Mikrofon.
>
> Die Massen tobten.
>
> Hunderte Jugendliche schrien, klatschten. Draußen war inzwischen ein Unwetter aufgezogen. Es regnete mir aufs Klavier. Ich drosch auf die nassen Tasten ein. […] Bis nach 22 Uhr feierten wir jedenfalls im Bierzelt, eine fröhliche, ausgelassene Meute. Es gab weder eine blutige Nase noch einen kaputten Stuhl. Nur glückliche, musiktrunkene junge Leute.

> Als wir uns müde gesungen hatten, machten wir Schluß. Blitz, Donner und Rock 'n' Roll waren vorbei.[29]

Nach dem Deutschlandtreffen im Mai 1964 hatten die Vertreter von Staat und Partei der um sich greifenden Beat-Begeisterung zunächst wohlwollend gegenübergestanden und sie sogar gefördert. Mit dem Ziel, den Geschmack der Jugend anzusprechen und sie auf diese Weise für den Sozialismus zu gewinnen, organisierte die FDJ Bandwettbewerbe, der staatliche Rundfunk strahlte mit DT64 ein eigenes Jugendprogramm mit westlicher Musik aus und die Parteipresse hob jugendliche Musikgruppen lobend hervor.[30] Ab Jahresbeginn und vor allem ab Sommer 1965 veränderte sich die Stimmung innerhalb der SED-Führung jedoch und die Kritik an der toleranten Jugendpolitik der Partei und der daraus entstandenen Jugendkultur wurde lauter. So zeigte sich aus Sicht von Kritikern wie dem ehemaligen FDJ-Vorsitzenden und Politbüromitglied Erich Honecker immer deutlicher, dass sich die Jugendlichen zunehmend der Kontrolle der SED entzogen und sich im Gegenzug für die gewährten Freiheiten nicht politisch einbinden ließen. Gleichzeitig missfiel den Parteioberen, dass die Anhänger der neuen Jugendkultur die etablierten Konventionen darüber, wie ein Jugendlicher auszusehen und sich zu verhalten hatte, ignorierten. So ließen sich Beat-Fans lange Haare wachsen, trugen neumodische Kleidung und trafen sich immer häufiger in Gruppen an Straßenecken, Bahnhöfen und öffentlichen Plätzen, um aus Kofferradios westliche Musiksendungen zu verfolgen. Mit den Vorbehalten gegen diese jugendlichen Verhaltensweisen stand die SED-Führung keineswegs allein, sondern teilte diese mit der älteren Generation sowohl in der DDR als auch in der Bundesrepublik. Im Gegensatz zu Westdeutschland provozierten die neuen Jugendmoden in der DDR aber nicht nur einen Generationenkonflikt, sondern forderten die Staats- und Parteiführung auch in ihrem umfassenden Herrschaftsanspruch heraus.[31]

Zum Vorschein kam dieser Konflikt insbesondere ab Sommer 1965, als es im Rahmen von Beat-Konzerten – anders als in

Bernd-Lutz Langes Bericht – zu vereinzelten Schlägereien und Zusammenstößen zwischen Musikfans und der Volkspolizei kam und die SED-Führung davon zunehmend alarmiert war. So wurde in den Berichten der Partei und der Sicherheitsorgane in der Folge immer häufiger eine direkte Verbindung zwischen der sich ausbreitenden Jugendkultur und einer vermeintlich zunehmenden Jugendkriminalität hergestellt.[32] Exemplarisch dafür steht ein Report der Kriminalpolizei Leipzig vom 28. Oktober 1965, der die Beat-Musik zum Auslöser für Ausschreitungen und übergriffiges Verhalten sowie unentschuldigtes Fehlen am Arbeitsplatz erklärte:

> Die Ereignisse seit dem I. Quartal [1965] lassen offensichtlich werden, daß die Schwere und Intensität der Straftaten auf dem Gebiet der Jugendkriminalität ständig zugenommen hat. Insbesondere ist zu verzeichnen, daß Straftaten von Jugendlichen und Gruppierungen zurückzuführen sind auf den Einfluß von Westliteratur, Westfernsehen und das Abhören westlicher Rundfunksender sowie der Nachahmung amerikanischer Unkultur auf dem Gebiet der Beat-Musik. [...]
>
> Insbesondere beim Auftreten von Beat-Gruppen zu Tanzveranstaltungen kam es in letzter Zeit fast wöchentlich zu Vorkommnissen übelster Art. Hervorgerufen [wurden diese] durch die Darbietung besonders heißer Rhythmen, die Anlaß für viele Jugendliche sind, in Extase zu geraten, was durch Pfeifen, Grölen, Trampeln und Randalieren überhaupt zum Ausdruck kommt. Dazu kommt, daß diese Jugendlichen durch die entsprechenden Gesten und Verrenkungen der Musiker im Rhythmus der Musik immer mehr aufgeputscht werden. [...]
>
> Der Einfluß der Beat-Gruppen auf labile Jugendliche ist beachtlich. Es gibt z. B. eine Reihe Erscheinungen im Bezirk, wo derartige Jugendliche es vorziehen die Arbeit zu bummeln, um bestimmte Veranstaltungen dieser Beat-Gruppen besuchen zu können. [...] Auffällig ist, daß dieser genannte Personenkreis in seinem Auftreten älteren Bürgern gegenüber ein äußerst ungehö-

> riges und renitentes Benehmen an den Tag legt, in Gruppen zusammengeschlossen häufig Ordnungswidrigkeiten in Form von Sachbeschädigung, Körperverletzungen und anderen Straftaten begeht.[33]

Der namentlich nicht genannte Autor des Berichtes malte ein bedrohliches Bild der Beat-Musik und erklärte sie zu einer ernsthaften Gefahr für die öffentliche Ordnung. So sah er die schnellen Rhythmen und den Enthusiasmus der Bands und des Publikums nicht nur als Ausdrucksformen eines neuen Musikstils an, sondern vor allem als Ursache für unerwünschtes jugendliches Verhalten. Diese Sichtweise, die der Beat-Musik eine enthemmende und die jugendliche Gewaltbereitschaft und Widerspenstigkeit fördernde Wirkung zuschrieb, erscheint aus heutiger Sicht verquer, fand innerhalb der SED-Führung ab Sommer 1965 aber immer mehr Zustimmung.

Nachdem es am 15. September 1965 im Zuge eines Rolling-Stones-Konzertes in der Westberliner Waldbühne zu massiven Fan-Ausschreitungen gekommen war,[34] nahm die Parteispitze dies zum Anlass, das Ende ihres toleranten Umgangs mit der Beat-Jugendkultur einzuleiten. So trafen sich am 11. Oktober 1965 unter Leitung von Erich Honecker und in Anwesenheit von Walter Ulbricht die Spitzenfunktionäre der SED, um über konkrete Maßnahmen gegen das sogenannte „Rowdytum“ – damit war die bewusste Missachtung des sozialistischen Werte- und Normensystems gemeint[35] – zu diskutieren. Das Ergebnis war ein interner Beschluss, der sich nicht nur gegen Ausschreitungen jugendlicher Fans, sondern gegen die Beat-Jugendkultur als Ganzes richtete:

> Betr.: Zu einigen Fragen der Jugendarbeit und dem Auftreten der Rowdygruppen (Beschluß des Sekretariats des ZK vom 11.10.1965)
>
> 1. Die Genossen im Zentralrat der FDJ und die Abteilung Jugend des ZK werden beauftragt, entsprechend der Aussprache

die erforderlichen Schlußfolgerungen zur Verbesserung der politischen Führungstätigkeit zu ziehen und Entstellungen der Jugendpolitik der Partei zu korrigieren.

2. Die Abteilung Agitation des ZK wird beauftragt, die Aussprache im Sekretariat des ZK zu Fragen der Durchführung der Jugendpolitik der Partei mit den verantwortlichen Genossen der Presse, des Rundfunks (einschl. DT64) und dem Fernsehen vorzunehmen und zu sichern, daß dem Eindringen westlicher Dekadenz kein Vorschub geleistet und in überzeugender Weise entschieden entgegengewirkt wird.
3. Der Minister für Kultur, Genosse Bentzien, wird beauftragt, in Verbindung mit den Räten des Bezirkes und Kreise (Abteilung Kultur) zu sichern, daß solchen „Laienmusikgruppen", deren Darbietungen aus dekadenter westlicher Musik bestehen, die Lizenz entzogen wird. Durch die Finanzorgane sind Steuerhinterziehungen bei diesen Gruppen zu fahnden.
4. Der Minister für Kultur, Genosse Bentzien, hat zu veranlassen, daß durch die Räte der Bezirke und Kreise (Abteilung Kultur) in Zusammenarbeit mit den Kreisleitungen der FDJ der Zustand der Jugendclubs überprüft wird und entsprechende Maßnahmen getroffen werden, daß die Klubs ihren eigentlichen Aufgaben gerecht werden.
5. Der Minister des Innern, Genosse Dickel, wird beauftragt, die erforderlichen Maßnahmen einzuleiten, daß die Abteilung Inneres der Räte der Bezirke und Kreise die Mitglieder solcher Gruppen (Gammler u. ä.), die gegen die Gesetze der DDR verstoßen [und] eine ernste Gefährdung der Ordnung hervorrufen, durch Gerichtsbeschluß, entsprechend der Verordnung vom 24. August 1961, in Arbeitslager eingewiesen werden. Das gleiche trifft auch für jene zu, die keiner ordentlichen Arbeit nachgehen.

Zentralkomitee der Sozialistischen Einheitspartei Deutschlands
Sekretariat[36]

Mit diesem im typischen SED-Duktus formulierten und daher überaus bürokratisch klingenden Beschluss wurden die wichtigen Instanzen von Staat und Partei gegen die seit 1964 entstandene Jugendkultur in Stellung gebracht. Der parteieigene Jugendverband FDJ wurde an seine eigentliche Aufgabe – die politische Erziehung der Jugend – erinnert und ihm mit Verweis auf die „Entstellungen der Jugendpolitik" eine Kurskorrektur sowie die Überprüfung der von ihm betriebenen Jugendclubs befohlen (Punkt 1 und 4). Gleichzeitig wollte man den Einfluss der Beat-Musik auf die DDR-Jugend dadurch zurückdrängen, dass man sie aus dem staatlichen Rundfunk und Fernsehen verbannte und Beat-Bands durch Lizenzentzüge ihre Konzertauftritte unmöglich machte (Punkt 2 und 3). Zuletzt richtete sich der Beschluss auch gegen die Anhänger der Beat-Musik, die selbst bei kleineren Gesetzesverstößen hart bestraft und wenn möglich zur Arbeitserziehung verurteilt werden sollten (Punkt 5).

Der Beschluss vom 11. Oktober 1965 führte zu einem abrupten Kurswechsel im Umgang von Staat und Partei mit der neuen Jugendkultur und insbesondere mit den Beat-Bands. So wurde die Nichteinhaltung gesetzlicher Vorgaben über Konzerthonorare von den offiziellen Stellen anders als zuvor nun rigoros verfolgt und zahlreiche Auftrittsverbote ausgesprochen. Darüber hinaus erhöhte die FDJ den Druck auch auf diejenigen Musikgruppen, denen keine steuerlichen Verfehlungen nachgewiesen werden konnten, bestellte sie zu Aussprachen ein und forderte sie zu gemäßigterem Auftreten bei den Konzerten auf.[37] Flankiert wurden diese Maßnahmen nicht nur von Absagen ganzer Musikfestivals, sondern auch von einer staatlich gelenkten Pressekampagne, die sich gegen die Bands und ihre Fans richtete. Ein typisches Beispiel für solche Zeitungsartikel ist der am 20. Oktober 1965 in der *Leipziger Volkszeitung* veröffentlichte Text „Dem Missbrauch der Jugend keinen Raum!", in dem es im letzten Abschnitt heißt:

> Der Kopf ist zum Denken da
> Die Methoden, die von Gitarrengruppen und ihrem Publikum praktiziert werden, sind Methoden, die jenseits der Staatsgrenze der Jugend anerzogen werden. Einem sozialistischen Staat, in dem der Mensch im Mittelpunkt steht, sind derartige Methoden nicht nur fremd, sondern völlig entgegengesetzt. Wer mit westlicher Unkultur, mit imperialistischem Antihumanismus liebäugelt, wer die Lust und Freude an Tanz und Musik mißbraucht, der muß damit rechnen, daß er in der sozialistischen Gesellschaftsordnung keinerlei Verständnis findet. Unser Staat schützt seine Bürger, ihre und unser Eigentum, das schwer erarbeitet wurde. Er duldet weder eine makabre, da unmenschliche Lebensweise noch mutwillige Demolierung von Volkseigentum. Er verwahrt sich dagegen, daß imperialistische Ideologie auf Tanzsälen oder Freilichtbühnen praktiziert wird. Gorki schrieb einst das schöne Wort: „Mensch – wie stolz das klingt!" Unser Staat hat es zu einer seiner Maxime erhoben. Wer dagegen verstößt, der muß mit harten Gegenmaßnahmen rechnen. Vielleicht merkt er so, daß der Kopf zum Denken da ist, nicht als Träger unästhetischer Frisuren. Bei uns herrscht der Geist, nicht der Ungeist.[38]

Das Ziel von Artikeln wie diesem war es, die vermeintliche Gefahr für die Gesellschaft aufzuzeigen, die von der Beat-Kultur ausging. In belehrendem Ton erklärte der namentlich nicht genannte Autor die westliche Musik nicht nur zur Bedrohung für die DDR-Bürger und ihr Eigentum, sondern zum Inbegriff einer gegen den Sozialismus gerichteten „Unkultur". So handele es sich beim Beat weniger um einen harmlosen neuen Musiktrend als vielmehr um eine Ausdrucksform westlicher Lebens- und Denkweisen und damit um ein Einfallstor gefährlicher „imperialistischer" Ideologie. Wer sich dieser gegen den Sozialismus gerichteten „antihumanistischen" Lebensweise hingebe, müsse mit Unduldsamkeit und „harten Gegenmaßnahmen" des Staates rechnen – eine unverhohlene Drohung an all die Jugendlichen, die sich durch ihr Aussehen und Verhalten mit der Beat-Musik identifizierten. Die staatlich initiierte Medienkampagne beschränkte sich jedoch nicht darauf, auf die angebliche Bedrohung durch die westliche Musik hinzuweisen, sondern stigmatisierte die Beat-Fans aufgrund ihres unkonventionellen Äußeren und Auftretens auch als unmoralisch, unzivilisiert und unhygienisch. Besonders deutlich zeigt sich dies an dem am 17. Oktober 1965 im *Neuen Deutschland* erschienenen Artikel „Der Amateurgammler", in dem es in einem Ausschnitt heißt:

> Das moralische Antlitz
>
> Das ist das moralische Antlitz unserer Jugend: sauber, selbstbewußt, stolz – auf ihre Leistungen, auf ihr Wissen, auf ihre Verantwortung, die man ihr aufgetragen hat. Aber es gibt einiges, was dabei stört:
> „Mitesser"
> Ein hübsches Mädchen oder ein frischer Junge ärgert sich über einen Pickel auf der Nase oder über Mitesser im Gesicht. Verständlich.
>
> Die Jugend unserer Republik ärgert sich auch über „Mitesser", die das Antlitz der Jugend verunstalten und den weit über die Grenzen der DDR bekannten guten Ruf unserer Jugend beflecken: die Amateurgammler. Das sind junge Menschen, die Helden zu sein wähnen, indem sie die Gammler westdeutscher Prägung nachahmen, die dort auf Straßen und Plätzen herumlungern, herumpöbeln und herumrempeln.
>
> Ihr Anblick bringt das Blut vieler Bürger in Wallung: verwahrlost, lange, zottlige, dreckige Mähnen, zerlumpte Twist-Hosen. Sie stinken zehn Meter gegen den Wind. Denn Waschen haben sie „freiheitlich" aus ihrem Sprachschatz gestrichen. Und von einer geregelten Arbeit halten die meisten auch nichts.
>
> Romantisch? – Widerlich!
>
> Was bezwecken sie damit? Sie möchten auffallen. Das tun sie auch. Sehr unangenehm. Sie benehmen sich wie die Axt im

Walde, als seien sie von der Waldbühne herübergeweht worden. Manche denken, gammelnd und beatelnd durch die Stadt oder das Land zu ziehen, Mädchen und ältere Bürger belästigen sei ja etwas Neues, Besonderes, Außergewöhnliches. Sie seien dann nicht so wie alle anderen. Und weil sich alle Menschen waschen und sich die Haare schneiden lassen, so glauben sie eben, das Gegenteil tun zu müssen. Sie möchten gegen Schematismus auftreten und unterliegen einem neuen Schematismus „Made in Western Germany". [...]

Was uns stört, sind nicht lange Haare schlechthin, vielmehr daß einige Jugendliche völlig zerlumpt einherlaufen, mit ihren dreckigen, verschwitzten und wilden Haaren, mit ihrem Gestank unsere Atmosphäre verpesten.

Es geht um den Dreck!

Es geht uns um den Dreck! Und darum, daß diese Jugendlichen faul sind, nicht lernen und nicht arbeiten!

Die Frisur ist nicht das alleinige Spiegelbild des Charakters eines Menschen. Deshalb wäre es falsch, einen Jugendlichen allein danach zu beurteilen. Wertmesser sind vielmehr seine Leistungen in der Produktion, sein Verhalten zum Kollektiv, seine Einstellung zum Staat. Wir beurteilen ihn danach, ob er ein ganzer Kerl ist und sich nicht im Takt vergreift! Gegenüber seinen Eltern, dem anderen Geschlecht, dem Meister und Lehrer.

Heute gammeln sie. Und morgen?

Was macht ihr solch ein Gedöns um die paar Gammler, werden manche Leser sagen. Ganz einfach deshalb, weil wir den Anfängen wehren wollen! Weil diese durch westliche Einflüsse irregeleiteten jungen Menschen nicht nur sich, sondern uns allen schaden, weil aus diesen Jugendlichen in unserer Gesellschaft etwas werden könnte. Werden nicht auch sie zu jener Generation gehören, auf der um 2000 die Verantwortung lastet? Werden nicht auch sie Familien gründen und ihre Kinder erziehen? – In einem sozialistischen Deutschland. Würden wir nicht eines Tages Vorwürfe erhalten, weil wir uns nicht rechtzeitig um sie geküm-

> mert, sie nicht auf die Straße geführt zu haben, auf der alle Wegweiser in Richtung Sozialismus-Kommunismus zeigen?
>
> Und nicht zu vergessen: Heute gammeln sie. Und morgen?[39]

Dieser Auszug steht stellvertretend für eine ganze Reihe von Presseartikeln, die in der zweiten Oktoberhälfte 1965 in herabwürdigendem Tonfall gegen die Beat-Fangemeinde polemisierten. Der Redakteur Max Stiller stellte darin eine direkte Verbindung zwischen der Beat-Begeisterung und der vermeintlichen Primitivität und Kriminalität ihrer Anhänger her und versuchte auf diese Weise, die neue Jugendkultur als „asozial"[40] zu diskreditieren. So erklärte er die Beat-Fans nicht nur zum Gegenteil des angeblich disziplinierten, sauberen und anständigen sozialistischen Jugendlichen, sondern griff dafür auch auf Begriffe und Kategorien zurück, die zuvor schon im Nationalsozialismus gebraucht worden waren, um soziale Randgruppen herabzuwürdigen und zu entmenschlichen. Mit Zeitungsartikeln wie diesem versuchte das SED-Regime, die bereits existierenden Vorbehalte in der Bevölkerung gegenüber dem Auftreten und Aussehen der Beat-Anhänger zu verstärken und auf diese Weise deren Disziplinierung zu legitimieren.[41]

Die betroffenen Jugendlichen fühlten sich von den Verunglimpfungen in der staatlich gelenkten Presse häufig nicht angesprochen. So berichtete ein damals 16-jähriger Beat-Fan aus Leipzig in einem Zeitzeugeninterview davon, dass er und seine Altersgenossen zwischen der Realität und den von staatlichen Stellen verbreiteten Stereotypen unterschieden hätten und Letztere von ihnen lediglich als ironische Selbstzuschreibungen benutzt worden seien:

> [F]ür die Allgemeinsterblichen war es so: ein Gammler war jemand, der lange Haare hat und nicht arbeiten geht und dreckig ist. Das traf aber auf uns nicht zu, wir hatten [nur] lange Haare. Wir waren sauber und ordentlich und gingen arbeiten. Aber unter der Bevölkerung wurde das eben so verbreitet, weil wir ja nicht

> die gleiche Gesinnung hatten, politisch gesehen, sag ich mal. Und da wurden wir eben als Gammler dargestellt. Ja, und wir hatten einen bei uns in der Meute [Bezeichnung für eine Jugendgruppe, Anm. d. Verf.], der hatte den Spitznamen Gammler. Aus dem Grund heraus, weil der ziemlich lange Haare, sehr wuschlige Haare hatte und das war für uns der Gammler, als Spitzname.[42]

Ungeachtet dieser Form der Selbstbehauptung ließen die mediale Hetzkampagne und die zahlreichen Auftrittsverbote für Bands bei den Anhängern der alternativen Jugendkultur Ende Oktober 1965 die Sorge vor einem generellen Verbot der Beat-Musik in der DDR wachsen. Als Reaktion darauf protestierten jugendliche Fans bei Bürgermeistern, mit Unterschriftensammlungen und in Aussprachen an Schulen gegen ihre Verunglimpfung und die aus ihrer Sicht drohende Unterdrückung der Beat-Musik. Meist entfalteten solche Aktionen keine Wirkung, in Leipzig führten sie jedoch zur Mobilisierung der gesamten örtlichen Jugendszene.[43]

Die Stadt und das Umland von Leipzig hatten sich ab 1964 zu einer der Hochburgen der Beat-Musik entwickelt und beherbergten an den Wochenenden zahlreiche Konzerte. Gleichzeitig handelte es sich bei der örtlichen Bezirksleitung unter der Führung von Paul Fröhlich um besonders kompromisslose Parteifunktionäre, die nach dem ZK-Beschluss vom 11. Oktober 1965 rigoros gegen die örtliche Beat-Szene vorgingen und 44 der insgesamt 49 registrierten Bands ihre Spielerlaubnis entzogen. Gegen diese Politik richteten sich etwa 100 mit einem Kinderstempelkasten hergestellte Flugblätter, die am 25. Oktober 1965 im ganzen Stadtgebiet auftauchten und für den darauffolgenden Sonntag zu einem Protestmarsch gegen ein drohendes Beat-Verbot aufriefen. Trotz eindringlicher Warnungen in den Schulen und Ausbildungsstätten vor einer Teilnahme an der Kundgebung folgten am 31. Oktober mehrere Hundert Jugendliche diesem Aufruf und versammelten sich auf dem zentralen Leuschner-Platz.[44] Wie der Bericht des damals 16-jährigen Oberschülers Jürgen Wede zeigt, trafen sie dort auf ein massives Aufgebot an Sicherheitskräften, das den Auftrag hatte, den jugendlichen Protest mit allen Mitteln zu unterdrücken:

> Ich habe in der Berufsschule von der geplanten Demonstration erfahren. Die Information kam für mich direkt von Ausbildern, die uns Lehrlingen regelrecht die Beteiligung verboten. Das hatte natürlich den Effekt, daß die Sache umso mehr lockte. Die Neugierde trieb mich und drei Freunde am Sonntagmorgen, dem Tag des Geschehens, in Richtung Stadtzentrum.
>
> Der Leuschner-Platz war eher Ausgangs- als Mittelpunkt der Aktion. Zu einem Menschenauflauf kam es erst in der Innenstadt, hauptsächlich auf dem Markt. Hierher strömten aus allen Richtungen die Jugendlichen. Schwer zu schätzen, wie viele es insgesamt waren – die Menge war großflächig verstreut.
>
> Ich konnte also nur einen Teil der ganzen Ereignisse mitbekommen, kann lediglich Details schildern.
>
> Am Dimitroff-Museum waren Polizeitrupps stationiert, MPi [Maschinenpistolen] bei Fuß und durch Hundestaffeln verstärkt. Sie bildeten eine Kette, im Rücken Wasserwerfer, und trieben die sich ansammelnden Massen gen Markt. Nach meinem Dafürhalten war bestimmt etwa jeder zehnte in der Menschenmenge von der Stasi. Jeden, der irgendwie auffiel, etwas rief oder so, versuchten sie dingfest zu machen. Wer geschnappt wurde, ist sofort auf einen der LKW, die überall standen, verfrachtet worden. Von Häusern aus schossen Sicherheitskräfte Fotos. Mehrere Personen hatten sich z. B. über dem Kino „Capitol“ verschanzt.
>
> Anfangs war die Stimmung eher gelassen, eben wie bei einer lockeren Ansammlung. Auf dem Marktplatz herrschte eine eigenartige Atmosphäre, eine Mischung aus Ulk und Gefahr. Zumindest habe ich das so empfunden. Ich habe erlebt, wie ein Wasserwerfer versuchte, die Menge auseinanderzutreiben. Ohne Erfolg, weil die Leute einfach schnell genug aus seinem Wirkungsbereich flohen. Dabei fehlte jede Panik, es war so eine Art „Katze-und-

Maus-Spiel" mit einem schadenfroh-heiteren Unterton seitens der Jugendlichen.

Natürlich haben auch Einzelne die Polizei provoziert, mit Gesten oder Geschrei. Das war aber nicht der Trend. Soweit ich beobachten konnte, ging Gewalt von den Einsatztruppen aus, nicht von den „Demonstranten", wenn man sie überhaupt als solche bezeichnen kann. Garantiert wäre die ganze Aktion sogar im Sande verlaufen, wenn Polizei und Stasi nicht eingegriffen hätten. Das massive Vorgehen hat die Stimmung erst richtig angeheizt.

Nach kurzer Zeit haben meine Kumpels und ich den Marktplatz verlassen und sind schließlich Am Brühl, in der Nähe des „Konsument" [Warenhaus in Leipzig, Anm. d. Verf.], gegriffen worden. Völlig aus heiterem Himmel und an einem Ort, wo von einer „Demo" nichts zu spüren war – abgesehen von den dort dicht stationierten Uniformierten und ihren Fahrzeugen. Ohne auch nur ein Wort an uns zu richten, uns etwas zu fragen, wurden wir mit Gummiknüppeln geschlagen und mit Kraftausdrücken belegt. „Verbrecher" und „Vandalen" waren da noch die mildesten. Wir sind sofort auf einen LKW verladen worden, der in die Dimitroffstraße, zum Kreisamt der VP fuhr.

Dort wurden wir bis zum Morgen des nächsten Tages festgehalten. Wir saßen gemeinsam mit anderen, die ebenfalls verhaftet worden waren, auf den Gängen herum. Nach und nach wurden alle verhört. Einzeln selbstverständlich. Einige durften auch gleich wieder gehen. Wir nicht. Für den Fall der Verhaftung hatten wir ausgemacht, zu Protokoll zu geben, daß wir zum Fußball-Länderspiel DDR–Österreich wollten, das am gleichen Tage stattfand. Wir hatten das auch wirklich vorgehabt, haben aber absichtlich den Umweg durch die Innenstadt genommen, weil wir uns das abenteuerliche Spektakel nicht entgehen lassen wollten.

Leider hat einer von uns dann doch die Nerven verloren und gestanden. Nach dem Vergleich der vier Aussagen war unser Schicksal besiegelt. Ich erinnere mich, daß mich ein Beamter „für die Lüge" ins Gesicht schlug, so brutal, daß ich vom Stuhl fiel.[45]

HALLO BEAT-FANS!

Haussuchungen!
Verhaftungen!
Verhöre!
es folgen Urteile ....
und das geht zu weit!

Unseren Protest gegen das Verbot der BEAT-GRUPPEN,
legen die „Sicherheitsorgane" als Staatsgefährdung aus.
Man geht gegen uns mit Gummiknüppeln, Wasserwerfern
Mg's vor. Man verhaftet und verurteilt uns,
weil wir den neuen Beat lieben.
Aber wir fordern

FREIHEIT FÜR ALLE

und rufen

ES LEBE DER BEAT!

Es lebe der Beat! Protest-Flugblatt aus Leipzig.

Auf Grundlage des Geständnisses seines Mitstreiters verurteilte ein Schnellgericht Jürgen Wede wie Dutzende weitere Jugendliche zur Strafarbeit im nahegelegenen Braunkohle-Revier Regis-Breitingen. Zwar wurde er bereits nach 14 Tagen wieder entlassen, blieb von der rücksichtslosen Behandlung durch das Wachpersonal und den harten äußeren Bedingungen aber auch danach gezeichnet.[46] Das brutale Vorgehen der Sicherheitskräfte gegen die demonstrierenden Jugendlichen verdeutlicht, wie sehr die SED die neue Beat-Jugendkultur inzwischen als Gefahr wahrnahm. Während viele Jugendliche sich weniger aufgrund dezidiert politischer Motive denn aus Neugier, jugendlicher Abenteuerlust und Widerwillen gegen die staatliche Bevormundung auf dem Leuschnerplatz versammelt hatten, interpretierte die Partei das Verhalten der Jugendlichen als einen Angriff auf den Herrschaftsanspruch der SED. Um die örtliche Beat-Szene einzuschüchtern und von weiteren Protestaktionen abzuhalten, statuierte die Staatsmacht ein Exempel.[47]

Die Ereignisse in Leipzig hatten auch über die Stadtgrenze hinaus große symbolische Bedeutung. So stellte das MfS zwar in einer internen Analyse fest, dass von den Jugendlichen auf dem Leuschnerplatz keinerlei Gewalt ausgegangen war,[48] ungeachtet dessen benutzte die SED-Führung die sogenannten „Beat-Krawalle" aber als Rechtfertigung für die Verschärfung ihres Kurses gegen die alternative Jugendkultur.[49] Nachdem mit dem ZK-Beschluss vom 11. Oktober 1965 intern bereits die Voraussetzungen für die Unterdrückung der Beat-Szene geschaffen worden waren, verkündete die Parteispitze auf dem 11. Plenum des ZK der SED im Dezember 1965 auch öffentlich die Abkehr vom toleranten Umgang mit der Beat-Musik und der daraus entstandenen Jugendkultur. So griff Erich Honecker in seinem „Bericht an das Politbüro" das Thema erneut auf und stellte dem staatlichen Jugendradiosender DT64 und der FDJ für ihren Umgang mit der Beat-Musik ein vernichtendes Zeugnis aus:

> Über eine lange Zeit hat „DT64" in seinem Musikprogramm einseitig die Beat-Musik propagiert. In den Sendungen des Jugendsenders wurden in nicht vertretbarer Weise Fragen der allseitigen Bildung und des Wissens junger Menschen, die verschiedensten Bereiche der Kunst und Literatur der

> Vergangenheit und der Gegenwart außer acht gelassen. Hinzu kam, daß es im Zentralrat der Freien Deutschen Jugend eine fehlerhafte Beurteilung der Beat-Musik gab. Sie wurde als musikalischer Ausdruck des Zeitalters der technischen Revolution „entdeckt". Dabei wurde übersehen, daß der Gegner diese Art Musik ausnutzt, um durch die Übersteigerung der Beat-Rhythmen Jugendliche zu Exzessen aufzuputschen. Der schädliche Einfluß solcher Musik auf das Denken und Handeln von Jugendlichen wurde grob unterschätzt. Niemand in unserem Staat hat etwas gegen gepflegte Beat-Musik. Sie kann jedoch nicht als die alleinige und hauptsächlichste Form der Tanzmusik betrachtet werden. Entschieden und systematisch müssen ihre dekadenten Züge bekämpft werden, die im Westen in letzter Zeit die Oberhand gewannen und auch bei uns Einfluß fanden. Daraus entstand eine hektische, aufpeitschende Musik, die die moralische Zersetzung der Jugend begünstigte.[50]

An diese Ausführungen anschließend verurteilte auch Walter Ulbricht in seiner Rede den Einfluss der westlichen Unterhaltungssendungen und verband dabei auf aus heutiger Sicht abenteuerlich anmutende Art und Weise Fragen des Musikgeschmackes erneut mit der vermeintlichen Gesellschaftsgefährdung durch die Beat-Kultur:

> Liebe Freunde! Sind wir denn wirklich nur angewiesen auf die monotonen westlichen Tänze? Haben wir in den sozialistischen Ländern nicht genügend herrliche und temperamentvolle Tänze, die vollständig ausreichen, daß sich die Jugend dabei genügend austoben könnte. Haben wir nicht genug? (Allgemeine Zustimmung) Wir haben interessante und künstlerisch wertvolle Tänze. Aber stattdessen blicken einige Kunstschaffende nur nach dem Westen und sind der Meinung, daß die Deutsche Demokratische Republik in kultureller Beziehung vor allem von Texas lernen kann. Ich bin der Meinung, Genossen, mit der Monotonie

> des Jay, Jeh, yeh [sic!] und wie das alles heißt, sollte man doch Schluß machen. [...] Ist es denn wirklich so, daß wir jeden Dreck, der vom Westen kommt, kopieren müssen? [...] Die Genossen sollen wissen, daß es nicht um einzelne Schlager geht, die dem einen oder anderen nicht passen. Darüber diskutieren wir nicht. Es geht darum, daß der Einfluß der amerikanischen Lebensweise, der amerikanischen Unkultur, des Lebensstils aus Texas, den man versucht zu importieren, und daß die Beat-Gruppen das Mittel waren, diese Texas-Kultur einzuführen. Das ist eine ganz einfache Frage. Deswegen lasse ich mich nicht ein auf eine Diskussion über Musikwissenschaft oder die wissenschaftliche Einschätzung dieser oder jener Musikrichtung. Das interessiert überhaupt nicht. Mich interessiert die Hauptfrage: Wem nützt was? [...] Nützt das der Versuchung der Bevölkerung oder der Jugend oder nützt das der sozialistischen Entwicklung. Das ist eine einfache Frage.[51]

Ulbrichts Redebeitrag steht mit seiner ideologischen Engstirnigkeit, kulturellen Uninformiertheit und trotzig wirkenden Kompromisslosigkeit stellvertretend für die Atmosphäre auf der 11. Tagung des ZK. So markierte das Treffen der SED-Führung im Dezember 1965 das Ende einer Phase vergleichsweise toleranter und offener Kultur- und Jugendpolitik in der DDR und ging als „Kahlschlagplenum" in die Geschichte ein. Die scharfe Rhetorik der Parteispitze gegen jede Art der freien, kritischen oder experimentellen Literatur, Kunst und Musik betraf in besonderer Art und Weise die von der Beat-Musik geprägte Jugendkultur. War ihr aufgrund ihrer unkonventionellen Ausdrucksformen schon ab 1964 die Skepsis der älteren Generation – und damit auch der SED-Führung – entgegengeschlagen, wurden ihr im Dezember 1965 endgültig jede Berechtigung abgesprochen und ihre Anhänger kriminalisiert. Von nun an ging es der SED-Führung nicht mehr darum, den jugendlichen DDR-Bürgern und ihren Vorlieben im Gegenzug für deren politische Gefolgschaft entgegenzukommen, sondern jede Form eines von der sozialistischen Norm abweichenden Verhaltens zu sanktionieren und zu unterdrücken.[52]

2.2.2 Schikane und Massenüberwachung – Versuche der Unterdrückung der unangepassten Jugendkultur

Mit dem „Kahlschlagplenum" hatte die SED endgültig die Wende weg von den freiheitlichen Versprechungen des Jugendkommuniqués zurück zu einer kompromisslosen und streng ideologiegeleiten Jugendpolitik vollzogen. Am deutlichsten sichtbar wurde dies an der Neuausrichtung der auf der 11. Tagung scharf kritisierten Freien Deutschen Jugend (FDJ). Diese sollte anders als zuvor nicht mehr versuchen, populäre Jugendtrends aufzugreifen und für die sozialistische Sache zu instrumentalisieren, sondern westliche Modeerscheinungen stattdessen zurückdrängen und durch eigene Angebote an die DDR-Jugend ersetzen. Zu diesem Zweck wurden nicht nur die FDJ-Mitglieder auf eine streng antiwestliche Linie verpflichtet und die Arbeit in den Jugendclubs entsprechend angepasst, sondern mit der sogenannten „Singebewegung"[53] auch eine Alternative gefördert und damit dem jugendlichen Bedürfnis nach gemeinschaftlichem Musikgenuss Rechnung getragen.[54]

Parallel zu den Versuchen der FDJ, die DDR-Jugend mit der Schaffung neuer Unterhaltungsformate für sich zu gewinnen, gingen Staat und Partei rigoros gegen die alternative Jugendkultur vor. Nachdem es bereits ab Mitte Oktober 1965 zu Übergriffen der Volkspolizei auf Beat-Fans gekommen war, wurden die Aktionen gegen unangepasste Jugendliche in den Jahren 1966 und 1967 intensiviert. Zur Anwendung kam dabei ein breites Spektrum an Maßnahmen, das von wiederkehrenden Schikanen bis hin zur Anwendung brutaler Gewalt reichte. Zu den harmloseren Mitteln zählten regelmäßige Ausweiskontrollen von Beat-Fans und die Unterbindung des öffentlichen Abspielens westlicher Musik, wie sie Bernd-Lutz Lange in einer kurzen Episode in seiner Biografie beschrieb:

> Mein Freund Guido ist in der Riemannstraße aufgewachsen. Mit seinen Freunden traf er sich am Abend an der Ecke zur Karl-Liebknecht-Straße. Mindestens ein Kofferradio war immer dabei. […] Fünf bis zehn Mann trafen sich dort bei Foto-Seyboth. Solche Ansammlungen waren natürlich immer ein Dorn im Auge der Ordnungshüter. „Wenn ein Toni-Wagen [Streifenwagen der Volkspolizei, Anm. d. Verf.] vorbeirollte, hielt der sofort an, fuhr auch manchmal demonstrativ auf dem Bürgersteig, und die Genossen kontrollierten die Ausweise. Dann kam der bekannte Hinweis: ‚Macht die Musik leiser!', und wenn wir dann so weit zurückdrehten, daß man kaum noch etwas hörte, sagten die trotzdem: ‚Musik leiser!' Dabei hatten wir natürlich immer schnell die Sender verstellt, wenn die Typen auftauchten."[55]

Während die Begegnung zwischen den Volkspolizisten und den Jugendlichen in dieser Beschreibung einem harmlosen Katz-und-Maus-Spiel ähnelt, wurde daraus andernorts schnell blutiger Ernst. So fielen Einsatzkommandos der Volkspolizei vor allem in den Städten immer wieder über friedlich zusammenstehende Musikfans her, verhafteten sie allein aufgrund ihres Äußeren und schüchterten sie ein, nur um sie kurze Zeit später wieder auf freien Fuß zu setzen. Wie brutal die Sicherheitskräfte dabei häufig vorgingen, zeigt der empörte Bericht eines FDJ-Mitglieds, das im Juli 1967 zufällig in eine solche Verhaftungsaktion geriet und sich im Anschluss in einem wahrscheinlich niemals veröffentlichten Leserbrief an die Abendausgabe der *Berliner Zeitung am Abend* (BZA) über das Vorgehen der Volkspolizisten beschwerte:

> Liebe BZA!
> Anläßlich der 10. Ostseewoche wurde ich von der FDJ-Gruppe des VEB-Berlin-Chemie nach Rostock delegiert.

Die schönen erlebnisreichen Tage wurden am Sonnabend, dem 15.7., durch ein unwahrscheinliches Ereignis getrübt.

Mit einem Rostocker Mädchen spazierte ich gegen 19.30 Uhr eine Straße in der Nähe des „Greif"-Jugendklubhauses. Plötzlich fuhr ein Mannschaftswagen der Polizei vor. Die heruntergesprungenen Volkspolizisten zerrten verschiedene Jugendliche zum Auto und stießen sie brutal darauf. Auch ich befand mich darunter. Höflich um Aufklärung bittend, war die Antwort eines Polizisten: „Halten Sie den Mund, wenn Sie nicht ruhig sind, werden Sie noch etwas erleben."

So wurde ich zum VP-Kreisrevier Ulmenstraße gebracht. Nach etlichem Warten wurden die Personalien verlangt, wobei ich wiederum um eine Erklärung meiner Festnahme fragte. Gleichzeitig brachte ich zum Ausdruck, daß ich meinen Abend nicht in diesem häßlichen Keller des VP-Reviers zubringen möchte.

Daraufhin zerrten mich zwei Polizisten zur Wand, stießen meinen Kopf dagegen. Weiterhin wurde ich angebrüllt, mich breitbeinig mit dem Gesicht zur Wand und die Hände oberhalb des Kopfes gegen die Wand gedrückt, aufzustellen. Um ihre Brüllerei noch zu untermalen oder in der Annahme, ich sei taub, wurde ich von ihren derben Stiefeln getreten, damit ich meine Beine auch recht weit spreize. Rostocker Jugendliche flüsterten mir zu, falls ich noch etwas mache, was den „Polizisten" mißfiel, bekäme ich Prügel. Nach etwa 45 Minuten Stehen in solch unangenehmer Stellung durfte ich mich setzen. Nach wiederum 45 Minuten betrat ein Mann in Zivil den düsteren Keller. Diesen sprach ich an und erklärte ihm meine Gegenwart. Daraufhin wurde mir erklärt, daß allen Jugendlichen mit längeren Haaren im Revier die Haare geschnitten werden. Da meine Haare verhältnismäßig kurz sind, dürfe ich jetzt gegen.

Der Ton und das Verhalten der Volkspolizisten in dem Keller erinnerte mich stark an Filme, in denen die Nazis angeprangert werden.

Was in einem Polizeistaat wie Westberlin und Westdeutschland gang in gäbe ist, zeigt sich in Rostock schon in den Anfängen. Mit welchem Recht fängt die Polizei Jugendliche von der Straße weg und stiehlt ihnen die Zeit, die man besseren Zwecken zuwenden kann?

Wie muß man sich verhalten, falls Ähnliches vorkommt?

Liegen solche Schikanen im Einklang mit unseren Gesetzen?

Meiner Meinung [nach] steht das von mir Erlebte in antagonistischem Widerspruch zu unseren gesteckten Zielen.

Wie ich weiter von Rostockern erfuhr, sind solche Razzien üblich. Jugendlichen mit längeren Haaren werden dieselben von einem „Polizeifriseur" abgeschnitten, wobei in dem Keller, wo ich festgehalten wurde, ca. 90 % der Jungen einen absolut feinen und vernünftigen Haarschnitt hatten. Im Arthur-Becker-Club in Reutershagen zeigte man mir auch zwei Jugendliche, denen die „VP-Friseure" den Kopf bearbeitet hatten. Der Haarschnitt war dermaßen verstümmelt, daß es für mich eine Strafe wäre, so durch die Stadt zu laufen.

Ich schreibe deshalb, da es mich interessiert, ob die Bevölkerung hinter den Maßnahmen und der Behandlungsweise der Polizei steht oder ob dies verurteilt werden muß, und vor allen Dingen, ob diese Maßnahmen verboten werden müßten.

Mit freundlichem Gruß!

Ihr

Gez. Johannes Handschack [56]

Diese Ausführungen illustrieren neben der enormen Gewalttätigkeit der Sicherheitsorgane auch deren Willkür im Vorgehen gegen Jugendliche, die sich nicht den sozialistischen Vorstellungen entsprechend kleideten und verhielten. So zeigen die in diesem Fall wahllosen Verhaftungen, dass es bei solchen Aktionen weniger um die Ahndung konkreter Gesetzesverstöße als vielmehr um die Einschüchterung einer vermeintlich am Haarschnitt erkennbaren unangepassten Jugend ging. Ziel dieser unvermittelt über die Opfer hereinbrechenden Gewalt war es offenbar, einen Abschreckungseffekt zu erzielen und die Betroffenen auf diese Weise davon abzuhalten, sich zukünftig mit Gleichgesinnten in der Öffentlichkeit zusammenzufinden. Zwar wurden die im Rahmen solcher Aktionen verhafteten Jugendlichen auch Verhören unterzogen, dabei scheint es aber weniger um konkrete Straftaten als vielmehr um die Identifizierung vermeintlicher „Rädelsführer" bzw. der Besitzer der benutzten Kofferradios gegangen zu sein.[57]

Ein Schwerpunkt der Maßnahmen lag auf dem von Handschak beschriebenen gewaltsamen Haareschneiden bei männlichen Beat-Fans. Der Fokus der offiziellen Stellen auf die Langhaarfrisuren der unangepassten Jugendlichen nahm dabei zuweilen fast schon zwanghafte Züge an. Für die SED-Führung handelte es sich jedoch nicht um eine Frage des individuellen Modegeschmackes, vielmehr sah sie die langen Haare als Ausdruck einer antisozialistischen und unmoralischen Gesinnung an. Durch das erzwungene Haareschneiden sollte diese vermeintlich schädliche Einstellung der Jugendlichen bekämpft werden.[58] Daher wurden nicht nur die Mitschüler und Kollegen der betreffenden Jugendlichen von der Presse dazu ermutigt, selbst Hand anzulegen, sondern die Durchführung von „Haarschneideaktionen" auch zum Aufgabenbereich der Volkspolizei. Den Ablauf einer solchen Aktion beschreibt ein Bericht des Volkspolizeiamtes Glauchau vom Juni 1967:

> Am 19.6.1967, gegen 16.00 Uhr, erschien auf Vorladung des Leiters der Jugendliche [Name anonymisiert] sowie der Jugendliche [Name anonymisiert]. Ich erhielt die Weisung, bei Eintreffen beider Jugendlichen diesen zu eröffnen, dass sie in der Dienststelle die Haare geschnitten bekommen. Es wurde ihnen nochmals eingehend zu verstehen gegeben, dass es sich für einen Jugendlichen unseres Staates gehöre, mit einem anständigen Haarschnitt aufzutreten. Die wiederholten Ermahnungen blieben erfolglos, und sie lehnten konsequent ab, sich die Haare schneiden zu lassen.
>
> Der inzwischen eingetroffene Friseur der PGH [Produktionsgenossenschaft des Handwerks] wurde beauftragt, an Ort und Stelle den beiden Jugendlichen die Haare zu schneiden.

> Der Jugendliche [Name anonymisiert] weigerte sich, auf dem Stuhl Platz zu nehmen, und musste unter Anwendung von körperlicher Gewalt auf den Stuhl gesetzt werden. Bei dieser Handlung leistete er energisch Widerstand, sodass mehrere Genossen notwendig waren, ihn auf dem Stuhl zu halten. Zu bemerken ist jedoch, dass sich sein Widerstand nicht gegen die Volkspolizisten richtete, sondern lediglich darauf gerichtet war, das Schneiden der Haare zu verhindern. Nach dem Schneiden legte sich [Name anonymisiert] auf den Fußboden und setzte den Volkspolizisten passiven Widerstand entgegen. Den Anforderungen aufzustehen kam er nicht nach, sodass es sich notwendig machte, ihn noch einige Zeit im Volkspolizeikreisamt Glauchau zu behalten. [...]
>
> Der Jugendliche [Name anonymisiert] kam den Aufforderungen der Volkspolizei nach und setzte sich freiwillig auf den Stuhl. Er begehrte lediglich auf, nachdem er sich nach dem Schneiden der Haare im Spiegel betrachtete. Er konnte jedoch schnell zur Ruhe gebracht werden.
>
> Beiden Jugendlichen wurden die Haare unter Beachtung der jetzt verbreiteten Mode geschnitten. Eine Schädigung im Aussehen trat nicht ein, da das Schneiden der Haare von einer ausgezeichneten Fachkraft vorgenommen wurde. Der Jugendliche [Name anonymisiert] wurde nach dem Schneiden sofort nach Hause entlassen.[59]

Der Bericht verdeutlicht die Kompromisslosigkeit der Volkspolizei im Vorgehen gegen die Jugendlichen. So schien es aus Sicht des Verfassers nicht nur kein Problem zu sein, für die Gewährleistung „anständiger Haarschnitte“ körperliche Gewalt anzuwenden, sondern das eigene Vorgehen geradezu zwingend notwendig, um für „Recht und Ordnung“ zu sorgen. Darüber hinaus lassen die Beschreibungen erahnen, wie demütigend solche Erfahrungen für die Betroffenen gewesen sein müssen, waren die Langhaarfrisuren häufig nicht nur Ausdruck des persönlichen Stolzes ihrer Träger, sondern auch ein wichtiges Merkmal der Zugehörigkeit zur alternativen Jugendkultur.

Während die SED-Führung die unangepassten Jugendlichen durch systematische Schikanen dazu zwingen wollte, ihr Verhalten und Aussehen an die sozialistischen Normen anzupassen, geschah in der Praxis zuweilen das Gegenteil. So steigerte der staatliche Druck nicht nur das Zusammengehörigkeitsgefühl innerhalb der Beat-Szene,[60] sondern führte auch zu einer zunehmenden Distanzierung der repressierten Jugendlichen vom SED-Regime. Deutlich wird dies an einem im Dezember 1966 verfassten Bericht des MfS, in dem ein Inoffizieller Mitarbeiter der Geheimpolizei die Schikanen der Volkspolizei als Hauptursache für die Entfremdung der Jugendlichen vom sozialistischen Staat beschrieb:

> Zu der genannten Gruppierung am Kissingenplatz wurden inoffiziell folgende Hinweise über die Stimmung der Jugendlichen gegeben:
>
> Im Verlaufe ihrer Zusammentreffen am Kissingen[platz] wurden sie laufend von der VP kontrolliert, aufgeschrieben und aufgefordert auseinanderzugehen, ohne daß sie ruhestörenden Lärm verursacht hätten. Dabei würden sich im Besonderen die [Besatzungen der] Funkstreifwagen ihnen gegenüber in einer schlechten Umgangsart aufführen. Dabei lassen die VP-Angehörigen durchblicken, wer mehrmals angetroffen und aufgeschrieben wird, ist als Rädelsführer anzusehen. Bei den Jugendlichen ist es nun schon zur Selbstverständlichkeit geworden, daß sie auf das Erscheinen der VP warten, wenn sie zusammenkommen. Der IM [Inoffizielle Mitarbeiter] teilte mit, daß sich auf Grund dieser Dinge unter den Jugendlichen eine Antipathie gegenüber der VP und dem Staat überhaupt herausgebildet hat. Es besteht desweiteren die Auffassung, daß die Funktionäre des Staates die Jugend nicht verstehen würden, ohne dabei zu sehen, daß damals ganz andere Verhältnisse und Bedingungen herrschten.[61]

Neben einer wachsenden Ablehnung der staatlichen Autoritäten führten die Repressionen gegen die alternative Jugendkultur auch dazu, dass deren Anhänger sich zunehmend aus den staatlich kontrollierten Bereichen der Gesellschaft zurückzogen. So beobachtete das MfS in Leipzig schon ab Ende 1965, dass unangepasste Jugendliche immer häufiger die Öffentlichkeit mieden und sich vermehrt in leer stehenden Geschäften, Kellerräumen oder Privatwohnungen trafen, um dort ungestört unter sich bleiben zu können. Aus Sicht der Geheimpolizei und der SED waren solche sogenannten „Partywohnungen" höchst suspekt, versuchten sich die Jugendlichen auf diese Weise doch der staatlichen Kontrolle und Beeinflussung zu entziehen.[62] Nicht zuletzt diese Entwicklung trug dazu bei, dass im Frühjahr 1966 ein gegen die junge Generation gerichtetes Überwachungsprogramm in Gang gesetzt wurde, das bis dahin ungekannte Ausmaße annehmen sollte.

Bereits im Sommer 1965 hatte die SED-Führung im Hinblick auf die jugendlichen Gruppierungen moniert, dass die staatlichen Stellen nicht genügend über deren Zahl, Entstehungshintergründe und Ausrichtung wüssten.[63] Als die Parteispitze Anfang Mai 1966 erneut auf das Problem verwies und die sogenannten „Cliquen" als zentrales Hindernis einer gelingenden Jugendpolitik einstufte, reagierte das MfS und erklärte deren Auskundschaftung und Auflösung zur Priorität.[64] So erteilte Erich Mielke als Minister für Staatssicherheit am 15. Mai 1966 den Befehl 11/66,[65] in dem er die systematische Überwachung der DDR-Jugend anordnete, sowie die dazugehörige Dienstanweisung 4/66, die dessen Umsetzung im Detail regelte. Im ersten Teil der Dienstanweisung ging der Geheimdienstchef ausführlich auf die Ausgangslage und die Gründe dafür ein, dass sich das MfS stärker als zuvor für die Durchsetzung der staatlichen Jugendpolitik einsetzen müsse:

> Zur Jugendpolitik der DDR
> Die überwiegende Mehrheit der Jugend der DDR leistet auf allen Gebieten des gesellschaftlichen Lebens eine vorbildliche Arbeit.

Es darf jedoch nicht übersehen werden, daß die großen Aufgaben, die das Programm der SED zum umfassenden Aufbau des Sozialismus stellt, nur dann erfolgreich gelöst werden können, wenn es gelingt, die gesamte Jugend der DDR für die Verwirklichung dieses Programms zu mobilisieren.

[...]

Es ist zu berücksichtigen, daß die sozialistische Erziehung der Jugend unter den Bedingungen der Existenz des westdeutschen staatsmonopolistischen Herrschaftssystems und der feindlichen Kräfte in Westberlin und Westdeutschland sowie einzelner negativ und feindlich eingestellter Personen im Gebiet der DDR erfolgt.

Die Entwicklung der jungen Menschen vollzieht sich deshalb nicht ohne Konflikte und Schwierigkeiten.

Unter Ausnutzung dieser Entwicklungsbedingungen und bestimmter psychologischer Besonderheiten des Jugendalters, wie mangelnde Lebenserfahrung, Unkenntnis des kapitalistischen Systems, Abenteuerlust, leichte Beeinflußbarkeit, übersteigertes Selbstbewußtsein u. a., versucht der Gegner, Jugendliche zu negativen und feindlichen Handlungen im Sinne seiner verbrecherischen Zielsetzungen zu verleiten.

Dem Gegner gelang es, auf einzelne Jugendliche und Gruppierungen Jugendlicher teilweise Einfluß zu gewinnen. Das wurde u. a. begünstigt durch die ungenügende Nutzung der Möglichkeiten unserer sozialistischen Gesellschaft zur sozialistischen Erziehung der Jugend und zur Zurückdrängung der feindlichen Einflüsse.

[...]

Vom Gegner organisierte Feindtätigkeit gegen die Jugend der DDR

Die Jugend der DDR stellt im System der psychologischen Kriegsführung einen besonderen Angriffspunkt dar. Ein koordiniertes Zusammenspiel zwischen

dem Bonner Staatsapparat,
den westlichen Geheimdiensten,
den Agentenzentralen und Zentren der ideologischen Diversion,
zwischen westdeutschen Jugendorganisationen,
Film- und Starclubs
kirchlichen Institutionen,
Rundfunk, Presse und Fernsehen u. a.

ist darauf ausgerichtet, die Jugend der DDR vom Einfluß der sozialistischen Ideologie zu isolieren, in die Passivität zu drängen, eine Atmosphäre der allgemeinen Unsicherheit und zeitweilig in bestimmten Territorien Bedingungen zu schaffen, die zu Zusammenrottungen und Ausschreitungen Jugendlicher führen sollen.

Die vom Gegner angewandten Mittel und Hauptmethoden zur Zersetzung der Jugend in der DDR sind:

- direkte persönliche Kontakte durch Zusammenkünfte mit westlichen Personen (insbesondere in der Hauptstadt der DDR), besonders durch den Touristen- und privaten Reiseverkehr, beim Aufenthalt von Seeleuten und Fischern in nichtsozialistischen Ländern, durch die sogenannte Patenschaftsarbeit der kirchlichen Institutionen, raffinierte Verbreitung menschheitsfeindlicher imperialistischer Ideologien zur breiten Einflußnahme auf Jugendliche;
- indirekte Kontakte durch ständige postalische Verbindungen zu Patengemeinden der Evangelischen und Katholischen Studentengemeinden, zu Film- und Starclubs, zu westlichen Sendern und zu westlichen Film- und Schlagerstars sowie auf privater Ebene;
- Gestaltung spezieller Rundfunk- und Fernsehsendungen für die Jugend in der DDR unter Hinzuziehung von Experten und Anwendung der Mittel der modernen Massenpsychologie;
- Einschleusung westlicher Literaturerzeugnisse, Zeitungen, Zeitschriften, Schallplatten usw., die die kapitalistischen Le-

> bens- und Denkgewohnheiten propagieren, durch Mittel der persönlichen und Postverbindungen;
> – unmittelbare Einflußnahme und Verherrlichung der westlichen Lebensverhältnisse durch Rückkehrer, Neuzuziehende und Personen, die von Besuchen aus Westdeutschland und Westberlin zurückkehren, sowie durch in der DDR vorhandene feindliche Kräfte, die den feindlichen ideologischen Einfluß besonders auf Jugendliche verstärken wollen.
>
> Durch diese und andere Methoden versucht der Gegner, den Prozeß der sozialistischen Erziehung und Bewußtseinsbildung zu hemmen, Mißtrauen zwischen Jugend und Staat hervorzurufen, Unglauben an unsere gesellschaftliche Entwicklung zu erzeugen sowie dekadente und amoralische Auffassungen zu verbreiten. Damit versucht der Gegner, sich Stützpunkte unter der Jugend zu schaffen, die in seinem Sinne unmittelbar oder zum geeigneten Zeitpunkt in Vorbereitung des verdeckten Krieges wirksam werden sollen.[66]

Bei der Lektüre dieser Ausführungen drängt sich unwillkürlich die Frage auf, was das Abspielen westlicher Musik mit psychologischer Kriegsführung und das Schreiben von Fanbriefen mit ideologischer Unterwanderung zu tun hat. Verständlich wird diese Argumentation nur vor dem Hintergrund des Menschenbildes und des Freund-Feind-Schemas der SED-Führung. Wie bereits dargelegt, gingen die Parteioberen davon aus, dass in der DDR optimale Bedingungen für die Entwicklung der Jugend gegeben waren. Wenn sich nun ein Teil der Jugend nicht mit dem Sozialismus identifizierte und stattdessen westliche Lebensweisen nachahmte, konnte die Ursache dafür aus Sicht der SED-Führung – wie auch bei anderen gesellschaftlichen Problemen – niemals innerhalb des sozialistischen Gesellschaftssystems liegen, sondern musste zwangsläufig auf den negativen Einfluß von außen zurückzuführen sein.[67]

An diese ideologische Maxime anschließend zeichnete die Dienstanweisung 4/66 das bedrohliche Bild eines „Gegners“, der die DDR-Jugend zum Ungehorsam aufzustacheln und vom eigenen Staat zu entfremden versuchte, sie zur westlichen Lebensweise verführen und auf diese Weise zum Instrument für die eigenen Absichten machen wollte. Die Jugendlichen wurden hierbei nicht als selbstbestimmt handelnde Individuen, sondern in erster Linie als passive Objekte beschrieben, die aufgrund ihrer mentalen und politischen Unreife der gegnerischen Beeinflussung ausgeliefert waren. Um wen es sich beim „Gegner" konkret handelte, wird in den Ausführungen nicht eindeutig ersichtlich. Zwar wurden neben der bundesdeutschen Regierung („Bonner Staatsapparat") und den westlichen Geheimdiensten auch Jugendorganisationen, Kirchen und westliche Medien genannt, jedoch machte der Autor am Ende seiner Auflistung deutlich, dass es sich dabei nicht um eine vollständige Übersicht gegnerischer Institutionen handelte, und blieb auch bei der Nennung der „Agentenzentralen und Zentren ideologischer Diversion" vage. Das war insofern typisch für die Weltsicht der SED, als dass diese den „Gegner" nicht nur als Nation und Person ansah, sondern zugleich als Lebensweise und System, das sich fast wie eine Art tödliche Krankheit auch in der DDR verbreitete. In dieser Vorstellung war der „Gegner" allgegenwärtig, im Verborgenen aktiv und lauerte überall, eben auch in der westlichen Jugendzeitschrift, die ihren Weg in die DDR gefunden hatte. Um das Denken und Verhalten der politischen Elite in der DDR und insbesondere der Angehörigen des MfS zu verstehen, muss man diese tiefsitzende Überzeugung der damals handelnden Akteure unbedingt berücksichtigen.[68]

Vor dem Hintergrund dieses Bedrohungsszenarios erklärte die Dienstanweisung die Bekämpfung vermeintlich feindlicher Einflüsse auf die DDR-Jugend zur Pflicht des MfS und leitete daraus ein breites Aufgabenspektrum ab:

> Die Organe des MfS haben allen Erscheinungen der Feindtätigkeit jugendlicher Personenkreise mit größter Wachsamkeit zu begegnen und alles in ihrer Kraft Stehende zu unternehmen, um

> den gegnerischen Einfluß zurückzudrängen, begünstigende Faktoren einzuschränken und zu beseitigen und so die sozialistische Entwicklung der Jugend zu sichern.
>
> Demzufolge bestehen die Hauptaufgaben in der politisch-operativen Arbeit des MfS zur Bekämpfung der politisch-ideologischen Diversion und Untergrundtätigkeit unter jugendlichen Personenkreisen zusammengefaßt in folgendem:
>
> – umfassende Aufklärung der gegnerischen Pläne und Absichten zur Arbeit unter der Jugend der DDR;
> – ständige Gewährleistung einer zuverlässigen und allseitigen politisch-operativen Übersicht über die Lage und Entwicklung unter der Jugend;
> – rechtzeitiges Erkennen von Erscheinungen der Feindtätigkeit erwachsener Personen unter Jugendlichen sowie der Feindtätigkeit jugendlicher Personenkreise;
> – aktive Einflußnahme auf die Einbeziehung aller verantwortlichen gesellschaftlichen Kräfte in den Prozeß der Erziehung der Jugend sowie auf das differenzierte Vorgehen zur Gewährleistung der Erziehung bzw. Umerziehung solcher jugendlichen Personen, die im Zusammenhang mit Straftaten angefallen oder als Träger zersetzender Ideologien bekanntgeworden sind;
> – Aufklärung und Einflußnahme auf die Überwindung von Erscheinungen der ungenügenden Durchsetzung der Grundsätze und Aufgaben der Jugendpolitik von Partei und Regierung.[69]

Die aufgeführten Maßnahmen waren insofern bemerkenswert, als dass das MfS damit zum ersten Mal eine umfassende Strategie gegenüber einer gesamten Bevölkerungsgruppe vorlegte.[70] Als wesentliches Mittel der systematischen Überwachung jugendlicher Gruppierungen war der Einsatz von „Inoffiziellen Mitarbeitern" (IM) geplant, wobei neben Erwachsenen erstmals auch Kinder und Jugendliche angeworben und gegen ihre Altersgenossen instrumentalisiert werden durften.[71] Die IM sollten nicht nur Informationen über die Zusammensetzung, Größe und die Zielsetzung der Jugendgruppen sammeln, sondern diese auch im Sinne des MfS steuern und beispielsweise von staatlichen Großveranstaltungen fernhalten.[72]

Infolge der Dienstanweisung 4/66 begannen die MfS-Dienststellen im ganzen Land damit, Informationen über die jugendlichen Gruppen in ihrem Zuständigkeitsbereich zusammenzutragen. Welches Ausmaß die Überwachung dabei annahm, zeigt das Beispiel Ostberlin, wo ein eigens dafür eingerichteter Einsatzstab zwischen Herbst 1966 und Mai 1967 70 ausführliche Berichte über die örtliche Jugendszene verfasste. Der Report vom 26. November 1966 verdeutlicht, wie die Geheimpolizei dabei jede noch so belanglos erscheinende Information über die Jugendlichen erfasste und sich dabei auf ein umfangreiches Netz an Inoffiziellen Mitarbeitern stützen konnte:

> 1. Jugendliche Gruppierungen
>
> […]
>
> – Inoffiziell wurde durch die KD [Kreisdienststelle] Prenzlauer Berg bekannt, daß Teile der Jugendlichen aus der Gruppierung „Skala" es vorziehen wollen, am Sonnabend, den 26.11. noch nicht zum Weihnachtsmarkt zu gehen, da es am Eröffnungstag zu voll wäre.
>
> – Ein anderer IM aus dem Stadtbezirk Prenzlauer Berg berichtete, daß unter den Jugendlichen das Gerücht verbreitet wird, daß alle Jugendlichen, die auf dem Weihnachtsmarkt auffallen, bis zum 10. Januar 1967 in ein Lager gebracht werden. Dieses Gerücht wurde vom IM in der Zentralwerkstatt der Müllabfuhr in Berlin-Köpenick und mehrfach in der S-Bahn festgestellt.
>
> – Gleichzeitig wurde von dieser Quelle der bereits von anderen IM gegebene Hinweis bestätigt, daß sich viele Jugendliche am 26.11. unter der großen Tanne um 18.00 Uhr treffen wollen.
>
> – Der im Bericht Nr. 13 vom 25.11.1966 auf Seite 2 genannte [Name anonymisiert] und [Name anonymisiert] wollen sich

> erst in der Zeit von 18.00 Uhr bis 18.30 Uhr treffen, um von der großen Tanne aus den Weihnachtsmarkt zu besuchen.
> - Inoffiziell wurde durch die KD Lichtenberg bekannt, daß sich Jugendliche aus dem Stadtbezirk Lichtenberg und Friedrichshain (Tunnelgruppe Lichtenberg) am Sonnabend, dem 26.11.1966 auf dem Weihnachtsmarkt an der großen Tanne treffen wollen. Ein genauer Termin ist noch nicht bekannt.[73]

Entgegen der Erwartungshaltung des MfS fanden sich in den Analysen jedoch kaum Hinweise auf eine gewalttätige und gefährliche Ostberliner Jugendszene. So ist der Bericht vom 11. Februar 1967 dahingehend typisch, dass er zwar von der Bildung größerer Jugendgruppen berichtete, jedoch gleichzeitig feststellte, dass diese die öffentliche Ordnung in keiner Weise gefährdeten:

> 1. Negative Gruppierungen
> - Durch die Kreisdienststelle Friedrichshain wird berichtet, daß sich auf dem Boxhagener Platz wieder mehrere Gruppen Jugendlicher aufhalten. Es handelt sich um ca. 4 Gruppen mit je 10 Personen. Insgesamt sollen sich täglich ca. 30 Jugendliche auf diesem Platz aufhalten. Rowdyhafte Handlungen wurden nicht bekannt. Zum Teil verkehren die Jugendlichen auch in den umliegenden Gaststätten.
>
>   Durch Streifentätigkeit der VP konnte bisher nur in einem Fall eine größere Gruppe Jugendlicher festgestellt werden. Die Jugendlichen wurden von der VP verwarnt.
>
>   Auf dem Rudolfplatz im gleichen Stadtbezirk halten sich ebenfalls ständig 10–20 Jugendliche auf, die sich dort zum Abhören westlicher Rundfunkstationen zusammenfinden. Auch von diesem Kreis wurden keine rowdyhaften Handlungen bekannt.[74]

Schlussfolgerungen wie diese hielten das MfS jedoch nicht davon ab, gemeinsam mit der Volkspolizei weiterhin gegen die Berliner

Jugendszene vorzugehen. Vielmehr diente die umfassende Überwachung der jugendlichen Gruppierungen als Ausgangspunkt für die Einleitung von Ermittlungsverfahren und Strafmaßnahmen. So wurden selbst kleinste Regelverstöße hart bestraft und ablehnende Äußerungen z. B. über die polizeilichen Zwangshaarschnitte als staatsfeindliche Äußerung eingestuft. Übergeordnetes Ziel der Sicherheitskräfte war es dabei stets, die jugendlichen Gruppierungen aufzulösen und damit die aus staatlicher Sicht von diesen ausgehende Gefahr zu bannen.[75]

2.2.3 Disziplinierung durch Arbeit – Die SED-Erziehungsdiktatur in der Praxis

Die Verfolgung und systematische Überwachung unangepasster Jugendlicher war bis zum Sommer 1966 zu einem wichtigen Baustein der Jugendpolitik in der DDR geworden. Aus Sicht der SED war es jedoch nicht mit der erzwungenen Auflösung jugendlicher Gruppen und ihrer Verdrängung aus dem öffentlichen Raum getan. Vielmehr verfolgten die Machthaber das Ziel, das Denken und Verhalten der als Problem wahrgenommenen Jugendlichen nachhaltig zu verändern. Erreichen wollte man diesen Wandel durch gezielte Umerziehungsmaßnahmen, mittels derer die aus SED-Sicht negative und amoralische Gesinnung der Jugendlichen aufgebrochen und auf „sozialistische Werte" wie Fleiß und Disziplin ausgerichtet werden sollte. Dieser Ansatz ging auf die Grundüberzeugung zurück, dass der Mensch insbesondere in jungen Jahren formbar sei, Erziehungsmaßnahmen im Sinne des Sozialismus also fast zwangsläufig zum Erfolg führen mussten.[76]

Die für die „Umerziehung" unangepasster Jugendlicher eingesetzten Mittel unterschieden sich grundsätzlich von den Erziehungsmaßnahmen, denen die Mehrheit der DDR-Jugend ausgesetzt war. Während „normale" Jugendliche, die sich weitgehend an die staatlichen Regeln hielten, vor allem durch den Einsatz begeisterter und als Vorbild fungierender Pädagogen zu „sozialistischen Persönlichkeiten" geformt werden sollten, sollten die Anhänger der alternativen Jugendkulturen vor allem durch Disziplinarmaßnahmen zum Gehorsam gezwungen werden. Je nachdem, welche Vergehen den als „Rowdys", „Gammler", „Arbeitsscheue" oder „Kriminelle" stigmatisierten Jugendlichen nachgewiesen werden konnten, reichten diese von Schulstrafen und Interventionen der staatlichen Jugendhilfe bis hin zu polizeilichen Ermittlungsverfahren.[77] Besonders „hartnäckige" Anhänger der unangepassten Jugendkultur sollten durch Einweisung in Arbeitslager[78] und Jugendwerkhöfe[79] in ihrem Widerstandswillen gebrochen und auf diese Weise im sozialistischen Sinne „erziehbar" gemacht werden.[80] Möglich wurde das im Hinblick auf die Arbeitslager durch die Jugendhilfeverordnung vom März 1966, die es der Polizei, Staatsanwaltschaft und Jugendhilfe erlaubte, Jugendliche ohne Gerichtsurteil oder gesonderten Beschluss für eine Dauer von bis zu acht Wochen einzusperren.[81] Den positiven Effekt, den sich staatliche Stellen durch die Zwangsarbeit bei vermeintlichen Störern der öffentlichen Ordnung versprachen, fasste Erich Mielke in einer Besprechung des Staatsrates am 25. April 1966 zusammen:

> Wenn die Jugendlichen den öffentlichen Verkehr stören und wissen, daß sie dafür ein halbes Jahr in ein Arbeitslager kommen, dann wird das auf sie ernüchternd wirken. Das spricht sich schnell herum. Das haben wir in Leipzig [im Zuge der Beat-Demonstration, Anm. d. Verf.] gesehen. Als sie in Leipzig aufgeladen und ins Arbeitslager gebracht wurden, war so schnell Ruhe! Das hat sich herumgesprochen. Dann haben sie ein halbes Jahr gearbeitet, sind zurückgekommen, haben berichtet und haben sich gesagt: In der Freiheit können wir viel besser arbeiten! – Aber wenn sie es so nicht können, wenn sie den öffentlichen Verkehr stören, probieren wir es mit Arbeitserziehung aus. Dann wird die Sache wahrscheinlich besser gehen. […] Dann wird es auch eher möglich sein, Disziplin zu halten, und man braucht weniger Leute für die Polizei.[82]

Der MfS-Chef führte die erfolgreiche Zurückdrängung der alternativen Jugendszene in Leipzig in erster Linie auf die Anwendung von Zwangsarbeit zurück und plädierte für den verstärkten Gebrauch dieser Abschreckungs- und Erziehungsmaßnahme in der ganzen DDR. Die gesetzliche Grundlage für den großflächigen Einsatz von Zwangsarbeit als Mittel der Erziehung war bereits im Zuge des Mauerbaus gelegt worden, als durch die sogenannte „Verordnung über die Aufenthaltsbeschränkung" die Einweisung vermeintlicher Arbeitsverweigerer in Arbeitslager rechtlich möglich gemacht wurde.[83] Als sich im zweiten Halbjahr 1965 der jugendpolitische Kurs der SED verschärfte, nahm die Zwangsarbeit auch im Hinblick auf die unangepassten Jugendlichen eine immer wichtigere Rolle ein. So wurden Ende August 1965 die bestehenden gesetzlichen Regelungen so angepasst, dass die Jugendlichen bzw. junge Erwachsene, anders als zuvor, auch ohne zeitliche Einschränkung in Arbeitslagern festgehalten werden durften.[84]

Infolge dieser Entscheidung stieg die Zahl der zur Zwangsarbeit verurteilten Jugendlichen im Herbst 1965 stark an und führte dazu, dass die existierenden Arbeitslager zunehmend ausgelastet waren. Im Zuge der Schaffung neuer Kapazitäten wurde im November 1966 mit dem Aufbau des Arbeits- und Erziehungslagers Rüdersdorf außerhalb von Berlin begonnen. Als ein Pilotprojekt von der Ostberliner Justiz, Polizei und Abteilung für Volksbildung konzipiert, sollten darin bis zu 45 Jugendliche im Alter von 14 bis 18 Jahren untergebracht werden. Diente die Einrichtung von Rüdersdorf offiziell der Bekämpfung des „Rowdytums" und der Arbeitsverweigerung, wurden in der Praxis Jugendliche häufig aufgrund kleinster Vergehen wie des öffentlichen Musikhörens oder der Missachtung von Betretungsverboten etwa für den Berliner Weihnachtsmarkt eingewiesen. Die inhaftierten Jugendlichen waren in von einem Holzzaun und Wachhunden umgebenen Baracken untergebracht und wurden von 16 teils mit Maschinenpistolen bewaffneten Volkspolizisten bewacht. Um einen „Erziehungseffekt" zu erreichen, waren neben dem Wachpersonal drei

Pädagogen vor Ort, die im Alltag der Insassen jedoch kaum eine Rolle spielten. So beruhte der Aufenthalt der Jugendlichen nicht auf einem pädagogischen Konzept, sondern zielte ausschließlich auf die Disziplinierung durch Drill, harte körperliche Arbeit und erzwungene Unterordnung ab.[85] Bereits bei der Ankunft in Rüdersdorf wurde den Jugendlichen das Gefühl von Machtlosigkeit und absolutem Ausgeliefertsein vermittelt. So beschrieb der damals 18-jährige Clemens Lindenau den Tag seiner Verhaftung und Überstellung ins Lager als eine zutiefst demütigende und verstörende Erfahrung:

> Im März 1967 hörte ich ein schweres Poltern an der Wohnungstür. Ich hatte mit meinem Freund zusammen über das Jugendamt eine Wohnung bekommen. Er war schon 18 und ich war fast 18 Jahre alt.
>
> Zwei Polizisten und zwei Zivile durchsuchten unsere Wohnung. Ich wurde aus dem Bett gezogen, musste mich anziehen und sollte mitkommen. „Wohin?", fragte ich. Ich bekam keine Antwort. Die Tour ging quer durch Berlin zum Teil im geschlossenen Fahrzeug. Am Nachmittag bin ich in einem Objekt gelandet, wo ich immer noch nicht wusste, wo ich bin und was das ist. An einem großen Holzlattentor wurde dann zweimal geklingelt. Das Tor öffnete sich und mir wurde befohlen, im Laufschritt zu der offenen Tür der Baracke zu rennen.
>
> „Zögling Lindenau meldet sich zur Stelle". Nach dieser Meldung wurde ich in den Eingangsbereich hineingescheucht. Zuerst ging es in eine leere Zelle mit Hocker und Haarschneidemaschine. Mein Idol – die langen Haare – wurden radikal und rabiat bis auf die Kopfhaut geschoren. Daneben stand ein Allesbrennerofen, der voll in Flamme war. Mir wurde befohlen, mit einem Handfeger und einer Müllschaufel meine Haare zusammenzufegen und in den Ofen zu schmeißen.
>
> Danach wurde ich in einer sportlichen Ordnungsübung gezwungen, bis zur Kleiderkammer zu robben, die am Ende des

> Flurs war. Dort musste ich alle meine Sachen ausziehen und nackt wieder zurückrobben bis zur Mitte der Baracke, zum sogenannten Waschraum.
>
> Im Waschraum wurde ich mit dem Kaltwasserschlauch abgeduscht, zum sogenannten Frischmachen. In dem frierenden Zustand – es war März und draußen noch Frost – ging es robbend ohne abzutrocknen zurück zur Kleiderkammer, um die Sachen in Empfang zu nehmen. Ich bin schon von alleine trocken geworden vor Wut. Dann wurde ich in eine Zelle für 16 Personen geführt.[86]

Wie die Ausführungen von Lindenau verdeutlichen, sollte bei den Jugendlichen durch die Einweisung nach Rüdersdorf eine Schockwirkung erzielt und auf diesem Wege die Bereitschaft zu einer Verhaltensänderung erzwungen werden. Dazu wurden die Insassen nicht nur komplett von der Außenwelt isoliert und durften weder Post noch Besuch empfangen, sondern wurden auch ständig beschäftigt gehalten und mussten harte körperliche Arbeit verrichten. So berichtete Lindenau weiter:

> Morgens um fünf Uhr wurden wir geweckt. Dann kam das Zähneputzen mit Zahnstein und Frühstück aus trockenem Brot mit Marmelade und Tee. Nach der Zählung in der Zelle mussten wir raustreten zum Frühsport, dann wieder eintreten, Arbeitsklamotten anziehen, Revier auf Vordermann bringen, raus auf den Zählplatz, nochmal eine Zählung vor der Baracke und schließlich wurden die einzelnen Zellen aufgeteilt, in welchem Zementwerk sie arbeiten sollten. Unsere Truppe wurde im Steinbruch eingesetzt, das heißt, wir mussten den ganzen Tag unten in der Grube mit einem 20-Pfund-Hammer Kalksteine klopfen.
>
> Freizeit gab es nicht. Freizeit wurde für militärischen Drill genutzt, für Ordnungsübungen, für politische Druckmaßnahmen, damit wir sozialistische Jugendliche werden und wir uns daran gewöhnen, dass, wenn wir nicht spuren, wir wieder da landen, wo wir jetzt sind.[87]

Die körperliche Arbeit in Rüdersdorf diente nicht in erster Linie der Produktion im Zementwerk, sondern sollte die Insassen körperlich auslaugen und dadurch gefügig machen. So wurden die internierten Jugendlichen häufig auch zu extrem anstrengenden Reinigungsarbeiten ohne jegliche maschinelle Unterstützung herangezogen und dabei auch für Tätigkeiten eingesetzt, die für die reguläre Belegschaft des Werkes als unzumutbar angesehen wurden.[88] Laut dem damals 17-jährigen Rainer Buchwald war dies für manche Insassen eine solche Überforderung, dass sie sich der Arbeit durch selbstverletzendes Verhalten zu entziehen versuchten:

> Es haben auch einige fertiggebracht, mit dem Ellenbogen gegen die Wand zu hauen, um sich so zu verletzen, um ein Ausrücken zur Arbeit unter sozialistischen Bedingungen zu vermeiden.
>
> So kann ich mich an einen kalten Tag im Februar erinnern. Wir mussten im Zementwerk IV arbeiten und der Wind zog nur so durch alle Ritzen, wo dann einige auf die Idee kamen, sich einen nassen Lappen auf die freie Brust zu legen, um auf dem Krankenrevier zu landen oder sogar im neu errichteten Krankenhaus in Rüdersdorf. Ich sah diese Kollegen nie wieder und habe auch nicht erfahren, was aus ihnen geworden ist.[89]

Neben der Zwangsarbeit war der Aufenthalt in Rüdersdorf für die Jugendlichen auch deshalb eine Qual, weil sie bei Regelverstößen immer mit körperlichen Misshandlungen durch das Wachpersonal rechnen mussten. So berichtete der damals ebenfalls 17-jährige Reinhard Herbermann, der im Juli 1967 sieben Wochen lang in Rüdersdorf interniert war:

> Bei uns war es an der Tagesordnung, dass man mal schnell eine Backpfeife bekommen hat oder einen Fußtritt von den Polizisten. Ich kann mich an einen Fall erinnern, wo ein Jugendlicher während der Arbeitszeit draußen Zigarettenstummel gesammelt hat. Als wir in das Lager wieder hereingekommen sind, wurden wir

> gefilzt. Und bei ihm hat man die Zigarettenstummel gefunden. Daraufhin wurde er von dem Polizisten mit der Hand geschlagen. Er musste als Strafe laufen und Liegestütze machen und zum Schluss hat er noch einen Fußtritt gekriegt.[90]

Der überaus harte Umgang mit den Jugendlichen in Rüdersdorf war aus Sicht der SED-Führung und der beteiligten Stellen eine wichtige Voraussetzung, um deren erfolgreiche „Umerziehung" zu gewährleisten. Als Problem wurde das rabiate Auftreten des Wachpersonals nur insofern angesehen, als dass es unbedingt vor der Öffentlichkeit verborgen bleiben sollte. So stellte ein MfS-Bericht vom 20. Dezember 1966 die Eignung des bis dahin genutzten Geländes vor allem deshalb infrage, weil es in Teilen von der Außenwelt eingesehen werden konnte:

> 4. Sonstiges
>
> Vom Leiter der Abteilung XX wurde festgestellt, daß das derzeitige noch im Aufbau befindliche Arbeitslager für Jugendliche im Zementwerk Rüdersdorf ungeeignet erscheint.
>
> Das Lager liegt direkt an der Hauptstraße (Thälmannstr.), durch die u. a. Zementsilolastwagen westdeutscher Unternehmen fahren. Das Objekt kann von gegenüberliegenden Häusern (villenähnliche Häuser) eingesehen werden. Da die VP-Posten mit umgehängter Maschinenpistole ihre Befehle an die Zöglinge sehr laut geben und die Zöglinge im Dauerlauf in ihre Unterkünfte gehen müssen, kann sich unter der Bevölkerung recht bald eine schlechte Stimmung einstellen.
>
> […] An der Straße wird zwar eine Sichtblende (Bretterzaun) gebaut, die aber nicht verhindern kann, daß die geschilderten Momente der Bevölkerung oder anderen Personen zur Kenntnis gelangen. Es gibt im Zementwerk Rüdersdorf ein Objekt, das sich anbietet und die aufgeführten Mängel ausschließt. Die Betriebsleitung würde sich sicher bereit erklären, diese Objekte zur Verfügung zu stellen.

> Das Problem der medizinischen Betreuung der Jugendlichen ist noch nicht gelöst.[91]

Wie dieser MfS-Bericht zeigt, war sich auch die Geheimpolizei darüber im Klaren, dass der brutale Umgang mit den Jugendlichen im Lager der Mehrheit der DDR-Bevölkerung nicht zu vermitteln war und die Abläufe in Rüdersdorf daher sowohl vor den Ortsansässigen als auch den vorbeikommenden LKW-Fahrern aus der Bundesrepublik verborgen werden mussten. Gleichzeitig verweisen die Ausführungen indirekt auch auf die Prioritätensetzung des MfS beim Umgang mit den inhaftierten Jugendlichen. Während der Bericht ausführlich auf die Notwendigkeit der besseren Tarnung des Lagers einging und Verbesserungsvorschläge unterbreitete, wurde die zu diesem Zeitpunkt nicht gewährleistete medizinische Versorgung lediglich kurz als Problem benannt.

Im Gegensatz zu anderen Disziplinierungseinrichtungen für Jugendliche in der DDR, allen voran dem für seine menschenverachtenden Bedingungen bekannten Geschlossenen Jugendwerkhof Torgau,[92] blieb das Arbeits- und Erziehungslager Rüdersdorf in vielerlei Hinsicht ein Provisorium. So pries der Generalstaatsanwalt der DDR in einem Schreiben vom April 1967 zwar die Effektivität des Lagers, musste aber gleichzeitig eingestehen, dass es für die Einweisung der Jugendlichen auch Monate nach der Eröffnung keine gültige Rechtsgrundlage gab:

> <u>Zur Entstehung des Objektes Rüdersdorf</u>
> Im Zusammenhang mit den Jugendkrawallen in den verschiedensten Stadtbezirken Berlins im Herbst 1966 wurde in Rüdersdorf ein kleines Lager eröffnet. In dieses Lager wurden Rowdys eingewiesen. Die Einweisung erfolgte durch die Organe der Jugendhilfe gemäß § 23 der Jugendhilfeverordnung vom 3. März 1966.
>
> Das Objekt Rüdersdorf wird von der Volkspolizei bewacht. Zur Unterstützung der Mitarbeiter des Strafvollzuges sind im

> Objekt drei Erzieher eingesetzt. Diese Regelung ist ungesetzlich. Trotzdem sollte das Objekt Rüdersdorf unter allen Umständen erhalten bleiben, weil es eine wirksame staatliche Reaktion gegen Rowdytum ist und bereits jetzt Erfolge zu verzeichnen sind.[93]

Zeigt dieses Schreiben einerseits, dass die Strafverfolgungsorgane kompromisslose und auf Abschreckung ausgerichtete Erziehungsmethoden als unverzichtbar ansahen, verdeutlicht es andererseits, dass sich Ende der 1960er Jahre die Rahmenbedingungen der Repression veränderten. Im Gegensatz zu der bis dahin angewandten Praxis, Jugendliche häufig ohne ausreichende Grundlage und damit willkürlich in Arbeitslager einzusperren, sah es das SED-Regime nun als zunehmend wichtig an, eine solide gesetzliche Grundlage zu schaffen. Diese Tendenz der Verrechtlichung von Repressionsmaßnahmen zeigt sich auch daran, dass die häufig für unangepasstes (Jugend-)Verhalten verwendeten Zuschreibungen „Asozialität" und „Rowdytum" 1968 erstmals als Straftatbestände in das neue Strafgesetzbuch aufgenommen wurden und deren Strafverfolgung auf diese Weise legalisiert wurde.[94]

Nicht in das Strafgesetzbuch von 1968 aufgenommen wurde die Möglichkeit, Jugendliche im Zuge eines kurzzeitigen Jugendarrests in Arbeitslager wie Rüdersdorf einzuweisen. Auch deshalb verlor das Arbeits- und Erziehungslager seinen Status als Pilotprojekt und wurde nicht weiter als Disziplinareinrichtung für unangepasste Jugendliche genutzt. Dass die Zahl der eingewiesenen Jugendlichen bereits im Verlaufe des Jahres 1967 kontinuierlich zurückging, lag neben den ungeklärten rechtlichen Fragen wohl auch daran, dass die Sicherheitsorgane ihr Vorgehen angepasst und zumindest teilweise abgemildert hatten.[95]

Insbesondere in Ostberlin als einem der Zentren der alternativen Jugendbewegung wurde für das MfS bis zum Frühjahr 1967 immer deutlicher, dass die repressiven Maßnahmen wie der drohende Aufenthalt in Rüdersdorf nicht die erhoffte disziplinierende Wirkung entfalteten. Anstatt zu einem Verschwinden der Beat-Musik hörenden Jugendgruppen auf den Straßen und öffentlichen Plätzen beizutragen, provozierten die Maßnahmen von Volkspolizei und MfS zunehmend Gegenreaktionen der Jugendszene wie Solidaritätsbekundungen mit den nach Rüdersdorf verschleppten Altersgenossen. Darauf reagierten die Sicherheitskräfte zwar einerseits mit verstärkter Überwachung und Kontrolle – und verhinderten so im März 1967 ein öffentlichkeitswirksames Treffen ehemaliger Insassen von Rüdersdorf. Andererseits gingen sie aber verstärkt dazu über, die in der Öffentlichkeit auffälligen Jugendlichen, anstatt sie ins Arbeitslager einzuweisen, lediglich zu verwarnen und mit Ordnungsstrafen zu belegen. Auf diese Weise sollte verhindert werden, die nonkonforme Jugendszene zu provozieren und zu Protestaktionen gegen ihre Schikanierung anzustacheln.[96]

Im Jahresverlauf 1967 setzte sich auch bei der SED-Führung die Einsicht durch, dass der alternativen Jugendbewegung mit (geheim-)polizeilichen Mitteln allein nicht beizukommen war. So mussten sich die politischen Verantwortungsträger eingestehen, dass sie über kein geeignetes Mittel verfügten, um die Verbreitung der für die Jugendlichen wichtigen Beat-Musik effektiv zu unterbinden. Es wäre weder möglich gewesen, die Ausstrahlung westlicher Radiosendungen in der DDR auf technischem Wege zu unterbinden, noch ein Verbot der Beat-Musik zu kontrollieren. Darüber hinaus wurde immer klarer, dass viele ältere DDR-Bürger den neuen Jugendtrends zwar skeptisch gegenüberstanden, die SED ungeachtet dessen aber nicht über genügend Rückhalt in der Bevölkerung verfügte, um einen auf Repression fußenden Kulturkampf gegen die nonkonformen Teile der Jugend gewinnen zu können.[97] Infolgedessen passte die SED-Führung ab Herbst 1967 ihre Taktik an und setzte neben engmaschiger Überwachung und polizeilichen Eingriffen auch wieder verstärkt auf nichtrepressive Maßnahmen, um die alternative Jugendszene zurückzudrängen. Auf Initiative der Jugendkommission des Politbüros hin sollte dazu die Arbeit in den Jugendclubs verbessert und die staatlich geförderte Singebewegung weiter gestärkt und als Alternative zur Beat-Musik etabliert werden. Zwar hatten diese Maßnahmen letztlich nur geringen Erfolg, jedoch verdeutlichen sie einen beginnenden Kurswechsel, der ab 1968 nicht mehr allein auf Konfrontation und die Kriminalisierung der unangepassten Jugendlichen, sondern vielmehr auf deren gewaltfreie Beeinflussung setzte.[98]

2.2.4 „Viva Dubcek" – Der „Prager Frühling" und die DDR-Jugend

Während die Frage nach dem richtigen Umgang mit der am Westen orientierten Jugendkultur ungelöst blieb, musste sich die SED-Führung ab dem Jahreswechsel 1968 mit einem weiteren Problem befassen, das seinen Ursprung diesmal im Osten, in der angrenzenden Tschechoslowakei (ČSSR) hatte. Nachdem es dort bereits im Jahr zuvor zu Studentenprotesten gegen die Staatsführung gekommen war, brach nun auch innerhalb der herrschenden Kommunistischen Partei (KPČ) ein Streit über die Ausrichtung des Landes aus. Während der bisherige Staats- und Parteichef Antonín Novotný an den etablierten Grundsätzen der sozialistischen Herrschaft festhalten wollte, trat sein Gegenspieler Alexander Dubček für eine Reformierung des bisherigen Systems und die Schaffung eines „Sozialismus mit menschlichem Antlitz" ein. Anfang Januar 1968 ging Letzterer als Sieger aus dem innerparteilichen Machtkampf hervor, wurde zum Parteichef gewählt und begann mit der Ausarbeitung eines umfassenden Reformpaketes. Das im April 1968 vorgestellte „Aktionsprogramm" hielt zwar formal am Sozialismus fest, kam mit den darin angekündigten umfassenden Veränderungen in Politik, Wirtschaft und Gesellschaft jedoch einer Revolution gleich. So sollten nicht nur der Macht der Geheimpolizei enge Grenzen gesetzt und bürgerliche Grundfreiheiten wie Rede-, Reise- und Versammlungsfreiheit garantiert, sondern auch die Wirtschaft des Landes teilprivatisiert und das Machtmonopol der Kommunistischen Partei beschränkt werden. Zwar wurden aufgrund des Widerstands innerhalb der KPČ zunächst nur wenige dieser Maßnahmen umgesetzt, aber allein schon deren Ankündigung führte zu einer gesellschaftlichen Aufbruchsstimmung, die sich unter anderem in Parteineugründungen und dem Zerfall der staatlichen Jugendorganisation in unabhängige Gruppen widerspiegelte. Ihren Höhepunkt fand dieser sogenannte „Prager Frühling"[99] in dem am 27. Juni 1968 veröffentlichen „Manifest der 2000 Worte", in dem 68 Intellektuelle mit der Herrschaft der Kommunistischen Partei abrechneten und mit Nachdruck eine demokratische und pluralistische Neuordnung der Gesellschaft forderten.[100]

Im Gegensatz zu einem Großteil der tschechoslowakischen Bevölkerung, die den Prager Frühling unterstützte, lehnten die Parteiführer der benachbarten sozialistischen Staaten, allen voran Walter Ulbricht, Dubčeks Kurs ab. Aus ihrer Sicht handelte es sich dabei nicht um einen legitimen Reformprozess, der auf reale Probleme reagierte, sondern vielmehr um den Versuch in- und ausländischer Akteure, den Sozialismus in der ČSSR zu zerstören. Sinnbildlich für diese Position steht ein Bericht der DDR-Botschaft in Prag vom 31. Juli 1968, der die Lage in der Tschechoslowakei als überaus bedrohlich beschrieb und der KPČ-Führung vollkommenes Versagen bei der Bekämpfung „antisozialistischer" Tendenzen vorwarf:

> Seit dem Januar-Plenum des ZK der KPC hat sich die politische Lage in der CSSR rapide verschlechtert. Unter dem Druck der imperialistischen Kräfte von außen und der reaktionären Kreise im Inneren der CSSR wurden Schritt um Schritt wichtige Positionen des Sozialismus preisgegeben. Die Führung der KPC gab mehr und mehr dem Druck der rechten Kräfte nach, bezog eine versöhnlerische Position, unternahm keine wirksamen Schritte gegen die partei- und staatsfeindliche Kampagne der antisozialistischen Kräfte und glitt selbstständig mehr auf rechte Positionen ab.

> Alle Blicke wurden nach rückwärts auf die „Fehler" der Vergangenheit gerichtet. Es wurde faktisch nichts unternommen, um die führende Rolle der Partei zu stärken, die Arbeiterklasse zu mobilisieren und das politische, wirtschaftliche und kulturelle Leben der CSSR konstruktiv im sozialistischen Sinne auf der Grundlage des Marxismus-Leninismus zu entwickeln.
>
> Die in der CSSR wirkenden verschiedenen antisozialistischen Kräfte und Gruppierungen haben im engen Zusammenspiel mit den konterrevolutionären Organisationen und Zentralen in den imperialistischen Ländern ihre Tätigkeit ständig aktiviert und auf allen Gebieten des gesellschaftlichen Lebens einen beträchtlichen, z. T. sogar bestimmenden Einfluß gewonnen. Die alarmierende, den Sozialismus bedrohende und auf die Wiederherstellung bürgerlich-kapitalistischer Verhältnisse gerichtete Entwicklung in der CSSR hält in vollem Umfang an.[101]

Die Ausführungen des DDR-Botschafters spiegeln sowohl in ihrer Argumentation als auch in ihrer Wortwahl die Sichtweise der SED-Führung zu den Geschehnissen im Nachbarland wider. Ihren Ursprung hatte die scharfe Ablehnung des Reformkurses zum einen in der ideologischen Grundüberzeugung, dass der Sozialismus als System unfehlbar sei und deshalb nicht infrage gestellt werden dürfe. Zum anderen waren dafür aber auch ganz praktische, machtpolitische Erwägungen ausschlaggebend. So musste die SED-Führung befürchten, dass sich die Ideen des Prager Frühlings auch im eigenen Land verbreiten, zu ähnlichen Forderungen führen und die unangefochtene Machtstellung der Partei infrage stellen würden. Und tatsächlich brachten weite Teile der DDR-Bevölkerung dem Prager Frühling große Sympathien entgegen, nährten die Ereignisse in Prag doch die Hoffnung auf positive Veränderungen wie mehr persönliche Freiheit und Wohlstand auch im eigenen Land.[102] Insbesondere die heranwachsende Generation begeisterte sich für den „Sozialismus mit menschlichem Antlitz", der als eine erstrebenswerte Alternative zu dem unfreien und einengenden System in der DDR gesehen wurde. So beschreibt Bernd-Lutz Lang in seiner Autobiografie, wie die Lektüre einer in Prag herausgegebenen Zeitschrift seine Faszination für Dubček und sein Reformprogramm weckte und ihm die großen Unterschiede zur DDR vor Augen führte:

> Einen besonderen Schub bekam die Zeitschrift „Im Herzen Europas" mit dem ZK-Plenum der Kommunistischen Partei im Januar 1968. Dort wurde Alexander Dubcek zum 1. Sekretär des ZK der KPC gewählt. Damit begann der umfassende Reformprozess in unserem Nachbarland, und in der Zeitschrift las ich, was mit diesem neuen Sozialismus eigentlich gemeint war, denn in der DDR war darüber natürlich nichts zu erfahren. Die Artikel über den Aufbruch begeisterten mich. Hier fand ich schwarz auf weiß, was viele in meinem Bekanntenkreis dachten, aber in der Öffentlichkeit nicht zu sagen wagten.
>
> In jenem Jahr blickten wir Ost-68er alle nach Prag. Dort keimte nicht nur, dort wuchs schon die Hoffnung.
>
> Kein Thema, kein Widerspruch und kein Konflikt wurden in der Zeitschrift ausgespart. In den Beiträgen der Zeitschrift wurde die sozialistische Welt zurechtgerückt. Die Fehlentwicklungen unserer Wirtschaft waren ja für alle offensichtlich. […]
>
> Welch Geist wehte durch die Zeitschrift „Im Herzen Europas"! Ich verschlang jedes Heft in Windeseile. […]
>
> Für mich war dieses tschechische Konzept, dieses Reformprogramm die letzte große Chance des Sozialismus.[103]

Wie Lange ließen sich viele Jugendliche in der DDR von den Ideen des Prager Frühlings inspirieren und wollten diese neue, andere Art des Sozialismus hautnah miterleben. In der Folge entwickelte sich im Sommer 1968 eine regelrechte Pilgerbewegung vorwiegend jüngerer DDR-Bürger nach Prag, um die ungewohnten Freiheiten auszukosten und der Kontrollwut der DDR-Behörden zumindest für kurze Zeit zu entfliehen. Das SED-Regime versuchte, diese Reisetätigkeit zwar einzuschränken und ließ den Rückkehrern durch den Zoll alle unerwünschten Mitbringsel wie westliche Schallplatten, Bilder und Bücher direkt hinter der Grenze wieder abnehmen. Dadurch konnte sie jedoch nicht verhindern, dass sich in der DDR-Bevölkerung das Interesse am Prager Frühling verstärkte und zum Ausgangspunkt für Diskussionen über die Verhältnisse im eigenen Land wurde.[104]

Parallel zu ihren Bemühungen, den Einfluss des Prager Frühlings in der DDR einzudämmen, versuchte die SED-Führung auch direkt auf die Geschehnisse in der Tschechoslowakei einzuwirken. Gemeinsam mit den Führungen der Sowjetunion und der benachbarten sozialistischen Staaten hatte sie Dubček bei mehreren Treffen der Staaten des „Warschauer Paktes“[105] – dem östlichen Pendant zur NATO – zur Abkehr von seinem Reformprogramm aufgefordert und ihn dabei bis zum Sommer 1968 immer stärker unter Druck gesetzt.[106] Da sich die Führung der KPČ davon nicht beeindrucken ließ und an ihrem Kurs festhielt, entschieden sich die Mitglieder des „Warschauer Paktes“, die „Konterrevolution“ in der ČSSR gewaltsam niederzuschlagen. Dazu marschierten in der Nacht zum 21. August die Truppen der Sowjetunion, Polens, Ungarns und Bulgariens in der Tschechoslowakei ein und übernahmen die Kontrolle. Wohl um Assoziationen mit dem Einmarsch der Wehrmacht 1938 zu vermeiden, blieben die DDR-Truppen in Reserve und überquerten die Grenze zum Nachbarland letztlich nicht. Im Zuge des Einmarsches starben etwa 100 Menschen, zahlreiche weitere wurden verletzt oder kamen ins Gefängnis. Die KPČ-Führung sah eine militärische Verteidigung des Landes als aussichtslos an und rief die Partei und die Gesellschaft deshalb zum gewaltfreien Widerstand gegen die Besetzung auf. Um eine Eskalation der Lage und einen möglichen bewaffneten Aufstand zu vermeiden, verzichtete die Besatzungsmacht zunächst darauf, Dubček abzusetzen. Jedoch wurde der KPČ-Chef in den folgenden Wochen und Monaten zu zahlreichen Zugeständnissen gezwungen und Schlüsselpositionen in Staat und Partei schrittweise mit Reformgegnern besetzt, sodass Dubček schließlich zurücktreten musste und die Reformbewegung in der ČSSR nach etwa einem Jahr zusammenbrach.[107]

Panzer auf dem Wenzelsplatz in Prag.

In der DDR reagierten viele Menschen geschockt auf den Einmarsch in die ČSSR. Entgegen der offiziellen DDR-Propaganda, die von „Hilfsmaßnahmen" gegen eine angebliche „Konterrevolution" berichtete, sahen insbesondere viele Jugendliche die gewaltsame Niederschlagung des Prager Frühlings als große Ungerechtigkeit an. So beschrieb Lange in seiner Autobiografie in eindrücklichen Worten das Entsetzen und das Gefühl der Hilflosigkeit, das ihn überfiel, als er von der Invasion erfuhr:

> An jener Stelle war auch ein Lautsprecher des unsäglichen Stadtfunks installiert, der vor allem an zentralen Haltestellen nachmittags die Wartenden mit Erfolgsmeldungen nervte. Beim Näherkommen hörte ich den Sprecher sagen: „... Persönlichkeiten der Partei und des Staates der CSSR wandten sich an die Sowjetunion und die anderen verbündeten Staaten mit der Bitte, dem tschechoslowa-

kischen Brudervolk dringend Hilfe, einschließlich der Hilfe durch bewaffnete Kräfte, zu gewähren ... Am heutigen 21. August 1968 haben sowjetische Militäreinheiten gemeinsam mit Militäreinheiten der verbündeten Länder das Territorium der CSSR betreten."

Ich stand da und war wie vor den Kopf geschlagen. Ich fühlte wieder diese Mischung von Zorn und Ohnmacht, wie sie mich zum letzten Gottesdienst in der Universitätskirche[108] erfüllt hatte. Diese Welle, dieser Druck im Bauch. Ein Bekannter kam den Neumarkt entlanggeschlendert. Kein Gruß, wir sahen uns an, und ich fragte ihn sofort:

„Hast du das gehört?"

„Ja."

Wir standen da, schwiegen hilflos, schüttelten den Kopf. Uns fehlten die Worte, wir gaben einander die Hand und gingen unserer Wege. Ich kaufte mir für 10 Pfennig an diesem Mittwoch eine „AZET". Die dicke schwarze Titelschlagzeile sprach der Wirklichkeit Hohn:

„Bruderhilfe für die CSSR zum Schutz des Sozialismus"' Zynischer ging es wirklich nicht.

Wer waren denn diese Persönlichkeiten der Partei und des Staates? Ich suchte im Text: kein Name, kein Foto, nichts. Was waren das für bewaffnete Kräfte? Ich wußte noch nicht, daß schon Panzer über den Wenzelsplatz [in Prag] rollten. [...]

In der „AZET" las ich aus einem Appell des ZK der SED an die Bürgerinnen und Bürger der DDR: „Im Interesse ihrer Sicherheit, im Interesse der Völker und des Weltfriedens konnten und durften die sozialistischen Bruderländer nicht zulassen, daß die CSSR aus der Gemeinschaft der sozialistischen Staaten herausgebrochen wird ... Die dem Sozialismus treuen Kräfte, die das schändliche Komplott der rechten und der antisozialistischen Elemente durchschauten, haben die Mahnung Julius Fuciks beachtet: ‚Menschen, seid wachsam!'"

Welch eine Verdrehung der Tatsachen! Ich hatte doch die begeisterten Massen gesehen, die Dubcek zujubelten! Die ganze

> Welt hatte es doch gesehen. Wie konnte man bloß im Angesicht der Wahrheit so lügen?!
>
> Der Aufruf endete mit den Worten: „Es lebe die unverbrüchliche Solidarität und das Bündnis zwischen der DDR und der CSSR!" Welche CSSR meinten die denn?![109]

Um ihrer Empörung über die Invasion Ausdruck zu verleihen, entschlossen sich Lange und sein Freund zu einer spontanen Protestaktion, mit der sie in ihrer Heimatstadt Leipzig auf das in der ČSSR geschehene Unrecht aufmerksam machen und ihre Solidarität für die Reformbewegung ausdrücken wollten:

> Die Wut wuchs. Wie konnte man im Politbüro annehmen, daß wir diese in Funktionärsdeutsch abgefaßten Lügen glauben würden? Das durfte man sich doch nicht alles gefallen lassen! Man mußte etwas tun. Aber was?
>
> Ein paar Tage darauf saß ich mit einem Bekannten in „Lüttichs Weinstuben". [...] Beim Bier sprachen wir über das ungeheuerliche Geschehen in der CSSR. „Wir können uns das doch nicht alles so gefallen lassen! Man müßte was machen."
>
> „Aber was?"
>
> Ich hatte in Prag an den Hauswänden oft Losungen gesehen, die mit Kreide geschrieben waren. Am meisten hatte ich gelesen „Viva Dubcek!"
>
> „Einfach mit Kreide Dubcek an die Wand schreiben. Nichts weiter. Nur damit alle sehen, wir denken an ihn. Auch hier in Leipzig gibt es Leute, die mit ihm solidarisch sind."
>
> „Gut, das machen wir."
>
> „Wann?"
>
> „Nächsten Mittwoch. Nach dem Lyrikzirkel."
>
> In der Nacht vom Dienstag zu jenem Mittwoch träumte ich, daß wir bei unserer Aktion verhaftet würden. Ich verscheuchte diesen Traum und sagte nichts davon, als wir uns wieder in „Lüt-

tichs Weinstuben“ trafen und dort in einer besonderen Anspannung bis zum Ausschankschluß saßen.

„Hast du die Kreide?“

„Ja.“

„Wo schreiben wir es ran?“

„Als erstes an die Pfeffermühle. Innen. Da wird es nicht gleich entdeckt, und die Besucher sehen es.“

Es war uns klar, daß diese Schriften nach der Entdeckung sofort von der Polizei abgewischt würden.

„Von da gehen wir rüber in die Messehofpassage. Da sehen es viele. Dort sehen wir uns nach weiteren Stellen um.“

Wir verabschiedeten uns von Herrn Lüttich und zogen los. Die Tür zum Bosehaus war offen. Kein Mensch zu sehen. Erregung packte mich. Ich nahm die Kreide, und schon stand „Dubcek“ auf dem Holz. [...]

Wir liefen zur Petersstraße, betraten die Passage [. . .]

Ich schrieb wieder, und mein Bekannter paßte auf. Plötzlich bemerkte er am Eingang vom Neumarkt einen Mann, der zu uns herübersah und schnell verschwand.

Er warnte mich: „Da hat einer geguckt.“

„Dann verschwinden wir lieber von hier.“

[. . .]

Wir liefen durch die Königshauspassage, passierten die Arkaden am Alten Rathaus, dann die ziemlich dunkle Katharinenstraße und bogen beim Brühl links um die Ecke.

[. . .]

Nach einigen Schritten quietschten hinter uns Bremsen. Zwei Polizisten stürmten auf uns zu. Ich weiß nicht mehr, was sie sagten, aber sie schoben uns ziemlich unsanft in das Streifenauto, und mir war schnell klar, daß mein Traum sich erfüllt hatte.

[. . .]

Über Funk hörte ich im Wagen die Anfrage, ob die beiden Verstärkung brauchten. Da drehte sich der eine grinsend zu uns um und meinte: „Äh wo, die fress morr alleene.“

> In mir wuchs die Angst, während ich wahrnahm, daß die Fahrt zur Dimitroffstraße ging. Ich dachte das erste Mal an meine Mutter. O weh, wenn die wüßte, was jetzt mit ihrem Sohn passiert! Stahltüren gingen auf, und wir rollten ins Volkspolizei-Kreisamt Leipzig. Waren abgeschnitten von dieser Welt.[110]

Der Protest von Lange und seinem Freund war kein Einzelfall. Vielmehr entschieden sich in den Tagen nach dem 21. August überall im Land Einzelpersonen bzw. kleine Gruppen dazu, ihrem Unmut durch Solidaritätsaktionen Ausdruck zu verleihen. So stellte eine MfS-Meldung vom 23. August 1968 zwar einerseits fest, dass die Mehrheit der Bevölkerung den Einmarsch guthieß,[111] berichtete auf der anderen Seite aber von zahlreichen Fällen von „Hetze" – der MfS-Bezeichnung für jede Art von Meinungsbekundung, die den offiziellen Verlautbarungen der SED zuwiderlief:

> Während die übergroße Mehrheit der Bevölkerung unserer Republik die erforderlichen konsequenten Maßnahmen der UdSSR, der DDR, der Volksrepubliken Polen, Ungarn und Bulgarien zur Rettung der sozialistischen Errungenschaften der CSSR gegen die Konterrevolution und zur Sicherung des Friedens freudig begrüßt und mit neuen Verpflichtungen und hervorragenden Taten in der sozialistischen Produktion zur weiteren Festigung und Stärkung unserer Republik und damit des sozialistischen Lagers beantwortet, treten zugleich einzelne feindliche Kräfte im Gebiet der DDR mit gezielten Aktionen in Erscheinung, die auf die politische Verwirrung und Zersetzung einzelner Bevölkerungsteile und die Erzeugung von Unruhe und Unsicherheit gerichtet sind.
>
> Die Aktionen dieser feindlichen Kräfte bestehen bisher vor allem in
>
> – der Herstellung und Verbreitung größerer und kleiner Serien von Hetzflugschriften
> – dem Anschmieren der Öffentlichkeit zugänglicher und in der Regel weithin sichtbarer Hetzlosungen

- Versuchen zur Organisation politischer Demonstrationen, vor allem durch Zusammenrottungen politisch negativer und zu Rowdyhandlungen neigender Jugendlicher und durch Sammlung von Unterschriften für verfaßte Resolutionen gegen die Maßnahmen der Warschauer Vertragsstaaten
- mündliche Hetze und Aufwiegelung, vor allem gegenüber Arbeitskollegen.

[…]

Außer der genannten Verbreitung von Hetzflugschriften in der Hauptstadt der DDR kam es vorwiegend in den Bezirken Halle, Erfurt, Karl-Marx-Stadt, Schwerin und Cottbus zur Verbreitung selbstgefertigter Hetzflugblätter mit Texten wie „Freiheit für die CSSR“, „Es lebe Dubcek“, „Russen raus“.

Losungen mit gleichartigem Inhalt wurden vorwiegend in Bezirkshauptstädten und Kreisstädten an Häuserwände, auf Straßen und in volkseigenen Betrieben geschmiert.

[…]

Auf dem Erfurter Anger kam es am 22.8.1968 in den Abendstunden zu einer Ansammlung von etwa 200 Menschen in der ungefähren altersmäßigen Zusammensetzung zwischen 16 und 18 Jahren. Durch Einsatzkräfte der Sicherheitsorgane konnte die Ansammlung ohne nennenswerte Zwischenfälle zerstreut werden. Lediglich als ein stark unter Alkoholeinfluß stehender [Name anonymisiert] den Versammelten zurief: „Es lebe Dubcek“, und er daraufhin von Einsatzkräften zugeführt wurde, kam es zu „Buh-Rufen“.

Als Versuch zur Organisierung einer politischen Demonstration in der Hauptstadt der DDR ist ein Flugblatt mit folgendem Text anzusehen:

„Aufruf an alle!
Tweens und Fans
Findet euch alle am Donnerstag, dem 22.8.1968, 19.30 Uhr, am Kino Friedrichshain ein. Wir wollen endlich den Mund aufmachen. Wir wollen protestieren.

> 1. gegen den Einmarsch der Truppen in die CSSR
> 2. gegen die Regierung der DDR und UdSSR
> 3. gegen den Krieg in Vietnam.
>
> Bringt jeden mit, der Mut und einen Sinn für Freiheit hat.
> Losung: Amis raus aus Vietnam!
> Russen raus aus Prag!"
>
> Infolge der Einleitung wirkungsvoller Gegenmaßnahmen kam es nicht zu der beabsichtigten Demonstration.
>
> In Mühlhausen kam es vor dem 21.8.1968 an zwei Abenden zu Zusammenrottungen von ca. 50 jugendlichen Rowdys. Infolge nicht konsequenten Einschreitens der Sicherheitsorgane waren für den 22.8.68 erneute Zusammenrottungen und eine Protestdemonstration geplant. Diese Zusammenkunft konnte verhindert werden.[112]

Kamen die in dem Bericht beschriebenen Demonstrationen von Jugendlichen nur in einigen wenigen Fällen tatsächlich zustande, verweisen sie auf die große Bedeutung der jungen Generation für die Proteste. So musste das MfS feststellen, dass es vor allem Jugendliche und junge Erwachsene unter 25 Jahren waren, die sich durch das Anbringen von Losungen, Verteilen von Flugblättern oder kleinere Kundgebungen gegen die Invasion positionierten. Dabei verstanden sich die meisten Jugendlichen vermutlich nicht als politische Opposition, sondern drückten mit ihren Aktionen vielmehr spontan ihren allgemeinen Unmut über Staat und Partei sowie das unfreie gesellschaftliche Klima aus.[113] Im Gegensatz dazu sah das MfS die jugendlichen Solidaritätsbekundungen als von langer Hand geplanten Versuch der Destabilisierung der DDR an, dessen Ausgangspunkt die negative Beeinflussung durch die Westmedien gewesen sei. In einer internen Analyse vom 18. September 1968 hieß es dazu:

> – Augenfällig ist, daß die jugendlichen Täter sich fast ausschließlich im Westfernsehen und West[rund]funk [informieren].

- Mit Beginn des 21.8.1968 war bei ihnen ein spontanes Ansteigen des Empfangs solcher Sendungen zu verzeichnen, wobei in den ersten Tagen diese Täter auf Nachrichten aus der DDR fast vollständig verzichtet haben. Sie bezeichneten den Inhalt der Sendungen des Westfernsehens und des Westfunks als wahrheitsgetreu und umfassend.
- Bei allen Tätern ist festzustellen, daß sie keine Bereitschaft zeigen, sich festes politisches Wissen anzueignen und unsere Publikationen rundweg als falsch betrachten. Begünstigt werden solche Ansichten durch ungenügendes Einwirken seitens des Elternhauses, durch gesellschaftliche Organisationen, an Schulen und an Arbeitsstellen.[114]

Einerseits entsprach diese Einschätzung wohl der Realität – tatsächlich waren Informationen über die Situation in der ČSSR für die DDR-Bevölkerung nur den westlichen Medien zu entnehmen. Andererseits verdeutlicht die damit verbundene Interpretation aber auch, wie wenig die Staatsmacht bis zum Ende der 1960er Jahre über die Jugend und ihre Motive gelernt hatte. Anstatt nach möglichen Beweggründen für die Unzufriedenheit zu fragen, ließ der auf das Freund-Feind-Schema reduzierte Blick des MfS nur eine Schlussfolgerung zu: Der imperialistische Westen hatte es mit seiner Propaganda wieder einmal geschafft, Teile der Jugend zu „feindlichen Handlungen“ zu verführen und so gegen den Sozialismus in Stellung zu bringen. Entsprechend hielt der schon oben zitierte MfS-Bericht vom 23. August 1968 fest:

> Die bisherigen Ermittlungsergebnisse bestätigen, daß die Aktivierung feindlicher Kräfte in der DDR in direktem Zusammenhang mit der Forcierung der psychologischen Kriegsführung gegen die Aktion der sozialistischen Bruderstaaten zur Rettung des Sozialismus in der CSSR steht.
>
> Der überwiegende Teil der festgenommenen Täter handelte auf Anregung oder unter direktem Einfluß von Hetzsendungen

> westlicher Fernseh- und Rundfunkstationen. In ihren feindlichen Handlungen widerspiegeln sich überwiegend die Argumente der zügellosen Hetze dieser Einrichtungen.
>
> So wird die Unterstützung der progressiven Kräfte in der CSSR zur Rettung der sozialistischen Errungenschaften durch die Maßnahmen der Warschauer Vertragsstaaten als Aggression, Okkupation oder Intervention, zum Teil unter Bezugnahme auf die Besetzung der CSSR durch die Hitlertruppen 1938, diffamiert, der sofortige Abzug der Streitkräfte der sozialistischen Bruderländer und die Wiedereinsetzung der Dubcek-Gruppe gefordert.[115]

Ungeachtet dieser dramatisch klingenden Analyse war die Herrschaft der SED durch die Protestaktionen zu keinem Zeitpunkt gefährdet. So zählte das MfS zwischen dem 20. August und 30. September 1968 zwar mehr als 1800 Fälle von „Hetze", konnte den aufkeimenden Protest in Zusammenarbeit mit der VP und der SED aber häufig bereits im Keim ersticken. Der wesentliche Grund bestand darin, dass sich die Staatsmacht im Gegensatz zum 17. Juni 1953, als sie vom öffentlichen Aufruhr vollkommen überrascht worden war, diesmal vorbereitet hatte. Nachdem das MfS bereits Ende Juli 1968 in Alarmbereitschaft versetzt worden war und die Stimmung innerhalb der Bevölkerung minutiös überwachte,[116] wurden am Morgen des 21. August auch die SED-Mitglieder auf lokaler Ebene in eigens dazu einberufenen Sitzungen zu erhöhter Wachsamkeit aufgerufen und vielerorts als Hilfspolizisten eingesetzt. Die meist jugendlichen Protestler, die ohne viel Vorbereitung und mit einfachsten technischen Mitteln zur Tat schritten, hatten gegen die vollständig mobilisierte Staatsmacht kaum eine Chance und wurden wie Bern-Lutz Lange häufig auf frischer Tat ertappt.[117] Begünstigt wurde dies nicht zuletzt dadurch, dass die Jugend vom MfS ohnehin systematisch überwacht und von Inoffiziellen Mitarbeitern (IM) unterwandert worden war. So wurde in der bereits zitierten MfS-Analyse vom 18. September 1968 davon berichtet, wie eine jugendliche Protestaktion durch die Einflussnahme der IM schon in ihrer Entstehung unterbunden werden konnte:

- Neben diesen feindlichen Handlungen traten nicht wenige der als negativ bzw. feindlich bekannten Personen, darunter wiederum meist Jugendliche, in der Form in Erscheinung, daß sie in hetzerischer und provokatorischer Absicht z. B. den Durchmarsch der Truppen störten, Freunde anpöbelten und sich zusammenzurotten versuchten.
  Ein solches größeres Vorkommnis gab es in Zwickau. Am 25.8.1968 planten etwa 100 bis 150 Jugendliche zum Abschluß einer Tanzveranstaltung, sich vor dem Lokal zu versammeln, grölend durch die Straßen der Stadt zu demonstrieren und ihre Sympathie für Dubcek zum Ausdruck zu bringen. Bereits im Lokal während der Tanzveranstaltung brüllten mehrere Jugendliche: Es lebe Dubcek.
  Durch 2 Agenturen [MfS-Dienststellen, Anm. d. Verf.] wurde der Plan dieser Gruppe rechtzeitig bekannt. Ein operativ sehr geschicktes Verhalten der IM und der operativen Mitarbeiter ermöglichte die Feststellung der Rädelsführer. Vom Leiter der KD waren in Verbindung mit der DVP [Deutsche Volkspolizei] wirksame Maßnahmen eingeleitet, um – sollte es zu dieser Protestdemonstration kommen – diese Personen nach wenigen 100 Metern einzukesseln und abzutransportieren.
  Doch das Eingreifen der DVP war bereits nicht mehr notwendig, da „lautlos" die Initiatoren schon vor Beginn der Demonstration gefaßt und diese Gruppe zerschlagen werden konnte.
- Aus diesem Beispiel sollte vor allem die Schlußfolgerung gezogen werden, daß die agenturische Arbeit zur Feststellung, Entlarvung von Provokateuren und anderen feindlichen Elementen das A und O unserer Arbeit sein muß, und alle Leiter der Diensteinheiten müssen sich überlegen, wie sie in einer

> solchen Situation gehandelt hätten, und niemand soll glauben, daß in seinem Kreis so etwas nicht passieren kann.
> Die operative Sicherung und Kontrolle derartiger Veranstaltungen – gerade auch in Spannungsperioden – ist also sehr notwendig, und wenn wir die negativen jugendlichen Gruppierungen usw. immer unter Kontrolle haben, wird es auch möglich sein, solche Provokationen im Keime zu ersticken.[118]

Wie besonders die letzten beiden Abschnitte verdeutlichen, ging es dem Verfasser des Berichtes in erster Linie darum, den Erfolg der Arbeit des MfS herauszustellen und die umfassende und aufwendige Überwachung der alternativen Jugendszene zu rechtfertigen. Gleichzeitig zeigen die Ausführungen aber auch, wieweit der Repressionsapparat mittlerweile ausgebaut und auf mögliche Widerstandshandlungen der Bevölkerung vorbereitet war. Der Erfolg bei der Unterdrückung der Proteste auf (geheim-)polizeilicher Ebene kann freilich nicht darüber hinwegtäuschen, dass die SED eine politische Niederlage erlitten hatte. So scheiterte die herrschende Partei auf ganzer Linie damit, die Bevölkerung von ihrer Sichtweise auf die Invasion zu überzeugen, und büßte damit weiter an Glaubwürdigkeit und Legitimität ein.[119] Dass es in erster Linie Jugendliche waren, die gegen die Invasion und die SED protestierten, belegte darüber hinaus einmal mehr das Scheitern des jugendpolitischen Anspruches der Partei. Weder mit einem allumfassenden Erziehungssystem noch mit repressivem Druck und Disziplinierungsmaßnahmen war es der SED-Führung gelungen, die Jugend in Gänze vom Sozialismus zu überzeugen bzw. zumindest zur Einhaltung der von ihr vorgegebenen Verhaltensmuster zu bewegen – ein Problem, das die Partei bis zum Ende der DDR nicht mehr würde lösen können.

2.3 Repression als Mittel der Jugendpolitik

Anhand der Verfolgung der von der Beat-Musik geprägten unangepassten Jugendkultur in der zweiten Hälfte der 1960er Jahre lässt sich die Weiterentwicklung des Repressionsregimes in der DDR im Vergleich zu seiner Anfangszeit nachvollziehen. Anschaulich werden die Veränderungen des Straf- und Disziplinierungssystems im SED-Staat mit Blick auf die Ziele und Ausprägungen der Verfolgungsmaßnahmen sowie die für ihre Durchführung zuständigen Akteure.

Der Konflikt zwischen einer nach persönlicher Freiheit und Selbstverwirklichung strebenden Jugend und einem SED-Regime, das jeden Bereich der Gesellschaft kontrollieren wollte, prägte die DDR zeit ihrer Existenz. Von Anfang an war die Formung der heranwachsenden Generation zu „sozialistischen Persönlichkeiten" ein erklärtes Ziel der SED-Führung, sah sie darin doch die Grundlage für die Verwirklichung der sozialistischen Utopie in der DDR. Als der nach dem Mauerbau verfolgte Ansatz, der Jugend im Gegenzug für politisches Engagement begrenzte persönliche Entfaltungsmöglichkeiten zuzugestehen, gescheitert war, ging die Partei mit dem „Kahlschlagplenum" Ende 1965 auf Konfrontationskurs. Wichen Jugendliche in ihrem Aussehen und ihrer Freizeitgestaltung bewusst von den gesellschaftlichen Normen ab, wurde dies nun nicht mehr geduldet, sondern die Betreffenden als „Gammler" und „Rowdys" stigmatisiert und als Gefahr für die öffentliche Ordnung kriminalisiert. Im Gegensatz zur Bundesrepublik, wo der gesellschaftliche Konflikt zwischen der rebellierenden Jugend und der Elterngeneration offen ausgetragen wurde, setzte das SED-Regime alles daran, die nonkonformen Jugendlichen zu einer Verhaltensänderung und Anpassung an die eigenen Vorstellungen zu zwingen. Dazu wurden Beat-Fans von Polizeikommandos zusammengeschlagen und Träger von Langhaarfrisuren gewaltsam ihrer Haarpracht beraubt. Gleichzeitig begann das MfS mit der systematischen Überwachung von jugendlichen Gruppen, die sich in der Öffentlichkeit versammelten, und versuchte, sie durch die Unterwanderung mit IM kontrollier- und steuerbar zu machen. Für das Ziel, die Jugendlichen in ihrem Eigenwillen zu brechen und im sozialistischen Sinne „erziehbar“ zu machen, setzte die SED auf Zwangsarbeit und Disziplinierung. Dazu wurden die Betroffenen in Arbeitslager wie Rüdersdorf eingewiesen, wo sie von ihrem vermeintlich negativen Umfeld isoliert und durch harte körperliche Arbeit physisch und psychisch ausgelaugt werden sollten.

Auch wenn Ende der 1960er Jahre also weiterhin rabiate Disziplinierungsmaßnahmen zum Einsatz kamen, zeigte sich auch beim Vorgehen gegen die unangepasste Jugend eine Tendenz zur Verrechtlichung. So veranschaulicht insbesondere das 1967 wachsende Problembewusstsein über die fehlende Rechtsgrundlage für das Arbeitslager Rüdersdorf das verstärkte Bedürfnis von Staat und Partei, ihr Handeln rechtlich abzusichern. Dass dies aber keineswegs mit einer Mäßigung der SED-Diktatur einherging, wird an der Reaktion auf die Proteste im August 1968 deutlich, als das Regime alle ihm zur Verfügung stehenden Ressourcen mobilisierte und kompromisslos gegen jeden vorging, der sich offen gegen die Partei und ihre Weltsicht stellte.

Ausgeführt wurden die Repressionen gegen die unangepassten Jugendlichen nicht nur vom staatlichen Schul- und Erziehungssystem, sondern vor allem von der Volkspolizei und dem MfS. Während Erstere als sichtbarer Vertreter von Staat und Partei für die Jugendlichen erkennbar waren, agierte das MfS im Hintergrund. Im Gegensatz zu den 1950er Jahren, wo die Geheimpolizei noch wenig selbstständig agiert und nur über begrenzte Ressourcen verfügt hatte, konnte sie Ende der 1960er Jahre auf ein breites Netz an offiziellen und Inoffiziellen Mitarbeitern zurückgreifen und deshalb mit der nonkonformen Jugendszene eine große Personengruppe überwachen. Zum Tragen kam dies insbesondere im Zusammenhang mit der Niederschlagung des Prager Frühlings, als das MfS eine Reihe von Protestaktionen noch im Entstehen unterbinden und in Zusammenarbeit mit Polizei und freiwilligen Helfern viele Jugendliche auf frischer Tat ertappen konnte.

Für die betroffenen Jugendlichen hatte ihre unangepasste Haltung häufig drastische Auswirkungen. So spiegeln die Berichte von Opfern gewaltsamer Übergriffe durch die Volkspolizei und Einweisungen in Arbeitslager nicht selten die dadurch erlittenen Traumatisierungen wider. Während manche Betroffene darauf mit Anpassung reagierten,[120] litten viele unter der fortwährenden Stigmatisierung und gerieten immer wieder in die Fänge der DDR-Organe[121] oder wurden in ihrer ablehnenden Haltung gegen das SED-Regime bestärkt und widersetzten sich ihm wie im August 1968 ganz bewusst. Obwohl die Disziplinierung der unangepassten Jugendlichen also zuweilen die gewünschte Wirkung entfaltete und die Betroffenen sich zumindest äußerlich den Vorgaben und Normen der SED unterwarfen, scheiterte das Regime letztlich mit seinem Vorhaben, die alternative Jugendkultur unter seine Kontrolle zu bringen. Deutlich wurde dies nicht zuletzt im August 1968, als neben bis dahin angepasst lebenden Jugendlichen auch viele Anhänger der nonkonformen Jugendszene gegen den Einmarsch der Warschauer-Pakt-Truppen ins Nachbarland und damit gegen das SED-Regime protestierten.

3 Verhinderte Träume: Bewegung in einem erstarrten Land

3.1 Thematische Einführung

3.1.1 Die Diktatur in neuen Gewändern

Für die Bürger der DDR begannen die 1970er Jahre vergleichsweise undramatisch. Die außenpolitischen Wellen des „Prager Frühlings" von 1968 hatten sich beruhigt. Zwar waren die innenpolitischen Wogen kurzzeitiger Auflehnung unmittelbar nach der Intervention der Truppen der Warschauer Vertragsstaaten sichtbar geworden, konnten jedoch in der DDR durch die Staatssicherheit effizient eingehegt werden. Vor allem junge DDR-Bürger hatten ihren Zorn auf Flugblättern, Transparenten und mit Losungen auf Hauswänden zum Ausdruck gebracht. Die Protestkultur und die DDR selbst waren im Begriff, sich zu verändern: noch unkoordiniert und vorsichtig sowie zumeist individuell. Als ein mittelbarer Effekt der tschechoslowakischen Ereignisse von 1968 blieb in der DDR der Moment einer Protesterfahrung prägend für eine ganze Generation.

Der Übergang zu den 1970er Jahren stand im Zeichen interner Differenzen in der Staats- und Parteiführung. Diese beschwor der Erste Sekretär des ZK der SED Walter Ulbricht mit der Debatte um den (ostdeutschen) Weg zum Kommunismus persönlich herauf. Ulbricht hatte nicht nur den Führungsanspruch des sowjetischen Bruderstaates infrage gestellt und im Umgang mit der Bundesrepublik Deutschland eine eigene Linie verfolgt, sondern forcierte gleichzeitig auch eine Spaltung des Politbüros des ZK der SED. Seit Mitte der 1960er Jahre hatte sich um den Mauerbaustrategen Erich Honecker ein Zirkel Getreuer geschart (wie etwa der spätere Staatsratsvorsitzende Willi Stoph und der „Chefideologe" der SED, Kurt Hager). Intern diskutierte das ZK der SED über aktuelle Probleme in der Grundversorgung. Die anfängliche Skepsis der Honecker-Vertrauten gegen die von Ulbricht und dem Vorsitzenden der Staatlichen Planungskommission Erich Apel angestrebte wirtschaftliche Effizienz war in Argwohn umgeschlagen.[1] Basierend auf dem Versuch, ein sozialistisches Leistungsprinzip in der DDR zu verankern, sahen die Anhänger der Stabilität um Honecker eher die Gefahr gesellschaftlicher Unzufriedenheit als die Chance einer wirtschaftlichen Dynamisierung. Mittelfristig sollte auf den Rückzug des Staates in den 1960er Jahren ein Mehr an Parteiversprechen und Staat folgen: Die Grundlage der (finanz-) wirtschaftlichen Krisen der kommenden Jahre war geschaffen.

Eine erneute Ideologisierung des SED-Kurses gipfelte darin, dass die Partei ihren Führungsanspruch in den Verfassungsrang erhob und diesen von der Bevölkerung 1968 „bestätigen" ließ. Die Intervention der Warschauer Vertrags-Truppen in der reformorientierten Tschechoslowakei zeigte, wie nah die ostdeutschen Genossen weiterhin an der Seite Moskaus standen, und machte 1968 zu einem europäischen Schicksalsjahr – die Soldaten der Nationalen Volksarmee (NVA) erhielten einen Marschbefehl in Richtung der tschechoslowakischen Grenze, die sie tatsächlich jedoch nie überschritten.

Mit der Drohung des Kremlchefs Leonid Breschnew: „Ohne uns gibt es keine DDR", wurde der Sturz des greisen Parteipatriarchen Ulbricht nur kurze Zeit später besiegelt und die SED-Führung in ihre Schranken verwiesen. Dem in Machtfragen beschlagenen Ulbricht musste klar geworden sein, dass ein weiterer Widerstand gegen seine Absetzung aussichtslos sein würde. Eine

Ära fand am 3. Mai 1971 ihr Ende, als das Zentralkomitee auf seiner 16. Sitzung Ulbricht von seiner Funktion als Ersten Sekretär entband und ihn gegen den 58-jährigen Honecker austauschte.[2] Nach außen wirkte der Wechsel ruhig und wurde als marxistisch-leninistische Reife inszeniert. Ein offener Machtkampf konnte verhindert werden, indem darauf verwiesen wurde, „der Bitte des Genossen Walter Ulbricht zu entsprechen und ihn aus Altersgründen von der Funktion des Ersten Sekretärs des Zentralkomitees zu entbinden“[3]. Auf dem VIII. Parteitag der SED im Juni desselben Jahres nahm der ehemals mächtigste Mann im Staate nicht mehr teil, auch wenn er formal weiterhin Vorsitzender des Staatsrats der DDR und Vorsitzender der SED blieb (das 1954 abgeschaffte Amt wurde für Ulbricht 1971 reaktiviert). Das prestigeträchtige Grundsatzreferat des Parteitages hielt Honecker. Seine Bestätigung als Erster Sekretär des ZK der SED wurde zur Formsache.

Für die DDR ging eine Zeit der Experimente vorüber – nahezu zeitgleich übernahm Honecker mit dem Vorsitz des Nationalen Verteidigungsrates die Führung über die Verteidigung der DDR sowie die Weisungsbefugnis zu Belangen der inneren Sicherheit des Landes. Auch wenn die Ämterakkumulation durch die Übernahme des Vorsitzes des Staatsrates erst 1976 ihre Vollendung fand, wurden zu Beginn der 1970er Jahre die Weichen auf die Steuerung von oben und die Planwirtschaft neu gestellt. Nur so war es dem ersten Mann in der Partei möglich, die Planungssicherheit für den „real existierenden Sozialismus“ wiederherzustellen. Der modifizierte Fünfjahresplan Honecker'scher Prägung sollte für die Jahre 1971 bis 1975 ganz im Zeichen materieller Bedürfnisse stehen. An die Stelle einer gesellschaftlichen Utopie, der Orientierung an ideologischen Fernzielen, sollte ein Leben im Hier und Jetzt treten. Im Fokus stand die Erhöhung des materiellen und kulturellen Lebensniveaus der DDR-Bürger auf der Grundlage einer gesteigerten sozialistischen Produktion.[4] Die das Leben flankierenden Sozialleistungen, etwa die subventionierten Mieten, die kostenlose medizinische Grundversorgung oder der so stetig steigende Lebensstandard sicherten der DDR einen Spitzenplatz unter den Ländern des Rats für Gegenseitige Wirtschaftshilfe (RGW). Zwar bewirkte die „Einheit aus Wirtschafts- und Sozialpolitik“ einen enormen Anstieg staatlicher Zuschüsse und unterstützte die (finanz-)wirtschaftliche Krise, doch bescherte sie der Staats- und Parteiführung bis dato nie erreichte Zustimmungswerte sowie eine über Kredite finanzierte Herrschaftslegitimation.[5] In der DDR-Öffentlichkeit blieben die internen Debatten und wirtschaftlichen Kennziffern vor dem Hintergrund ideologischer Allgemeinplätze verborgen – für viele Bürger überwog in den frühen 1970er Jahren eine durchaus positive Grundeinstellung gegenüber dem Regime, welche durch die Aufnahme der DDR in die Organisation der Vereinten Nationen (UNO) und die sich abzeichnenden intensivierten Beziehungen zwischen den beiden deutschen Staaten noch verstärkt wurde.

Für die DDR hatte sich die reale Lage der staatlichen Koexistenz mit der Bundesrepublik jedoch zu einem Balanceakt zwischen „Annäherung“ und „Abgrenzung“ entwickelt. Besonders für die Machtzentrale in Ostberlin wurde dieser zu einem ambivalenten Unterfangen: Die völkerrechtliche Anerkennung durch die Bundesrepublik sowie die dadurch erhoffte staatliche Souveränität wurden von den Genossen als wichtiges Ziel ausgegeben. Um eine Annäherung zu erreichen, waren Verhandlungen unvermeidlich. Im Gegenzug musste den sozialistischen Bruderstaaten, allen voran der UdSSR, glaubhaft gemacht werden, dass die DDR weiterhin an einer Zwei-Staaten-Lösung festzuhalten gedachte.

Die DDR-Zielsetzung einer staatlichen Anerkennung wurde durch die internationale Entwicklung begünstigt – im Zuge der weltweit einwirkenden Dekolonialisierung und dem Engagement der Sowjetunion in Dritte-Welt-Ländern wuchs dort der sozialistische Einfluss.[6] Im Fahrwasser einer von der UdSSR dominierten Entwicklung der sozialistischen Bewegung wurde die DDR 1969 etwa vom Königreich Kambodscha völkerrechtlich anerkannt und mit dem Sudan, dem Irak oder Ägypten ergaben sich diplomatische Beziehungen. Die Bundesrepublik sah sich daraufhin durch ihre sogenannte Hallstein-Doktrin selbst sanktioniert und musste sich entscheiden, die diplomatischen Beziehungen zu Ländern mit DDR-Kontakt entweder auszusetzen oder eine Kompromisslösung zu finden. Das Festhalten an der Doktrin, die den Alleinvertretungsanspruch der Bundesrepublik sowie die Isolation der DDR bezweckte, hätte in solchen Fällen und bei konsequenter Auslegung die ausschließliche Vertretung deutscher Interessen durch die DDR bedeutet. Mit Blick auf die Staaten des sogenannten Ostblocks hatte das Auswärtige Amt die „Geburtsfehler-Theorie" konzipiert, die Ende der 1960er Jahre zum Tragen kam. Für diese Länder galten daraufhin in bundesrepublikanischer Lesart andere Voraussetzungen, da sie durch ihre Blockzugehörigkeit quasi zu einer Anerkennung der DDR gezwungen gewesen waren. Eine diplomatische Vertretung bekamen die Sozialistischen Republiken Rumänien (1967) und Jugoslawien (1968). Die sozialliberale Koalition unter Willy Brandt baute die Weichen der Deutschland- und Ostpolitik weiter aus und tolerierte fortan die völkerrechtliche Anerkennung der DDR sowie deren internationales diplomatisches Engagement. Diese Entscheidung ermöglichte das Viermächteabkommen über Berlin sowie den Grundlagenvertrag zwischen den beiden deutschen Staaten im Jahr 1972. Der Grundlagenvertrag stellte zwar keine vollständige Anerkennung der DDR dar, sicherte jedoch die Hoheitsgewalt auf dem jeweiligen Staatsgebiet, ermöglichte den Austausch von Diplomaten zwischen der DDR und der Bundesrepublik und unterstrich den jeweiligen Gewaltverzicht sowie die territoriale Integrität.[7]

Die anfängliche Ruhe des neuen Jahrzehnts wandelte sich in eine spürbare Aufbruchstimmung: Der Lebensstandard stieg beständig, die internationalen Aktivitäten der DDR sowie die sukzessive Annäherung im deutsch-deutschen Verhältnis ließen sowohl Machthaber als auch große Teile der DDR-Bevölkerung optimistisch in die Zukunft blicken. Diese Entwicklungen bedeuteten hingegen nicht, dass der Partei- und Staatsapparat seinen

Anspruch auf totale Kontrolle einzuschränken gedachte – ganz im Gegenteil.

Vor diesem Hintergrund boten die farbenfrohen kommunistischen X. Weltfestspiele in Berlin 1973 einen Blick auf den (sozialistischen) Zeitgeist und stellten gleichzeitig eine Herausforderung für die Sicherheitsorgane der DDR dar. Während der frühere Generalsekretär bzw. Erste Sekretär des ZK der SED Ulbricht am 1. August 1973 fern der Hauptstadt verstarb, überwachten und sicherten 20 000 Volkspolizisten und Tausende Mitarbeiter des Ministeriums für Staatssicherheit (MfS) das „Woodstock des Ostens“. Prophylaktisch verschwanden circa 2000 Personen aus Berlin sowie den umliegenden Bezirken Potsdam und Frankfurt/Oder hinter Haft- und Verwahrmauern[8] – mit weiteren rund 20 000 Menschen wurden entsprechend der neuen MfS-Strategie einer stillen Beeinflussung sogenannte Vorbeugegespräche geführt.[9] Durch die Kräfte der Staatssicherheit sollte verhindert werden, dass Hinweise zu deren eigenem Wirken oder unliebsame Aktivitäten aus dem Kreis der Teilnehmer den Informationsraum DDR verließen.[10] Gemäß des Ziels, ein offenes Fest der Weltjugend zu zeigen, sollten die anwesenden Medienschaffenden keine Bilder nonkonformen Verhaltens in die Welt übermitteln können. Ulbricht, so ließ das *Neue Deutschland* verlauten, hätte gewünscht, „daß das Festival – das so großartig und eindrucksvoll begonnen hat – erfolgreich zu Ende geführt werden möge, falls das Schlimmste für ihn selbst einträte“[11]. Die Partei- und Staatsführung erteilte dem Festivalkomitee somit die Legitimation, weiterhin eine Republik der Toleranz zu präsentieren – die Sicherheitsorgane verwalteten ein potemkinsches Dorf der Offenheit und Völkerfreundschaft.

Hatte sich die DDR mit dem Mauerbau 1961 zumindest einen territorial abgegrenzten und somit einen vermeintlich kontrollierbaren Informationsraum schaffen können, machten die Reise- und Transitbewegungen die ohnehin lückenhafte Abschottung gegenüber der Bundesrepublik nahezu unmöglich. Zur Regelung des Reise- und Warenverkehrs zwischen den beiden deutschen

Staaten war im Dezember 1971 ein Transitabkommen unterzeichnet worden, das im Juni 1972 in Kraft trat und den Reiseverkehr zwischen der Bundesrepublik und Westberlin erheblich erleichterte. Die DDR ließ sich die Durchreise in Form von Gebühren für Visa und Schienennutzung von der Bundesrepublik bezahlen – eine lukrative und stabile Devisenquelle für die DDR. Bis zur Mitte der 1970er Jahre vervielfachte sich die Zahl der Bundesbürger, die in die DDR reisten. Neben den Rentnern, Invaliden und Reisekadern fuhren auch einige Zehntausend DDR-Bürger in sogenannten dringenden Familienangelegenheiten in den Westen. Zusätzlich erteilte das Ministerium des Innern (MdI) in Abstimmung mit dem MfS zwischen 1972 und 1975 15 809 „Genehmigungen von Übersiedlung in Ausnahmefällen".[12] Eine Entwicklung, die zusammenführte, was offiziell nicht zusammengehören durfte. Die deutsch-deutschen Verhandlungen ließen nicht nur den „antifaschistischen Schutzwall" bröckeln, sondern halfen dabei, gegenseitige Feindbilder abzubauen und das staatliche Informationsmonopol aufzuweichen. Die Entwicklung zu genehmigten Übersiedlungen verhalf der Szene der Ausreisewilligen dazu, sich aus dem Status einer Protobewegung nach 1975 zu lösen und verstärkt zu professionalisieren. Das MfS musste kurze Zeit später eingestehen, dass es zukünftige Probleme und Entwicklungen mit Bezug auf die Ausreisebewegung nicht mehr eindeutig einschätzen könne.[13]

Für die Sicherheitsorgane der DDR wurde dennoch schnell klar, dass es entscheidend sein musste, die sogenannten Rückverbindungen im Auge zu behalten – hierbei ging es vorrangig um Kontakte zwischen den Ausgereisten und deren zurückgebliebenen Freunden, Familienangehörigen oder Bekannten in der DDR. Das MfS musste hier rückblickend eingestehen, dass viele Ausgereiste zu wirksamen Gegenspielern avanciert waren, die durchaus effizient gegen die DDR arbeiten würden.[14] Nicht wenige DDR-Bürger setzten sich in dieser Zeit in Bewegung und suchten trotz sozialer Versprechen des Staates einen (gedanklichen) Ausbruch aus der als einengend empfundenen Isolation und Bevormundung.

Mit dem Streben nach internationaler Anerkennung hatte sich die Staats- und Parteiführung auf ein Terrain begeben, auf dem sie mit Blick auf die verstärkt aufkommenden Ausreiseanträge in die Defensive geriet. Der Artikel 13 der UNO-Menschenrechtscharta bot den „Antragstellern auf ständige Ausreise" eine frühe argumentative Grundlage – die Charta offerierte ein gewisses Recht der persönlichen Freizügigkeit – und damit eine Möglichkeit, der ostdeutschen Enge zu entkommen.[15] Die Verwendung der in der Charta verbrieften Bestimmungen, um den Ausreisewunsch in Eingaben und Anträgen zu untermauern, ließ sehr zum Unmut des MfS erste Vernetzungs- und Solidaritätsbekundungen unter den Ausreisewilligen erkennen.[16] Vormalige Einzelkämpfer um das Recht auf Freizügigkeit tauschten sich aus und vermittelten mögliche Argumente. Zur entscheidenden Zäsur der Ausreisebewegung und zum Lackmustest für die ostdeutschen Sicherheitsorgane wurde jedoch die Unterzeichnung der Schlussakte der Konferenz für Sicherheit und Zusammenarbeit in Europa (KSZE) im August 1975 im finnischen Helsinki. Die Bürger der DDR sahen im sogenannten Korb III (Zusammenarbeit in humanitären und anderen Bereichen) eine Bestätigung ihrer unveräußerlichen Rechte. Die öffentlichkeitswirksam von Erich Honecker unterzeichnete Schlussakte versprach für die Menschen in der DDR Erleichterungen auf den Gebieten des Reiseverkehrs, der Informations- und Medienfreiheit und der Kontaktpolitik über die Blockgrenzen hinweg.[17] Die politischen Entscheidungsträger der Ostblockstaaten hingegen verbuchten primär die territoriale Souveränität und die damit verbundene Unantastbarkeit der Grenzen als Erfolg. In Konsequenz bedeutete die KSZE-Schlussakte ein Schlüsseldokument im Ost-West-Konflikt und ihre Inhalte einen Wendepunkt für die Ausreisewilligen: Zwar war die Akte als umfassender Prinzipienkatalog kein völkerrechtlich bindender Vertrag, doch auch mehr als nur eine moralische Hypothek für die unterzeichnenden Staaten. Die Unterzeichnung der Schlussakte von 1975 ist als Endpunkt einer Normensetzung innerhalb der internationalen Arena zu sehen und entfachte eine ostdeutsche Debatte um ihre rechtliche Auslegung.

3.1.2 Repression im Wandel

Nimmt man die frühen Jahre der MfS-Geschichte als Vergleichsebene zu den 1970er Jahren, so wird deutlich, wie sich die methodischen Konzepte, die innere (personelle) Beschaffenheit und die Vorgehensweisen des MfS-Apparats veränderten. In den ersten Jahren der Herrschaftsdurchsetzung fanden der Einfluss der sowjetischen Besatzungsmacht sowie deren stark physische Praxis der Repression Widerhall. Die Leitung des Apparats war durchsetzt von kommunistischen Kadern, die ihre Erfahrungen mit Zwang und Unterdrückung im sowjetischen Exil, als Partisanen oder im Widerstand gegen den Nationalsozialismus gemacht hatten.[18] Die Ausführenden der Repression waren zumeist junge Männer aus der sozialen Unterschicht, die der Krieg von den Schulbänken auf die Schlachtfelder befördert hatte.[19] Wo die eigene Gewalterfahrung nicht fern war, konnte spätere Folter zum legitimen Mittel werden. Während die „Handwerker des Geheimdienstes" in den Verhörzellen ihrer Arbeit nachgingen, festigten sie in den politischen Schulungen ihre Feindbilder für den „Klassenkampf" gegen Andersdenkende, Gutsbesitzer und politische Gegner. Rund 10 000 hauptamtliche Mitarbeiter standen im Jahr 1953 in den Diensten der Staatsicherheit: eine Zahl, die sich bis 1975 auf rund 50 000 Personen erhöhen sollte.[20]

In den Phasen der Professionalisierung, während derer das MfS nach dem Tod Stalins 1953 und erneut forciert durch den Mauerbau von 1961 die eigenen Methoden einer Kontrolle unterzog, sollte das gewaltorientierte und offen sichtbare Vorgehen des MfS überwunden werden.[21] Waren die ersten Jahre vom Lernen durch

Anwenden geprägt, verschoben sich nun die Pole: Die neue Generation an Mitarbeitern sollte erst lernen und das Erlernte dann in der Praxis zur Anwendung bringen. Der ostdeutsche Staatssicherheitsdienst konnte sich so loyaler Mitarbeiter versichern, deren beruflicher bzw. akademischer Werdegang ausschließlich innerhalb der Institution verlief. Dieses wichtige Faktum prägte die generationelle Erfahrung und den zukünftigen Wertekanon der Geheimdienstler. War zu Beginn der Acht-Klassen-Volksschulabschluss bei 95 Prozent der MfS-Mitarbeiter das Maß aller Dinge, so sollten ab 1974 de jure alle Offiziersdienststellen beim MfS mit Hoch- oder Fachhochschulabsolventen besetzt werden.[22] Dass ein schneller Erfolg jedoch ausblieb, lag unter anderem daran, dass die MfS-Aufbaugeneration den Apparat in ganzer Breite dominierte und Aufstiegsoptionen über lange Zeit selbst beanspruchte.

Das Portfolio geheimdienstlicher Aufgaben wuchs in den 1970er Jahren weiter an. Eine Vervielfachung der Ost-West-Kontakte im Zuge der deutsch-deutschen Entspannungspolitik ließ eine Fülle an neuen Kontroll- und Observationsaufgaben aufkommen. Gerade im Inland galt es, vorbeugend zu agieren, um die Herrschaft absichern zu können. Staatsfeindliche Tendenzen sollten frühzeitig aufgespürt, analysiert und schlussendlich unterbunden werden.[23] Auch wenn sich die MfS-Mitarbeiter als Handwerker und Traditionalisten ihres Faches verstanden, wurden Methoden und Ausrüstung der geheimdienstlichen Tätigkeiten modernisiert – allein durch die zunehmenden Wirkungsbereiche, die steigende Menge an Informationen, die zusammengeführt und ausgewertet werden mussten, blieb eine Anpassung besonders im Bereich der elektronischen Datenverarbeitung nicht aus.[24]

In den Bereichen der geheimpolizeilichen Arbeit gegen „feindlich-negative Kräfte“ – etwa gegenüber Ausreisewilligen, bekannte Oppositionelle und Dissidenten oder Künstlern – kamen sogenannte Zersetzungsmaßnahmen zum Einsatz. Dies geschah dort, wo ein offenes geheimdienstliches Einwirken rufschädigend für die DDR sein konnte. Die „Zersetzung“ beinhaltete eine „systematische Diskreditierung des öffentlichen Rufes", etwa durch das Lancieren bewusst falscher Nachrichten oder „Kompromate". Gruppen sollten zersplittert, gehemmt, ihrer Aktionsfähigkeit beraubt und Einzelpersonen isoliert werden. Die „Zersetzung" bildete einen eigenständigen Abschluss einer gegen die „inneren und äußeren Feinde" der DDR gerichteten geheimdienstlichen Aktivität. Maßnahmen dieser Art kamen insbesondere dann zum Einsatz, wenn die Bearbeitung eines Systemkritikers nicht mit strafrechtlichen Mitteln zu beenden war bzw. eine Festnahme aus taktischen Gründen als eben nicht opportun erschien.[25] Die methodischen Anpassungen in den 1970er Jahren erlaubten subtile Angriffe auf die Seelen Einzelner – die Werkzeuge des MfS waren nicht mehr ausschließlich auf die Zerstörung der Körper und die Geißelung der Massen ausgerichtet, sondern wirkten gezielt psychologisch gegen nonkonforme Personen.

Durch die deutsch-deutschen Verträge hatte sich zusätzlich der bilaterale Austausch von Informationen verändert. Die DDR war in einen öffentlichen Raum getreten, in dem die Einhaltung rechtlicher Standards durch Dritte beobachtet werden konnte. Aus taktischen Erwägungen ging die Anwendung offenen Zwangs zurück, die angewandte Repression wanderte in jene Bereiche ab, die sich der öffentlichen Wahrnehmung größtenteils entzogen. Die Staatssicherheit ging dazu über, in den Jahren der Professionalisierung neue Methoden zu entwickeln, verstärkt auf das Strafrecht zu setzen und Bewährtes zu verfeinern – die Akademisierung des Geheimdienstes spielte hierbei eine wichtige Rolle bei der Gesichtswahrung der DDR im Ausland.[26]

3.1.3 Fokus Ausreise

Für Bürger der DDR war die ständige Ausreise bzw. Übersiedlung in das nichtsozialistische Ausland oder Westberlin vor dem Rentenalter quasi nicht vorgesehen. Antragsteller wurden zu einem

Problem für die ostdeutschen Behörden und konnten dadurch nicht einfach ignoriert werden.

Über den „Tränenpalast" in die Bundesrepublik.

Die Unterzeichnung der KSZE-Schlussakte veränderte die Ausgangslage zu Beginn des Jahres 1976 für die ausreisewillige Bevölkerung der DDR in mehrfacher Hinsicht. Der im Zuge der deutsch-deutschen Verständigung eingeleitete Prozess einer möglichen Übersiedlung bot *erstens* eine legale Alternative zu den gefährlichen und strafrechtlich geahndeten Fluchten aus der DDR. De jure eröffnete die DDR mit Änderungen der Anweisungen Nr. 24/67 und Nr. 42/71 einerseits die Möglichkeit der Aberkennung der DDR-Staatsbürgerschaft, formalisierte jedoch andererseits ab

1973 inoffiziell den Umgang mit Anträgen auf Übersiedlung. Eine genehmigte Übersiedlung erfolgte fortan nur mit einer zusätzlichen Entlassung aus der Staatsbürgerschaft der DDR.[27] Der Staat erhöhte den administrativen Aufwand für die Ausreisewilligen. Gleichzeitig wurden die Hürden für eine Rückkehr angehoben, da eine völlige Entwurzelung auf die Antragsteller abschreckend wirken sollte. Dass der Stellenwert der angestrebten Ausreise durch die DDR auch strafrechtlich aufgewertet wurde, zeigte sich zudem im Übergang der Jahre 1976/1977. Die Sicherheitsbehörden veränderten ihr Vokabular: Aus „Antragstellern auf Übersiedlung" wurden „rechtswidrige Ersuche auf Übersiedlung".[28]

Die bis dahin vollzogenen Normensetzungen hatten keinen öffentlichen Charakter, sondern regelten Grundvoraussetzungen, Vorgehen und Entscheidungsbefugnisse für den internen behördlichen Gebrauch.[29] Die weiterhin spürbare Auslegungsfreiheit sowie das auf mündlichen Aussagen basierende Entscheidungsverfahren wurde von den Antragstellern fast immer als willkürliche Praxis durch die Räte der Kreise, Städte und (Stadt-) Bezirke wahrgenommen.[30] In der Methodik des MfS und des MdI bildeten die Unkalkulierbarkeit und das Unwissen über die Modalitäten der Entscheidungsfindung eine flexibel einsetzbare und niedrigschwellige Repressionsressource.

Weiterhin hatte sich die Situation zum Jahr 1976 insofern verändert, dass *zweitens* die ostdeutschen Staatsmedien internationale Dokumente, die offiziell von der DDR gebilligt wurden, im Wortlaut veröffentlicht und somit republikweit bekannt gemacht hatten.[31] Ferner entwickelte sich *drittens* ein übergreifender Informationsaustausch zwischen Bürgern der DDR und der Bundesrepublik, so wie man sich auch innerhalb der Diktatur zwischen Rostock und Erfurt über mögliche Vorgehensweisen einer Antragstellung verständigen konnte. Aus diesem Transfer wurde den Antragstellern bekannt, dass *viertens* im Jahr 1975 mehr als doppelt so viele Ausreisen genehmigt wurden wie im Jahr zuvor, bezogen auf die vom Regime protegierten „arbeitsfähigen Erwachsenen" sowie Kinder.[32] Eine Verdopplung der genehmigten Anträge stimmte die Ausreisewilligen verhalten optimistisch. Vonseiten der Bundesrepublik wuchs *fünftens* das öffentliche Bewusstsein für die Antragsteller in der DDR.

Nicht unwesentlich war zudem der Umstand, dass *sechstens* der Umgang mit Ausreisewilligen im Aufgabenbereich zweier Ministerien lag. In der Außenwahrnehmung blieben die Abteilungen Innere Angelegenheiten bei den Räten im Fokus. Diese wurden durch die gleichnamige Hauptabteilung (HA) im MdI in Berlin angeleitet und waren zwingend auskunftspflichtig. Die Räte prägten somit die Erfahrungswelt eines Gros der Antragsteller, während das MfS im Hintergrund die Vorgehensweisen gegenüber den „Sonderfällen" kuratierte. So waren Drohungen, Hinweise auf „ungesetzliches Verlassen" der DDR (Fluchten) oder sogenannte Demonstrativhandlungen der Kriminalpolizei und den Kreisdienststellen des MfS unverzüglich mitzuteilen.[33] Die Zusammenarbeit zwischen den Verwaltungsbehörden und geheimpolizeilichen Stellen galt in der DDR als äußerst ausgefeilt und war Teil der vorbeugenden Überwachung und ostdeutschen Sicherheitsstruktur. Das „politisch-operative Zusammenwirken" (POZW) konnte der niedrigschwelligen Disziplinierung bis hin zur gesellschaftlichen Ausgrenzung dienen: Schwerwiegende Eingriffe waren etwa die gezielte Einberufung zum Wehrdienst oder der Entzug des Studien- oder Arbeitsplatzes.[34]

Und nicht nur dies: Im Nachgang des KSZE-Prozesses von 1975 wurde ersichtlich, wie stark das MfS in die Sicherheitsarchitektur zur Ausreiseproblematik eingriff. So sollen die unmittelbaren Abwägungen bezüglich der Reaktionen zur Schlussakte hauptsächlich beim MfS vorgenommen worden sein: Gespräche beim Rat der Kreise (im MfS-Jargon: Aussprachen) mit den Antragstellern waren zu verbessern, Motive zu eruieren und der „politisch-ideologischen Diversion" galt es entgegenzuwirken.[35] Der Umgang mit den Ausreisewilligen legte hierbei das Ziel offen, die Aktivitäten stärker zu durchdringen. Dabei galt es, die Schwere des jeweiligen Falles zu erschließen und zwischen normalen Antragstellern, „Provokateuren" und „Inspiratoren" zu unterscheiden. Es gehört somit auch zur Situation zu Beginn des Jahres 1976, dass sich *siebentens* die staatlichen Stellen verstärkt auf die Ausreisebewegung einstellten sowie Gegenmaßnahmen koordinierten und normierten. Als Schnittstelle fungierte die Zentrale Koordinierungsgruppe bzw. die Bezirkskoordinierungsgruppen (ZKG/BKG) beim MfS – hier liefen die Information zusammen, hier wurden Personen kategorisiert und ihre Absichten bewertet. Mit dem Befehl Nr. 6/77 vom März 1977 erreichte die Normierung im Umgang mit Ausreisewilligen ihren vorzeitigen Höhepunkt. In klassischer MfS-Manier wurde weniger danach gefragt, welche gesellschaftlichen Faktoren einem Ausreiseanliegen zugrunde lagen, sondern es wurde zielgerichtet auf die ideologischen Gegner im In- und Ausland geschaut, die im Verdacht standen, mit einem reichen Portfolio an Maßnahmen gegen die DDR zu agieren. Das MfS witterte eine forcierte Vernetzung, „feindliche Stützpunkte" in der DDR sowie Negativaktionen, die vermeintlich von den westlichen Massenmedien oder sogenannten Feindorganisationen („Gesellschaft für Menschenrechte e. V." oder „Hilferufe von drüben") orchestriert wurden.[36] Weiterführend klärte der Befehl Nr. 6/77 den Umgang mit den „Provokateuren" und „Inspiratoren", indem er explizit anführte, dass in „Operativen Vorgängen" (OV) die strafrechtliche Relevanz zu prüfen und so negative Auswirkungen auf die Gesellschaft durch Verhaftungen zu verhindern seien.[37] Der Befehl nahm hierbei Bezug auf die MfS-Richtlinie 1/76, die unter anderem die Zersetzungsmaßnahmen als Werkzeug der Geheimpolizei umfassend darlegte. Das MfS hatte somit einen Methodenkatalog zur Hand, mit dem die innere Ruhe auf dem ersten Höhepunkt der Ausreisebewegung gesichert werden sollte. Ferner erhöhte die Richtlinie den Druck auch auf das MdI, im Umgang mit Antragstellern höchste Wachsamkeit an den Tag zu legen.

3.2 Die Erzählung in Quellen – Dimensionen der Ausreise

3.2.1 Das auslösende Moment – Man wird nicht als Antragsteller geboren

Einem jedem gestellten Ausreiseantrag lag ein auslösendes Moment zugrunde. Das gesamte Spektrum jener individuellen Erfahrungen, die der eigentlichen Antragstellung vorausgingen, lässt sich schwerlich nachzeichnen und ist bislang selten in den Blick historischer Fragestellungen genommen worden. Anträge, Eingaben und Ego-Dokumente von DDR-Bürgern, welche die ständige Ausreise anstrebten, werfen dennoch Schlaglichter auf mögliche Beweggründe. Hierbei sind jene Auslöser hervorzuheben, die einen ersten Berührungspunkt mit den Grenzen des Systems eröffneten und in eine Konfrontation mit dem Staat bzw. seinen Organen mündeten. Diese waren oft ursächlich dafür, das gesellschaftliche System als einengend, repressiv oder willkürlich (nicht ökonomische Beweggründe) und/oder das Wirtschaftssystem als mit Mängeln besetzt und daher ineffizient (ökonomische Beweggründe) wahrzunehmen. Zumeist führte eine Gemengelage aus persönlichen Motiven und systemimmanenten Erfahrungen zum Stellen eines Ausreiseantrages. Viele der Antragsteller konnten eine frühere Berührung mit Formen staatlicher Repression als Begründung ins Feld führen – das MfS registrierte sogar eine Zunahme von Anträgen aus der Haft selbst.[38] Darüber hinaus gewann die legale Möglichkeit einer Ausreise gegenüber der gefährlichen „Republikflucht“ als Alternative an Wert – wenngleich sie diese nicht vollständig ablöste.

Nicht ökonomische Beweggründe, der DDR den Rücken zu kehren, wiesen hierbei in vielen Fällen Gemeinsamkeiten auf. So deckten sie sich etwa bei Fragen der persönlich empfundenen Unfreiheit mit Bezug auf die restriktive Wohnungspolitik der DDR,[39] beim Umgang mit der Wehrpflicht[40] oder in Fragen der Religionsausübung[41]. Zu den Motiven ihrer Antragstellung gefragt, antwortete die ehemalige DDR-Moderatorin Edda Schönherz in einem Interview:

> Meine Schwester hat mal gesagt, das werde ich nie vergessen, sagt sie: „Edda, sag mal, warum hast du das gemacht? Du warst bekannt, du hast einen guten Job gehabt, du hast gute Arbeit gehabt, du hast alles gehabt. Ich weiß nicht warum." Ich sagte: „Ja, siehste Linda, das ist das, was uns beide unterscheidet." Ich sage: „Es gibt noch andere Ziele im Leben oder, ja, ein anderes Leben als nur eingesperrt zu sein, bevormundet zu sein. Vorgeschrieben bekommen, was ich anziehen, was ich zu lesen habe, mit wem ich zu sprechen habe, wohin ich zu reisen habe, was ich zu machen habe, was ich zu reden habe." Ich sage: „Ich kann das nicht. Nimm das bitte zur Kenntnis."[42]

Ein Ehepaar aus Leipzig sprach im Erstantrag auf Ausreise im Jahr 1976 davon, aus „familiären und politischen Gründen den Antrag auf Ausreise in die BRD"[43] zu stellen. Der Antrag veranschaulicht, dass gravierende Negativerfahrungen schon im Vorfeld der eigentlichen Ausreiseaktivitäten gemacht worden waren und somit zum auslösenden Moment erwuchsen. Eine als ungerecht wahrgenommene Verurteilung durch ein sowjetisches Militärtribunal in Weimar[44] und die darauf fußende Hafterfahrung sowie die verwehrten Besuchsreisen in die Bundesrepublik lesen sich im Antrag wie folgt:

> In Bezug einer ungerechten Verurteilung im Jahr 1951 zu 25 Jahren Zwangsarbeit in der UDSSR (Kohlebergwerk im Ural) habe ich Dank unter (sic!) der damaligen CDU-Regierung des Kanzlers Konrad Adenauer nur fünf Jahre Haft verbringen müssen, auf Grund des 1955 getroffenen Abkommens in Moskau.
>
> Trotz der zu Unrecht getroffenen Verhaftung bin ich auf Grund meiner Entlassung wieder in die DDR zurückgekommen,

> weil ich mich meinen Eltern gegenüber verpflichtet fühlte, ihnen einen Lebenshalt zu geben, da mein Bruder nach 3-jähriger Inhaftierung in der UdSSR (25 Jahre Zwangsarbeit) im Ural erschossen wurde.
>
> Meine Ehefrau teilt die gleichen Ansichten und hat den Wunsch, ebenfalls die DDR zu verlassen, weil sie aus Hannover ist [...]. Als einzige Tochter ihrer Eltern war sie letztmalig 1959 in der BRD zu Besuch. Bis zum heutigen Tag wurde ihr jeder Aufenthalt seit 1959 in der BRD verweigert.[45]

Der Antrag endet mit Hinweisen zu der empfundenen Unfreiheit in der DDR als Beweggrund sowie einem Rückgriff auf das DDR-Staatsbürgergesetz von 1968:

> Da meine Eltern jetzt verstorben sind, kann ich laut meiner Gesinnung, die ich hier ehrlich zum Ausdruck bringen will, in der BRD ein freies Leben führen.
>
> Unsere Bitte für eine ständige Ausreise in die BRD ist im Interesse der Gerechtigkeit, der Menschenrechte und der fundamentalen Freiheiten, was auch das Staatsbürgergesetz von 1968 besagt.[46]

Eine weitere Motivmelange eröffnet sich im Fall einer Familie aus dem Kreis Bautzen, die ihren Erstantrag an den Rat des Kreises im Januar 1976 stellte. Die verantwortliche Abteilung Innere Angelegenheiten lehnte den Antrag ab[47] und erteilte eine – in diesen Fällen übliche – mündliche Absage. Mit dem Ziel, das Anliegen einer höheren Instanz zur Entscheidung vorzulegen, wurde ein erneuter Antrag direkt an den Minister des Innern und Chef der Deutschen Volkspolizei (DVP) Friedrich Dickel eingereicht. Die Familie brachte im Schreiben einen Kurzabriss der bis dahin erlebten Repressionsgeschichte zu Papier:

> Meine Ehefrau und ich, wir stammen aus Unternehmerfamilien. Werdegang: 1952 Enteignung des Betriebes meiner Schwieger-

> eltern, 1965 Verurteilung wegen Republikflucht zu 8 Monaten Freiheitsentzug, meine Ehefrau wurde ebenfalls zu 8 Monaten auf 2 Jahre Bewährung verurteilt [...], 1972 Verstaatlichung des elterlichen Betriebes, 1972 Gewerbeantrag abgelehnt bzw. nicht bearbeitet, 1974 Zusammenschluss des Betriebes mit einem weiteren VEB [Volkseigener Betrieb] Betrieb. Diese Entwicklung können wir in unserer Familie nicht überwinden und mit dem uns Widerfahrenen nicht abfinden. Nach langen Überlegungen sind wir zu dem Entschluß gekommen, die Ausreise in die Bundesrepublik Deutschland zu beantragen.[48]

Wie bei direkten Schreiben an die Staatsorgane der DDR üblich, erfolgte die sogenannte Sachverhaltsklärung durch die jeweils untergeordneten Instanzen: Die Hauptabteilung Innere Angelegenheiten beim MdI in Berlin wandte sich an den Rat des Bezirkes Dresden, der wiederum um Stellungnahme beim federführenden Rat des Kreises Bautzen ersuchte. Dieser Gang durch die Institutionen war notwendig, da für die Entgegennahme und Bearbeitung von Anträgen auf Übersiedlung in die BRD die Räte der Kreise bzw. Städte und Stadtbezirke zuständig waren. Durch die jeweiligen Leiter der Abteilung war laut Anweisung des Ministers für Staatssicherheit eine koordinierende Arbeitsgruppe für Ausreiseersuche zu installieren. Diesem Gremium hatten neben den Mitarbeitern der Räte auch verantwortliche Mitarbeiter des Volkspolizeikreisamtes (VPKA), Kollegen der Abteilung Pass- und Meldewesen und der Kriminalpolizei anzugehören.[49] Die Arbeitsgruppe habe ferner in Absprache mit den Kreisämtern des MfS Vorschläge zu unterbreiten, in welchen Fällen eine Genehmigung in Betracht zu ziehen sei. Im Falle eines möglichen Positivbescheides mussten die Vorschläge nach Berlin gesandt werden. Der abschließende Prozess erfolgte in den Machtzentren der Hauptstadt – die vom Leiter der HA Innere Angelegenheiten Gotthard Hubrich[50] beim MdI überprüften Ersuche wurden turnusmäßig in Listen an die Abteilung Sicherheitsfragen beim ZK der SED zur

Vorlage an Erich Honecker zusammengefasst und übermittelt.[51] Über einzelne Ablehnungen erfolgten keine gesonderten Informationen an die übergeordneten Instanzen. Diese wurden jedoch nachgereicht, wenn sich die Antragssituation etwa durch Eingaben an staatliche Stellen zugespitzt hatte.

Für die Bautzener Familie wurde vonseiten des Kreises festgestellt, dass Eingaben gleichen Inhalts an das ZK der SED, Genossen Honecker, an den Ministerrat der DDR und an den Staatsrat gesandt worden waren. Man habe daraufhin eine weitere persönliche Aussprache mit der Familie im Rat des Kreises anberaumt und mitgeteilt, dass an der ausgesprochenen Ablehnung festgehalten werde. Die Familie habe kein weiteres Gespräch zugelassen und das Zimmer verlassen.

> Die Gründe für die Ablehnung wurden der [Name anonymisiert] schon bei der [ersten formellen] Ablehnung mitgeteilt.
> - keine Familienzusammenführung
> - die Zugehörigkeit zu ehem. Unternehmerkreisen berechtigt nicht zur Ausreise
> - [Name anonymisiert] hat seine Funktion als Bereichsproduktionsleiter im jetzigen VEB […] (früher Betrieb des Vaters) aus persönlichen Gründen abgegeben.[52]

Die amtsseitige Begründung entsprach den Vorgaben der internen MdI-Anweisung Nr. 42/71. Die Familienzusammenführung (beinhaltete auch Verlöbnisse und Eheschließungen zwischen Staatsbürgern der DDR und Bürgern der Bundesrepublik oder Westberlins) wurde dort als möglicher Grund festgelegt und stets, sofern möglich, akribisch überprüft und bewertet. Tatsächlich erscheint die Arbeit des Rates aus administrativen MdI-Gesichtspunkten tadellos. Sie verdeutlicht aber gleichfalls, dass individuellen Repressionserfahrungen kein Platz eingeräumt wurde. Mit dem Hinweis, der Antragsteller habe seine Funktion im Betrieb aus persönlichen Gründen abgegeben, verharmloste der Rat des Kreises die politischen Motive, lehnte eine mögliche Mitschuld aufseiten des Staates ab und verdrehte die Entwicklung zu einer rein persönlichen Entscheidung. Schlussendlich empfand die Familie die staatlichen Eingriffe in die eigenen Belange als nicht mehr hinnehmbar und sah den Antrag zur Ausreise in die Bundesrepublik als letzten möglichen Schritt an.

Abschließend kann festgehalten werden, dass die staatlichen Behörden eine recht pragmatische Einschätzung der Lage vornahmen. In einer internen Information vom Februar 1977 berichtet der Rat des Bezirkes Potsdam über 54 Erstanträge im Januar. Die Motive zur Antragstellung lesen sich hierbei wie folgt:

Mit dem gesellschaftlichen System nicht einverstanden	9
Zu Eltern, Geschwistern u. anderen Angehörigen	12
Wohnungsprobleme	2
Einberufung zur NVA	1
Anträge aus dem Strafvollzug	5
beruf. keine Perspektive in der DDR	5
fühlen sich als Bürger 2. Klasse	5
Gegen die Unterbringung von Kindern in Heimen, da Kinder dort schlecht behandelt werden	3
Keine Freiheit und keine Gerechtigk. in diesem Staat	5
Fühlen sich als BRD-Bürger	5
Verweigerung besuchsweisen Aufenthalt in der BRD	2[53]

Gerade die Bandbreite an Motiven ist hier auffällig. Es überwiegen nichtökonomische Beweggründe – ein Bild, das sich ab den frühen 1980er Jahren änderte. Die Information aus dem Bezirk Potsdam legt verstärkt ideologische und persönliche Aspekte offen, die Anlass zur Antragsstellung gaben. Weder Freiheit noch Gerechtigkeit zu empfinden und mit dem gesellschaftlichen System in Gänze zu hadern, beförderte eine potenzielle Gegnerschaft zum „real existierenden Sozialismus“. Fehlende berufliche Perspektiven sowie eine gefühlte Zweitklassigkeit lassen auf mögliche vorherige Repressionserfahrungen schließen.[54] Der die Auflistung dominierende Aspekt der Familienzusammenführung basierte auf den rechtlichen Möglichkeiten, die die DDR im Zuge der deutsch-deutschen Annäherung bot, sowie auf der vonseiten der Antragsteller taktischen Argumentation, die darauf zielte, die geringen Chancen einer Genehmigung zu erhöhen. Die „Einheit aus Wirtschafts- und Sozialpolitik" der 1970er Jahre mit ihren Aspekten der Versorgung und sozialen Absicherung schien bei einem Teil der DDR-Bürger zumindest insofern zu verfangen, als dass ihre individuelle Lage keinen Anlass zur Stellung eines Ausreiseantrags lieferte. Erst in den 1980er Jahren tauchten wirtschaftliche Umstände, die nun zunehmend als negativ empfunden wurden, vermehrt als Motive einer Antragstellung auf.

3.2.2 Das erzieherische Moment – Vorstufen der Repression

Eine Trennung von erzieherischen und repressiven Momenten im Hergang eines „Übersiedlungsersuchens" erscheint auf den ersten Blick irreführend – sie können mit Recht als chronologische Abfolge staatlicher Maßnahmen gesehen werden, die das individuelle Handeln der Antragsteller beeinflussen, einhegen oder beenden sollten. Im zeitlichen Verlauf standen die erzieherischen Momente wie die sogenannten Aussprachen entweder noch vor der eigentlichen Abgabe der Anträge oder kurz nach deren Eingang bei der Abteilung Innere Angelegenheiten oder den staatlichen Behörden (eine Frist von zwei Wochen sollte nicht überschritten werden). Die DDR-Bürger sollten so zur Rücknahme ihrer Anträge bewegt werden. Die disziplinierenden Maßnahmen lasen sich in der MdI-Ordnung Nr. 0118/77 wie folgt:

> Wenden sich Bürger an die Abteilungen Innere Angelegenheiten mit der Absicht, einen Antrag auf Wohnsitzänderung zu stellen, und wird im Ergebnis der Prüfung dieses Anliegens festgestellt,

> daß eine Berechtigung zur Antragstellung […] vorliegt, sind vor der Auskunft über beizubringende Antragsformulare mit den betreffenden Bürgern differenzierte Aussprachen zu führen.
>
> Diese Aussprachen sind so anzulegen, daß eine genaue Kenntnis über
> - die Gründe, Motive, Anlässe und möglichen Inspiratoren für die Antragstellung,
> - die Persönlichkeit des Antragstellers und Bedingungen, die eine Versagung der Wohnsitzänderung erforderlich machen würden,
>
> erlangt werden. Davon ausgehend ist – soweit das als erforderlich eingeschätzt wird – eine sachliche und politisch-ideologisch überzeugende Einflussnahme unter Berücksichtigung der vorgebrachten Gründe in den Aussprachen vorzunehmen, die das Ziel verfolgen, eine Abstandnahme vom Vorhaben zur Wohnsitzänderung zu erreichen. […]
>
> Vor Beendigung der Aussprache [bei erfolgter Ablehnung] ist […] eine Rechtsbelehrung vorzunehmen. Gleichzeitig sind die Bürger, die sich uneinsichtig verhalten, darauf hinzuweisen, daß von ihnen erwartet wird, daß sie ihre Pflichten zur Einhaltung der Gesetze und anderen Rechtsvorschriften der DDR nachkommen.[55]

Die skizzierte MdI-Ordnung aus dem Jahr 1977 war die normierte Synthese der Erfahrungen der Vorgängerjahre. Sie galt als zeitgemäß, war aber bezüglich den Weisungen im Umgang mit Antragstellern noch weit von jenen taktischen Vorgaben und Verhaltensregeln entfernt, die in der Hochphase der Ausreisebewegung etwa 1985 in Schulungsmaterialen für Mitarbeiter des MdI verzeichnet waren. Unter einer „wirksamen Gestaltung der Gespräche mit Übersiedlungsersuchenden" verstand das MdI, den Antragsteller selbstständig sein Anliegen vortragen zu lassen und die Mitarbeiter in den Räten nicht als kühl, distanziert oder abweisende Vertreter der Staatsmacht erscheinen zu lassen. Sie waren dazu angehalten,

Vertrauen aufzubauen und die Argumente der Antragsteller im Gespräch zu entkräftigen.[56]

Am Beispiel einer Familie aus Magdeburg werden Aspekte einer Aussprachesituation geschildert, die sich daraus ergaben, dass sie ihr Schicksal in einem Brief dem westdeutschen Verein „Hilferuf von drüben“ übermittelt hatte. Für viele Ausreisewillige blieb es nicht beim Erstgespräch. Bei beständigem Festhalten am Ausreisewunsch oder mehrmaligen Anträgen und Eingaben häuften sich die Einladungen zu „Aussprachen“. Die DDR-Sicherheitsorgane brandmarkten die Aktion der Magdeburger Familie als „staatsfeindliche Verbindungsaufnahme“, konnten diese jedoch strafrechtlich nicht nachweisen.[57]

> Im Grunde standen die Angestellten im Rat der Stadt uns hilflos gegenüber. Pünktlich erscheinen wir zu den Vorladungen. Wir hörten uns an, welchen Schaden wir dem Staat zufügen, wenn wir über das Leben in der DDR berichten würden. Vor allem aber sei es eine strafbare Handlung: „staatsfeindliche Verbindungsaufnahme“. Bei einer dieser Vorladungen äußerten wir, wir seien froh, daß man in der westlichen Öffentlichkeit über uns berichten würde. Wir wurden beschimpft, angebrüllt und aus dem Haus gewiesen. Noch hatten wir den Humor, die ganze Hilflosigkeit der Abteilung Inneres ins Lächerliche zu ziehen.[58]

Die Aussprachen wurden zumeist von zwei Mitarbeitern der Abteilung Inneres der Räte geführt – die im Zuge der Gespräche angefertigten Protokolle quittierten Hinweise zur Motivlage, zum Ablauf des Gespräches sowie eine kurze Einschätzung der jeweiligen Personen und deren Reaktion auf die häufig übermittelte Ablehnung eingereichter Anträge. Die Protokolle bildeten einen grundlegenden Bestandteil der Sachstandsberichte, halfen den MfS-Dienststellen bei der Planung von Operativen Vorgängen und enthielten nicht selten abwertende Formulierungen, welche die Antragsteller an den Rand der Illegalität rücken bzw. außerhalb der sozialistischen Norm verorten sollten:

> Nach Abschluß der Bearbeitung der o. g. Eingabe teile ich mit, daß für eine Genehmigung der Übersiedlung in die BRD des Eingabenerstatters und seiner Familie keine Voraussetzungen bestehen.
>
> Am 11.3.1975 wurde mit dem Bürger [Name anonymisiert] unter Bezug auf die im Betreff genannte Eingabe beim Rat der Stadt Weimar eine persönliche Aussprache geführt. Nach Prüfung des Antrages auf Übersiedlung nach der BRD wurde dieser abschlägig entschieden. Der Bürger [Name anonymisiert] begründete seinen Antrag damit, „daß er hier in der DDR keine Ersatzteile für seinen defekten Wecker bekommt, und da er wisse, daß man in der BRD alles geboten bekommt, liegt ihm viel an einer Übersiedlung".
>
> In der Aussprache war zu erkennen, daß die Familie keine oder nur primitive Vorstellungen über das Leben in der BRD hat und sich von einer Übersiedlung lediglich einen besseren Lebensstandard verspreche.
>
> Die Familie [Name anonymisiert] führt einen asozialen Lebenswandel. Beide Eheleute sind sich nicht über die Bedeutung des Antrages bewußt.
>
> [Name anonymisiert] war mit der ablehnenden Entscheidung seines Antrages nicht einverstanden, betrachtete jedoch die Eingabe als erledigt.[59]

Dass das erzieherische Moment nicht auf die Räte der Kreise und Bezirke beschränkt blieb, verdeutlichen die Aussprachеprotokolle zusätzlich. So hielt eine Information aus dem Rat des Bezirkes Frankfurt/Oder des Jahres 1974 fest:

> Es muß eingeschätzt werden, daß bei der Bearbeitung von Anträgen, insbesondere von arbeitsfähigen Personen, noch ungenügend

> die Arbeitskollektive einbezogen werden, das Zusammenwirken der örtlichen Räte mit den Betrieben noch nicht ausreicht. So ist vielfach aus den Unterlagen nicht ersichtlich, welche Rolle diese Personen selbst im Arbeitskollektiv spielen, bzw. wie die Kollektive erzieherisch auf diese Bürger einwirken.[60]

Im Fall eines Arbeiters aus dem zum Bezirk Cottbus gehörigen Kreis Calau scheinen Schlussfolgerungen zum Folgejahr 1975 gezogen worden zu sein. Die Maßnahmen wurden in der Weise diversifiziert, dass das Gespräch in sein Arbeitsumfeld verlegt wurde. Hier seien dem Kollegen H. im Beisein seiner unmittelbaren Vorgesetzten (Obermeister, Meister und Brigadier) die Rechte und Pflichten eines DDR-Bürgers aufgezeigt worden – die Aussprache mit den Arbeitskollegen stand verstärkt im Zeichen der Einbindung aller gesellschaftlichen Kräfte zur Verhinderung der Übersiedlung.[61]

Ein Taxifahrer aus der Bezirksstadt Dresden hatte im September 1975 für sich und seine Familie eine Eingabe an den Minister des Innern verfasst, in der er die Arbeit der Abteilung Innere Angelegenheiten seines zuständigen Stadtbezirkes kritisierte und auf einen zuvor abgelehnten Ausreiseantrag abermals verwies. Unter dem Hinweis auf geltende Fristen zur Bearbeitung von Eingaben verfasste er weitere Schreiben und stellte einen zweiten Antrag auf Übersiedlung. Zur obligatorischen Aussprache und einer erneut mündlichen Ablehnung wurde ein dritter Antrag vom Rat der Stadt Dresden erst gar nicht angenommen. Begründet wurde dies mit der Aussichtslosigkeit des Unterfangens – entsprechend der zeitgenössischen Auslegung der Schlussakte von Helsinki durch den Rat der Stadt und ihrer Interpretation als politische Willensbekundung und eben nicht als völkerrechtsbindende Übereinkunft: „Die DDR ist ein souveräner Staat, der über seine inneren Angelegenheiten selbst entscheidet."

Der Volkseigene Betrieb (VEB) Taxi Dresden definierte die Aufgabenstellung und politische Haltung eines sozialistischen Taxifahrers in der daraufhin versandten Kündigung und begründete die Schritte mit der Abweichung des Antragstellers von der sozialistischen Norm:

> Begründung: Im Arbeitsvertrag zwischen dem VEB Taxi Dresden und Ihnen vom 10.6.1974, Punkt 3, verpflichteten Sie sich unter anderem, die sozialistische Arbeitsdisziplin einzuhalten.
>
> Die sozialistische Arbeitsdisziplin äußert sich, wie § 106 GBA festlegt, im bewußten Handeln der Werktätigen zur Durchsetzung der gemeinschaftlichen Interessen aller Werktätigen in der sozialistischen Gesellschaft.
>
> Daraus ergibt sich für Sie als Taxifahrer die Notwendigkeit, daß auf Grund der Besonderheiten und spezifischen Bedingungen bei der Aufgabenstellung eines Taxifahrers ein hohes politisch-moralisches Gesamtverhalten vorausgesetzt werden muß. Ein Taxifahrer ist zugleich Repräsentant seines Betriebes und – unter Berücksichtigung des sich sehr unterschiedlichen zusammensetzenden Kreises der Fahrgäste – auch des sozialistischen Staates der Deutschen Demokratischen Republik.
>
> Sie haben mit Ihrem Verhalten bewiesen, daß Sie nicht gewillt sind, diese gesetzlich geforderten Pflichten eines Werktätigen in unserem Staat unter den genannten besonderen Bedingungen einzuhalten. Aus diesem Grund sind Sie für die Tätigkeit als Taxifahrer nicht geeignet.[62]

Der Taxifahrer reagierte mit einer weiteren Eingabe an den Rat der Stadt Dresden und warf dem VEB Taxi Dresden vor, sein „Arbeitsverhältnis aufgrund ‚Nichteignung als Taxifahrer' gekündigt" zu haben:

> Die Nichteignung wird mit meiner politischen Einstellung und unserem Antrag auf Übersiedlung in die BRD begründet. Diese Kündigung steht aber im Widerspruch zu den Artikeln 20/Abs. 1 und 27/Abs. 1 der Verfassung der DDR und wir können sie nur

> als widerrechtliches Berufsverbot aufgrund unserer politischen Einstellung verstehen.[63]

Im angeführten Kündigungsschreiben wird ersichtlich, dass das fehlende „politisch-moralische Gesamtverhalten“ nicht explizit aus dem Ausreisewunsch abgeleitet wurde. Mit Bezug auf das in der DDR angewandte Gesetzbuch der Arbeit (GBA) wurde auf das kodifizierte Arbeitsrecht verwiesen, das stark von erzieherischen Elementen gegenüber den „Werktätigen“ durchzogen war. Im Zusammenspiel zwischen den ostdeutschen Sicherheitsorganen und den Betrieben bildete die sozialistische Norm die Rechtfertigungsgrundlage für den Einsatz arbeitsrechtlicher Repressionen. Indem weiterführende Rechtsnormen herangezogen wurden, sollte ein Bezug zum Ausreisebegehren vermieden werden.

Der Rat des Bezirkes Potsdam sah sich im Dezember 1976 auf einem richtigen, wenn auch weiterhin zu optimierenden Weg und skizzierte die Einbindung der Betriebe wie folgt:

> Die Räte der Kreise informieren regelmäßig die Kreisleitungen über neue Antragstellungen. Darüber hinaus werden von den Räten der Kreise die Leiter der Betriebe bzw. die Parteisekretäre dieser Betriebe sofort über Antragstellungen unterrichtet. Auch über wiederholte Eingaben wird der Betrieb informiert, um mit diesen Antragstellern die ideologische Auseinandersetzung zu führen. […]
>
> Zur Information der Betriebe über die Antragsteller und Rückinformationen
> In allen Kreisen werden die sozialistischen Betriebe über gestellte Anträge ihrer Betriebsangehörigen informiert bzw. zu den Aussprachen Vertreter dieser Betriebe hinzugezogen. Die Betriebe werden entweder schriftlich oder mündlich darüber informiert (Betriebsleiter, Kaderleiter, Parteisekretär).
>
> Bei Angehörigen von PGH [Produktionsgenossenschaft des Handwerks, Anm. d. Verf.], Privatbetrieben und kirchlichen Ein-

> richtungen werden in der Regel die Aussprachen durch die Abt. Innere Angelegenheiten geführt. Bei Ärzten und Lehrern werden der Kreisschulrat bzw. Kreisarzt informiert und zu den Aussprachen hinzugezogen.
>
> Die Rückinformationen der Betriebe an die Abt. Innere Angelegenheiten der Räte der Kreise über die Ereignisse der politisch-ideologischen Arbeit mit den Antragstellern ist sehr unterschiedlich und teilweise nicht gesichert. So z. B. im Kr. Königs Wusterhausen nur im VEB SKET [Schwermaschinenbaukombinat „Ernst Thälmann"] Wildau, in den Kreisen Kyritz, Zossen, Nauen und Potsdam-Land generell unzureichend. Im Kr. Rathenow geben einige Betriebe Rückinformationen.[64]

Die verantwortlichen staatlichen Organe befürworteten demnach eine zumindest theoretisch optimierte Informationslenkung zwischen den Institutionen, die den sozialistischen Betrieb in den Erziehungs- und Disziplinierungsprozess einbezog. Gleichsam wurden in der Herrschaftsdurchsetzung die Grenzen des Möglichen ersichtlich. So zeigte sich etwa, dass der erzieherische Einfluss der Kollektive durch die SED-Kader zwar angenommen wurde, doch in der Praxis nur auf geringe Resonanz stieß. Zum einen handelte es sich um Kollegen und auch Freunde, gegen die man zum Teil nur widerwillig politisch-ideologisch argumentieren wollte. Weiterhin fehlten oft die sachlichen Argumente für eine überzeugende Diskussion, sodass sich selbst konforme Kräfte resigniert abwandten. Andererseits wurde das Abwälzen der Probleme auf das Kollektiv als Schwäche der führenden und mittleren Kader empfunden.[65] In den Jahren nach 1977 blieben die Betriebe integraler Bestandteil des Diskriminierungsapparates gegen die Antragsteller sowie jene, die auch nur die Absicht hegten, Anträge zu stellen. Zum Wechsel in das neue Jahrzehnt jedoch musste die HA Innere Angelegenheiten beim MdI indirekt eingestehen, dass die Ausreisebewegung eher an Stärke gewann, als dass sie geschwächt worden war. Die Verantwortung wurde hierbei der mangelhaften Beteiligung der Betriebe und staatlichen Einrichtungen an Maßnahmen gegen die Antragsteller zugeschrieben.

Insbesondere die konfessionellen Arbeitgeber sowie die Privatwirtschaft und zum Teil auch die PGH bildeten gesellschaftliche Teilräume, die sich dem unmittelbaren Zugriff des Staates für erzieherische und repressive Aktionen entzogen bzw. diese zu begrenzen wussten.[66] Mit dem häufig auf die Aussprachen folgenden Wechsel des Arbeitsplatzes lösten sich die Antragsteller nach Ansicht der Partei aus der sozialen Sicherheit des Staates; aus Sicht der Ausreisewilligen war es hingegen eine Flucht nach vorn. Das Vorgehen wurde auch in den Berichten der Räte der Bezirke an das MdI quittiert:

> In den persönlichen Aussprachen mit den Antragstellern setzen wir uns parteilich und konsequent auseinander und legen ihnen dabei überzeugend die Politik unserer Partei und Regierung dar, die jedem Bürger unseres Staates eine gesicherte Perspektive und zugleich Geborgenheit und soziale Sicherheit gibt.
>
> Gleichzeitig entlarven wir dabei die menschenfeindliche Politik des Imperialismus und die Perspektivlosigkeit des imperialistischen Systems.
>
> Ein Teil der Antragsteller wechselt nach erfolgter Aussprache mit ihnen die Arbeitsstelle, so z. B. in Brandenburg. Dort haben 14 Antragsteller im I. Halbjahr 1976 ihre Arbeitsstelle gewechselt. Im Kreis Potsdam-Land waren es 13 Antragsteller. Dabei ist festzustellen, daß ein großer Teil dieser Bürger in kirchlichen Einrichtungen ihre neue Arbeitstätigkeit aufnehmen.[67]

Dies war eine Entwicklung, die der Rat des Bezirkes Potsdam auch gut drei Jahre später an das Ministerium des Innern zu vermelden hatte. Die Ausreisewilligen würden bei konfessionellen Arbeitgebern „Unterschlupf“ finden und bewusst unter ihren beruflichen Qualifikationen arbeiten.

> Bemerkenswert ist auch, daß religiös stark gebundene Personen versuchen, kirchliche Amtsträger einzuschalten, um die geplante Übersiedlung zu erreichen.
>
> Nach erfolgter Ablehnung der rechtswidrigen Versuche durch die Räte der Kreise kündigten 23 Personen ihr Arbeitsrechtsverhältnis bzw. verlangten eine andere Tätigkeit. Bemerkenswert ist, daß die kirchlichen Einrichtungen Oberlinhaus Potsdam-Babelsberg und Josefskrankenhaus Potsdam Personen einstellten, die rechtswidrige Versuche unternommen haben. In der Regel werden diese Personen als Pförtner und Hilfsarbeiter beschäftigt, obwohl sie z. T. über einen hohen Qualifikationsgrad verfügen.
>
> Das Oberlinhaus Potsdam-Babelsberg war in 2 Fällen die letzte Arbeitsstelle von Personen, die rechtswidrige Versuche unternommen haben und nach der erfolgten Ablehnung die DDR auf ungesetzlichem Wege [Flucht] verlassen haben. Insgesamt sind in den beiden Einrichtungen 16 Personen tätig, die nicht zum medizinischen Bereich gehören (auf Grund ihrer Ausbildung und ihrer Tätigkeit vor den rechtswidrigen Ersuchen) und bei denen eingeschätzt werden muß, daß sie dort Unterschlupf gefunden haben.[68]

Der damalige Leiter der MfS-Kreisdienststelle Cottbus, Oberstleutnant Bernd Kunze, teilte die Einschätzungen der Mitarbeiter der zuständigen Räte. Zusätzlich verwies er auf eine Beeinflussung durch den ideologischen Gegner sowie auf Schwierigkeiten in der Einflussnahme:

> In einzelnen Fällen ist zu verzeichnen, daß ersuchende Personen ihre Arbeitsstelle aus dem Bereich der VE-Industrie in den Sektor privater Betriebe wechseln, wodurch die offensive Einflussnahme bzw. Bearbeitung erschwert wird. Dies entspricht neuesten Erkenntnissen über gegnerische Orientierungen, daß übersiedlungswillige Personen in „kleinen" Betrieben Arbeit aufnehmen

> wollten, um „Auseinandersetzungen" mit den staatlichen Leitern und gesellschaftlichen Kräften zu umgehen.[69]

Innerhalb des Berichtswesens wird zudem deutlich, wie umfänglich sich der sozialistische Betrieb neben der belehrenden Argumentation in Aussprachen an den repressiven Maßnahmen beteiligte und durch Sanktionen im Arbeitsumfeld disziplinierend eingriff:

> Im Kreis Rathenow werden die Aussprachen sowohl durch die Leiter als auch durch die Parteisekretäre der Betriebe geführt. In vielen Fällen werden im Kollektiv Aussprachen mit den Antragstellern geführt, aber noch nicht immer finden die Betriebe die richtigen Mittel und Methoden. Beispiele, wie die Streichung von der Dringlichkeitsliste als Wohnungssuchende, Umsetzung auf eine andere Tätigkeit und Übertragung von Hilfstätigkeiten führten zur Isolation vom Kollektiv.[70]

Die teils als selbstkritisch zu bewertenden Reflexionen, denen zufolge die Stigmatisierung von Antragstellern keinen erzieherischen, sondern einen die Person isolierenden Effekt erzielen würde, bestätigen einige der Zeitzeugen, die Opfer repressiver Maßnahmen wurden:

> Jeder wollte sich natürlich davon fernhalten, wollte damit nichts zu tun haben. Jeder hat der Stasi zum Munde geredet. „Ja, wir haben das immer schon gewusst, dass sie ein Außenseiter ist, und wir haben das schon geahnt, dass sie da nicht in unserer Linie ist", und so weiter. Es war dann auch so weit, dass Kolleginnen von mir die Straßenseite gewechselt haben, wenn sie mich gesehen haben, als ich nachher draußen war, die zwei Jahre noch. Ja, das ist passiert. Und da hat sich natürlich die Spreu vom Weizen getrennt, da wusste man, wer Freund war und wer Feind war. […] „Um Gottes Willen, bloß nichts damit zu tun haben."[71]

Zu Beginn des Jahres 1976 durfte mein Mann seinen Beruf als Glaser und als Ofensetzer nicht mehr ausüben. Er wurde zur Kaderabteilung bestellt. Ein „Gespräch" wurde mit ihm geführt. Mit viel Geschick versuchte der Betriebsleiter, der auch zugegen war, meinen Mann zu überreden, doch endlich die Ausreiseanträge zurückzunehmen. Wenn er dies tun würde, ließe der Betrieb auch mit sich reden. Der Parteisekretär versprach, sobald die Ausreiseanträge schriftlich zurückgezogen worden seien, bekämen wir auch wieder Ferienplätze. Mein Mann bekannte sich jedoch offen zu den Ausreiseanträgen. Als Grund gab er all das an, was wir erlebt hatten. So endete dieses Gespräch für meinen Mann mit erneuten Nachteilen. Er erhielt das Verbot, weiterhin auf Kundschaft zu gehen: Er würde den Kunden mit seinen negativen Ansichten über die DDR schaden. Dies würde, so meinte der Betriebsleiter, dem Ruf des Betriebes schaden.

Das Verbot, weiter auf Kundschaft zu gehen, traf uns hart. Der Lohn meines Mannes war nicht groß. Solange er auf Kundschaft ging, hatte er zusätzliches Trinkgeld bekommen. Im Monat kam da doch allerhand zusammen. Außerdem fielen nun auch die Nebentätigkeiten weg. Bisher hatte mein Mann regelmäßig nach Feierabend Fenster verglast, Öfen gereinigt und repariert. Nun sollte das vorbei sein.

Sein neuer Arbeitsplatz war das Lager des Betriebs. Dort mußte er die bestellten Öfen zum Ausliefern zusammenstellen. Diese Arbeit war schon vom Lohn her schlecht.

Aus Ärger über diese Entscheidung der Betriebsleitung zahlte mein Mann keinerlei Solidaritätsbeiträge mehr. Im Betriebskollektivvertrag wurde jährlich einmal ein bestimmter Geldbetrag festgelegt, den alle Kollegen an Solidaritätsbeitrag zu zahlen hatten. Diesen Festsatz verweigerte mein Mann jetzt der Gewerkschaft. Gleichzeitig trat er aus der Gesellschaft für deutsch-sowjetische Freundschaft aus.

Für die Brigade, in der mein Mann arbeitete, hatte sein Entschluß Folgen. Alle Kollegen mußten um ihre zusätzlichen Prä-

> mien bangen. Es war eine Bedingung des Betriebes, daß zum Beispiel Jahresprämien nur in voller Höhe gezahlt wurden, wenn alle Kollegen die geforderten Beiträge zahlten.
>
> Überstunden und zusätzliche Arbeitsleistungen lehnte mein Mann ebenfalls ab. Er machte sich damit in seinem Betrieb zum totalen Außenseiter der Gesellschaft. So nannte es der Parteisekretär. Irgendwie lebten wir mit diesem Außenseiterdasein.[72]

Mit der Verfügung des Ministerrates 34/77 vom 8. März 1977 wurde der staatliche Einfluss auf das sogenannte Arbeitsrechtsverhältnis als Repressionsmechanismus manifestiert:

> Die Leiter der Betriebe, Kombinate und Einrichtungen sowie Vorsitzenden der Genossenschaften gewährleisten gegenüber Personen, die widerrechtlich versuchen, die Übersiedlung nach nichtsozialistischen Staaten und Westberlin zu erreichen, die konsequente und differenzierte Anwendung arbeitsrechtlicher Maßnahmen.
>
> Eine Änderung oder Beendigung des Arbeitsrechtsverhältnisses ist dann notwendig, wenn diese Personen
>
> – Leistungsaufgaben zu erfüllen haben,
> – in ihrer Tätigkeit Kenntnisse von Staats- und Dienstgeheimnissen erhalten haben,
> – in ihrer Tätigkeit Verantwortung für die Erziehung ihnen anvertrauter Kinder und Jugendlicher tragen oder
> – an volkswirtschaftlich wichtigen Produktionsanlagen arbeiten.
>
> Diese Entscheidung zur Änderung oder Beendigung des Arbeitsrechtsverhältnisses sind mit der Nichteignung für diese Tätigkeit (wie z. B. Pflicht- und Disziplinverletzung) zu begründen. Eine Bezugnahme auf Aktivitäten zur Übersiedlung hat nicht zu erfolgen.
>
> Bei Beendigung von Arbeitsrechtsverhältnissen ist mit den zuständigen staatlichen Organen eng zusammenzuarbeiten. Den

> betroffenen Personen sind in Zusammenarbeit mit den Ämtern für Arbeit der Räte der Kreise geeignete Arbeitsstellen nachzuweisen. Es ist zu sichern, daß bei den betroffenen Personen weiterhin eine wirksame politisch-ideologische Einflussnahme gewährleistet wird.[73]

Oft wurde durch ein erzieherisches Moment versucht, eine Reintegration in das sozialistische Normen- und Wertesystem zu erreichen. In vielen Fällen kam es daraufhin zur Verhärtung der im Vorfeld gefassten Entschlüsse, die DDR legal oder illegal zu verlassen. Häufiger jedoch, so lassen Herausstellungen in zeitgenössischen Berichten vermuten, erreichten die Behörden in jenen Fällen ihr Ziel, in welchen MfS und MdI auf sogenannte zugespitzte Konfliktsituationen reagierten. Diese Fälle flossen in die von den Ministerien zum Erfolg stilisierten „Rücknahmen rechtswidriger Ersuche zur Übersiedlung" ein. Nachdem die Rücknahme der Anträge ein erklärtes Ziel der Sicherheitsorgane war, wurde der Druck auf die Antragsteller zu einem der wichtigsten Bestandteile innerhalb der Aufgabenstellung in den Räten der Kreise, Städte und Bezirke. Rücknahmen wurden über klärende, disziplinierende und repressive Maßnahmen erwirkt. Die folgenden Aussagen aus dem Bezirk Potsdam sollen aufzeigen, auf welcher normativen Grundlage die Rücknahmen basierten, welche „Erfolge" 1977 und 1978 erreicht wurden und wie diese aus Sicht des Staatsapparates einzuschätzen waren. Besonders hervorzuheben sind hierbei auch die zeitlichen Parameter, welche die oft jahrelange Dauer von Übersiedlungsbestreben offenlegen:

> Erreichte Rücknahmen des Jahres 1978
>
> Die Tendenz der erreichten Rücknahmen ist gemessen am Jahre 1977 rückläufig. 1977 wurde in Durchsetzung der Verfügung 34/77 und der Ordnung 0118/77 durch die Räte der Kreise, Abt. Innere Angelegenheiten, 478 Rücknahmen erreicht. 1978 wurden 238 Rücknahmen von rechtswidrigen Versuchen, in denen

> 425 Personen (337 Erwachsene und 88 Kinder) registriert waren, erreicht.
>
> Die Ursache für die sinkende Tendenz der Anzahl der Rücknahmen liegt darin, daß 1977 im Wesentlichen der Personenkreis zurückgewonnen werden konnte, der noch nicht vollständig der gegnerischen Propaganda erlegen war. […]
>
> Der Personenkreis, der zu Beginn des Jahres 1978 an rechtswidrigen Versuchen beteiligt war, setzte sich überwiegend aus Personen zusammen, die eine negative politische Grundeinstellung besitzen und sich fast ausschließlich in imperialistischen Massenmedien informieren.
>
> Die 238 Rücknahmen aus dem Jahre 1978 gliedern sich nach den Jahren, in denen der erste rechtswidrige Versuch [Erstantrag des Ausreisewilligen] unternommen wurde, folgendermaßen auf:

1972	7	=	3 % der Rücknahmen 1978
1973	10	=	4 % der Rücknahmen 1978
1974	15	=	6 % der Rücknahmen 1978
1975	30	=	13 % der Rücknahmen 1978
1976	99	=	42 % der Rücknahmen 1978
1977	48	=	48 % [sic!] Rücknahmen 1978
1978	29	=	12 % Rücknahmen 1978[74]

Mögliche Erfolge in Bezug auf die Rücknahmen sind kritisch zu betrachten. Zum einen bezogen sich die Kennziffern auf alle im Geltungsbereich gestellten Anträge – allein 1978 waren 477 Anträge auf Ausreise beim Rat des Bezirkes registriert worden (in der gesamten DDR waren es zwischen Januar 1972 und Dezember 1975 37 972). Zum anderen flossen jene erwähnten Rücknahmen in die Statistik mit ein, die als zugespitzte Konfliktsituation durch das MfS definiert wurden. Die „Konfliktsituationen" unterscheiden sich maßgeblich von jenen Fällen, die als politisch-ideologisch, humanitär oder spekulativ eingeschätzt wurden und galten als einfacher herbeizuführen, bedurften klärender Maßnahmen bzw. erledigten sich innerhalb des Antragszeitraumes von selbst:

> Ausgehend davon, dass ein Teil der Antragsteller (19,1 %) [bezogen auf den Zeitraum bis Dezember 1975, Anm. d. Verf.] auf Übersiedlung sein Anliegen mit zugespitzten Konfliktsituationen (u. a. ungeklärte Wohnungsverhältnisse, Antreten einer Erbschaft) begründet, sollte im Rahmen des engen kameradschaftlichen Zusammenwirkens zwischen den Schutz- und Sicherheitsorganen, mit den staatlichen und wirtschaftsleitenden Organen, den Betrieben, Kombinaten und Einrichtungen und den gesellschaftlichen Organisationen und Kräften durch eine zügige, den konkreten Umständen angemessene Klärung des Problems die Beseitigung der Antragsgründe auf Übersiedlung erreicht werden.[75]

Beim Rat des Bezirkes Potsdam wurde attestiert, dass im Jahr 1978

> 74 = 31 % der Rücknahmen erfolgte[n], weil sich die Situation der Personen, die die Ersuchen gestellt hatten, geändert hat. Im Wesentlichen handelt es sich darum, daß durch Einflußnahme der Abt. Innere Angelegenheiten geeigneter Wohnraum zur Verfügung gestellt werden konnte. Bei anderen entfielen die Gründe, in der Regel Familienzusammenführung, da die Partner, die sich in der BRD befanden, die Verhältnisse zu den Antragstellern gelöst hatten.[76]

Somit sind ein gutes Drittel der Rücknahmen der Kategorie der „zugespitzte Konfliktsituation“ zuzuordnen und waren kein Ergebnis politisch-ideologischer Streitgespräche zwischen den Behörden und den Antragstellern. Auf der anderen Seite attestierte das MfS den so kategorisierten Fällen ein Kalkül:

> Außer den allgemeinen Möglichkeiten der politisch-ideologischen Diversion des Gegners mittels seiner Massenmedien, wie Presse, Rundfunk und Fernsehen, die nur durch eine qualifizierte politisch-ideologische Tätigkeit aller gesellschaftlichen Kräfte

> zurückzudrängen sind, zeigen die Motive der Antragstellungen noch eine Reihe anderer begünstigter Bedingungen, worauf die politisch-ideologische Diversion des Gegners fruchtbaren Boden findet. Motive zur Antragstellung sind in einer Reihe von Fällen daß – Anträge als sogenannte Druckmittel bzw. des „Auf sich Aufmerksammachens" gestellt werden, weil bestimmte gerechtfertigte Belange des persönlichen Lebens bei staatlichen und betrieblichen Leitungskadern zu wenig Beachtung finden.[77]

Diese Einschätzung bündelt abermals die klassischen Narrative der Sicherheitsorgane: Das Wirken der „politisch-ideologischen Diversion" (PiD) werde durch den westlichen Gegner forciert, um eine politische Opposition im Inneren der DDR zu organisieren. Der Terminus der PiD entwickelte sich zum Schlagwort der geheimpolizeilichen Arbeit und galt als Vorstufe einer sich bildenden politischen Organisation im Land. Das MfS verortete die Urheberschaft der „politisch-ideologischen Diversion" stets bei von außen einwirkenden Kräften. Ferner verwies die Geheimpolizei mit dem erhobenen Zeigefinger auf die staatlichen und betrieblichen Kader, da sich diese nur unzureichend der Situation stellen würden. Auch wenn das Sicherheitsorgan den Einsatz von „Druckmitteln" als teils gerechtfertigt ansah, wurden die Antragsteller als „Aufmerksammacher" und somit als kleinbürgerlich dargestellt.

Wie sich eine solche Konfliktsituation gestaltete und von den Mitarbeitern der Räte im Zusammenspiel mit den „Schutz- und Sicherheitsorganen" gelöst wurde, wird am folgenden Beispiel deutlich. Eine Bürgerin aus dem Bezirk Magdeburg hatte im Laufe des Jahres 1974 wiederholt Besuchsreisen in die Bundesrepublik beantragt. Diese wurden fortwährend abgelehnt. Die Situation eskalierte und die „Altersrentnerin" beantragte die ständige Ausreise mit einer Eingabe vom 27. November 1974 an das ZK der SED. Das Anliegen und die Eingabe wurden vom stellvertretenden Leiter der Abteilung Sicherheitsfragen beim ZK Bruno Wansierski an die HA Innere Angelegenheiten beim MdI zwecks Klärung übergeben. Der Sachverhalt wurde am 3. Januar 1975 von Gotthard Hubrich returniert:

> <u>Eingabe an den Ersten Sekretär des Zentralkomitees der SED der Bürgerin [Name anonymisiert]</u>
> Werter Genosse Wansierski!
>
> Nach Abschluss der Bearbeitung der o. g. Eingabe teile ich mit, daß eine Genehmigung der Übersiedlung in die BRD der Eingabenerstatterin gegenwärtig geprüft wird.
>
> [Name anonymisiert], ist Altersrentnerin und noch berufstätig. Aus Verärgerung darüber, daß von ihr beantragte Besuchsreisen in die BRD ständig abgelehnt wurden, da ihr Schwiegersohn Angehöriger der DVP ist, bemüht sie sich jetzt um die ständige Ausreise aus der DDR.
>
> In einem am 17.12.1974 mit [Name anonymisiert] durch Mitarbeiter der Abteilung Innere Angelegenheiten des Rates des Kreises Wernigerode unter Bezugnahme auf die im Betreff genannte Eingabe geführten Gespräch wurde mitgeteilt, daß ihr Antrag gegenwärtig geprüft und sie nach Vorliegen einer abschließenden Entscheidung umgehend über das Ergebnis informiert wird.
>
> [Handschriftliche Eintragung]
>
> Gen. Schmidt am 11.8.75 informiert:
>
> 1. Anträge auf besuchsweise Reise von [Name anonymisiert] werden genehmigt =
> - wird an Bürgerin nach 27.8.75 mitgeteilt (30 Tage)
> - keine Nachteile für Schwiegersohn
> - abgest. BV + BdVP
> 2. Antrag auf Übersiedlung zurückgezogen.[78]

Die Quelle gibt Aufschlüsse zu möglichen Motivlagen der Antragstellung zur Ausreise. Darüber hinaus legt sie das Bestreben der Behörden offen, die Antragsteller dazu zu bewegen, ihre Gesuche zurückzunehmen und das Problem somit ohne drastischere

Maßnahmen zu lösen. Die handschriftlichen Eintragungen zeigen das Ergebnis der monatelangen internen Bemühungen. An deren Beginn stand die Klärung mit der Bezirksverwaltung des MfS (im Dokument BV) sowie dem Äquivalent der Volkspolizei (im Dokument BdVP) – an ihrem Ende die Rücknahme des Antrags. Von offizieller Seite musste eingestanden werden, dass der Antragstellerin als Rentnerin eine Prüfung des Anliegens gewährt werden müsse. Zudem stünden ihr die Besuchsreisen in die BRD auch de jure zu. Das eigentliche Problem stellte somit die verwandtschaftliche Beziehung zu einem Angehörigen der Deutschen Volkspolizei dar. Das MdI schien anzunehmen, dass die Genehmigung der Besuchsreisen den Grund für eine Ausreise hinfällig werden ließ. Der Hinweis, dass keine Nachteile für den Schwiegersohn entstünden, verweist auf eine weitere repressive Dimension: Die Haftbarmachung von Familienmitgliedern. Die DVP war Teil der „politisch-operativen Überprüfung und Aufklärung" von Personen, „die sich mit einem entsprechenden Ersuchen an die zuständigen Organe wandten bzw. dies beabsichtigen"[79]. Angehörige der Volkspolizei waren als Teil des geheimpolizeilichen und volkspolizeilichen Zusammenwirkens Garanten der Herrschaftssicherung im SED-Staat und standen daher unter besonderer Kontrolle.

Die fortdauernde und an Intensivität gewinnenden Auseinandersetzung mit der Thematik der Rücknahmen von Anträgen lässt einen – mit Zunahme der Ausreiseaktivitäten – wachsenden Druck auf die Mitarbeiter des Innenministeriums erkennen. Dass die (hohe) absolute Zahl an Rücknahmen als Qualitätssiegel für die eigene Arbeit verstanden wurde, kaschierte die zeitgleich wachsende Differenz zwischen den gestellten Anträgen und den erreichten Rücknahmen. Es gehört zum Charakteristikum der Jahre unmittelbar nach 1975 (das gilt besonders für die Jahre 1977/78), dass sich die ausführenden Institutionen auf einem richtigen Weg wähnten, das normativ Machbare festschrieben und die bis 1978 rein numerisch rückläufigen Anträge als Erfolg ansahen. Eine Vertrauliche Verschlusssache (VVS) des MdI aus dem Jahr 1978 interpretiert die Situation, die durch zeitnahe Einschätzungen aus den Bezirks- und Kreisverwaltungen des MfS oder den Räten gegeben wurde, erstaunlich fern der Realität. Die sakrosankten Beschlüsse der Partei- und Staatsführung, auf die in der Verschlusssache eingegangen wird, seien ein Garant für den Erfolg:

> Diese rückläufige Tendenz ist insbesondere auf die konsequente und zielgerichtete Durchsetzung und Wirksamkeit des Beschlusses der Sekretäre des ZK der SED vom 16.2.1977 und der darauf beruhenden Verfügung Nr. 34/77 des Vorsitzenden des Ministerrates vom 8.3.1977 sowie auf deren Grundlage erlassener spezifischer innerdienstlicher Regelungen zurückzuführen.
>
> Der Prozeß der Unterbindung rechtswidriger Versuche wird unter Führung der Bezirks- und Kreisleitungen der SED durch die Stellvertreter der Vorsitzenden für Inneres in enger Zusammenarbeit mit den staatlichen und wirtschaftsleitenden Organen, Betrieben, Kombinaten und Einrichtungen sowie in Abstimmung mit den Sicherheitsorganen straff organisiert. Die Auseinandersetzung mit dem Personenkreis, der mit rechtswidrigen Ersuchen in Erscheinung tritt, erfolgt – ausgehend von den Beschlüssen der Partei- und Staatsführung – offensiv und politisch verantwortungsbewußt.[80]

Das Dokument endet mit den Schlussfolgerungen, dass die guten Erfahrungen in der Zusammenarbeit mit den Betrieben, Kombinaten und Einrichtungen zu verallgemeinern seien. Ferner solle ein noch bestehender Niveauunterschied zwischen den Bezirken, Kreisen und Städten sowie den Betrieben und Kombinaten beseitigt werden. Auf die im Vorfeld zitierten Defizite in der Praxis der Rückgewinnung bzw. die sich abzeichnenden Strategien der Antragsteller für einen möglichen Ausreiseerfolg finden sich in der Verschlusssache so gut wie keine Anhaltspunkte oder Hinweise.

3.2.3 Das verbindende Moment – Emanzipation und Solidarität

Die Begriffe der Vernetzung und Bewegung[81] mit Blick auf die ständige Ausreise bzw. Übersiedlung in den 1970er Jahren müssen kritisch betrachtet werden. Denn obwohl viele DDR-Bürger ihrer Heimat den Rücken kehren wollten, stellten sie gerade in den ersten Jahren ihren Antrag überwiegend als Einzelpersonen oder für ihre Familien. Erste Solidarisierungen und Zusammenschlüsse von Ausreisewilligen wurden zwar verzeichnet, sie bildeten aber die Ausnahme. Am Beispiel eines Schreibens der Familie Hauptmann und der Familie des Schriftstellers Siegmar Faust aus dem Kreis Pirna werden die frühe rechtliche Untermauerung vonseiten der Antragsteller, das Bekanntwerden amtsinterner Vorgehensweisen sowie die argumentative Verschiebung von Plänen des illegalen Verlassens der DDR hin zur als Alternative verstandenen Ausreise deutlich:

Oktober 1973

RESOLUTION

Der Rat des Kreises Pirna (Abt. Inneres) hat die Ausreiseanträge der zwei Familien Helga & Frank Hauptmann und Martina & Siegmar Faust nebst Tochter, die aufgrund persönlicher Erlebnisse sowie aus politischen Gründen nach der Bundesrepublik Deutschland übersiedeln wollten, mit der vagen Begründung abgelehnt, daß bei diesen Personen die Voraussetzung für eine Ausreise nicht gegeben waren, wobei man auf Anfrage die „Voraussetzungen“ nicht nennen wollte.

Mit dieser Ablehnung wird aber bekundet, daß gewisse Institutionen in diesem Staat nicht gewillt sind, die sich aus dem Beitritt der DDR in die UNO ergebenen völkerrechtlichen Normen anzuerkennen.

In der Allgemeinen Erklärung der Menschenrechte zur UNO Charta heißt es im Artikel 13 unmissverständlich:

> „Jeder Mensch hat das Recht, jedes Land, einschließlich seines eigenen, zu verlassen sowie in sein Land zurückzukehren."

Und im Artikel 15 heißt es:

> „Niemand darf seine Staatsangehörigkeit willkürlich entzogen noch ihm das Recht versagt werden, seine Staatsangehörigkeit zu wechseln."

Die Politiker dieses Staates verkündeten schon seit des Inkrafttretens der Neuen Verfassung der DDR sowie des neuen Strafgesetzbuches, daß sie bereit sind, die Normen des Völkerrechts & die Artikel des Allgemeinen Menschenrechts anzuerkennen, und daß sie bereit sind, alle Verbrechen & Verstöße gegen die Menschenrechte zu ahnden.

Noch immer werden die Entspannungsbemühungen in Europa dadurch gefährdet, daß Bürger dieses Staates sich veranlaßt sehen, die Grenzsicherungsanlagen der DDR zu mißachten, um dieses Land auf illegale Weise zu verlassen. Es ist bekannt, daß es dabei oft zum Einsatz von Schußwaffen, zur Explosion von Minen, also zur Gefährdung von Menschenleben kommt. Viele Fälle sind auch bekannt, bei denen schon der Versuch eines illegalen Grenzübertritts zur Haftabbüßung führte.

Wir, die Unterzeichner dieses Schreibens, wünschen auf der Grundlage der UNO-Konvention ein friedliches Zusammenleben mit allen Völkern dieser Erde, wobei wir voraussetzen, daß die Regierungen aller Länder so tolerant sind, jenen Bürgern, die nicht länger den politischen, ökonomischen & sozialen Verhältnissen eines Staatssystems unterstellt sein wollen, freiwillig die Auswanderung zu ermöglichen.

Im Falle der zwei konkreten Beispiele, der Familien Hauptmann und Faust, sind wir nicht mit der Verweigerung der legalen Übersiedlung nach der BRD durch den Rat des Kreises Pirna einverstanden:

> [Es folgen drei Reihen a 15 Unterzeichner der Resolution, Anm. d. Verf.][82]

Von einer Bewegung im Sinne einer öffentlichkeitswirksamen Gruppe konnte noch nicht gesprochen werden. Die Zusammenschlüsse der frühen 1970er Jahre waren in ihren Aktionen noch weit entfernt von jenen Aktivitäten, wie sie etwa der „Weiße Kreis" in Jena zu Beginn der 1980er Jahre organisierte. Die Antragsteller in Jena trafen sich hierbei öffentlichkeitswirksam auf zentralen Plätzen der Stadt und bildeten in vornehmlich weißer Kleidung Kreise: „Weiß sind die Bändchen, die sich DDR-Bürger mit laufendem Ausreiseantrag an die Autoantenne knoten – ein stilles und doch für jedermann sichtbares Erkennungszeichen."[83]

Im Verlauf der 1970er Jahre wurden Ausreisewillige dennoch zunehmend aktiver. Es erfolgte zudem ein stärkerer Zusammenschluss. Die steigende Anzahl gestellter Anträge kann nur bedingt einen Hinweis zum Organisationsgrad der Antragsteller geben, allerdings nutzen die Ausreisewilligen das Wissen um weitere gestellte Anträge durchaus als Argument, um die Rechtmäßigkeit des eigenen Gesuchs zu unterstreichen:

> [V]or dem Gesetz sei jeder gleich und ich kenne Personen, bei welchen die Übersiedlung genehmigt wurde, daher muß auch bei mir das Recht auf Übersiedlung geltend gemacht werden können.[84]

Die veränderte internationale Positionierung der DDR nach außen gab den Aktivisten in ihren Anträgen einen rechtlichen Unterbau: ihr Selbstbewusstsein wuchs, das Bewusstsein gegenüber möglichen Gefahren differenzierte sich aus. In den zusammenfassenden Informationen aus den Bezirken an das MdI finden sich verstärkt ab 1975 Hinweise, dass die „Aktivitäten der Bürger zur Erreichung ihres Ziels […] wesentlich intensiver geworden"[85] sind. Eine zunehmende Koordinierung der Aktivitäten beschreibt der Rat des Bezirkes Potsdam mit Blick auf die 1976 erfolgten Eingaben der DDR-Bürger:

> Aus der Analyse ist ersichtlich, daß bei 60 % der Antragsteller eine inhaltlich gleiche Begründung festzustellen ist, man kann also von einer organisierten Meinung für die Begründung auf eine Antragstellung auf Übersiedlung durch den Gegner sprechen.[86]
>
> Im Jahre 1975 hatten wir insgesamt 240 Eingaben, im Zeitraum 1.1. bis 15.11. liegen uns 945 Eingaben vor.
>
> Die Mehrzahl der Bürger berufen sich in ihren Eingaben auf die Schlußakte von Helsinki, auf den Grundlagenvertrag mit der BRD und auf die Verfassung der DDR.
>
> 60 % der Eingaben sind an übergeordnete Stellen (ZK, Staatsrat und MdI) gerichtet. In den Gesprächen zu den Eingaben bringen die Bürger zum Ausdruck, daß sie sich so lange an zentrale Stellen wenden werden, bis ihrem Antrag auf Übersiedlung stattgegeben wird. […]
>
> Ca. 200 Antragsteller berufen sich auf die Schlußakte von Helsinki, insbesondere Korb 3, auf Artikel 12 der Internationalen Konvention über Bürgerechte und politische Rechte vom 16.12.62, Artikel 13, Abs. 2, der allgemeinen Erklärung der Menschenrechte vom 11.12.1948 sowie auf § 10 des Staatsbürgerschaftsgesetzes der DDR. Ein Teil dieser Antragsteller ist mit dem gesellschaftlichen System der DDR nicht einverstanden und argumentiert zum großen Teil, daß es in der DDR keine Freiheit gibt bzw. sie sich in ihrer Freiheit stark eingeschränkt fühlen. […]
>
> In der Mehrzahl der Kreise ist festzustellen, daß ihr Auftreten gegenseitig abgestimmt ist.
>
> In Potsdam-Stadt informierte sich ein [Name anonymisiert] darüber, ob es möglich ist, eine Vereinigung von Antragstellern zu gründen, damit sich Gleichgesinnte zum Erfahrungsaustausch zusammenfinden.[87]

Immer häufiger waren die Mitarbeiter der Räte auch mit forschen Formulierungen in den Anträgen und den obligatorischen Aussprachen konfrontiert. Wohl wissend, dass Invalide antragsberechtigt waren, äußerte sich eine Frau aus dem Kreis Guben klar und deutlich: „Hier muß man erst zum Krüppel werden, um etwas zu erreichen."[88] Für das Regime war es aus ideologischen Gründen nicht hinnehmbar, dass ein Großteil der oft jungen Antragsteller aus den sozialen Gruppen der (Fach-)Arbeiter und Angestellten kam, wobei die Sektoren Industrie und Handel überwogen. Zusätzlich waren die Ausreisewilligen gut ausgebildet, waren in der DDR sozialisiert worden und stellten ihren Antrag oft für die gesamte Familie.[89] Die SED, die sich als führende Kraft der sozialistischen Gesellschaft und Sprachrohr der Arbeiterklasse verstand, vermochte es nicht, die Ausreisewünsche ihrer Zielgruppe einzuhegen. Wo die sozialen Versprechen der Partei ins Leere liefen, reagierte der SED-Staat mit Druck und Repression. Ein 27-jähriger Kraftfahrer aus Leipzig äußerte sich in einem von der MfS-Abteilung M (Postkontrolle) abgefangenen Schreiben an die UNO unverblümt:

> Ich will nicht länger darauf hoffen müssen, daß ein für mich undurchsichtiger Beamtenapparat mir die ohnehin zustehenden Menschenrechte, festgelegt in der UN-Charta, auch in der Praxis gewährt. Ich lehne es ab, mir weiterhin politische, ethische und künstlerische Überzeugungen, Reisen, Bücher, Zeitungen und Zeitschriften, Filme und Theaterstücke zuteilen zu lassen. Ich lehne es ab, ständig mit einer vorzeigepflichtigen politischen Überzeugung ausgerüstet zu sein, deren Inhalt durch von mir nicht greifbaren und rechenschaftspflichtigen Behörden ohne meine Befragung festgelegt und gegen Strafandrohung verordnet wird. Ich lehne es ab, mir eine tageszeitungsgemäße Weltanschauung anzueignen, deren Inhalt für meine berufliche Entwicklung ausschlaggebend ist.[90]

Die Meinung eines Mechanikers aus der thüringischen Stadt Greiz wurde den Sicherheitsbehörden auf dem gleichen Wege bekannt:

> Seit 1972 habe ich fünf Ausreiseanträge bei der Staatsführung der DDR gestellt, ohne Ausnahme wurden diese abgelehnt. Da ich keinen anderen Weg mehr habe, um für meine Familie und mich die Ausreiseerlaubnis zu bekommen, wende ich mich an Sie als Generalsekretär der Vereinten Nationen.[91]

Eine Familie aus Calau unterstrich in schneller Abfolge von drei Schreiben an den verantwortlichen Rat des Kreises, dass sie der schützenden Deckung der Anonymität radikal abschwor:

> Sie zwingen uns zu einem Schritt, den wir nicht wollen, aber wir fürchten nichts, auch nicht ihre Strafvollzugsanstalten. (9.4.1974)
>
> Wir werden gezwungen, Eure Gesetze zu übertreten. […] Das hinter einer Mauer Festgebundensein klingt im wahrsten Sinne des Wortes nach Sklaverei. […] Ich behaupte von mir, ein sehr gutes Gedächtnis zu haben, und darum habe ich alle Erlebnisse, die ich in der DDR erlebt habe, bis ins kleinste Detail im Kopf. Es kostet mich also ein Lächeln, ein umfassendes reichhaltiges Buch zu schreiben, und zwar über das Leben in zehn Jahren in der DDR, über sozialistische Errungenschaften und über das, was nicht so glänzend ist und war. (6.5.1974)
>
> Wo kein Gesetz, da auch kein Verbot. Es gibt kein Gesetz, welches einem verbietet, als Erstzuzug aus der BRD wieder dorthin zu ziehen. […] Wir werden mit Euch den Kampf aufnehmen. […] Wir geben nicht nach, auch wenn wir dabei verhungern müssen, sperren Sie uns doch ein, das macht uns nicht mürbe. […] Unsere Kinder werden sonst auch nicht am Unterricht teilnehmen. (14.5.1974)[92]

Dem hier skizzierten Fall lagen zwei Anträge zugrunde. Der 16-jährige Sohn hatte parallel zu den Eltern ein eigenes Schreiben aus einem Heim verfasst – beiden Anträgen wurde schlussendlich stattgeben. Der Sohn galt den Behörden als Störenfried und Aufwiegler:

> Da H. zu den einflussreichen Schülern des Heimes gehört, gelingt es ihm, seine westlich orientierten Auffassungen auch anderen Kindern mitzuteilen. Das führt dann meistens zu Auseinandersetzungen im Kollektiv.[93]

Der Rat des Bezirkes Cottbus, der die Befürwortung des Antrages gegenüber dem MdI zu erklären hatte, betont die Beharrlichkeit der Familie, sprach hier aber noch nicht von „hartnäckigen Antragstellern“, wie in späteren Jahren zur Genehmigung einer Ausreise stärker argumentiert wurde. Dennoch war für die Abteilung Innere Angelegenheiten auch eine Übersiedlung des Sohnes zu rechtfertigen – offiziell im Sinne der Familienzusammenführung.[94]

In einer Geheimen Verschlusssache (GVS) aus dem Jahr 1975 analysierte das MdI die steigende Anzahl der Antragstellungen auf Übersiedlung. Das Ministerium attestierte zum einen die „offensichtlich vom Gegner mit den verschiedensten Mitteln und Methoden“ vollzogenen Beeinflussungen sowie die daraus abzuleitenden verbindenden Momente:

> In Sendungen des Rundfunks und des Fernsehens sowie in der Presse der BRD erfolgt eine gezielte Propaganda und Hetze, um bestimmte Bürger der DDR zu beeinflussen mit dem Ziel, sie zum Verlassen der DDR zu bewegen. Dabei werden Fälle und Briefe von Bürgern der DDR ausgewertet, völkerrechtliche Bestimmungen zusammenhangslos und einseitig interpretiert und Mittel und Wege aufgezeigt, wie eine Übersiedlung erzwungen werden kann.
>
> Die sog. „Gesellschaft für Menschenrechte in Frankfurt/Main“ organisiert gezielte Aktionen zu Übersiedlungen von Bürgern in der DDR in Zusammenarbeit mit der Presse und anderen Massenmedien. Ihre Hauptmethoden sind Flugblattaktionen, Unterschriftensammlungen, Androhungen und Durchführung von provokativen Handlungen und Hungerstreiks vor der Stän-

> digen Vertretung der DDR in der BRD, um auf diese Weise die Übersiedlung bestimmter Personen zu erzwingen. Dabei handelt es sich z. T. um Personen, die wegen Straftaten inhaftiert sind. Sie stellen direkte Forderungen zur Freilassung und Übersiedlung dieser sogenannten politischen Gegner der DDR. [...]
>
> [Es] ist erkennbar, daß den Argumenten des Gegners gefolgt wird: „nicht lockerzulassen; den DDR-Behörden derartig viel Ärger zu machen, daß sie schließlich nachgeben; Durchstehvermögen aufbringen und auf den Antrag beharren; sich ‚vertrauensvoll' an die Behörden der BRD und die UNO zur Unterstützung ihrer Bemühungen zur Übersiedlung zu wenden." [...]
>
> Aufnahme finden diese Einflüsse insbesondere bei vorbestraften, asozialen und kriminell gefährdeten sowie politisch labilen Personen.[95]

Stellvertretend für die Sicherheitsorgane der DDR hielt das MdI eine grundlegende „Beeinflussung und Inspiration" der Ausreisewilligen durch westliche Institutionen für gesichert. Darüber hinaus befürchtete es eine Zunahme der Gruppe der Antragsteller durch Anleitung und Unterstützung. Damit folgte das Ministerium jener Meistererzählung des guten, wenn auch verführten DDR-Bürgers auf der einen Seite sowie der „feindlich bzw. negativen" Beeinflussung durch den westlichen Gegner auf der anderen Seite. Den Bürgern, die den Einflüssen zu erliegen drohten, unterstellte das MdI kriminelle Energien und/oder Labilität; ein loyal agierender Staatsbürger der DDR, so die Einschätzung, würde die Errungenschaften der sozialistischen Gesellschaft nicht nur erkennen, sondern auch verteidigen.

Vergleichbare Schlussfolgerungen, die obendrein eine Zusammenfassung der bis dahin aufgekommenen Ängste der Sicherheitsorgane darstellten, lassen sich aus der sogenannten Riesaer Petition zur Erlangung der vollen Menschenrechte vom Juli 1976 ableiten. Die Petition berief sich auf die dem MfS und MdI wohlbekannten Normen internationaler Dokumente und Verträge. Sie spielte auf den Widerspruch an, den die DDR in der Wahrnehmung der Antragsteller erzeugte. Auf der einen Seite standen die per Unterschrift und Veröffentlichung anerkannten internationalen Schriftstücke und auf der anderen Seite die Umsetzung durch die DDR-Behörden. So seien die Inhalte der KSZE-Schlussakte durch das SED-Regime nach eigenem Gusto interpretiert worden – der entscheidende dritte Korb etwa wurde abermals als Empfehlung und nicht als völkerrechtliche Bindung ausgelegt.[96] Dies entsprach der offiziellen Sichtweise der DDR auf die Schlussakte. Auf die Frage des Magazins *Der Spiegel*, ob sich ein DDR-Bürger beim Wunsch der Eheschließung (Familienzusammenführung) auf den KSZE-Text berufen könne und eine Ausreiseerlaubnis erhalten würde, antwortete der DDR-Botschafter bei der KSZE Siegfried Bock nur wenige Tage nach Unterzeichnung:

> Die Schlußakte gibt die Orientierung, Gesuche auf Eheschließung zwischen Bürgern verschiedener Staaten wohlwollend zu prüfen. Wie in jedem Staat, so liegt auch in der DDR die Bearbeitung der Einzelfälle in den Händen der zuständigen Behörden. Man erweist der Regelung dieser Probleme aber sicher keinen guten Dienst, sollte über derartige Eheschließungen eine politisch oder kommerziell motivierte Abwerbung in Szene gesetzt werden.[97]

Die Riesaer Petition wurde in der DDR von 67 Bürgern unterzeichnet und sowohl an internationale wie auch westdeutsche Organisationen versandt.[98] Die zunehmende Emanzipation der Unterzeichner sowie die Solidarität untereinander war nicht nur bezüglich der Petition ein Problem: Dem MfS war die interpretierte und verbindende „feindlich-negative Konzentration von Bürgern der DDR“ ein Dorn im Auge. Durch die Information Nr. 624/76 wurde Erich Honecker von Erich Mielke persönlich zum Sachstand, den vom MfS geführten Untersuchungen und Maßnahmen sowie zu den erreichten Erfolgen informiert:

Am 31. August 1976 wurde gegen den als Verfasser einer „Petition zur Erlangung der vollen Menschenrechte" entlarvten DDR-Bürger Dr. med. Nitschke, Karl-Heinz (47), wohnhaft: Riesa, Schweriner Straße Nr. 26, beschäftigt gewesen: Facharzt für Innere Medizin in der Betriebspoliklinik VEB Rohrkombinat Riesa, wegen des dringenden Verdachtes der staatsfeindlichen Verbindungsaufnahme (§ 100 StGB) und der staatsfeindlichen Hetze im schweren Fall (§ 106 StGB) ein Ermittlungsverfahren eingeleitet und am 1. September 1976 auf gleicher Rechtsgrundlage Haftbefehl erlassen. […]

Wie Westpressemeldungen zeigen, liegt diese „Petition" einschlägigen Feind- und anderen Organisationen und Einrichtungen in der BRD vor und wird zum Anlass einer Hetz- und Verleumdungskampagne gegen die DDR genommen (u. a. „Berliner Morgenpost" […] „BZ" […] „Rheinischer Merkur" […] und „Frankfurter Allgemeine Zeitung" […]).

In der Zeit nach dem 18. August 1975 versandte Nitschke an seine in der BRD wohnhafte Schwester Abschriften der von ihm verfassten 13 Anträge auf Entlassung aus der Staatsbürgerschaft der DDR sowie Abschriften von sich darauf beziehenden Schreiben an die UNO und deren Generalsekretär, in denen er die Tätigkeit der Sicherheits- und anderen Staatsorganen diskriminierte. […]

Zum Zwecke der Einholung der Unterschriftleistung wurde den einzelnen Familien teilweise sowohl die „Petition" in Verbindung mit einer formlosen Unterschriftenliste bzw. nur diese formlose Unterschriftenliste vorgelegt. […]

Die Überprüfungen ergaben weiter, dass drei dieser Personen [aus der Fortführung der Unterschriftenaktion, Anm. d. Verf.] persönliche Verbindungen zur ständigen Vertretung der BRD in der DDR und zur Botschaft der USA in der DDR unterhalten, zwei durch provokatorisches Anbringen der BRD-Fahne anlässlich des 1. Mai 1976 an ihrem Wohnhaus in Erscheinung traten und zwei der Sekte „Zeugen Jehovas" angehören. […]

> Die auf der Grundlage der bisherigen Untersuchungsergebnisse des MfS durch die Kreisleitung der SED in Riesa eingeleiteten offensiven politisch-ideologischen sowie weiteren Maßnahmen des MfS führten dazu, dass sich die gesellschaftlichen Kräfte mit den in ihren Bereichen vorhandenen Antragstellern auf Übersiedlung zielstrebig auseinandersetzten. Es kann eingeschätzt werden, dass die negativen Personen weiter isoliert wurden und keine Möglichkeit zur Konzentration und Entfaltung weiterer feindlich-negativer Aktivitäten erhalten. Durch Angehörige der medizinischen Intelligenz der Stadt Riesa wurde zum Ausdruck gebracht, dass die Inhaftierung Nitschkes notwendig und gerechtfertigt war.[99]

Die im Bericht der Zentralen Auswertungs- und Informationsgruppe (ZAIG) des MfS zusammengefassten Ergebnisse für die eigene Führungsriege und die Staats- und Parteiführung offenbaren mehrere Informationsebenen. Grundlegend sollte ein spezifisches Bild der Antragsteller vermittelt werden: Diese seien rechtlich greifbare Straftäter, die mit einer Bandbreite der den Behörden bekannten „Feindorganisationen“ zusammenarbeiten würden. Mit konspirativen Methoden und einer „feindlich-negativen Konzentration“ würden die eigenen Bürger zum Schaden der DDR agieren. Die Erwähnung internationaler Akteure (Botschaft der USA, Ständige Vertretung der BRD in der DDR) verwies indirekt auf die Mittäterschaft westlicher Staaten bei „Machenschaften“ gegen die souveräne DDR – eine Rechtfertigung für das Vorgehen gegen diese Staaten. Mit der Erwähnung der 1950 in der DDR verbotenen Zeugen Jehovas bediente die Staatssicherheit zusätzlich eines ihrer ewigen Feindbilder.[100]

Eine weitere Ebene unterstreicht die Erfolge des MfS sowie die wirkungsvollen Maßnahmen der staatlichen, gesellschaftlichen und parteipolitischen Akteure im gemeinsamen Vorgehen gegen die Antragsteller. Die Fortschritte würden auf der Effizienz der MfS-Arbeit basieren. Das Mielke-Ministerium unterstrich seine

Vormachtstellung und gab die Sicht zum konkreten Fall ohne ein Wort der Selbstkritik (Wirksamwerden der „feindlich-negativen Konzentration“) auch nach oben weiter. Ferner waren dem Schreiben Informationen zu den Methoden der Staatssicherheit zu entnehmen. Die Isolation der Akteure sowie die Einschränkung ihrer Handlungsfähigkeit sind als Hinweise auf die Richtlinie 1/76 vom Januar 1976 und gleichzeitig deren wirksame Umsetzung zu werten:

> Maßnahmen der Zersetzung sind auf das Hervorrufen sowie die Ausnutzung und Verstärkung solcher Widersprüche bzw. Differenzen zwischen feindlich-negativen Kräften zu richten, durch die sie zersplittert, gelähmt, desorganisiert und isoliert und ihre feindlich-negativen Handlungen einschließlich deren Auswirkungen vorbeugend verhindert, wesentlich eingeschränkt oder gänzlich unterbunden werden.[101]

3.2.4 Das kalkulierende Moment – Übersiedlung als Ventil

In der Erinnerung jener, die in langwierigen Prozessen um eine ständige Ausreise ersuchten, dominierten häufig Situationen, die als repressiv empfunden wurden. Das Unterdrückungsrepertoire des Regimes schlug sich in der Verschleppung der Antragsbearbeitung, den Entlassungen aus erlernten Berufen, im Verlust staatlicher Fürsorge bis hin zur (Untersuchungs-)Haft oder zersetzenden Maßnahmen nieder. Die Sicherheitsorgane der DDR befanden sich jedoch bis zum MfS-Befehl Nr. 6/77 oder zur MdI-Ordnung Nr. 118/77 selbst in einer Findungsphase. Die internen Spielräume, in denen sich besonders die Mitarbeiter des MdI zurechtfinden sollten, ermöglichten Sonderformen im Umgang mit der Übersiedlung. Einerseits verstärkte dies den Eindruck von Willkür in der Wahrnehmung der Antragsteller, andererseits wurden so spezifische Einzelfälle erzeugt. Im Sinne einer Ausbürgerung wurden Übersiedlungen als politisch motiviertes Kalkül bewilligt. Weiterhin gab die Zentrale in Berlin zu besonderen Feiertagen (Tag der Arbeit oder Tag der Befreiung) sowie im Vorfeld wichtiger Konferenzen und der KSZE-Verhandlungen die Direktive aus, zu diesen Terminen keine Ablehnungen von Übersiedlungen zu übermitteln. Ausgesprochene Negativentscheidungen – so waren sich die Machthaber offenbar bewusst – würden sozialen Zündstoff bilden und wären gegebenenfalls Auslöser „provokatorischer bzw. demonstrativer Handlungen".[102] Die Sicherheitsorgane sprachen dann von Ausnahmefällen in der Genehmigung, wenn es sich um angekündigte „Grenzprovokationen", „Demonstrativhandlungen", um „Dauerantragsteller" oder „hartnäckige Antragsteller" handelte. Die DDR nutzte die Übersiedlung als Ventil, um die Lage zu entspannen. Als Grundlage dienten Passagen aus der Anweisung Nr. 42/71 in der Version vom 6. Juni 1973:

> 11 (1) Sonderanträge auf Genehmigung einer Übersiedlung, die nicht den Voraussetzungen nach Ziffer 3 [Anträge sind auch entgegenzunehmen, wenn eine Mitteilung das Leiters der Hauptabteilung Innere Angelegenheit vorliegt] entsprechen, und im Interesse der Sicherheit unseres Staates oder aus anderen schwerwiegenden Gründen eine Übersiedlung in Erwägung gezogen wird, bedürfen vor Einleitung weitere Maßnahmen durch den Rat des Bezirkes, Stellvertreter des Vorsitzenden für Inneres, der Zustimmung des Ministeriums des Inneren, Leiter Hauptabteilung Innere Angelegenheiten.[103]

Im Beschluss des Politbüros vom 20.3.1973 über „Fragen des Reiseverkehrs, der Übersiedlung und der Eheschließung" waren die Kategorien der expliziten Ausnahmefälle sowie daraus resultierende Instruktionen enthalten:

> Diese Arbeitshinweise enthielten, daß bei Personen die Übersiedlung vorgeschlagen werden soll.

- die aus politischen Motiven laufend die Übersiedlung fordern, der DDR feindlich gegenüberstehen oder die DDR bei anderen Staaten oder der UNO diffamieren,
- bei denen Hinweise vorliegen, daß sie die DDR ungesetzlich verlassen wollen und die Gefahr einer Grenzprovokation besteht,
- die mehrmals vorbestraft sind und eine asoziale Lebensweise an den Tag legen,
- die mit antisozialistischen Demonstrativhandlungen auftreten oder renitentes Verhalten zeigen,
- die mittels Gewaltanwendung oder Selbstmordabsichten und anderen Handlungen ihre Übersiedlung durchsetzen wollen,
- die seit Jahren eine feste Bindung nach der BRD oder Westberlin haben (sogenannte Dauerverlobte) und evtl. schon Kinder vorhanden sind,
- wo bei Nichtstattgabe der Übersiedlung für die DDR politischer Schaden entstehen kann.[104]

Ähnlich wie bei den auslösenden Motiven handelte es sich bei den „Ausnahmefällen“ selten um eindeutige Zuordnungen, sondern um ein Bündel an Merkmalen, welche einen Antragsteller zum Sonderfall werden ließen.

Ein vom Rat des Kreises Hoyerswerda an das MdI übermittelter Sachverhaltsbericht schildert den Fall eines Antragstellers, der seinen Erstantrag im September 1974 an das DDR-Komitee für Menschrechte[105] gesandt hatte. Zur Untermauerung seines Anliegens seien fünf Eingaben an öffentliche Institutionen der DDR gefolgt, was ihm die Zuschreibung eines „hartnäckigen Antragstellers“ einbrachte. Zur Person hielt der Rat des Kreises fest:

> [Name anonymisiert] stellt sich außerhalb der kollektiven Interessen und sucht die Verbindung zu rowdyhaften Elementen. Es wird eingeschätzt, daß [Name anonymisiert] sich ständig am

> Rande des Gesetzes bewegt, aber immer darauf bedacht ist, dabei nicht straffällig zu werden. [...] Seine Gedanken zur Übersiedlung resultieren vor allem aus Gesprächen mit Menschen aus der BRD oder Westberlin. Kennengelernt hat er diese im sozialistischen Ausland (vorrangig in der VR Ungarn). Noch immer findet Briefkontakt statt.[106]

Zur Mitte der 1970er Jahre mehrten sich die „Ordnungs- und Genehmigungsangelegenheiten", in denen der Rat des Bezirkes Cottbus Vorschläge zur Bewilligung einer Übersiedlung gemäß der Anweisung 42/71 zu prüfen hatte. Der skizzierte Fall wurde aufgrund seiner Hartnäckigkeit als „Sonderfall" nach Ziffer 11 der Anweisung eingestuft. Sein Wunsch, die DDR zu verlassen, wurde als Inspiration aus der Bundesrepublik interpretiert. Zwar konnten die Sicherheitsorgane in diesem Fall keine strafrechtlich relevanten Fehltritte nachweisen, doch konnte durch die enge Zusammenarbeit zwischen den Räten und den Dienststellen der DVP und des MfS zumindest das bekannte Narrativ einer von außen einwirkenden Beeinflussung untermauert werden.

Im September 1975 hatte sich der Rat des Kreises Senftenberg zu einer genehmigten Übersiedlung gegenüber dem MdI zu erklären. Die Arbeitsgruppe verwies auf die „völlig negative Einstellung gegenüber des Staates" im Fall der Familie und schätzte die Anwendung von sogenannten Demonstrativhandlungen durch den Familienvater als sehr wahrscheinlich ein. Im Zuge dreier anberaumter Aussprachen wurde herausgearbeitet, dass der Entschluss zur Übersiedlung aus einer dreijährigen Haftzeit wegen versuchten Grenzdurchbruchs in der Strafvollzugsanstalt (StVA) Bautzen abgeleitet wurde. Die Kinder würden zudem nicht mehr im Sinne des Staates erzogen, da die Eltern keine Sympathien mehr für die DDR aufbrächten. Der Rat des Kreises sprach sich in seiner Einschätzung für eine Übersiedlung aus, da eine Ablehnung den Antragsteller dazu bringen werde,

> mit dem Schild [mit Forderungen, Anm. d. Verf.] vor dem Ministerium der DDR auf[zu]treten, negative Diskussionen im Arbeitskollektiv [zu provozieren] usw. – das Arbeitsrechtsverhältnis wurde mittlerweile aufgelöst, da [Name anonymisiert] keine Stunde mehr für diesen Staat arbeiten wolle. Ferner wurden externe Stellen (die UNO) angeschrieben.[107]

Der Rat des Bezirkes Potsdam erkannte analoge Entwicklungen auch in seinen Kreisen und machte Schwerpunkte etwa in Potsdam-Stadt, Brandenburg-Stadt, Nauen oder Oranienburg aus:

> 20 % [n = 945] drohen, daß sie nichts unversucht lassen werden, um ihr Ziel zu erreichen. Sie werden sich an internationale Gremien wenden bzw. über Angehörige in der BRD die nötigen Schritte einleiten.
>
> Einzelne drohen mit Selbstmordabsichten bzw. drohen Demonstrativhandlungen an. Hier ist eine steigende Tendenz festzustellen. […]
>
> – ca. 40 Antragsteller drohen damit, mit allen möglichen Mitteln die DDR zu verlassen, notfalls auch auf illegalem Wege oder weisen darauf hin, sich an internationale Gremien, an die ständige Vertretung der BRD in der DDR oder an westdeutsche Massenmedien zu wenden. Dabei nimmt die Zahl der Antragsteller zu, die über ihre in der BRD lebenden Verwandten versuchen, sich an Organisationen und staatliche Stellen der BRD zu wenden, um von außen Druck auf die Staatlichen Stellen der DDR auszuüben und auf diesem Wege eine Genehmigung zur Übersiedlung zu erzwingen.[108]

In Folge der aktuellen Entwicklungen sah sich das MfS 1976 genötigt, das Vorgehen der Volkspolizei sowie der eigenen Abteilungen zumindest in Fragen der Übersiedlung auf den Prüfstand zu stellen. Das Vorgehen aller gesellschaftlichen Kräfte – Betriebe, Partei und Sicherheitsorgane – sollte neu justiert werden. So wurde nach eingehenden Konsultationen mit den Leitern der „operativen Diensteinheiten“ in den Bezirksverwaltungen des MfS eine Arbeitsgrundlage durch die ZAIG erarbeitet. Diese zirkulierte zum Meinungsaustausch ab Mai 1976 und hielt fest:

> Die auf dieser Grundlage entwickelte Entscheidungspraxis [in Bezug auf die Ausnahmefälle, Anm. d. Verf.] wirkte auf die übersiedlungswilligen Personen aktivierend, trug zur Entstehung diesbezüglicher Absichten bei und wurde auch vom Gegner und feindlich-negativen Personen ausgenutzt, um Personen zu inspirieren, Druck auf staatliche Organe auszuüben, die Übersiedlung zu erzwingen.
>
> Mit der weitgehenden Einschränkung der Genehmigung von Sonderanträgen könnte die Abwanderung von Arbeitskräften eingeschränkt und auf längere Sicht auch eine Zurückdrängung der Antragstellung erreicht werden, wenn übersiedlungswillige Personen erkennen, daß eine Antragstellung ohne Vorliegen echter humanitärer Gründe in der Regel nicht genehmigt wird. […]
>
> Die Genehmigung der Übersiedlung von arbeitsfähigen und minderjährigen Personen sollte nur erfolgen, wenn im Einzelfall echte humanitäre Gründe oder staatliche Interessen vorliegen.
>
> Bei der Prüfung dieser Voraussetzungen sollte ein strenger Maßstab angewendet werden.
>
> Humanitäre Gründe sollten anerkannt werden,
>
> – wenn echte Probleme der Familientrennung vorliegen und die Überzeugung gewonnen wurde, daß bei den Antragstellern ein unabänderliches Bedürfnis nach Familienzusammenführung vorliegt und die Gründe nicht als Vorwand für eine Übersiedlung aus anderen Motiven vorgebracht werden.
>
> Staatliche Interessen sollten vor allem nur dann berücksichtigt werden,
>
> – wenn unmittelbare Gefahr für die staatliche Sicherheit besteht,

> – wenn Schaden von der DDR abgewendet werden kann,
> – wenn bedeutsame Vorteile für die DDR erreicht werden können. [...]
>
> Bei der Entscheidung über die Anträge auf Übersiedlung sollte in jedem Einzelfall stärker beachtet werden:
> – die Persönlichkeit der Antragsteller und die Ergebnisse der Überprüfung bezüglich der Echtheit der Motive und Gründe,
> – der Charakter der Beziehungen zu den Personen, zu denen die Übersiedlung erfolgen soll,
> – der Umfang und Charakter der mit einer Übersiedlung entstehenden Rückverbindungen u. a. Folgeerscheinungen,
> – die Reaktion der Bevölkerung auf eine Genehmigung der Übersiedlung. [...]
>
> Bei Androhungen von Straftaten, Demonstrativhandlungen und bei feindlich-negativem bzw. renitentem Verhalten der Antragsteller sollte grundsätzlich keine Genehmigung erfolgen. Bei diesen Personen sollten differenziert disziplinierende Maßnahmen bei Einbeziehung staatlicher Leiter und gesellschaftlicher Kräfte eingeleitet werden und wenn erforderlich, auch alle Möglichkeiten des sozialistischen Rechts genutzt werden einschließlich der Einleitung strafprozessualer Maßnahmen nach zentraler Entscheidung.[109]

Den Sicherheitsorganen blieben die steigenden Antragszahlen sowie das Problem der vielen ausreisewilligen Arbeiter und Angestellten nicht verborgen. Dass etwa „Sonderfälle“ durch die Antragsteller instrumentalisiert wurden, war eine aufkommende Tendenz, die auf Weisung Mielkes unterbunden werden sollte. Der Minister mahnte eine geschicktere Einflussnahme durch die Bezirks- und Kreisleitungen der SED sowie das koordinierte Einbeziehen aller gesellschaftlichen, geheimpolizeilichen und wirtschaftlichen Organisationen an. Durch Fortbildungen sollten die ausführenden Mitarbeiter in den Inneren Abteilungen der Räte weiter qualifiziert werden. Den Antragstellern sollte so taktisch klug und auf einer breiten gesellschaftlichen Linie entgegengetreten werden. Der Leiter der ZAIG und für die Neuerungen verantwortliche Geheimdienstler Oberst Werner Irmler wurde beauftragt, zentrale Entscheidungen vorzubereiten. Kritisch gaben die an die MfS-Bezirksverwaltungen versandten Ausarbeitungen zu bedenken, dass weder Anzahl noch Qualität der Kader in den Verwaltungseinheiten ausreichten, um zukünftigen Anforderungen gerecht zu werden. Gleiches gelte für die Kräfte der Volkspolizei. In den Schwerpunktkreisen der Antragsteller sollte das MfS verstärkt Unterstützung leisten – hier durch den Einsatz von Offizieren im besonderen Einsatz (OibE). Diese mit Legenden ausgestatteten hauptamtlichen Mitarbeiter des MfS sollten aktuelle Berichte und Informationen aus den Verwaltungen der Kreise abschöpfen und Einfluss auf interne Entscheidungen nehmen. Im Bewusstsein, dass die Abteilungen Innere Angelegenheiten Antragsteller selbst kaum überprüfen konnten, forderte Irmler zugleich eine stärkere Rolle der Volkspolizeikreisämter und der Kreisdienststellen des MfS. Für alle beteiligten Institutionen wurde damit das Ziel ausgegeben, schneller, differenzierter, konsequenter und qualifizierter zu arbeiten.[110]

Der Auszug aus dem MfS-Material verdeutlicht, dass eine Aufstockung der Kader als unzureichend angesehen wurde. So ging es ferner auch um die Qualifikation zur richtigen Entscheidung. Die Mitarbeiter hatten stärker die Persönlichkeit des Antragstellers, die Echtheit der Motive sowie eine mögliche Reaktion der Bevölkerung einzubeziehen – Aufgaben, die weit über eine administrative Verwaltungsarbeit hinausgingen. Diese psychologischen Momente fanden sich ebenfalls in den Vorschlägen zu den sogenannten Aussprachen mit den Antragstellern, wo sie zum Ziel hatten, die Konfliktsituationen zu beseitigen, eine Rücknahme des Antrages zu bewirken und bei erteilter Ablehnung eine weitere Eskalation, etwa in Form von Demonstrativtaten, auszuschließen:

> Alle Mitarbeiter der Abteilung Innere Angelegenheiten, die Anträge auf Übersiedlung zu bearbeiten und Gespräche mit Antragstellern zu führen haben, sollten im erforderlichen Maße in zentralen oder bezirklichen Schulungen und Erfahrungsaustauschen zur qualifizierten Durchführung ihrer Aufgaben befähigt und bei der Arbeit angeleitet und kontrolliert werden.[111]

Die erarbeiteten Hinweise flossen in kurze Zeit später erarbeitete Normierungen wie den MfS-Befehl Nr. 6/77 oder die Ordnung Nr. 0118/77 ein und dienten aus zeitgenössischer Sicht der Koordinierung aller beteiligten staatlichen Behörden, die an der „Unterbindung und Zurückdrängung von Ersuchen von Bürgern der DDR, die Übersiedlung nach der BRD oder Westberlin zu erreichen“[112], beteiligt waren. In den Vorschlägen nahm Irmler zudem ein Dauerproblem in den Blick, das sich in den kommenden Jahren noch zuspitzen sollte: die Kader- und Qualifizierungsfragen.

3.2.5 Das drohende Moment – Übersiedlung um jeden Preis

Die medial geführten Diskussionen über die Inhalte des Korb III der Schlussakte von Helsinki hatten die Antragsteller, wie ausgeführt, mit einer breiteren Argumentationsbasis ausgestattet, die wiederum zu einem entschlosseneren Auftreten gegenüber den Räten und auch dem MfS führte. Das MdI indes schien die Schlussakte unterschätzt zu haben – zwar ging man von einer Ausweitung des Reiseverkehrs sowie einer möglichen Debatte um den völkerrechtlichen Charakter der Beschlüsse aus, blieb jedoch vorerst abwartend und plante, sich den Entwicklungen dann zu stellen, wenn weitere Maßnahmen nötig wurden.[113] Das MfS, das sich gegenüber dem MdI zu profilieren versuchte, schätzte die Lage zwar ähnlich ein, ging aber davon aus, dass sich das MdI in Fragen der Ausreise, Familienzusammenführung und Eheschließung ohnehin an den Weisungen der Partei zu orientieren hatte.[114]

In den eigenen Berichten anerkannte das MfS demnach, dass sich die Lage nach Helsinki verändert hatte:

> In einer Reihe von Fällen versuchen die Antragsteller, inspiriert durch sogenannte „Ratschläge", wie sie das ZDF am 7. Januar 1976 und 21. Januar 1976 erneut verbreitete, durch Androhung von Demonstrativhandlungen, Intervenierung bei internationalen Organisationen, der Einschaltung von Behörden, Einrichtungen und Institutionen sowie Massenmedien der BRD und Westberlins, „Druck" auf die staatlichen Organe auszuüben, um eine positive Entscheidung ihrer Anträge zu erzwingen.[115]

Indem sich die „Schutz- und Sicherheitsorgane" abermalig auf die Meistererzählung einer von außen gesteuerter Beeinflussung beriefen, verkannten sie jedoch die Dynamik innerhalb der DDR. Die sogenannten Demonstrativhandlungen hatte es auch vor der Schlussakte von 1975 und ohne maßgebliche „Ratschläge" der bundesrepublikanischen Massenmedien gegeben. Als Untermauerung lag den Forderungen nach Freiheit oder Ausreisemöglichkeiten zuvor das UN-Menschenrecht zugrunde. In den Berichten der ZAIG wurden frühere Demonstrativhandlungen im öffentlichen Raum dokumentiert:

> <u>Beispiele</u>
> provokatorisch-demonstrativer Handlungen in der Öffentlichkeit
> Am 28.9.1974 trat der DDR-Bürger [Name anonymisiert] Dipl.-Ingenieur für Elektrotechnik und dessen Ehefrau in Berlin-Mitte, Rathausstraße [Amtssitz des Oberbürgermeisters von Ostberlin] mit 4 selbstgefertigten Plakaten demonstrativ auf.
> Inhalt: „DDR soll endlich UNO-Menschrecht achten – Freiheit! Freedom for us!"
> „Wir werden widerrechtlich in der DDR festgehalten! Freedom!"

„Well our Freedom! Wir fordern unsere Freiheit! UNO-Menschenrecht, Artikel 13 – Jeder Mensch hat das Recht, sein Land zu verlassen!"
„DDR verstößt gegen Menschenrechte! Wir protestieren! Artikel 13: UNO-Menschenrecht – heißt Freiheit! Freedom!"
([Name anonymisiert] wurde am 17.6.1975 wegen Verstoßes gegen § 106 StGB vom Bezirksgericht Cottbus zu 5 Jahren Freiheitsentzug verurteilt.)
Am 7.10.1974 trat die DDR-Bürgerin [Name anonymisiert] Kindergärtnerin in Dresden, Prager Str., mit einem Plakat demonstrativ auf.
Inhalt: „Laßt meine Mama und mich zu meinem Papa! Wir brauchen wie alle meinen lieben Papa!"
(Die [Name anonymisiert] ist am 17.3.1975 mit Genehmigung der zuständigen staatlichen Organe nach der BRD ausgereist.)
Am 29.3.1975 trat der DDR-Bürger [Name anonymisiert] Maschinist im VEB Grünanlagen Mühlhausen mit Ehefrau und Kindern am Frauenplan in Weimar mit Schildern demonstrativ auf.
Inhalt: „Die DDR fordert Freiheit für Luis Corvalan [Generalsekretär der Kommunistischen Partei Chiles, politischer Häftling unter der Pinochet-Diktatur]. Warum keine Freiheit für uns?"
„Wir fordern freie Ausreise aus der DDR. Die DDR – ein humanitärer Staat? Wie human zu uns?"
([Name anonymisiert] wurde am 21.5.1975 wegen Verstoßes gegen § 220 StGB zu 1 Jahr und 8 Monaten Freiheitsentzug verurteilt. Er wurde im Oktober 1975 nach vorheriger Entlassung aus der Staatsbürgerschaft aus dem Strafvollzug in die BRD entlassen.)[116]

Sehr deutlich offenbaren sich in den dokumentarischen Auszügen einerseits die Forderungen, die sich im Großteil auf verbriefte Rechte der DDR-Bürger bezogen (UNO-Menschenrecht, Freizügigkeit und Familienzusammenführung), andererseits belegt das Dokument die Bandbreite staatlicher Repression im rechtlichen

Gewand. Das Infragestellen des humanitären Charakters der DDR etwa wurde mit dem § 220 StGB (Staatsverleumdung) geahndet. Die Forderung, die DDR solle doch endlich das UN-Menschenrecht anwenden, konnte einem DDR-Bürger die Höchststrafe von fünf Jahren Freiheitsentzug nach § 106 StGB (Staatsfeindliche Hetze) einbringen. Primär ging es den Sicherheitsbehörden darum, sichtbare Protestaktionen zu verhindern – besonders wenn internationale Gremien, westdeutsche Massenmedien, staatliche Stellen oder Organisationen über den Ausreisewunsch der Antragsteller informiert waren.

Die sichtbaren Proteste in den frühen 1970er Jahre waren zumeist Aktionen, bei denen Slogans und Plakate im öffentlichen Raum gezeigt wurden. Die Protagonisten nutzten exponierte Orte, besonders in der Hauptstadt der DDR. In den Folgejahren kam es zu einer qualitativen Verschiebung – hinter Demonstrativhandlungen verbargen sich jetzt oft selbstgefährdende Aktionen: Selbstmordabsichten oder Selbstverbrennungen. Mit der provokanten Frage „Erwartet man vielleicht sogar von mir in einer Art der Verzweiflung in die Selbstschussanlagen oder in die Maschinenpistolen zu laufen?“ reagierte etwa eine Berlinerin auf die Ablehnung ihres Antrages durch den Magistrat von Groß-Berlin.[117] Tatsächlich gewannen zumindest die Behörden den Eindruck, dass die Androhungen von Demonstrativhandlungen, die dazu dienen sollten, eine Ausreisegenehmigung zu erwirken, an Ausdrucksstärke zunahmen.

Mit dem Abschluss des Grundlagenvertrages im Jahr 1972 hatte sich die DDR stärker für den westdeutschen Reiseverkehr geöffnet und war mit dem damit aufkommenden Nachrichtentransfer das Risiko eines Informationsaustausches eingegangen. Der SED-Staat war sich durchaus darüber im Klaren, dass er sich gegen in der DDR akkreditierte Journalisten – besonders westlicher Medien – wappnen musste. Jede vollzogene Demonstrativhandlung barg die Gefahr, in der Bundesrepublik zur Schlagzeile zu werden und der DDR-Politik den Spiegel vorzuhalten. Es kam daher nicht von ungefähr, dass das MfS hartnäckige Drohgebärden nun doch mit einer Bewilligung des Ausreisewunsches quittierte:

> Für eine Bestätigung sprechen folgende Faktoren:
>
> 1. Seit dem 17.5.1976 stellen sie mehrfach rechtswidrige Ersuchen auf Übersiedlung in die BRD. Das Ehepaar [Name anonymisiert] hat die feste und unabänderliche Absicht, mit ihren Kindern in die BRD, zur Schwester der Frau [Name anonymisiert], zu übersiedeln. Alle ihre Handlungen ordne sie diesem Ziel unter, wobei eine ständige Steigerung der Aktivitäten zu verzeichnen ist.
> 2. Der [Name anonymisiert] ist vorbestraft (1962 wegen versuchten Grenzdurchbruchs zu 1 Jahr und 4 Monaten Freiheitsentzug verurteilt). Er verschickte 1976/77 Schreiben an den Staatsrat und die Volkskammer der DDR, wo er „höhere Löhne, deutsche Einheit sowie Beseitigung der Grenzen" forderte. Seit dem 4.10.1976 geht er keiner beruflichen Tätigkeit mehr nach. […]
> 3. Der Abteilung Innere Angelegenheiten gingen wiederholt Androhungen von Demonstrativhandlungen und Selbsttötungsabsichten seitens des Ehepaares [Name anonymisiert] zu. In den bisher mit ihnen geführten Aussprachen konnte die Verwirklichung vorgenannter Drohungen bisher verhindert werden. Am 26.8.1976 brachte die [Name anonymisiert] demonstrativ ihre Sympathie für Pfarrer Brüsewitz zum Ausdruck, indem sie in der Öffentlichkeit schwarz gekleidet auftrat.
> 4. Über einen ehemaligen Bürger der DDR, der jetzt in der BRD lebt, erfolgte durch [Name anonymisiert] eine Kontaktaufnahme zur „Gesellschaft für Menschenrechte".
> 5. Inoffiziell wurde bekannt, daß die Familie [Name anonymisiert] zu den Feierlichkeiten anläßlich des 60. Jahrestages der Großen Sozialistischen Oktoberevolution die Fenster ihrer Wohnung schwarz anstreichen will.

6. Bei einer Übersiedlung in die BRD ist mit negativen Folgeerscheinungen nicht zu rechnen. Zu den beiden Kindern [Name anonymisiert] liegt eine Erklärung vor, wonach der Kindesvater mit einer Übersiedlung einverstanden ist.[118]

In der Stellungnahme des Leiters der ZKG Oberst Willy Woythe vom 19. September 1977 zum Vorschlag auf Übersiedlung lassen sich die Bedenken und gleichermaßen die Möglichkeiten des MfS anschaulich nachvollziehen. Zum einen wird ersichtlich, dass die ZKG des MfS das letzte Wort im Entscheidungsprozess zur Übersiedlung hatte, jedoch gegenüber dem Antragsteller nicht offen in Erscheinung trat. Dennoch hielt die Staatssicherheit die jeweiligen Personen unter Beobachtung. Die Aussprachen mit den Antragstellern sowie die daraus weitergeleiteten Informationen definierte das MfS als wichtig, um auf die ausgesprochenen Drohungen zu reagieren. Mögliche Demonstrativhandlungen wurden „aufgeklärt" und sollten so unter Kontrolle gehalten werden. Aufschlussreich erscheint zudem die Charakterisierung einer aus Sicht des MfS klassischen Antragsfamilie im Dokument: Weil sie mehrfach um Ausreise ersucht hatte, wurde die Familie als „hartnäckige Antragsteller" stigmatisiert. Zudem versagten sie sich der Pflicht zur Arbeit in der DDR und fokussierten sich in ihrem Handeln auf die Ausreise. Ihr Verhalten wurde somit als Ausbruch aus der sozialistischen Norm gewertet. Die Familie war dem MfS nicht unbekannt. Wegen eines 1962 unternommenen Versuchs des Grenzdurchbruchs, der Kontaktaufnahme zu einer westlichen „Feindorganisation" sowie den nun ermittelten Informationen zu Demonstrativhandlungen ergab sich für das MfS die Notwendigkeit der umfänglichen Kontrolle der Familie. Eine neue Befürchtung des MfS ergab sich schließlich aus der Verbindung zwischen der Absicht der Selbsttötung durch das Ehepaar und der interpretierten Sympathie für den Pfarrer Oskar Brüsewitz.

Die Selbstverbrennung des Pfarrers vor der evangelischen Michaeliskirche in Zeitz, Bezirk Halle, geschah am 18. August 1976 und stellte eines der öffentlichkeitswirksamsten Fanale gegen das Regime dar. Zusammen mit der Ausbürgerung Wolf Biermanns nur wenige Monate später hatte es Auswirkungen auf die gesamte Oppositionsbewegung der DDR, die Ausreisebewegung, die Kirche in der DDR und die Staatssicherheit selbst.

Oskar Brüsewitz hatte sich mit Plakaten gegen die Unterdrückung der Kirchen in den Schulen sowie gegen die Indoktrinierung von Kindern und Jugendlichen an die Öffentlichkeit gewandt, bevor er sich mit Benzin übergoss und anzündete. Er erlag seinen schweren Verletzungen vier Tage später. Die öffentliche Verbrennung war eine Demonstrativhandlung, die das MfS nicht hatte kommen sehen und die nun im medialen Gewitter der bundesrepublikanischen Berichterstattung stand. Allein zur Beerdigung des Pfarrers reisten Korrespondenten der Deutschen Presseagentur, der ARD, des ZDF und des Evangelischen Pressedienstes an.[119] Das MfS hatte zudem Schwierigkeiten, den Diskurs um die Selbstverbrennung einzufangen. Die Geheimpolizei schuf etwa durch Verleumdungen im Zentralorgan *Neues Deutschland* ein dichtes Netz aus Desinformationen[120] und überwachte die Predigten und Kirchgänger. In einem Schreiben an den 1. Sekretär der SED-Kreisleitung Pritzwalk Johannes Leischner formulierte der Kollege aus dem Rat des Kreises die Situation in einer observierten Kirche sehr fantasievoll. Gleichzeitig unterstreicht es die Eigenart parteizugehöriger Informationszuträger, Situationen aus dem Kontext zu reißen und somit zu verfälschen:

> Selbst der reaktionäre Pfarrer [Name anonymisiert] mußte sich am gestrigen Gottesdienst mit nur 2 Schäflein begnügen, während alle übrigen sich auf dem Kartoffelacker zum Nachsammeln befanden. Sein Ruf in die leere Kirche: „Brüsewitz war kein Geisteskranker, alles andere ist üble Verleumdung“ verhallte und verjagte sogar die Sperlinge aus den zerschlagenen Kirchenfenstern.[121]

Das MfS vermochte es nicht zu verhindern, dass der Fall in der DDR-Öffentlichkeit, etwa durch Wolf Biermann bei einem umstrittenen Konzert in Prenzlau oder grenzübergreifend im Norddeutschen Rundfunk (NDR), kommentiert wurde. In einem durch das MfS mitgehörten Telefoninterview Biermanns mit einem Journalisten des NDR vom 20. September 1976 äußerte sich der Liedermacher zu dem Vorfall:

> Darüber habe ich vor diesen Leuten auch indirekt gesprochen. Direkt wollte ich darüber nicht sprechen, weil ich keine Lust habe, an dieser Affäre mich nun auch noch auf irgendeine spektakuläre Weise zu beteiligen. Ich halte dafür, daß es richtiger ist, für seine Überzeugung zu leben, als für sie zu sterben. Wenn es allerdings keinen anderen Weg gibt als den Tod, dann mag das richtig sein. Ich bin aber nicht der Meinung, daß die Verhältnisse in der DDR so sind, daß ein Mensch, auch ein Christ, dann am besten etwa, sagen wir mal, menschlichen, humanistischen, vielleicht sogar fortschrittlichen Überzeugung zu tun, indem er öffentlich den Freitod wählt. Allerdings bedauere ich sehr, daß danach von offizieller Seite dieser Freitod des Herrn Brüsewitz in einer so schändlichen Weise kommentiert wurde.[122]

So mussten die Sicherheitsorgane der DDR in ihren Berichten vermehrt festhalten, dass der Anteil der angedrohten Selbstmorde bzw. Selbstverbrennungen anteilig nach den Ereignissen von 1976 zunahm.

> Weitere Erscheinungen der Beeinflussung des Klassengegners zeigen sich darin, daß Bürger nach Zurückweisung der rechtswidrigen Ersuchen in ihren Schreiben an zentrale staatliche Organe provokatorisch-demonstrative Handlungen in der Öffentlichkeit androhen. Im 1. Halbjahr 1977 wurden 103 Fälle bekannt (36 Personen, die mit einem Plakat bzw. durch Hungerstreik oder Anketten ihre Übersiedlung erzwingen möchten. 32 Personen drohten mit ungesetzlichem Verlassen der DDR und 35 Personen mit Selbstmord bzw. Selbstverbrennung). In weiteren Fällen

> wurden Personalausweise, Wehrpässe Urkunden, Auszeichnungen, Medaillen u. a. demonstrativ den rechtswidrigen Ersuchen beigefügt.
>
> Die Sicherheitsorgane wurden durch die Bereiche Inneres unverzüglich davon in Kenntnis gesetzt. Dadurch konnte der Begehung solcher Handlungen zielgerichtet vorgebeugt werden.[123]

Das Jahr 1976 entwickelte sich so zu einem Schlüsseljahr für die DDR. Der Umgang mit der Selbstverbrennung des Pfarrers Brüsewitz und die nahezu zeitgleich durch Ausweisung zur Vollendung gebrachte Hetzjagd auf Biermann durch das MfS und die Staats- und Parteiführung ließen das Entsetzen kirchentreuer Kreise wachsen, den Kulturschaffenden der DDR trieben die Maßnahmen die Sorgenfalten auf die Stirn und der Ausreisebewegung gaben sie neue Impulse. Die DDR-Führung hatte sich selbst in eine Situation hineinmanövriert, deren Sprengkraft vergleichbar war mit den Jahren nach der II. SED-Parteikonferenz 1952, dem Mauerbau oder dem sogenannten Kahlschlagplenum von 1965.

Gleichzeitig wurden im Jahr 1976 jene Weichen gestellt, die im Bewusstsein der Sicherheitsorgane sowie der Staats- und Parteiführung zu einer Normierung im Umgang mit den Antragstellern führen sollten. Hierbei ging es vor allem darum, der im KSZE-Prozess stark zunehmenden Ausreisebewegung Herr zu werden. In der internen Suche nach Vorgehensweisen und Normensetzungen zeigte sich eine gewisse Realitätsnähe des MfS: Man sah ein, dass es sich nicht als förderlich erweisen würde, die Angehörigen der Ausreisebewegung innerhalb ihres Lebensumfeldes, wie etwa den Kollektiven, zu isolieren. Die MfS-Führung befürchtete, dass Maßnahmen wie ausgesprochene Kündigungen in den Betrieben eine weitere Radikalisierung provozieren würden. Honecker war in diesen Fragen kompromissloser. Am 29. Oktober 1976 erhielt der Generalsekretär ein Schreiben vom Leiter der Abteilung Staats- und Rechtsfragen beim ZK der SED Klaus Sorgenicht. Es war ein Schreiben, das sich sowohl mit arbeits- als auch strafrechtlichen Repressionen und Vorgehensweisen gegen Antragsteller befasste:

> Werter Genosse Honecker! [Handschriftlich: Einverstanden – mit Gen. Mielke abstimmen. Siehe Seite 4 EH – 3.11.76]
>
> Ausgehend von Deinem Fernschreiben an die 1. Sekretäre der Bezirksleitungen über die erforderlichen Maßnahmen zur Zurückweisung von Versuchen revanchistischer Kreise in der BRD, Bürger der DDR zur Nichteinhaltung der Gesetze der DDR aufzufordern sowie vom bisherigen Erscheinungsbild feindlicher Handlungen einzelner Bürger, die die Gesetze der DDR verletzen, schlagen wir im Interesse einer einheitlichen Strafverfolgung und der einheitlichen Anwendung des Arbeitsrechts, in Übereinstimmung mit dem Generalstaatsanwalt der DDR, Genossen Streit, folgendes Vorgehen vor:
>
> 1. Der Einsatz strafrechtlicher Mittel erfolgt gegenüber jenen Personen, die aus Feindschaft oder aus einer negativ verfestigten Grundhaltung heraus handelnd provokatorisch gezielte oder im Zusammenwirken mit feindlichen Kräften Straftaten im Zusammenhang mit Antragstellungen begehen.
> 2. Entsprechend der Gesellschaftsgefährlichkeit der strafbaren Handlungen ist es notwendig, differenziert zu verfahren und die ganze Skala unserer strafrechtlichen Möglichkeiten auszuschöpfen. Da heißt:
>   – Strafrechtlicher Zwang ist anzuwenden gegen Personen, die ihre Ausreise erpressen wollen, sich in das System der politischen Diskriminierung des Gegners eingliedern, unsere Staats- und Gesellschaftsordnung oder die Tätigkeiten staatlicher Organe verunglimpfen, demonstrative Aktionen und Provokationen in der Öffentlichkeit durchführen.
>   – Strafrechtlicher Zwang wird eingesetzt gegen solche Elemente, die versuchen, andere Personen für ihre Pläne zu

gewinnen, Verbindungen zu Zentren feindlicher Tätigkeit in der BRD und anderen imperialistischen Staaten aufnehmen.

- Es geht darum, den kriminellen Gehalt der strafbaren Handlungen gründlich herauszuarbeiten sowie die Umstände und Hintergründe der Handlungen aufzudecken. Es darf keinerlei Schematismus zugelassen werden. [Handschriftlich: Kooperation + Zusammenarbeit mit dem Feind]
- In den Fällen staatsfeindlicher Diskriminierung, insbesondere im Zusammenwirken mit feindlichen Kräften in der BRD, sind die Tatbestände der staatsfeindlichen Hetze, staatsfeindlichen Verbindungsaufnahme und Nachrichtenübermittlung zu prüfen und anzuwenden. In anderen Fällen sind die Tatbestände der Staatsverleumdung und der Zusammenrottung zu prüfen und anzuwenden.
- Bei Tätern, die ihre feindliche Einstellung durch Arbeitsverweigerung demonstrieren, ist § 249 StGB (asoziales Verhalten) zu prüfen und anzuwenden.
- Verletzung der Erziehungspflichten (§ 142 StGB) ist immer dann anzuwenden, wenn die Täter ihre Kinder daran hindern, die Schule zu besuchen und die Aussprachen der Organe der Volksbildung mit den Tätern zu keinem Ergebnis geführt haben.

Die Ermittlungen der oben genannten Delikte müssen umfassend und gründlich erfolgen. Es ist erforderlich, die Ermittlungen auf a l l e in Frage kommenden Tatbestände zu erstrecken. Bei Fällen, wo eine Straftat sowohl Tatbestände der Verbrechen gegen die DDR als auch Tatbestände der allgemeinen Kriminalität verletzt, sollten die letzteren zuerst angewandt werden.

Mit den Staatsanwälten und Richtern werden dazu Beratungen durchgeführt. Die politische und juristische Problematik dieser Verfahren erfordert ein enges Zusammenwirken der Sicherheits- und Justizorgane und eine konkrete Abstimmung mit den Bezirks- und Kreisleitungen.

3. In den Fällen, wo im Zusammenhang mit der Antragstellung arbeitsrechtliche Fragen auftreten, wird folgendes vorgeschlagen.
   - Eine Änderung oder Beendigung des Arbeitsrechtsverhältnisses [durchgestrichen: allein wegen der Antragstellung ist nichtzulässig, weil damit eine wirkungsvolle Auseinandersetzung im Arbeitskollektiv nicht mehr möglich ist. Wenn jedoch der Antragsteller]
     [Handschriftlich: ist notwendig, wenn]
     - Leitungsaufgaben zu erfüllen hat,
     - mit Dienstgeheimnissen zu tun hat,
     - durch seine Tätigkeit Verantwortung für die Erziehung ihm anvertrauter Kinder und Jugendlicher trägt, oder
     - an volkswirtschaftlich wichtigen Produktionsanlagen arbeitet

     [Durchgestrichen: ist zu prüfen, ob die Beendigung oder die Änderung des Arbeitsrechtsverhältnisses notwendig ist.]
   - Kommt es zu einem arbeitsrechtlichen Verfahren, [gestrichen: darf im Urteil die Tatsache der Antragstellung nicht als Begründung angegeben werden.] [Handschriftlich: muß der Tatbestand und nicht die Antragstellung als Begründung angegeben werden. EH]

Sorgenicht[124]

Die arbeitsrechtlichen Fragen, die einen Antragsteller sanktionieren sollten, fanden sich nahezu vollständig in der Verfügung Nr. 34/77 des Vorsitzenden des Ministerrates wieder.[125]

3.3 Schneller, differenzierter, konsequenter – Gedanken zu einem vielschichtigen Phänomen

Die 1970er Jahre stehen stellvertretend für den Versuch der Staats- und Parteiführung sowie der „Schutz- und Sicherheitsorgane" der DDR, dem Phänomen sich mehrender Ausreisebegehren entgegenzutreten, dessen Geister sie selbst heraufbeschworen hatten. Getragen vom Streben nach internationaler Anerkennung – die nur über den Weg normalisierter deutsch-deutscher Verhältnisse zu erreichen war –, traten die DDR und die Bundesrepublik in einen bilateralen Austausch. Die formalrechtliche Anerkennung internationaler Standards, etwa zu den Menschenrechten sowie der Informationsfreiheit oder Freizügigkeit bei der Wahl der Lebensmittelpunkte, in der Schlussakte von Helsinki war der Preis, den die DDR zu zahlen bereit war. Der DDR ging es außenpolitisch um die staatliche Souveränität. Gleichzeitig schienen zentrale Stützen des Systems wie der Minister des Innern und Chef der DVP Friedrich Dickel jene Entwicklungen unterschätzt zu haben, die das internationale Handeln der DDR im Inneren der Republik bewirkte: wie etwa das Erstarken der Ausreisebewegung. Der zunehmende Reise- und Transitverkehr aus der Bundesrepublik und Westberlin barg die Gefahr, den sorgsam umschlossenen Informationsraum der DDR zu öffnen. Mit der öffentlichen Unterzeichnung der KSZE-Schlussakte 1975 begab sich das Regime in die Auseinandersetzung um deren Auslegung. In einem besonderen Maße wurde die KSZE-Schlussakte zu einem Schlüsseldokument, da es argumentative Möglichkeiten eröffnete, anerkannte Rechte auch einzufordern. Das Regime scheiterte jedoch daran, einen realistischen Blick auf die sozialistische DDR-Gesellschaft zu haben. Unter den Angeboten, die das SED-Regime der Bevölkerung in den 1970er Jahren im Austausch für ihre Loyalität gegenüber der DDR unterbreitete, waren die Friedenssicherung und die „Einheit aus Wirtschafts- und Sozialpolitik" die wichtigsten Versprechungen. Die SED unter Erich Honecker definierte ihr Modell als „real existierenden Sozialismus“ und erweiterte somit das Lenin’sche Drei-Stufen-Modell (Aufbau des Sozialismus, Sozialismus, Kommunismus) um ein taktisches Zwischenziel. Auf dem Weg zum Kommunismus verschaffte es der Staatsführung wichtige Zeit für Anpassungen im Hier und Jetzt – für viele Ausreisewillige dagegen gaben die 1970er Jahre Gründe für ein Auf und Davon.

In einem Jahrzehnt des innerparteilichen Umbaus und der (sozial-)wirtschaftlichen Neuorientierung stärkte das MfS als „Schild und Schwert der Partei“ seine Position im Sicherheitsgefüge der DDR. Das Ministerium blieb somit eine entscheidende Konstante im Kampf gegen eine vermeintliche Systembedrohung von innen wie außen – gegen Menschen etwa, die sich der Militarisierung entgegenstellen, Freunde und Familie besuchen oder einfach keine Bevormundung erleben wollten. Mit jedem Jahr stieg die Zahl jener, die das Land für immer verlassen wollten. Familien, Arbeiter und gut ausgebildete Fachkräfte setzten sich in Bewegung, um ihr Ziel zu erreichen: die ständige Ausreise. Für viele Antragsteller blieb es lange ein rein geistiges, jedoch nicht weniger anstrengendes Unterfangen; das Regime ließ sie oft für Jahre in Ungewissheit, denn ein Recht auf Ausreise gab es bis 1989 nicht. In dem Maße, in dem sich das System öffnete, emanzipierten sich die Ausreisewilligen, schlossen sich vereinzelt zusammen und traten zunehmend selbstbewusster den staatlichen Institutionen entgegen. Dass im Jahr 1975 ein erster Höhepunkt zu verzeichnen war, lag weniger an ökonomischen Beweggründen als an der gefühlten Unfreiheit und einer politisch-ideologischen Entfremdung vom System. Indem die Sicherheitsorgane die Meistererzählung einer von außen einwirkenden Unterwanderung wie ein Mantra unablässig wiederholten, sprachen sie der DDR-Bevölkerung die Befähigung zur Bündelung und Artikulation eigener Interessen ab. Treue Staatsbürger der DDR, so die Einschätzung des Regimes, würden die Errungenschaften der sozialistischen Gesellschaft verteidigen und ihnen nicht den Rücken kehren. Jene, die es trotzdem taten, wurden zu labilen Persönlichkeiten erklärt und außerhalb der sozialistischen Norm verortet. Aus einem Antrag auf Ausreise wurde in den Augen der Machthaber ein „rechtswidriges Ersuchen auf Übersiedlung".

Intern war die Ausreiseproblematik Chefsache. Generalsekretär Erich Honecker hatte zu den erstellten Listen das letzte Wort und vertrat eine strikte Vorgehensweise. Schon der Absicht zu einer ständigen Ausreise galt es unter Aufbietung aller gesellschaftlichen Kräfte entgegenzutreten. Die eigentlichen Anpassungen an die Entwicklung wurden im MdI und im MfS vollzogen. Für die Antragsteller waren die Mitarbeiter der Räte oftmals die erste Anlaufstelle – das MfS ließ sich Sonderfälle übermitteln und plante deren Kontrolle. Sowohl für das MdI als auch das MfS waren es Jahre der Anpassung, die im Zeichen der internationalen Öffnung eine Balance zwischen Repression und Normensetzung bedeutete. Wo die Abteilungen Innere Angelegenheiten der Räte schon früh angehalten wurden, Informationen zu sammeln, disziplinierend einzuwirken und die Ausreisewilligen zu einer Rücknahme ihrer Anträge zu bewegen, war das MfS für die Hintergrundarbeit zuständig. So wurden mögliche „Rückverbindungen" in die DDR aufgeklärt, das soziale Umfeld observiert, private Korrespondenz abgefangen und Straftatbestände geahndet, sofern solche ermittelt werden konnten. Die vollzogene Öffnung der DDR gegenüber dem Westen war für die Ausreisewilligen Fluch und Segen zugleich: Einerseits boten westliche Medien Aufmerksamkeit und Schutz. Andererseits konnten grenzübergreifende Kontakte als „staatsfeindliche Verbindungsaufnahme" (§ 100 StGB) umgedeutet werden; wer sich mit seinem Anliegen an die Öffentlichkeit traute, lief Gefahr, nach § 106 StGB (Staatsfeindliche Hetze) verhaftet zu werden. Es bleibt zu unterstreichen, dass das MfS in einer Vielzahl von Sonderfällen (auch im Zusammenspiel mit der Deutschen Volkspolizei) aktiv wurde. Als Geheimnisträger zu gelten oder verwandtschaftliche Beziehungen zu Angehörigen der „Schutz- und Sicherheitskräfte" zu besitzen, konnte dem Vorschub leisten. Das MfS kategorisierte und richtete sein Vorgehen an den jeweiligen Fällen aus – die sogenannten Zersetzungsmaßnahmen waren hierbei Möglichkeiten des verschärften Einwirkens. Operative Personenkontrollen oder Operative Vorgänge nutzte das MfS, um „hartnäckige Antragsteller“ und mögliche „Demonstrativtäter“ unter Kontrolle zu halten. Im Normalfall sahen sich Ausreisewillige einer über die Jahre verfeinerten Klaviatur unterschwelliger Repressionsmechanismen gegenüber, die von der Erziehung über die Observierung bis hin zur Zersetzung reichte. Die sogenannten Aussprachen, zu denen sich die Ausreisewilligen einzufinden hatten, dienten den Sicherheitsorganen sowohl zur Informationsbeschaffung als auch zur Disziplinierung. Maßregelnde Eingriffe etwa in den Beruf galten dabei anfänglich als probate Mittel, wurden mit der Zeit vom MfS jedoch zunehmend kritisch gesehen. Denn solche Eingriffe festigten die Ansichten der Antragsteller häufig eher noch und führten zu einer selbst gewählten oder erzwungenen Isolation. Für die Organe waren diese Personen daraufhin schwieriger zu erreichen. Für das Regime ergab sich folgerichtig: Nur eine allumfängliche, konsequent weitergeführte sowie qualifizierte Bearbeitung der Ausreisewünsche durch alle gesellschaftlichen Teilbereiche würde eine schnelle und differenzierte Auseinandersetzung mit dem betroffenen Personenkreis ermöglichen.

Die MdI-Ordnung Nr. 118/77 (8.3.1977), der MfS-Befehl Nr. 6/77 (18.3.1977) sowie die Verfügung des Vorsitzenden des Ministerrates Nr. 34/77 (8.3.1977) waren der vorläufige Endstand einer Normierung. Die Bestimmungen fußten auf den synthetisierten Erfahrungen im Umgang mit den Ausreisewilligen. Methodisch bezog sich der MfS-Befehl auf die bekannten Richtlinien und Befehle aus den Vorjahren und definierte somit den möglichen Maßnahmenkatalog. In den „Grundsätzen für die Anwendung strafrechtlicher Mittel durch die Sicherheits- und Justizorgane“ blieb der Feind in klassischer MfS-Manier schwammig und diffus formuliert. Entscheidend war, dass der Charakter des Repressionssystems klar hervortrat. So unterstrich Mielke die Einheit aus Sicherheits- und Justizorganen, bezog die DVP mit ein und forderte die konkrete Abstimmung mit den SED-Leitungen der unterschiedlichen Ebenen. Abschließend hob Mielke die Anwendung strafrechtlicher Mittel hervor – als gängiges Mittel der 1970er Jahre und Ausdruck stiller Repression betonte der Minister für Staatssicherheit die lenkende Rolle des Generalstaatsanwalts sowie der Obersten Gerichte.

Die Staatsorgane brachten ihre Instruktionen auf einen Nenner und erhöhten so auf breiter Linie den Druck auf die Ausreisewilligen. Die eigenen Reihen wurden aufgrund des Mangels an einer ausreichenden „politisch-ideologischen Wachsamkeit" kritisiert. Die offiziellen Weisungen schlossen nun jene Lücken in der Normensetzung, die in der Vergangenheit etwa in den Abteilungen Innere Angelegenheiten für begrenzt situative Entscheidungen genutzt worden waren. Besonders die Verfügung des Ministerrates schwor alle gesellschaftlichen Teilkräfte auf die erforderlichen Maßnahmen ein, um Übersiedlungen zu verhindern. Die Verfügung machte unmissverständlich deutlich, dass „in den Rechtsvorschriften der DDR ein Recht zur Übersiedlung nach nichtsozialistischen Staaten und Westberlin nicht vorgesehen" war. So wurden arbeitsrechtliche Eingriffe, die in den Vorjahren indirekt angewandt worden waren, per Verfügung normiert. Sonderfälle sollten ebenso vermieden werden wie Anträge, die sich etwa auf die Schlussakte als Argumentation bezogen, sofort aus dem Verfahren genommen und abgelehnt werden sollten. Nach Einschätzung des Regimes entwickelte sich die Anzahl der Antragstellungen daraufhin rückläufig, weshalb man die Berichte aus den Kreisen und Bezirken als Erfolg der geschlossenen Vorgehensweise einschätzte.

Tatsächlich gingen die Antragszahlen zurück. Die DDR-Führung verschaffte sich jedoch nur eine kurze Atempause. Die Ausreisewilligen bewerteten etwa die Folgetreffen der KSZE in Belgrad zum Ende der 1970er Jahre als eine öffentliche Beteuerung der durch die Staats- und Parteiführung in Helsinki gegebenen

Zusagen. Die mediale und organisatorische Unterstützung aus der Bundesrepublik sowie die KSZE-Folgetreffen empfanden einige Antragsteller als argumentative Hilfestellung in dem Bemühen, ihr Recht auf Ausreise weiterhin geltend zu machen. In den 1980er Jahren gesellten sich zu den politisch-ideologischen Motiven verstärkt jene Beweggründe, die auf den wirtschaftlichen Niedergang der DDR verwiesen. Dem Regime wurde vor Augen geführt, dass ein repressives Durchherrschen der Gesellschaft – auch mit den Mitteln des Strafrechts – an Grenzen gestoßen war. Die Ausreisewilligen nahmen bewusst Risiken in Kauf und das MfS musste eingestehen, nicht alle Entwicklungen unterbinden zu können. Das Ersuchen um eine ständige Ausreise aus der DDR war zwar auch nach den Jahren der KSZE-Schlussakte kein Massenphänomen, es legte aber jene Weichen zu einer Bewegung, die der SED sowie den Sicherheitsorganen in den 1980er Jahren verstärkt die Stirn bieten sollte.

4 Durch Emanzipation zum Wandel – Opposition als Initiative im Spätsozialismus

4.1 Thematische Einführung

4.1.1 Krisenerscheinungen „ohne Krise“

Im ausgehenden dritten Jahrzehnt des DDR-Bestehens wähnte sich die Sozialistische Einheitspartei innenpolitisch auf dem richtigen Weg – große Anstrengungen wurden nach wie vor auf die Wirtschaft verwandt, galt sie den Machthabern doch als Garant für die gewünschte Stabilität mittels eines hohen Produktionszuwachses. Die SED-Führung ging davon aus, dass eine Zustimmung zu dem Kurs der Partei nur über einen weiterhin wachsenden Lebensstandard zu garantieren war. Dabei stand die DDR vor enormen wirtschaftlichen und außenpolitischen Herausforderungen.

Vor allem wurde deutlich, dass die jahrzehntelang durch die Sowjetunion gewährte Rohstoffsicherheit einem Ende entgegenlief. Die erste Ölkrise von 1973 hatte einen noch geringen Einfluss auf die DDR sowie das in sich abgestimmte Verteilsystem des Rats für Gegenseitige Wirtschaftshilfe (RGW). In Bezug auf die Versorgung mit Rohstoffen war das System auf Lieferungen aus der Sowjetunion ausgerichtet. Im Zuge einer Reduzierung der Förderung von Rohöl und der damit einhergehenden Preissteigerung traf die zweite Ölkrise von 1979 die DDR jedoch hart. Die Öl- und Gaslieferungen wurden von der UdSSR gedrosselt oder zur Gewinnung von Devisen verstärkt auf dem Weltmarkt platziert. Weil sich die sowjetischen Subventionen in erheblichem Maße verringerten, sah sich die DDR gezwungen, die mittlerweile kostspieligen Ressourcen einzusparen und die eigene Braunkohleförderung auszubauen. Die zwangsläufige Fokussierung auf regionale Rohstoffe sowie eine Ausbauperspektive für die Kernenergie hatte für die DDR gravierende Folgen. Durch die verstärkte Nutzung der ostdeutschen Braunkohle stieg die Umweltbelastung ab 1981 dramatisch an. Zunehmend zeugten verwüstete Landstriche, saurer Regen, Waldsterben und Wasserverunreinigungen vom Raubbau an der Natur.[1]

Die Genossen in Berlin sahen im Unwillen der Kreml-Führung, die DDR mit billigen fossilen Energieträgern zu versorgen, eine Abkehr von Sicherheitsgarantien gegenüber dem deutschen Teilstaat: die ersten Risse in der „deutsch-sowjetischen Freundschaft".[2] Aus Sicht des Generalsekretärs der SED, Erich Honecker, standen diese Entwicklungen der angestrebten Verbesserung der Wirtschaftsleistung im Weg – es war zu befürchten, dass die DDR-Wirtschaft als Garant der inneren Stabilität geschwächt werden könnte.

Zu Beginn der 1980er Jahre zeigte sich verstärkt, dass auch die Entspannungspolitik der Supermächte ins Wanken geraten war und sich eine von Zeitgenossen befürchtete Eskalation nicht mehr nur auf ferne karibische oder asiatische Schauplätze beschränken würde. Die Möglichkeit eines Krieges in Europa wurde zur realen Angst. Mit dem Nato-Doppelbeschluss vom Dezember 1979 hatten die USA auf die Modernisierung der sowjetischen SS-20-Mittelstreckenraketen reagiert. Als die internationale Lage mit dem Einmarsch und Verbleib sowjetischer Truppen in Afghanistan weiter eskalierte, bemühten sich die beiden deutschen Staaten um Schadensbegrenzung in Bezug auf ihre Beziehungen. Sie führten den Entspannungskurs bilateral fort. Zahlreiche Gespräche zwischen Politikern beider Seiten entschärften etwa das innerdeutsche Grenzregime,[3] formulierten den Frieden zur Schlüsselfrage für beide Staaten und sicherten den wirtschaftlichen Fortbestand der angeschlagenen DDR durch westliche Kredite. Mit der Billigung des Deutschen Bundestages im November 1983, die Stationierung von US-amerikanischen Pershing-II-Raketen auch in der Bundesrepublik zuzulassen, blieb der DDR jedoch nichts weiter übrig, als auch das eigene Territorium für sowjetische Raketen neueren Typs zu öffnen. Die Politik der beiden deutschen Staaten war mitgeprägt von der Angst, die Territorien könnten zum militärischen Kriegsschauplatz während eines „Zweiten Kalten Krieges"[4] werden. Ein für 1984 geplanter Staatsbesuch Honeckers in Bonn musste auf Druck Moskaus vorerst ausgesetzt werden: Ein ostdeutscher Alleingang war abermals von der UdSSR eingehegt worden.

Erst mit dem Amtsantritt des neuen KPdSU-Generalsekretärs, Michail Gorbatschow im Jahr 1985 sollte sich der DDR die unverhoffte Möglichkeit bieten, ihrer Friedensrhetorik ein glaubhaftes Image zu verleihen. Argumentierte die SED-Führung stets einen „bewaffneten Frieden" und militarisierte die Gesellschaft von der Wiege bis zur Bahre, konnte sie nun auf die Abrüstungsvorschläge der UdSSR im eigenen Interesse umschwenken. Honecker skizzierte das Szenario eines (atom-)waffenfreien Korridors im Zentrum Europas und unterstützte zumindest verbal die sowjetische Abrüstungspolitik.[5] Ziel war, keine Mittelstreckenraketen auf deutschem Boden stationiert zu sehen: ein realpolitischer Winkelzug und propagandistischer Coup.

Die Verschärfung der internationalen Lage blieb mitnichten ein abstraktes Phänomen. Vor der ostdeutschen Haustür und jenseits der „Oder-Neiße-Friedensgrenze" war das kommunistische Modell für alle sichtbar ins Straucheln geraten. In der Volksrepublik Polen agierten die Machthaber nach eigener Aussage gegen „Anarchie und Chaos" und wiesen das Militär an, die „Errungenschaften des polnischen Volkes" zu verteidigen.[6] Zwischen den

Jahren 1981 und 1983 wurde dort das Kriegsrecht (*stan wojenny*; Kriegszustand) ausgerufen. Das Erschreckende an dieser Entwicklung war, dass die bewaffneten Organe in Polen angehalten wurden, sich gegen das eigene Volk zu stellen. Tausende wurden verhaftet, es galt ein Versammlungsverbot sowie eine Ausgangssperre. Die DDR schaute mit Sorge auf die Streikwellen und die Gründung der ersten unabhängigen Gewerkschaft im sogenannten Ostblock, der *Solidarność*. In Berlin erklärten die Genossen die Frage der polnischen Stabilität zu einer eigenen (Über-)Lebensfrage, setzten den pass- und visafreien Grenzverkehr außer Kraft und waren der Ansicht, dass nur eine Intervention der Streitkräfte des Warschauer Vertrages eine Lösung bringen würde. Die Staats- und Parteiführung in Berlin fürchtete ein Übergreifen der Ereignisse auf die DDR.[7] Allerdings offenbarte die Lage die Grenzen der sowjetischen Möglichkeiten. Der Krieg am Hindukusch machte eine Intervention der UdSSR in Polen zumindest unwahrscheinlich.

Im Inneren der DDR setzte die SED unbeirrt auf Kontinuität. Auf dem X. Parteitag im April 1981 (wie gleichfalls auf dem letzten regulären XI. Parteitag fünf Jahre später) präsentierte sich die Partei als führende Kraft. Sie demonstrierte Geschlossenheit und unterstrich einen straffen Zentralismus, wie er mit der Re-Ideologisierung unter dem Parteivorsitz Honeckers Einzug gehalten hatte. Vom gesellschaftlichen Kollektiv forderte die Partei die Festigung des politischen Massenbewusstseins.

Im Jahr 1982 jedoch drohte der DDR trotz weitreichender Anstrengungen die Zahlungsunfähigkeit – die seit den 1970er Jahren beschworene „Einheit aus Wirtschafts- und Sozialpolitik" sowie die größtenteils veraltete Infrastruktur und der Modernisierungsstau in der Industrie hatten den Staat ausgelaugt. In der Versorgung zeigten sich verstärkt Engpässe, da die DDR die Importe hatte drosseln und die Exporte ausbauen müssen. Hohe Aufwendungen flossen in die Deckung des Rohstoffbedarfs sowie in die Grundversorgung mit Nahrungs- und sogar Futtermitteln. In der Folgezeit wurde die Diskrepanz zwischen der propagierten wirtschaftlichen Überlegenheit der DDR und den negativen Alltagserfahrungen der Bevölkerung immer deutlicher. Frustration und eine sinkende Arbeitsmoral wurden als Auswirkungen sichtbar. Dass die DDR nicht schon zu Beginn der 1980er Jahre wirtschaftlich in die Knie gehen musste, war maßgeblich zweier Milliardenkredite zu verdanken: Für den Geldfluss übernahm die Bundesrepublik 1983 und abermals 1984 gegenüber der DDR die Garantie. Als Ziehväter der Kredite galten der für Devisenbeschaffung zuständige Leiter der geheimen Abteilung „Kommerzielle Koordinierung" (KoKo) beim Ministerium für Außenhandel und Oberst der Staatssicherheit Alexander Schalck-Golodkowski sowie der bayrische Ministerpräsident Franz Josef Strauß. Der DDR gewährte dies einen Aufschub. Der Bundesrepublik hingegen verschaffte die Kreditzusage einen moralischen Sieg, als Gegenleistung eine gewisse „Entschärfung" des innerdeutschen Grenzregimes erreicht zu haben. So versicherte Erich Honecker am 5. Oktober 1983, dass die Selbstschussanlagen auf der gesamten Länge der Grenze abgebaut würden.[8]

Die erhoffte wirtschaftliche Stabilität war ebenso ein Wunschdenken der DDR-Führung wie die anvisierte Einheit aus Partei und Gesellschaft. Zwar war der Bindungsgrad der DDR-Bevölkerung an eine der (Block-)Parteien oder Massenorganisationen formal enorm hoch, doch ging es den meisten vor allem darum, die angebotenen Zugeständnisse des Regimes so weit als möglich zu nutzen. Die Mitgliedschaft etwa in der zweitgrößten Massenorganisation der DDR, der „Gesellschaft für Deutsch-Sowjetische Freundschaft" (DSF), galt vielen DDR-Bürgern als reines Lippenbekenntnis für ein vom Staat abverlangtes sozialistisches Engagement. Es beschränkte sich oftmals auf die bloße Zahlung der Beiträge. Die DSF sollte sich zur Mitte der 1980er Jahre zu einem Sammelbecken reformorientierter Kräfte und so zu einem Trojanischen Pferd für die Staatsmacht entwickeln: Als die UdSSR im Zuge der Gorbatschow'schen Politik von *glasnost* (Offenheit) und *perestroika* (Umgestaltung) einen Reformprozess in Gang brachte, dem sich die DDR-Führung starrköpfig verweigerte, traten daraufhin viele weitere DDR-Bürger freiwillig der Gesellschaft bei und bezeugten so ihre Solidarität mit den Veränderungen in der Sowjetunion.

In Form der sogenannten Informationen erarbeitete das MfS spezifische Berichte zu relevanten Vorkommnissen. Dies geschah im Besonderen für das SED-Politbüro. Durch die Berichte der „Serie O“ (Reaktionen der Bevölkerung) seit Beginn der 1970er Jahre erweiterte sich das Portfolio an MfS-Informationen um Stimmungsbilder aus der DDR-Gesellschaft, was durchaus ein heikles Thema für die DDR-Oberen war. Nicht zuletzt begünstigte die selektive Weitergabe von Berichten durch das MfS, dass hochrangige Vertreter der politischen Führung weite Teile der DDR-Bevölkerung als loyal wahrnahmen.[9] Wie sehr jedoch die Staatssicherheit ein Aufkommen und Sichtbarwerden nonkonformen Verhaltens sowohl registrierte als auch fürchtete, zeigen diverse „Maßnahmenpläne zur politisch-operativen Sicherung“ etwa von Veranstaltungen zu den Republikgeburtstagen oder zum arbeitsfreien und daher beliebten 1. Mai. Neben dem offiziell abgesegneten Veranstaltungskalender der DDR-Feiertage gehörten etwa auch folkloristische Höhepunkte wie der Karneval im thüringischen Wasungen zu den relevanten Terminen. Vermeintlich negativ auftretende Personen sollten auch dort von vornherein in ihrer Anreise behindert, Veranstaltungen mit Fototechnik operativ kontrolliert oder „Rowdytum und Zusammenrottungen“ verhindert werden.[10]

Besonders im Übergang zu den 1980er Jahren wurde ersichtlich, dass sich die DDR-Gesellschaft verstärkt ausdifferenzierte und dadurch zunehmend Risse aufwies. Die politischen Entscheidungen dieser Zeit beförderten diese Entwicklungen. So benötigte die DDR für den Einkauf auf den nichtsozialistischen Märkten fortwährend Devisen – in einem besonderen Maße flossen diese in propagandistische Leuchtturmprojekte wie die kostenintensive Förderung der Mikroelektronik[11] und in den Ausbau des MfS zur

Sicherung der SED-Herrschaft. Im Zuge des deutsch-deutschen Reiseaufkommens waren die begehrten Bestände an harter Währung auch in den DDR-Portemonnaies angewachsen: Mittel, die es aus Sicht des Staates abzuschöpfen galt.[12] Um von den Fremdwährungen profitieren zu können, baute die KoKo das Netz der sogenannten Intershop-Läden sowie das Genex-Versandgeschäft[13] in den 1980er Jahren verstärkt aus. Ein destabilisierender Aspekt entwickelte sich daraus dergestalt, dass die DDR, die formal eine klassenlose Gesellschaft anstrebte, eine „Zwei-Klassen-Gesellschaft“ vor aller Augen entstehen ließ. Jene Bürger, die Verwandtschaft in der Bundesrepublik und somit Zugang zu Devisen hatten, besaßen einen für viele sichtbaren Vorteil. Die Reisemöglichkeit ließ zudem Vergleiche der Gesellschaftsmodelle zu und verstärkte so die Zweifel an der Überlegenheit des Lebensstils in der DDR.

Für viele DDR-Bürger wurde die Frage einer möglichen Ausreise in den 1980er Jahren daher zu einer Grundsatzfrage. Bei aller normativen Regulierung und disziplinierenden bzw. repressiven Einhegung der Ausreisewilligen in den späten 1970er Jahren gelang es der Staats- und Parteiführung sowie den Sicherheitsorganen nicht, die Dynamik vollends zu brechen. Vielmehr wuchs die Zahl der Antragsteller bis 1983 stark an, wie die sogenannten Demonstrativtaten (generell Aktionen mit Öffentlichkeitswirkung wie das Zeigen von Transparenten, Schriftlosungen und öffentliche Zusammenkünfte) zunahmen und in Art und Sichtbarkeit variierten. Den Ausreisewilligen gelang es so, ihre Anliegen im öffentlichen Bewusstsein zu verankern. Besonders das Jahr 1984 wurde zum Beleg dafür, dass die geheimdienstlichen Strategien eines gezielten Einwirkens in die Ausreisebewegung hinein im Begriff waren zu scheitern. Als Reaktion auf die steigenden Zahlen wurde zwischen Januar und April rund 21 000 Bürgern (im gesamten Jahr 1984: rund 35 000) die Ausreise in die Bundesrepublik genehmigt. Dies hatte einen massiven Exodus oftmals hoch qualifizierter Arbeitskräfte zur Folge. Erstens verfolgten die zentralen Stellen das Ziel, so den „Druck aus dem Kessel zu lassen“. Zweitens sollte die Bewegung geschwächt werden, indem Protagonisten der Ausreisebewegung in den Westen entlassen und deren DDR-übergreifenden Netzwerke ausgedünnt wurden.[14]

Welchen Stellenwert das MfS dieser Entwicklung weiterhin beimaß, verdeutlichen etwa die wachsenden Mitarbeiterzahlen der für die Thematik der Ausreise verantwortlichen Koordinierungsgruppen in der Berliner Zentrale und den Bezirken: Von 100 hauptamtlichen Mitarbeitern im Jahr 1976 wuchs ihre Zahl auf etwa 450 bis zum Ende des Jahres 1989 kontinuierlich an.[15] Zusätzlich hatten die Abteilungen Inneres bei den Kreisen und Bezirken allein 1984 die hohe Zahl von 57 000 Erstanträgen auf Ausreise zu verzeichnen. Weiterhin nicht zu unterschätzen blieb zudem die rechtlich verbriefte Möglichkeit, über Eingaben an staatliche Stellen das Vorgehen gegenüber Ausreisewilligen zur Beschwerde zu bringen, eigene Anliegen zu formulieren oder allgemeinen Unmut über die inneren Verhältnisse der späten DDR zu äußern – die Anzahl der Eingaben hatte sich 1984 im Verhältnis zum Jahr 1981 auf 92 000 Schreiben verdreifacht.[16]

Das MfS verstärkte seine Anstrengungen zur Bekämpfung der Bewegung durch die Ausweitung der repressiven Maßnahmen. Es war das Ziel, die „Inspiratoren“ und Ausreisewilligen als vom Westen gesteuerte Gegner des sozialistischen Systems zu identifizieren, zu diffamieren und sie aus dem öffentlichen Raum zu verbannen. Im Jahr 1984 erreichten die gegen Antragsteller eingeleiteten Ermittlungsverfahren gleichfalls einen Höhepunkt.[17]

Die Machthaber bedienten sich parallel auch „weicher Methoden der Macht“. Sogenannte Rückgewinnungen wurden forciert und 1985 eine Pressekampagne ins Leben gerufen, die suggerieren sollte, dass ein gewichtiger Teil der ausgereisten Bürger Anträge auf eine Rückkehr in die DDR gestellt hätte. In einem Artikel der *Berliner Zeitung*, „Über 20 000 Ehemalige wollen zurück“, wurden vermeintliche Schicksale aufgeführt, in denen das Sicherheitsversprechen einer sozialen DDR dominierte und eine späte Reue der Ausgereisten unterstrichen wurde. Die Zahlen der Rückkehrwilligen wurden gezielt geschönt, wie deren Lebenswege und Motive für die Wiederkehr zum Teil konstruiert waren.[18] Der SED-Staat erreichte mit dieser Medienoffensive jedoch genau das Gegenteil: Ein in der Öffentlichkeit bisher tabuisiertes Thema gelangte so in das Bewusstsein der DDR-Mehrheitsgesellschaft. Für viele der Dagebliebenen stellte sich die Frage, wie diese als umfänglich dargestellte Rückbewegung überhaupt zustande kommen konnte, wo es doch die Möglichkeit der Ausreise offiziell nicht gab.

Zu der schon zuvor gefühlten Unfreiheit sowie dem politischen Druck, als Teil der sozialistischen Gemeinschaft agieren und denken zu sollen, kamen in den 1980er Jahren die ökonomischen Probleme verstärkend hinzu. Die Mängel in der Versorgung mit Waren des täglichen Bedarfs, Ersatzteilen und Konsumgütern, aber auch die Unzufriedenheit mit Dienstleistungen und der medizinischen Versorgung wurden zu gewichtigen Motiven für den Wunsch nach Ausreise.[19]

Ungeachtet zunehmender Unzufriedenheit und Skepsis unter den Bürgern propagierte die Staatsführung die ungebrochene Überlegenheit der DDR-Planwirtschaft. So spürten die Menschen die defizitäre Lage zwar am eigenen Leibe, jedoch verfingen auch die jahrzehntelang erprobten und rezipierten Informationsschablonen: Reale wirtschaftliche Kennzahlen verschwanden im Überschwang der Erfolgsmeldungen. Der Glaube an die sozialistische Utopie wollte zudem von vielen nicht aufgegeben werden. Sinnbildlich waren die greif- und sichtbaren Erfolge der DDR-Moderne – Projektgebiete wie Berlin-Marzahn, Erfurt-Nord oder Rostock-Dierkow-Neu im Norden der Republik standen für das Selbstbild und den Fürsorgecharakter in der DDR. Sie zeigten trotz wirtschaftlicher Misere die Errungenschaften des DDR-Sozialismus.[20] Zudem nahm die Zahl der SED-Mitglieder und Kandidaten der Partei nicht etwa ab, sie stieg ganz im Gegenteil bis 1988 sogar stetig auf über 2,3 Millionen an.[21] Der Staat wurde auch dadurch stabilisiert, dass eine enorme Zahl der DDR-Bürger in einem unmittelbaren beruflichen Abhängigkeitsverhältnis zum

System stand. So waren etwa mehr als ein Viertel der SED-Mitglieder und Kandidaten im ZK-Apparat selbst, den Bezirks- und Kreisverwaltungen und staatsnahen Wirtschafts- oder Kultureinrichtungen beschäftigt.[22] Eine gezielte (Selbst-)Täuschung hatte demnach einen zusätzlich festigenden Effekt auf das System, da der schleichende Niedergang nicht wahrgenommen werden wollte oder konnte.

4.1.2 Der Pakt mit Gott – Zur Wirkung kirchlicher Freiräume

Als Gegenentwicklung zu den steigenden Mitgliederzahlen und einem weiterhin unumstößlichen Machtmonopol der Partei bildete sich besonders in den 1980er Jahren ein landesweit aktives nonkonformes Milieu – für jedermann sichtbar – heraus. Entscheidend blieb zudem die Anerkennung einer internationalen Normensetzung innerhalb der KSZE-Beratungen und die mediale Vermittlung der Beschlüsse durch die DDR-Führung in den 1970er Jahren. Wenn auch ohne rechtliche Bindung, blieb die moralische Hypothek der Schlussakte von Helsinki bedeutsam und bestärkte die zunächst noch unabhängig voneinander agierenden Andersdenkenden und kleineren Gruppen im Bestreben, sich zu vernetzen.

Rückte mit den Ausreisewilligen eine zunehmend beharrlicher auftretende Gruppe in den Fokus der Sicherheitsbehörden, begründete sich dies zumeist aus einer individuellen Konfliktstellung zum Modell des „real existierenden Sozialismus“ in der DDR. Kritische Haltungen wurden jedoch zusehends öffentlich gemacht und gingen in Alltagshandlungen über. Reformkommunistische Kritiker des Systems wollten die DDR zuallererst verändern und sie nicht verlassen. Der Hausarrest des Naturwissenschaftlers Robert Havemann oder die Ausbürgerung des nonkonformen Liedermachers Wolf Biermann hatten schon in den 1970er Jahren zu Verwerfungen besonders in der Kulturszene des Landes geführt.

Dass DDR-weit bekannte Schriftsteller und Kunstschaffende (etwa Christa und Gerhard Wolf, Sara Kirsch, Manfred Krug oder Angelika Domröse) für die von Repressionen Betroffenen Partei ergriffen, führte in kürzester Zeit zu massiven Gegenmaßnahmen durch den Staat.

Neben all diesen Vorgängen, die von der breiten Öffentlichkeit in unterschiedlich ausgeprägter Art und Weise wahrgenommen wurden, entwickelten sich besonders mittels der evangelischen Kirche Freiräume staatsunabhängigen Handelns.[23] Entscheidend war hierbei ein Treffen auf höchster Ebene zwischen Honecker und Vertretern der Kirchenleitung am 6. März 1978. In einem „konstruktiven und freimütigen Gespräch" seien gemeinsam interessierende Fragen erörtert worden, wie das *Neue Deutschland* in der Nachberichterstattung verlauten ließ.[24] Das Treffen lief auf die Festlegung der jeweiligen Eigenständigkeit der staatlichen und kirchlichen Positionen hinaus. Zwar verband sich mit den Absprachen eine wohl kalkulierte Annäherung der evangelischen Kirche an staatliche Sichtweisen, doch wurde mit diesem Schritt gleichzeitig die nötige Selbstbestimmung und Distanz zum Herrschaftssystem erreicht und so eine kritische Mitwirkung an übergeordneten Fragestellungen erst ermöglicht. Ein Paukenschlag für die Öffentlichkeit nach jahrzehntelanger Auseinandersetzung und misstrauischer Beobachtung der Kirche durch den Staat.

So bildete die sogenannte Friedenserziehung ein von der Kirche erarbeitetes Gegenmodell zum 1978 eingeführten Fach der Wehrerziehung – eine von vielen DDR-Bürgern als ungeliebt wahrgenommene Zuspitzung der Militarisierung in ihrem Land. Die Kirche bot hier besonders jungen Menschen einen Raum, sich mit den Themen Krieg und Frieden unabhängig von der Staatsdoktrin auseinanderzusetzen. Hier fand die Friedensbewegung der 1980er Jahre ihren Anfang. In kürzester Zeit entwickelten sich landesweit kirchliche Initiativen, die alternative Informations- und Diskussionsebenen boten. Gruppenerlebnisse und theoretische Debatten vermischten sich nachhaltig.[25] Der von der Kirche angebotene Freiraum außerhalb der traditionell sozialistischen Lebenswelten zog auch immer mehr Freigeister an, die sich autonom und selbstbestimmt über militärische Aufrüstung, Umweltschutz, die „Dritte Welt", Menschenrechte oder etwa sexuelle Orientierung austauschen wollten.

Es bleibt wichtig festzuhalten, dass in der ersten Hälfte der 1980er Jahre eine Entwicklung einsetzte, die oppositionelle Aktivitäten aus dem „geschlossenen Kirchenraum" heraustrug und übergeordnete Fragen der Moral oder der freien Entfaltung von der theoretischen Ebene der Diskussionen auf die DDR-Wirklichkeit übertrug. So habe etwa die Auseinandersetzung mit der Thematik des Friedens den oppositionellen Gruppierungen die Möglichkeit geboten, dem sozialistischen Staat den Spiegel vorzuhalten.[26] Im Zuge der erneut einsetzenden Spannungen zwischen den Großmächten hatte die DDR 1982 ein neues „Gesetz über den Wehrdienst" veröffentlicht.[27] Im öffentlichen Fokus stand der fünfte Absatz des dritten Paragraphen: der Einbezug von Frauen in die allgemeine Wehrpflicht im Falle der Mobilmachung.[28] Aus Sicht vieler Zeitgenossen war der Bogen nun überspannt. In einer an die Öffentlichkeit gelangten Eingabe an Honecker forderten im Oktober 1982 über 100 Frauen aus der ganzen DDR, die Regierung möge den Kreis der Gewalt durchbrechen. Da das Einreichen von Eingaben nur Einzelpersonen erlaubt war und ein gemeinschaftliches Verfassen strafrechtlich geahndet werden konnte, war das kollektive Plädoyer selbst schon ein Akt nonkonformen Handelns. Es war die Geburtsstunde unabhängiger Friedensbewegungen wie „Frauen für den Frieden" oder der „Initiative Frieden und Menschenrechte" (IFM).[29]

Sobald jedoch die Gruppen unabhängig von ihrer Ausrichtung nicht mehr als rein kirchlich wahrgenommen wurden, liefen sie Gefahr, als staatsfeindlich betrachtet zu werden.[30] Die DDR-Herrschaft basierte – wie alle „Volksdemokratien" des sogenannten Ostblocks – auf der monolithischen Einheit aus herrschendem Partei- und Staatsapparat sowie dem Anspruch einer vollständigen

„Durchherrschung" der Gesellschaft. Zwischen diesen Bestandteilen war theoretisch wenig Platz für autonomes Engagement. Im kirchlichen Bezugsrahmen hatte sich dieser Freiraum jedoch herausbilden können, denn hier fehlten dem Staat seit 1978 die gänzlich durchdringenden Einflussmöglichkeiten.

Der kirchlich inspirierte Aufnäher „Schwerter zu Pflugscharen"[31] – geschaffen für die Friedensdekade „Gerechtigkeit – Abrüstung – Frieden" im Jahr 1981 – war hierfür ein Beleg. Als Ausdruck der kirchlichen Friedenserziehung entwickelte sich ein Symbol für die gesamte Friedensbewegung der DDR, das zwischenzeitlich bis zu 100 000 Menschen in Form des Aufnähers trugen. Für die Staatssicherheit wurde die Umwidmung eines sowjetischen Kunstobjektes zu einer Herausforderung. Wie konnte etwas anstößig sein, was nach offizieller Kunstdoktrin erschaffen und zur Symbolsprache des Sozialismus gehörte? Es war die Transformation seiner Bedeutung: In dem Moment, in dem sich die Bewegung Formen der geltenden Ideologie aneignete, wurde das Monopol staatlicher Sichtweisen aufgebrochen und umgangen. Das Ministerium für Staatsicherheit unterstellte der Kirche den Anspruch, „politisch-negative Kräfte" zu fördern. Die gesellschaftliche Wirklichkeit in der DDR würde unter Mitwirkung der Kirche diskreditiert.[32] Für die Sicherheitsorgane wurde das Tragen dieses Symbols zu einem Verstoß gegen die staatliche Ordnung, das deswegen von der Kleidung entfernt werden musste. Kleidungstücke wurden eingezogen, Studenten zur Strafe von den Universitäten verwiesen.[33] Das Symbol hatte sich verselbstständigt.

Zusätzlich nutzte die Kirche jene Möglichkeiten, die die DDR-Regierung selbst vor aller Augen praktizierte, und vollzog einen öffentlichen Austausch mit Vertretern der Bundesrepublik.[34] In einer MfS-Information zum Evangelischen Kirchentag in Wittenberg 1983 mussten die sozialistischen Ordnungshüter feststellen, dass 33 Korrespondenten aus dem westlichen Ausland und Westberlin vor Ort arbeiteten. Neben Vertretern der evangelischen Kirche aus der Bundesrepublik war auch der regierende Bürgermeister von Westberlin, Richard von Weizsäcker, anwesend. Minutiös nahm die Staatssicherheit Kommentare auf, zählte Teilnehmer und musste zudem erkennen, dass der Kirchentag für Solidaritätsbekundungen gegenüber politischen Häftlingen genutzt wurde.[35] Etwa 800 Teilnehmer des Kirchentages wurden Zeuge, wie der Kunstschmied Stefan Nau symbolisch ein Schwert in eine Pflugschar umschmiedete. Die Worte des Wittenberger Pfarrers Friedrich Schorlemmer, „Schwerter zu Pflugscharen“, „Raketenhüllen zu Wasserbehältern“, „Kampfhubschrauber zu Rettungshubschraubern“, „Feinde zu Partnern“, fanden dabei ihren Weg auch in die westlichen Medien.[36]

4.1.3 Das „Allmachtsministerium“ und seine Unterordnung

Es gehört zu den paradoxen, doch gleichzeitig prägenden Momenten der 1980er Jahre, dass die DDR-Staatsführung die Hoffnung auf außenpolitische Stärkung mit der deutsch-deutschen Annäherung verband. Gleichzeitig leitete sie jedoch ihre Schwächung ein. Aktionen nonkonformen Verhaltens in der DDR konnten so in den medialen Diskurs der Bundesrepublik einfließen und bewahrten die bekannten Köpfe der DDR-Opposition oft vor Schlimmerem. Das SED-Regime konnte zwar unter Zuhilfenahme des politischen Strafrechts mit drakonischen Haftstrafen drohen, hatte jedoch den internationalen Imageverlust mit einzukalkulieren. Hier lagen demnach die Grenzen der Staatssicherheit: die Unterordnung unter die Linie der SED-Parteiführung. In diesem Licht ist die für die 1980er Jahre prägende Dienstanweisung (DA) Nr. 2/85 zur „Bekämpfung politischer Untergrundtätigkeit“ vom Februar 1985 zu sehen. Grundsätzlich sollte verhindert werden, dass sich oppositionelle Gruppierungen jeglicher Couleur öffentlichkeitswirksam etablieren konnten. Faktisch jedoch musste selbst der stellvertretende Minister für Staatssicherheit Rudi Mittig einräumen, dass die Bürgerbewegung im Inneren der DDR permanent wirkte und man sich daran zu gewöhnen hatte.[37] Für die geheimdienstliche Praxis der 1980er Jahre bedeutete dies, dass sich die Strafverfolgung weiterhin der Staatsräson unterzuordnen hatte. Die Bestrebungen der Aktivisten waren nach Auffassung des MfS als politische Frage zu verstehen, der man mit politischen Mitteln und Methoden beizukommen hatte.[38] Das MfS stellte seine Methoden abermals auf den Prüfstand und wertete die ohnehin wichtige Rolle der Inoffiziellen Mitarbeiter (IM) weiter auf. Grund hierfür war das Bestreben, aktuelle Entwicklungen innerhalb der oppositionellen Kreise zu erkennen und diese wenn möglich zu infiltrieren. Anwerbeversuche wurden in den einschlägigen Milieus ausgebaut, um Informationen aus den Zusammenschlüssen von Bürgerrechtlern, der für die Geheimpolizei neuen homosexuellen Szene sowie dem „Raum Kirche“ verstärkt abzuschöpfen.

Parallel dazu erschien es dem MfS weiterhin als legitim, Mitglieder der ostdeutschen Opposition über nachweisbare Vergehen allgemeiner Kriminalität zu Fall zu bringen. Hier hatten die IM mögliche Normverstöße festzustellen und zu belegen – ein Handeln, das im Zusammenspiel mit den „leisen Methoden der Repression“ angewandt wurde. Gemeinsam mit den gesellschaftlichen Kräften in der Verwaltung, den Parteien und sozialistischen Organisationen sollten Andersdenkende durch geschickte Manipulation entmutigt werden. Als zielführend sahen die Organe niedrigschwellige Aktionen wie Ordnungsstrafen, häufige Aussprachen, Belehrungen oder – um Misstrauen zu schüren und einschüchternd zu wirken – das Einbestellen zu legendierten[39] Terminen in die Behörden. Ein beliebter Topos der geheimpolizeilichen Arbeit lag in der Verbreitung von Desinformationen zur Intimwelt der Betroffenen. Beziehungskonflikte wurden gezielt geschürt und verstärkt, Liebschaften angedichtet bzw. kompromittierende und oft bewusst gefälschte Informationen in Wort und Bild in der Öffentlichkeit verbreitet. Das Vorgehen wurde in zunehmendem Maße gerade gegen Vertreter der Kirche angewandt.[40] Bekannt sind zudem jene Fälle, in denen Oppositionelle vom MfS mit fingierten Bestellungen, Inseraten und Telefonterror drangsaliert wurden.[41] Zersetzungsmaßnahmen dieser Größenordnung und Intensität gehörten jedoch nicht zum Standardrepertoire des MfS, da sie kosten- und personalintensiv sowie logistisch aufwendig waren. Dennoch kann für die 1980er Jahre festgehalten werden, dass Methoden und Einzelaspekte der Zersetzung in der Breite zur Anwendung kamen: Desinformationen waren leicht zu streuen und fingierte Anrufe einfach zu tätigen.[42]

Einblicke in die theoretische Konzeption der Zersetzung erlaubt eine 1986 von MfS-Oberleutnant Volkmar Pechmann an der Juristischen Hochschule des MfS eingereichte Diplomarbeit. Pechmann war Mitarbeiter der Hauptabteilung (HA) XX/5[43] und schrieb in dieser Funktion über die Bekämpfung der „feindlich-negativen Kräfte“ im westdeutschen „Operationsgebiet“ – dennoch lassen sich die formulierten Aspekte auch für die Arbeit gegen die innere Opposition interpretieren und auslegen:

> Bei der Zersetzung handelt es sich um eine politisch-operative Methode des MfS zur wirksamen Bekämpfung subversiver Tätigkeit. Mit ihr wird durch verschiedene operative Aktivitäten Einfluss auf die inneren und äußeren Bedingungen der Zielperson, insbesondere auf ihre Einstellungen und Überzeugungen in der Weise genommen, daß diese erschüttert und allmählich verändert bzw. daß Widersprüche sowie Differenzen zwischen feindlich-negativen Kräften hervorgerufen, ausgenutzt oder verstärkt werden. Damit soll erreicht werden, die feindlich negativen Kräfte zu zersplittern, zu desorganisieren und zu isolieren, um dadurch feindlich-negative Handlungen einschließlich ihrer Auswirkungen vorbeugend zu verhindern, wesentlich einzuschränken oder gänzlich zu unterbinden. Aus dem Wesen der Zersetzung geht hervor, daß diese Prozeßcharakter trägt und ein langfristiger und komplizierter Prozeß ist. Demzufolge genügt es nicht, eine einzelne Maßnahme durchzuführen, sondern müssen die verschiedensten Aktivitäten kombiniert und abgestimmt realisiert werden. […]

> Grundlage für operative Zersetzungsmaßnahmen bilden Ansatzpunkte unterschiedlicher Art. Unter Ansatzpunkten werden Widersprüche und Differenzen verstanden, die durch operativbedeutsame Informationen erkennbar werden und die geeignet sind, Organisatoren und Inspiratoren der politischen Untergrundtätigkeit in der Öffentlichkeit bzw. in bestimmten Personenkreisen zu diskreditieren, den Zusammenhalt bzw. Zusammenarbeit dieser Personenkreise untereinander oder mit staatlichen bzw. nichtstaatlichen Stellen, Organen, Einrichtungen und Kräften zu stören oder zu verhindern. […]
>
> Wichtig ist, daß diese erarbeiteten Ansatzpunkte für die betreffende Zielperson einen hohen Stellenwert haben und daß sie wahr und überprüfbar sind. […]
>
> Dies bedeutet, daß bei den Inspiratoren und Organisatoren der politischen Untergrundtätigkeit die Ansatzpunkte für operative Zersetzungsmaßnahmen beispielsweise
>
> – unterschiedliche politisch-ideologische Auffassungen und Positionen,
> – unterschiedliche Vorstellungen über das taktische Vorgehen bei der Realisierung subversiver Tätigkeiten,
> – charakterliche und moralische Schwächen wie Neid, Mißgunst, außereheliche Beziehungen usw.,
> – finanzielle und materielle Abhängigkeiten bzw. Schwächen,
> – innere Bedingungen wie Angst, Widersprüche zur subversiven Tätigkeit sind.[44]

Der Oberleutnant des MfS unterstrich den hohen Aufwand der Zersetzungsmaßnahmen, denn dieser Komplex aus abgestimmten Aktionen erforderte ein Zusammenwirken verschiedener Diensteinheiten und lässt zugleich die Genese der geheimdienstlichen Arbeit des Mielke-Apparates erkennen. Die Aussagen waren die konsequente Weiterführung der Richtlinie Nr. 1/76 aus den 1970er Jahren und nahmen bestimmte Zielpersonen bzw. aktuelle Fokusgruppen in den Blick. Unterschwellig und leise arbeiteten die

MfS-Mitarbeiter mit charakterlichen Schwächen und Emotionen. Auf diese Weise erzeugten sie Unsicherheiten bei Einzelnen und Spannungen innerhalb der Gruppen. Die Zahl derer, die von Maßnahmen der Zersetzung betroffen war, variiert je nach Definition und Ausmaß der Aktionen und liegt nach Schätzungen im vier- bis fünfstelligen Bereich. Bernd Eisenfeld analysiert aus der Anzahl von Ermittlungsverfahren beim MfS, Operativer Vorgänge und Operativer Personenkontrollen eine Größenordnung von rund 19 000 Bürgern, die jährlich zwischen 1985 und 1988 einer besonders akribischen Überwachung bzw. Verfolgung ausgesetzt waren.[45]

Wichtig erscheint zudem, dass das Ministerium für Staatssicherheit zur Mitte der 1980er Jahre auf 35 Jahre Dienst als „Schild und Schwert der Partei“ zurückschauen konnte. Das Führungspersonal, das innerhalb des Ministeriums aufgestiegen war, alterte vor aller Augen. Erich Mielke war zum Jubiläum 77 Jahre alt. Generaloberst Bruno Beater, erster Stellvertreter und wichtige Stütze des Ministers, verstarb sogar im Amt. Mielke veranlasste daraufhin eine Straffung des Apparates. Ohne zwischengeschaltete Stellvertreter vereinigte er nahezu die Hälfte aller MfS-Diensteinheiten unter seiner Kontrolle: ein Ausdruck von Misstrauen und Machtarroganz gleichermaßen. Zusätzlich sah sich der Minister gezwungen, den ökonomischen Rahmen der DDR-Volkswirtschaft auch für seinen Arbeitsbereich zu berücksichtigen. Als Antwort auf den Sparzwang setzte die Staatssicherheit bei der Repression nach innen auf eine Qualifizierung der Mitarbeiter, auch wenn die nötigen Planstellen im hauptamtlichen Bereich des Ministeriums nie ausreichend besetzt werden konnten. Auch hier schieden Mitarbeiter altersbedingt aus.[46] Ferner wurde der Einbezug „gesellschaftlicher Kräfte“ in die Arbeit gegen die Opposition ausgebaut. Ausgewählte SED-Mitglieder, Direktstudenten des MfS oder Kader besuchten hierbei Veranstaltungen etwa des „Friedenskreises Pankow“ und beeinflussten die Diskussionen im Sinne der Staatsdoktrin.[47]

Die geheimpolizeiliche Durchdringung der DDR-Gesellschaft hatte in den 1980er Jahren umfassende Ausmaße angenommen.

Allein durch die Inanspruchnahme der zentralen Personendatenbank der DDR, die im Ministerium des Innern (MdI) geführt wurde, hatte das MfS Zugriff auf die Daten aller mit Hauptwohnsitz in der DDR gemeldeten Bürger und somit auf Informationen aus den Meldeämtern oder der Volkspolizei. Die Nutzung der Datenbank wurde zusätzlich durch acht „Offiziere im besonderen Einsatz" (OibE), die verdeckt im MdI für die Staatssicherheit arbeiteten, abgesichert.[48] Das Ministerium für Staatssicherheit war dem Ziel einer Allgegenwärtigkeit sehr nahegekommen, in mindestens zweierlei Hinsicht blieben dem „Allmachtsministerium" jedoch Grenzen gesetzt. So agierte das MfS stets loyal gegenüber der SED, ordnete sich weitestgehend den politischen Zielvorgaben unter und war demnach auch betroffen von parteipolitischen Fehlentscheidungen sowie ideologischen Dogmen. Weiterhin schuf der von der SED-Führung und dem Bund der Evangelischen Kirchen der DDR getragene Burgfrieden ein für das MfS schwer zu durchdringendes Betätigungsfeld. Unter dem Dach der Kirche konnten so jene Bereiche entstehen, die sich dem direkten Zugriff durch das MfS größtenteils entzogen. Es entstand ein Freiraum, in dem am Vorwort zum Untergang der DDR mitgeschrieben wurde.

4.2 Die Erzählung in Quellen

4.2.1 Vom Paradoxon der Annäherung – Kirche im Sozialismus

Für die Partei- und Staatsführung der DDR sowie für das MfS stellten die beiden großen christlichen Konfessionen in Deutschland (der Protestantismus sowie der Katholizismus) von Beginn an ein Feindbild dar. Auf dem Staatsgebiet der SBZ/DDR dominierten durchgängig die evangelischen Kirchen mit 14 Millionen Mitgliedern im Jahr 1946 – eine offizielle Mitgliederzahl, die sich bis 1980 auf sechs Millionen verringern sollte. Als einzige landesweite Kirche agierten somit ausschließlich die evangelischen Landeskirchen, die sich zudem bis 1969 nicht an den Zonengrenzen, sondern gesamtdeutsch orientierten. Die katholische Kirche war indes im thüringischen Eichsfeld, in Berlin oder den sorbischen Siedlungsgebieten mit regionalen Hochburgen vertreten. Beide Konfessionen genossen zumindest einen formalen Schutz durch die Verfassung der DDR. Der Kanon an religiösen Werten stand jedoch den Idealen des Kommunismus sowie der SED-Ideologie im Weg. Im ostdeutschen Teilstaat war kein Platz für einen Gott, strebte doch die SED-Führung selbst nach dem unumstößlichen Wahrheitsanspruch und einem alleinig nach den Vorstellungen der kommunistischen Ideologie geformten Weltbild. Die DDR-Führung sah in den Vertretern der Kirche noch in den 1980er Jahren jene reaktionäre Kraft, die als „politische[r] Klerikalismus einen Handlanger des internationalen Imperialismus" darstellte.[49] Gegen die Kirchen wurde opponiert: Verhaftungen und gezielte Verleumdungskampagnen sollten die christliche Bevölkerung und insbesondere die „Junge Gemeinde", die in der DDR eine besondere Form der evangelischen Gemeindearbeit und keine christliche Jugendorganisation darstellte, verunsichern.

Der DDR-Staat und die Kirche standen stets in Konkurrenz um die (jungen) Köpfe und die Hoffnungen der Menschen. Beide Institutionen boten ein konkurrierendes Heilsversprechen an. Dabei war gerade den evangelischen Landeskirchen als stärkste religiöse Kraft spätestens ab 1969 bewusst, dass ihre Existenz im Sozialismus von bestimmten gegenseitigen Zugeständnissen abhing. Im Zuge der Zwei-Staaten-Doktrin forderte die SED die Herauslösung der ostdeutschen Landeskirchen aus der gesamtdeutschen Evangelischen Kirche. Die Gründung des Bundes der Evangelischen Kirchen in der DDR (BEK) im Jahr 1969 war demnach Voraussetzung für das Fortbestehen als eine „Kirche im Sozialismus". Die realpolitischen Verhältnisse verlangten ein „nicht neben ihr, nicht gegen sie", wie es der Vorsitzende des BEK Albrecht

Schönherr zu Beginn der 1970er Jahre formulierte.[50] Solche Aussagen beförderten eine interne – in Teilen heftig ausgetragene – Debatte um die Nähe der Kirche zum sozialistischen Staat. In diesem Zusammenhang wirkte das medial offen präsentierte Treffen zwischen dem Staatsratsvorsitzenden Honecker und der Leitung des BEK am 6. März 1978 bahnbrechend. In einer gemeinsamen Pressemitteilung über die Zusammenkunft informierte das *Neue Deutschland*:

> Der Vorsitzende des Staatsrates [E. Honecker] erklärte zur Situation in der Kirche und der Christen in der DDR, daß die Freiheit der Religionsausübung bei klarer Trennung von Staat und Kirche verfassungsmäßig garantiert und in der Praxis gesichert ist. „Wir bringen hier sehr viel Verständnis auf, und daran halten wir fest." [...] Bischof Schönherr führte namens der Konferenz der Evangelischen Kirchenleitungen in der DDR aus, „es gehe beiden Seiten, je von ihren Voraussetzungen aus, um die Verantwortung für die gleiche Welt und für den gleichen Menschen. Und dieser Mensch ist nun einmal immer zugleich Staatsbürger und Träger einer Grundüberzeugung. Weil man den Menschen nicht zerteilen kann, sind solche Begegnungen aller Art nicht nur nützlich, sondern lebensnotwendig. Und ich darf betonen, daß der Christ seine Existenz als Staatsbürger nicht nur so versteht, daß er die bestehenden Gesetze rein formal beachtet, sondern daß er sich von seinem Glauben her mitverantwortlich sowohl für das Ganze als auch für den Einzelnen und für dessen Verhältnis zum Ganzen weiß." Bischof Schönherr bezeichnete die Kirche im Sozialismus als Kirche, die dem christlichen Bürger und der einzelnen Gemeinde hilft, daß sie einen Weg in der sozialistischen Gesellschaft in der Freiheit und Bindung des Glaubens finden und bemüht sind, das Beste für alle und für das Ganze zu suchen. Kirche im Sozialismus wäre eine Kirche, die auch als solche, in derselben Freiheit des Glaubens, bereit ist, dort, wo in unserer Gesellschaft menschliches Leben erhalten und gebessert wird, mit vollem Einsatz mitzutun, und dort, wo es nötig ist, Ge-

> fahr für menschliches Leben abwenden zu helfen. „Menschliches Leben zu erhalten – Gefahren für menschliches Leben abzuwenden: Darum geht es vor allem bei dem Hauptthema unserer Zeit: Erhaltung und Sicherung des Friedens […] Der Ökumenische Rat der Kirchen hat Helsinki ein ‚Zeichen der Hoffnung' genannt." […] Sie hoffen mit aller Kraft, daß die hohen Ziele, vor allem Sicherheit und Gewährung der Menschenrechte als Teil der Friedenssicherung […] verwirklichen.[51]

Die Zusammenkunft manifestierte die jeweiligen Positionen und eröffnete beiden Seiten die Möglichkeit einer partiellen Zusammenarbeit: ein Burgfriede mit Grenzen. Der Staat brauchte einen als positiv wahrgenommenen Umgang mit der Kirche einerseits zur Verbesserung seines außenpolitischen Prestiges und andererseits zur Herrschaftssicherung nach innen. Die Aussagen der Presseinformation zur freien Religionsausübung, der Hinweis zum KSZE-Prozess (Konferenz über Sicherheit und Zusammenarbeit in Europa) sowie die Erwähnung der Menschenrechtsdebatte im *Neuen Deutschland* konnten vonseiten der Kirche als Ratifizierung eingeschränkter Rechte verstanden werden. Der Staatsführung ging es darum, ein abermaliges Fanal wie die öffentliche Selbstverbrennung des Pfarrers Oskar Brüsewitz im Jahr 1976 zu verhindern. Der Kirche wiederum wurden Genehmigungen für neue Kirchenbauten oder die eingeschränkte Seelsorge im Strafvollzug zugestanden. Ferner eröffnete sich ihr ein theoretisches Mitspracherecht, wenn es darum ging, „Gefahr für menschliches Leben abzuwenden" – eine Aussage, in der sich christliche Werte und jene von Helsinki verbanden. Der Preis, den die Kirche dafür zahlte, war eine Annäherung an den sozialistischen Staat, die ostdeutsche Christen somit auch zu (sozialistischen) Staatsbürgern erklärte. Durch ihre übergreifende Vernetzung standen die evangelischen Landeskirchen im besonderen Fokus des MfS. Freikirchen wie die Herrnhuter Brüdergemeine, die Sieben-Tags-Adventisten oder die Mennoniten wurden bis auf lokale Zentren weniger von der Öffentlichkeit wahrgenommen. Anders als bei den großen Landeskirchen fiel hier die Beeinflussung durch IM weniger stark auf. Am Beispiel der Herrnhuter Brüdergemeine waren es aber weniger die geheimpolizeilichen Spitzelberichte als vielmehr das Berichtswesen der Deutschen Volkspolizei (DVP) sowie der Kirchenreferate in den lokalen Verwaltungen, die ausführlich nach Berlin informierten.[52] Nach den Jahren staatlicher Gängelung und zahlreicher gegen die Kirchen gerichteten Maßnahmen fanden die Aushandlungsprozesse zwischen den konfessionellen Institutionen und dem SED-Staat landesweite Beachtung. Besonders die evangelische Kirche konnte ihre gedankliche Bewegungsfreiheit in gesellschaftliche Handlungsspielräume ummünzen.

4.2.2 Druck von unten – Die Macht der Unterschriften

Die Teilnehmer von MfS-internen Weiterbildungsseminaren bekamen die jeweils aktuellen Neuigkeiten zu religiösen Themen vom Leiter der für Kirchenfragen zuständigen MfS-Hauptabteilung XX/4 im Vortrag präsentiert. Für den Lehrgang des Jahres 1981 formulierte Oberstleutnant Joachim Wiegand, dass der Schulterschluss zwischen dem BEK und der SED-Führung aus dem Jahr 1978 auch im MfS zum Tragen komme, obgleich ein geheimdienstlicher Argwohn mitschwang:

> für die Erfüllung der Aufgaben der Partei brauchen wir keine Konfrontation mit der Kirche – deshalb wir alles vermeiden, was zu Konfrontation gereicht. Kirche ist [die] einzige offiz. Organisation, die als Opposition wirken könnte – die Ideologie der Kirche ist bürgerlich.[53]

Ferner präzisierte Wiegand die religiösen Verhältnisse in der DDR und diktierte den Kursteilnehmern seine Gedanken in die Feder. Aus den Mitschriften geht hervor, dass das MfS den Zulauf der

Jugend zu den Kirchen als moderat ansah und lediglich in einigen Kreisen der Republik für bedenklich hielt. Eine solche Entwicklung wurde als untypisch für die gesamte DDR ausgegeben. Ein besonderes Augenmerk wurde zumindest bei diesem Lehrgang auf „Religionsgemeinschaften und Sekten“ gelegt. In den Aussagen Wiegands zeigt sich ein über Jahrzehnte in der MfS-Religionspolitik gefestigtes Feindbild gegenüber den Zeugen Jehovas. Die zur Gemeinschaft gehörenden 25 000 bis 30 000 Mitglieder in der DDR würden illegal arbeiten und von Wiesbaden (Sitz der Wachturm-Gesellschaft als juristische Organisation bis 1984) aus kontrolliert. So habe man in den letzten beiden Jahren 35 Kuriere festnehmen können, was als Beweis dafür herangezogen wurde, dass die Zeugen Jehovas „fanatisch gegen den sozialistischen Staat“ arbeiteten.[54] Dem MfS galt die weltanschauliche Ablehnung des Wehrdienstes, von Wahlgängen und generell von staatlichen Riten durch die Zeugen Jehovas als suspekt und staatsfeindlich.

Wie einleitend beschrieben, entwickelte sich die Friedensfrage und die daraus resultierende Debatte innerhalb und außerhalb der Kirche zur entscheidenden Triebfeder einer sich herausbildenden Opposition. Dass diese Diskussionen von der Opposition mit der Frage des Wehrdienstes eng verknüpft wurde und damit die außerkirchlichen Bereiche tangierte, unterstreichen die Aussagen damaliger Protagonisten. So erinnert sich Markus Meckel, der in den 1980er Jahren als Vikar und Pastor im Bezirk Neubrandenburg aktiv war, wie stark das damalige Engagement von unten ausging:

> Im Herbst 1981 stellte ich gemeinsam mit anderen Vikarinnen und Vikaren sowie anderen kirchlichen Mitarbeitern aus Rostock einen Antrag – bzw. eine „Eingabe“, wie man das damals nannte, an die Synode der Landeskirche Mecklenburgs, ein Referat für Friedensfragen einzurichten und dafür eine Personalstelle zu schaffen. Hier sollten Informationen aufgearbeitet und weitergegeben und Initiativen zum Thema Frieden unterstützt werden. Außerdem sollten von dieser Stelle Mitarbeiter qualifiziert und

> junge Menschen, die um eine Haltung und Entscheidung zum Wehrdienst rangen, unterstützt und begleitet werden. Die Landessynode sah die Wichtigkeit der Aufgabe zwar ein, folgte unserem Vorschlag aber nicht, […] Wir trafen uns regelmäßig zum gegenseitigen Austausch von Informationen und zur Reflexion. Wir veranstalteten Multiplikatorenseminare für kirchliche Mitarbeiter, in denen wir die jährlichen Friedensdekaden im November vorbereiteten, zweimal jährlich führten wir Beratungstage zu Wehrdienstfragen durch. Denn nur durch die Kirche konnten damals junge Menschen die Information erhalten, dass man auch legal den Dienst an der Waffe ablehnen und als Bausoldat dienen konnte. Der Staat selbst informierte über diese Möglichkeit nicht. […] Ich beschrieb unsere Gruppen [Friedensgruppen] als Randgruppen in Kirche und Gesellschaft, welche die Konflikte und Herausforderungen der Gesellschaft thematisieren, Differenzen aushalten und durch konkretes Handeln auch da Verantwortung wahrnehmen, wo Staat und Gesellschaft ihnen das Recht dazu absprechen. Gerade deshalb seien die Vernetzung und Zusammenarbeit der Gruppen, der Austausch und der Versuch der kritischen Reflexion notwendig. „Friedensarbeit ist immer auch politische Arbeit", die dieser Argumentationsebene auch gewachsen sein muss. Die Gruppen sollten „Partizipation leben, auch dort, wo sie nicht eingeplant ist". Es gälte, „Mitbestimmung einzuklagen als Form der Selbstbestimmung" und im Konkreten „Verantwortung zu leben".[55]

Die Ausführungen Meckels veranschaulichen einerseits das Verhältnis der Pastoren zur Landeskirche. Hierbei wird deutlich, dass die Kirchenoberen die „Kirche im Sozialismus" stets mit einzukalkulieren hatten. Das von Meckel angeführte Beispiel der Landeskirche Mecklenburg, Vorschlägen aus der kirchlichen Basis nicht umstandslos zu entsprechen, lässt sich durchaus auf andere Landeskirchen der DDR übertragen. Der Hinweis, man habe eine Eingabe schreiben müssen, um sich Gehör zu verschaffen, und sei eine kirchliche „Randgruppe“, eröffnet Parallelen zur nicht religiös konnotierten Alltagswelt in der DDR. Die Möglichkeit der Eingabe wird dabei als eines der wenigen verfügbaren Mittel aufgezeigt, mithilfe derer auf Probleme hingewiesen werden konnte. Zudem offenbaren die Erinnerungen den Wunsch, eine als notwendig angesehene alternative Gegenöffentlichkeit zu schaffen. Kirchlichen Aktivisten war durchaus bewusst, auf diese Weise das Meinungsmonopol des Staates aufzuweichen. Dies verdeutlicht die formulierte Kritik, das SED-Regime verschweige gezielt die Information über die Option, den Dienst an der Waffe legal abzulehnen.[56] Abschließend unterstreicht der angeführte Rückblick, dass die Friedensbewegung mithilfe der Kirche an Zugkraft gewann, ihre Vernetzung zunahm und eine Eigenverantwortung der Bürger gegenüber gesellschaftlichen Fragen eingefordert wurde.

Die Friedensbewegung unter dem Dach der Kirche.

Die frühen 1980er Jahre waren von einer zunehmend als bedrohlich wahrgenommenen Kriegsgefahr geprägt. Im Spannungsfeld des sogenannten Zweiten Kalten Krieges wähnten sich die beiden deutschen Staaten als ein möglicher Schauplatz für militärische Auseinandersetzungen der Supermächte – eine Friedensrhetorik erschien demnach mehr als konsequent. Trotz einer Verbesserung der deutsch-deutschen Beziehungen verstand sich die DDR als der einzige deutsche Friedensstaat. Unter dem Motto eines „bewaffneten Friedens" inszenierte sich die DDR jedoch nach außen als wehrhaft und kampfbereit. Das Gesetz über die allgemeine Wehrpflicht von 1982 und die stetige Militarisierung der DDR, etwa durch den Wehrkundeunterricht, erhöhten den Druck nach innen. Das Damoklesschwert einer möglicherweise nuklear geführten militärischen Auseinandersetzung führte sowohl in reformkommunistischen Kreisen als auch in den Friedensdebatten der Kirche zu übergreifenden Aktionen. Der „Berliner Apell" des Dissidenten Robert Havemann und des oppositionellen Berliner Pfarrers Rainer Eppelmann stellte die erste programmatische Erklärung dar, die unterschiedliche Kreise und Strömungen miteinander verband. Die Verfasser wollten sich nicht mit einem Frieden identifizieren, der durch Abschreckung und Aufrüstung auf tönernen Füßen stand. Die Erklärung stellte sich der DDR-Definition des „bewaffneten Friedens" klar entgegen:

Berliner Apell: Frieden schaffen ohne Waffen!

1. Wenn es in Europa Krieg geben wird, kann dieser Krieg nur ein Atom-Krieg sein. Er wird Europa in eine Wüste verwandeln. Die in Europa in Ost und West angehäuften Waffen aller Art werden uns nicht schützen, sondern uns töten. Das ist ihre einzige Bestimmung.
2. Die Soldaten in den Panzern und Raketen-Basen und die Generäle und Politiker in den Schutzbunkern werden die letzten sein, die sterben. Die Menschen, die sich ihrem Schutz anvertrauen, werden [als erste] vor ihnen sterben.
3. Der Krieg, der Europa auslöschen soll, wird von den Europäern selbst und den USA vorbereitet. Weil die USA jenseits des Atlantiks liegen, haben sie eine Chance, den Krieg zu über-

leben. Die Der europäische Teil der Sowjet-Union und die übrigen Staaten Europas haben diese Chance nicht.

4. Wenn wir einen Krieg verhindern wollen, weil wir leben wollen, müssen wir alle die Kriegswaffen vernichten. *Darum fordern wir* als ersten Schritt: Fort mit den Atomwaffen. Ganz Europa muß zur atomwaffenfreien Zone werden.
5. Das geteilte Deutschland ist zur Aufmarschbasis der beiden großen Atommächte geworden. Deshalb fordern wir den Abzug der sowjetischen, der amerikanischen *und auch der britischen wie der französischen* Besatzungstruppen aus den beiden deutschen Staaten. Wir fordern die Entmilitarisierung und Neutralisierung Deutschlands entsprechend den Bestimmungen des Potsdamer Abkommens vom Jahr 1945.
6. Wir schlagen die Einberufung einer Friedenskonferenz vor, auf der die Regierungen der beiden deutschen Staaten mit den Siegermächten des 2. Weltkrieges über den Abschluß der Friedensverträge und den Abzug der Besatzungstruppen sowie über die Garantie der Nichteinmischung in ihre inneren Angelegenheiten beraten.
7. Wir fordern schon jetzt das Verbot und die Beendigung jeder Art von psychologischer und materieller Kriegsvorbereitung und jeder Art von militaristischer Propaganda. Demnach fordern wir:
   a. Verbot des Verkaufs, *der Produktion* und der Einfuhr von Kriegsspielzeug jeglicher Art.
   b. Einstellung des Wehrkunde-Unterrichts und stattdessen Einführung eines Unterrichts über Fragen des Friedens.
   c. Einstellung aller Maßnahmen und aller organisierten Formen der sogenannten Zivil-Verteidigung. Da es im Atomkrieg keine Möglichkeit einer sinnvollen Zivilverteidigung gibt, ist die sogenannte Zivilverteidigung *nur* ein Mittel zur Überwindung der Furcht vor dem Atomkrieg. Das ist aber nichts anderes als psychologische Kriegsvorbereitung.

d. Einstellung aller Art von Demonstrationen militärischer Macht und Waffen anläßlich stattlicher Feiertage und aus anderen Anlässen.
e. *[Im Manuskript des Appells soll dieser Absatz an die dritte Stelle rücken.]* Einrichtung eines sozialen Friedensdienstes für Wehrdienstverweigerer, solange noch die Wehrpflicht besteht.
f. Durchführung einer Volksabstimmung über die Abschaffung der Wehrpflicht.

> Wir wenden uns an die Bürger der DDR und fordern sie auf, ihre Zustimmung zu diesem Appell durch ihre Unterschrift zu bekräftigen.[57]

Das Manuskript wurde am 15. Dezember 1981 durch die beiden Verfasser unterzeichnet und gelangte in geraffter Form am 25. Januar 1982 durch Abschriften an die Öffentlichkeit. Rainer Eppelmann wurde wenige Tage später verhaftet, aber nach Intervention der Kirche kurz darauf wieder freigelassen. Robert Havemann, der mit seiner Unterstützung eine unabhängige (gesamtdeutsche) Friedensbewegung im Blick hatte, starb nur wenige Wochen später. Bis zu diesem Zeitpunkt hatten bereits 2000 DDR-Bürger ihre Unterstützung durch Unterschrift bezeugt.[58]

Im Nachgang der Ereignisse versuchten die SED-Leitung und das MfS eine weitere Verbreitung des Appells zu unterbinden. IM-Informationen sprachen hierbei von der Absicht der Verfasser, Gesprächsrunden zu organisieren und Videoaufnahmen für westliche Medien zu produzieren. Ferner sollte verhindert werden, dass der Appell kirchenöffentlich von der Kanzel gepredigt wurde – was durch Pfarrer Eppelmann nachweislich im Gemeindesaal der Samariter-Gemeinde in Berlin geschah.[59] Der Unmut der Staats- und Parteiführung wurde über den Bischof der Evangelischen Kirche Berlin-Brandenburg, Gottfried Forck, nach unten weitergeleitet: Amt und Person wären in der Öffentlichkeit untrennbar und man erwarte, dass wichtige Vorhaben in Zukunft abgestimmt würden. Das Fortführen der Unterschriftenaktion sei für die Landeskirche nicht verantwortbar.[60] In der ablehnenden Haltung der Kirchenleitung zum Appell zeigt sich der Einfluss staatlicher Organe sowie der kirchliche Wunsch, das Erreichte nicht aufs Spiel zu setzen.

In den frühen 1980er Jahren waren außerkirchliche oppositionelle Gruppen die Ausnahme, doch der Alltag brachte immer mehr Bürger dazu, den sozialistischen Weg in der DDR zu hinterfragen. Ein Blick in Richtung Osten wirkte mitunter ermutigend. Die Malerin und Gründerin der unabhängigen Initiativgruppe „Frauen für den Frieden", Bärbel Bohley, entwickelte ihr nonkonformes Weltbild unter anderem durch den Vergleich mit der UdSSR, den Blick über den sogenannten Eisernen Vorhang hinaus und in Gesprächen etwa mit der Familie Havemann:

> Es war klar, dass es auch in der Sowjetunion Leute gibt, die auf Veränderung aus sind, und dass da alles viel schwieriger ist als in der DDR. Das war uns auch klar. Dazu waren wir zu dicht am Westen. Wir haben jeden Abend unseren Ausflug per Fernseher in die Bundesrepublik gemacht und man wusste ziemlich gut, wohin sich die Dinge entwickeln. Robert Havemann war einer von denen, die sagten, das Regime bricht bald zusammen.[61]

Als eine der ersten außerkirchlichen Gruppen der DDR protestierten die Mitglieder von „Frauen für den Frieden" gegen das neue Wehrgesetz in der gesamten DDR. Die Vernetzung der Protagonistinnen mit Aktivisten in der Bundesrepublik nutzte das MfS, um Bärbel Bohley und Ulrike Poppe wegen des Verdachts auf „landesverräterische Nachrichtenübermittlung" zu inhaftieren. Gleichzeitig hatte die Zusammenarbeit mit westlichen Friedensinitiativen bewirkt, dass die Verhaftungen zu umfänglichen Protesten und Solidaritätsbekundungen im Ausland führten. Weil das Regime einen Prestigeverlust fürchtete, wurden die beiden

Frauen nach „nur" sechs Wochen aus der Untersuchungshaft im MfS-Gefängnis Berlin-Hohenschönhausen in die DDR entlassen. Was folgte, waren ein Reise- und Ausstellungsverbot sowie der Ausschluss aus der DDR-Öffentlichkeit. In den Schilderungen der Malerin fällt die neuerliche Abwesenheit der Kirche als Ort der Opposition besonders auf:

> Der Ausgangspunkt war das neue Wehrgesetz, nach dem auch Frauen zur Wehrpflicht eingezogen werden sollten. Dagegen habe ich eine Eingabe geschrieben, wie man das in der DDR immer machte, meine persönliche Eingabe, mich dagegen gewehrt und gesagt: Ich bin Pazifistin und wo ist für mich die Ausnahmeregel? Mein Mann war Wehrdienstverweigerer, für die Männer gab es die Bausoldaten. Für die Frauen gab es gar nichts. Auf meine Eingabe hat man nicht reagiert. Ich habe dann mit anderen Frauen gesprochen, zuerst in Halle, sie haben dann auch Eingaben geschrieben, und keine hat eine Antwort bekommen. Wir haben das hier mit verschiedenen Frauen gemacht. Dann waren wir bei Katja Havemann und haben überlegt, dass man zusammen so eine Eingabe machen müsste, und haben Unterschriften dazu gesammelt. Es haben über 100 Frauen unterschrieben. Damit war die Frauengruppe geboren. Die Reaktionen waren von Seiten des Staates so, dass die Frauen möglichst ihre Unterschrift zurückziehen sollten. Es waren viele Frauen dabei, vor allem Künstlerinnen, die ich kannte. Mit Einzelnen wurden Gespräche geführt, und etliche haben ihre Unterschrift zurückgezogen. Ungefähr dreißig haben gesagt, wir machen das nicht, wir bleiben zusammen, und wir haben uns dann immer getroffen.[62]

In den Gedanken und Erinnerungen des Mediziners und Naturwissenschaftlers Jens Reich lassen sich jene Kategorien finden, die einen Abgesang auf die sozialistische Utopie verdeutlichen: eine Abschottung des SED-Regimes von der Realität, der Reformstau, die Kriegsangst sowie nicht minder die Zerstörung des eigenen

Lebensumfeldes durch den Raubbau an den ostdeutschen Ressourcen und der Natur:

> Es gab dort [in der UdSSR, Anm. d. Verf.] nicht wie in der DDR dieses ewige Bekenntnisse-Herauslocken, patriotisch zu sein war dort selbstverständlich. In der DDR fühlten sich die Lehrer ebenso wie ihre Ministerin Margot Honecker ständig an die Machtfrage erinnert, weil ja der Westen so nahe war, nur einen halben Kilometer hinter der Mauer. […] Sie [in der UdSSR, Anm. d. Verf.] lebten ihr eigenes Leben und in der oberen Etage saßen die Natschalstwo, die Oberen, und die hatten die Macht. Uns war damals schon klar, dass sich in der Sowjetunion das endgültige Schicksal des realen Sozialismus entscheiden würde, und zwar zum Schlechten. Bei den vorhandenen Machtkonstellationen war das logisch. Wir nahmen in der SU wahr, wie das System langsam auf eine wirtschaftliche und politische Katastrophe zusteuerte. […]
>
> Honecker versuchte, durch Handel mit dem Westen das System weiter am Laufen zu halten. Die DDR hatte auch bessere Ressourcen, obwohl wir auf einer anderen Ebene dieselben Bedingungen hatten. Man musste nur mit dem Zug Richtung Halle fahren und bei Leuna oder Bitterfeld das Fenster aufmachen, da wusste man, wohin die Fahrt geht: rote nitrose Gase aus den Schloten in den Abendhimmel. So war es auch mit vielen anderen Dingen, als alles auf Braunkohle umgestellt werden musste, weil die Russen kein Öl mehr zum Verbrennen lieferten. Es war das allgemeine Gefühl, es rutscht jetzt langsam nach unten, zusätzlich gab es die Angst, dass jedes wankende Imperium versucht, sich durch einen Krieg über Wasser zu halten, und Afghanistan der erste Schritt dazu war. […]
>
> Die vormilitärische Erziehung der Jugendlichen in der Schule war ohnehin Pflicht. Wäre es zu einem Zusammenstoß zwischen West und Ost gekommen, dann hätten sich Tausende von Panzern in Bewegung gesetzt. Die NATO hatte offenbar die Absicht,

> sich hinter dem Rhein zu verschanzen und Atomraketen nach Moskau zu schicken. Wir dachten, dass die SU mit dem zunehmenden Verfall des Systems irgendwann die militärische Karte ziehen würde. Wir hatten große Angst, dass es zum Weltkrieg kommt.[63]

Für Jens Reich, der sich trotz seiner privilegierten Position als Wissenschaftler zunehmend unwohl fühlte, entwickelte sich der Austausch mit polnischen und sowjetischen Dissidenten zum Angriffspunkt für das MfS. Im Hause der Familie Reich kamen nonkonforme Stimmen zu Wort, der Kriegszustand in Polen oder die Situation in der Sowjetunion wurden dort offen diskutiert. Aktivisten der *Solidarność* kritisierten sie dafür, solche Diskussionen nicht öffentlich auszutragen und somit Veränderungen keine Chance einzuräumen: Der Geheimdienst würde ohnehin alles rausbekommen, warum dann nicht in die Offensive gehen? Für den Mediziner erhärtete sich so die Erkenntnis, dass die offene Politisierung und nicht die Arbeit im Verborgenen der richtige Weg sei. Exemplarisch steht er für jene kritische DDR-Intelligenzia, die außerkirchlich einen Weg der Erneuerung suchte, getrieben durch die immer offensichtlicher werdenden Widersprüche und Ermüdungserscheinungen des Systems. Der SED-Apparat sorgte für seine Degradierung in der Wissenschaft und er verlor daraufhin seine Leitungsfunktionen – als sei „die Umgebung einem wegisoliert" worden. Auf wissenschaftlichen Kongressen, die Reich etwa 1984 auf Einladung westlicher Kollegen besuchen durfte, konnte er sich „praktisch nicht bewegen, ohne unauffällig und sogar auffällig fotografiert zu werden"[64].

> Ich hatte Verbindungen in alle sozialistischen Länder und wurde langsam zur Feindfigur, obwohl ich zu keinem Zeitpunkt etwas anderes gesagt oder diskutiert hatte, als dass sich die Verhältnisse bessern müssen und die DDR ein liberales Land werden muss. Ich habe nicht davon geträumt, den Sozialismus abzuschaffen.

> Ich war eigentlich ein Bürger, den sie in Reformversuche hätten einbinden können. So, wie es Gorbatschow dann Ende der 1980er-Jahre versucht hat. Bei uns wurden Reformen völlig unterdrückt, Glasnost und Perestrojka verteufelt. So, wie sie mit mir und meinem Umfeld umgingen, wurde man kein Kooperator. Das hätten sie anders anstellen müssen.[65]

Unter ähnlichen Vorzeichen – im Zuge des Blicks auf den östlichen Nachbarn – politisierte sich auch Wolfgang Templin. Nach Studienaufenthalten in Polen und Übersetzungen politischer Schriften fand er Eingang in die Berliner Friedenskreise. Den Bruch mit der SED vollzog er 1983 durch den Austritt aus der Partei und fand sich dann im Spektrum zwischen kirchlichen Diskussionsräumen und außerkirchlicher Opposition wieder:

> Nach dem Jahr 1983 gab es die erste große Auseinandersetzung um die Friedensbewegung und den NATO-Nachrüstungsbeschluss. Für mich hatten sich im Raum der Kirchen engere Kontakte [...] ergeben. Ich lernte die Konsequenz und die andere wichtige Mentalität von Gemeindechristen schätzen. Was ich immer als Defizit empfand, war das Aufs-Gewissen-Setzen, Schwerter zu Pflugscharen zu erklären und zu sagen: Wir sind auf keinen Fall eine Opposition. Wir wollen uns dem Staat als Partner nähern, wir wollen ihn friedlich von unseren guten Absichten überzeugen. Ich kannte das System und die Beteiligten zu gut, um zu wissen: Das konnte nicht aufgehen.
>
> Ich war in der Ablösung von der Partei und in der Annäherung an die Opposition so politisiert, dass ich nach Leuten suchte, denen es innerhalb der Friedenskreise ähnlich ging wie mir. [...] Es war der Versuch, für diese ganz verschiedenen Leute gemeinsame Ziele und Aufgaben zu finden. KOR [Komitee zur Verteidigung der Arbeiter in Polen, Anm. d. Verf.] und die Charta 77 [Bürgerrechtsbewegung in der Tschechoslowakei sowie Titel der namensgebenden Petition, Anm. d. Verf.] waren in unserem

> Blick, […]. Die IFM [Initiative für Menschenrechte] war mit der erste Versuch, aus der Vielfalt der Friedensökologie, dieser sozialen Gruppen, eine bewusst agierende und mit Arbeitsstrategie verbundene Oppositionsgruppe zu machen. Arbeitsstrategie hieß: so viel wie möglich Öffentlichkeit. Inhaltliche Achsen waren die Menschenrechte, die man in verschiedener Weise interpretieren konnte, aber die in einem Katalog von Grundrechten und Freiheitsansprüchen enthalten waren, den man nicht unterlaufen konnte. Und es gab eine internationale Ausrichtung.[66]

Aus den Äußerungen Templins wird ersichtlich, dass *erstens* die Ziele und Entwicklungen der ostmitteleuropäischen Bewegungen einen unmittelbaren Einfluss auf die Bildung und Konsolidierung vergleichbarer Initiativen in der DDR hatten. Die Auseinandersetzung mit Geschehenem in den Nachbarstaaten verdeutlicht *zweitens* einen zeitlichen Verzug bei einer analogen Herausbildung einer Bürgerrechtsbewegung in der DDR – was *drittens* einen explizit ostdeutschen Weg vermuten lässt. Templin verdeutlicht zudem, dass sich *viertens* die Überzeugung einstellte, den kirchlichen (Übergangs-)Weg und den schützenden Raum zu verlassen, zum Zweck einer möglichst breiten Öffentlichkeit. *Fünftens* unterstreicht die Aussage, dass der Versuch, aus einer Vielzahl von Strömungen einen einheitlichen Kurs zu formen, nur über einen gemeinsamen Bezug auf die Menschenrechte zu bewerkstelligen war: Dieser bot *sechstens* ein bindendes Element für jegliche Strömungen, wie er *siebtens* die DDR-Bewegung international anschlussfähig machte.

Ulrike Poppe, die zum engeren Kreis der IFM gehörte und maßgeblich an der Ausformung der Initiative zwischen 1985 und 1986 beteiligt war, bekräftigt die wesentlichen Aussagen Templins. Poppe unterstreicht zusätzlich, was sie dazu bewog, im öffentlichen Raum aktiv zu werden und sich aus dem Umfeld der Kirche herauszulösen. So wichtig die Kirche anfänglich als Schutzraum war, so sehr hatte sie ihr Potenzial eingebüßt, eine unabhängige

Bürgerbewegung im Sinne des Burgfriedens zwischen Staat und Kirche einzuhegen:

> Die Gründung der Initiative Frieden und Menschenrechte war dem Credo geschuldet, dass Menschenrechts- und Friedensfragen nicht voneinander zu trennen sind. Einerseits können Menschenrechte nur im Frieden gewährleistet werden, andererseits ist ein Land, in welchem die Machthaber systematisch die Menschenrechte verletzen, nicht friedensfähig. Innerer Frieden und äußerer Frieden bedingen einander. Menschenrechte und Frieden gehören zusammen. Das war eigentlich der Kern dieser Initiative. [...] Ausgangspunkt war ein geplantes Menschenrechtsseminar, das in Kirchenräumen stattfinden sollte und von der Kirchenleitung aus Furcht vor staatlicher Repression abgesagt wurde. Daraufhin hatten die Initiatoren beschlossen: „Wir müssen jetzt eine eigene, unabhängige Kraft entwickeln." Das war sozusagen die Initialzündung für eine Gruppierung, die konsequent menschenrechtliche Themen aufgriff und die Achtung der Menschenrechte vom Staat einforderte. [...] Die Menschenrechtsfrage war eigentlich ein verbindendes Element. Die Dritte-Welt-Gruppen, die Umweltgruppen, die Minderheitengruppen und die Friedensgruppen – sie alle hatten mit Menschenrechtsfragen zu tun. Wir alle wollten die Menschenrechte stärker in den Vordergrund stellen, weil wir sahen, dass wir nicht weiterkamen, wenn wir dieses Thema unterbelichteten: „Wir können in diesem Land nur etwas verändern, wenn wir auch die Menschenrechtsfragen offensiv thematisieren." Polen war für uns ein besonderes Vorbild.[67]

Die Konsolidierung einer unabhängigen Bürgerbewegung in den Jahren 1985 und 1986 fußte somit maßgeblich auf der Bestrebung, die Menschenrechtsfrage als ein verbindendes Element zu erkennen und zu etablieren. Der Erfolg dieser Vorgehensweise zeigte sich darin, dass sich die IFM zu den wichtigsten Exponenten der Opposition in der DDR entwickelte. Den widrigen Umständen einer Diktatur zum Trotz war sie zudem gut im In- und Ausland vernetzt und war ausgestattet mit einer Idee zur Reformierung der DDR.

Das Gründungsdokument der IFM vom Januar 1986, das sogenannte Dokument III, nahm direkte Anleihen aus Veröffentlichungen der tschechoslowakischen Bürgerrechtsbewegung Charta 77. Nicht nur wurden beide Initiativen in einem Januar gegründet, sondern verstanden sich auch als ein übergreifendes Format: Das „Dokument III" sprach von den verschiedenen kirchlichen und autonomen Friedenskreisen, den Chartisten in Prag wiederum konnte jeder angehören, der den Ideen zustimmen, an ihrer Arbeit teilnehmen und sie unterstützen wollte. Beide „Erklärungen" blickten nicht nur in den eigenen Herrschaftsbereich, sondern nahmen darüber hinaus die Menschenrechte in den Fokus und konzentrierten sich doch auf Prozesse der Veränderung im jeweils eigenen Land. Für die DDR-Opposition bleibt jedoch das spätere Erweckungsmoment im Vergleich zu ost- und ostmitteleuropäischen Bewegungen zu unterstreichen. Die Sprechergruppe der Initiative Frieden und Menschenrechte formulierte stellvertretend die Ziele und Arbeitsschwerpunkte:

> In der Friedensbewegung wächst das Bewußtsein für den engen Zusammenhang von Frieden und Menschenrechten. Viele Erfahrungen der letzten Jahre belegen, daß die Ziele von Friedensarbeit von der Durchsetzung demokratischer Grundrechte und -freiheiten abhängig sind. Über die Köpfe der Betroffenen hinweg wird in beiden Blöcken angespannt weitergerüstet, werden Verhandlungen hinter verschlossenen Türen geführt und die Aktivisten der Friedensbewegung verfolgt und teilweise kriminalisiert. Bei diesen Praktiken stehen die „westlichen Demokratien" um nichts hinter unseren Regierenden zurück. Das ist der Stand der Erfahrungen – umgehen konnten wir damit kaum. Zu wirklicher Arbeit auf dem Gebiet der Menschenrechte kam es bei uns bisher nicht, von Reaktionen auf Einzelfälle und spontaner Be-

> troffenheit abgesehen. Die Initiative zu einem Menschenrechtsseminar ging im Sommer letzten Jahres von Personen verschiedener Berliner Friedenskreise aus. Auf einem ersten Treffen sollten gemeinsame Erfahrungen diskutiert, Arbeitsmöglichkeiten zu Menschenrechtsfragen geprüft und Kontakte geknüpft werden. Die vorgeschlagenen Themen und Schwerpunkte waren als Diskussionsanstöße gedacht und sollten spätere Arbeitsergebnisse vorbereiten. […] Im Vorbereitungskreis wurden weitere Arbeitsschwerpunkte diskutiert und festgelegt, es bildeten sich dazu Arbeitsgruppen, in denen Mitglieder verschiedener kirchlicher und autonomer Friedenskreise zusammenarbeiten. Mit diesem Stand wollen wir Euch vertraut machen. Arbeitsschwerpunkte und Arbeitsgruppen:
> Frieden und Menschenrechte
> Recht auf Arbeit als grundlegendes Menschenrecht
> Menschenrechte und Gesellschaft (historische Entwicklung)
> Menschenrechte und Justiz
> Kirche und Menschenrechte
> Menschenrechte, Erziehung, Jugend
> Perspektiven der Menschenrechtsarbeit in der DDR
> Umwelt, Gesundheit und Menschenrechte
> Menschenrecht im militärischen Bereich
> Bei all diesen Schwerpunkten wollen wir uns auf die Situation und Entwicklung im eigenen Land konzentrieren, was die Auseinandersetzung mit Menschenrechtsproblemen sowie die Zusammenarbeit und Solidarität mit Menschenrechtsinitiativen in anderen Ländern nicht ausschließt. Wir streben eine DDR-weite Arbeit auf diesem Gebiet an. Gegenwärtig sind Vertreter aller genannten Arbeitsschwerpunkte und -gruppen in einem Vorbereitungskreis aktiv, der sich in Berlin trifft und regelmäßig die inhaltliche und organisatorische Arbeit berät und koordiniert.[68]

Das Gründungsdokument der IFM stellt den Versuch dar, die verschiedenen Gruppen innerhalb der DDR über das Thema der

Menschenrechtsfrage zu vereinen. Ähnlich zur Charta 77 gelang es den beteiligten Personen, Kopien mit dem Wortlaut der Erklärungen an westliche Medien weiterzugeben. Jeweils drei Sprecher, die jährlich wechselten (eine weitere Parallele zu den Chartisten), vertraten die Initiative nach außen. Die ersten Repräsentanten waren die in Berlin ansässigen Wolfgang Templin, Ralf Hirsch und Peter Grimm. Sie riefen die (Zivil-)Gesellschaft der DDR auf, sich öffentlich zu engagieren.

4.2.3 Die Arbeit gegen den „Feind" – Das MfS in Aktion

Zwischen den Jahren 1981 und 1983 stand die Hauptstadt der DDR bei den versuchten Fluchten pro tausend Einwohnern an der Spitze geheimpolizeilicher Aktivitäten dieser Art. Karl-Marx-Stadt (heute: Chemnitz) oder Leipzig hingegen führten die Statistik bei den „rechtswidrigen Antragstellern auf ständige Ausreise" an. In den Stadtkreisen Halle-Neustadt oder Frankfurt/Oder waren die meisten Operativen Vorgänge anhängig. Unter den Berliner Stadtkreisen galten Prenzlauer Berg und Friedrichshain als Hochburgen nonkonformen Verhaltens.[69] Diese Aufstellung ist insofern interessant, als dass sie die Bandbreite der Verfolgung, deren geografische Ausdehnung sowie die Intensität widerständigen Verhaltens widerspiegelt. An der Verteilung widerständiger Erscheinungen[70] in der DDR der 1980er Jahre kann abgelesen werden, dass Ostberlin einen erwartbaren Kristallisationspunkt darstellte. Mitnichten war die Hauptstadt der DDR jedoch das einzige Zentrum solcher Bestrebungen.

Auf einer Beratung der Bezirkseinsatzleitung des MfS vom 10. März 1986 führte der Leiter der BV Berlin, Generalleutnant Wolfgang Schwanitz, eine „Lageeinschätzung des oppositionellen Milieus in seiner Verwaltungseinheit durch". Unter besonderer Berücksichtigung der „Friedenskreise" attestiert auch das MfS neben vermeintlichen Erfolgen ihrer Bekämpfung einen verstärkten

Organisationsgrad der „feindlichen Kräfte in der Hauptstadt" sowie eine zunehmende Ausrichtung auf die Menschenrechtsfrage:

> Wir können einschätzen, daß es den feindlichen Kräften nicht gelungen ist, ihre Wirksamkeit zu erhöhen. Im Gegenteil, seit geraumer Zeit ist in diesen Kreisen ein gewisser Substanzverlust zu verzeichnen:
>
> 1. Die Zahl der „Friedenskreise" ist zurückgegangen. Mitte 1985 existierten 15 solcher Kreise, gegenwärtig sind es 11.
> 2. Die „Friedens- und Ökologiekreise" weisen insgesamt sinkende Mitgliederzahlen auf. Bei einigen Personen zeigen sich deutlich Resignationserscheinungen.
> 3. Die Tätigkeit einer Reihe „Friedens- und Ökologiekreise" ist seit längerem von Konzeptionslosigkeit und weitestgehender Inaktivität in der Öffentlichkeit gekennzeichnet. Einige der zur Zeit existierenden Kreise befinden sich im Prozeß der Auflösung. […]
>
> Diese Entwicklung darf jedoch nicht darüber hinwegtäuschen, daß vor allem der aktive Kern um solche Leute wie Pfarrer Eppelmann, die Bärbel Bohley, das Ehepaar Misselwitz, den Ralph Hirsch und den Martin Böttger und andere auch weiterhin an ihren Zielstellungen festhalten und gefährlich sind. Das findet seinen Ausdruck darin, daß diese bekannten Feinde ihre Aktivitäten verstärkt ausrichten auf
>
> – Probleme im Zusammenhang mit ökologischen Fragen und Forderungen nach Einhaltung der „Menschenrechte" in der DDR;
> – die Erarbeitung von Konzepten und Plattformen, um ein einheitliches Vorgehen feindlicher Kräfte zu erreichen;
> – den Ausbau des „Informations- und Kommunikationssystems" innerhalb Berlins und in der DDR. […]
>
> [So] ist dieser Erscheinungsform mit erhöhter Wachsamkeit zu begegnen, zieht sich doch gerade die „Menschenrechtsproblema-

> tik" wie ein roter Faden durch viele Aktivitäten feindlich-negativer Kräfte. Dazu zwei Beispiele:
>
> – Im Januar dieses Jahres wurde das sogenannte Dokument III der Sprechergruppe der Initiative „Frieden und Menschenrechte" an die Öffentlichkeit gebracht. Die Unterzeichner (Hirsch, Templin, Grimm) [...] wenden sich an alle „Friedenskreise" in der DDR und fordern diese zur unmittelbaren Mitarbeit auf. Gegnerische Medien haben diese Schmähschrift verbreitet und in diesem Zusammenhang versucht, die Existenz sogenannter Initiativen für Menschenrechte in der DDR hochzuspielen.
> – Der als „Eingabe" verfaßte Brief vom 21.1.1986 an die Regierung der DDR mit dem Titel „Appell zum UNO-Jahr des Friedens" [...] ist ebenfalls als eindeutige Provokation zu werten. Dieser sogenannte Appell bezeichnet die „Einschränkungen der Reisefreiheiten" als Mißtrauen der Regierung gegenüber den Bürgern, fordert eine Amnestie aller nach den §§ 99, 106, 107 und 218 StGB Verurteilten, die Aufstellung unabhängiger Kandidaten zu Kommunal- und Volkskammerwahlen, Versammlungs-, Kundgebungs- und Vereinigungsfreiheit sowie die Legalisierung der Wehrdienstverweigerer und schlägt der Regierung der DDR einen Dialog mit Andersdenkenden im Inneren der DDR vor. [...]
>
> Die Gefährlichkeit des feindlichen Angriffs zeigt sich auch darin, daß seit 1985 verstärkte Bestrebungen dieser Kräfte festzustellen sind, Plattformen für einheitliches Vorgehen auszuarbeiten und zur Diskussion zu stellen. [...] Bisher ist es ihnen nicht gelungen, ihr Handeln auf einer einheitlichen Plattform auszurichten. Die Versuche in diese Richtung werden jedoch weitergeführt, wozu auch der angestrebte Ausbau des Informations- und Kommunikationssystems zwischen feindlichen Kräften dienen soll.[71]

Für die Staatssicherheit der DDR galten die führenden Köpfe, etwa der IFM, aus diesen Gründen als besonders gefährlich. Einige waren als SED-Mitglieder selbst Teil des politischen Systems gewesen und hatten sich durch eine selbstbestimmte Sozialisation sowie im Austausch mit ost- und ostmitteleuropäischen Akteuren von den propagierten DDR-Idealen entfernt. Wie im Falle Wolfgang Templins wurden sie mitunter bezichtigt

> [als] fanatischer Feind der DDR [...] als Organisator und Inspirator politischer Untergrundtätigkeit große Anstrengungen [zu unternehmen], in jeder nur möglichen Art und Weise gegen die Staats- und Gesellschaftsordnung der DDR im Zusammenwirken mit Feinden der DDR aus dem Westen feindlich tätig zu werden [und] Verbindungen zu oppositionellen Kräften in anderen sozialistischen Staaten, insbesondere der VR Polen, der ČSSR und der UdSSR [zu knüpfen], um mit diesen gemeinsam in den Staaten des Warschauer Paktes die politische Untergrundtätigkeit zu internationalisieren.[72]

Die Brisanz dieser Phase lag in dem Übergang von der konspirativen zur öffentlichen Interessenartikulation der DDR-Bürger. Beispielhaft kann diese Entwicklung an dem sogenannten Friedenskreis Pankow und seiner späteren Bearbeitung durch den Staatssicherheitsdienst abgelesen werden. Als eigenständig arbeitende Bewegung organisierte sich der Arbeitskreis innerhalb der evangelischen Kirchengemeine Alt-Pankow in Berlin, seine Ursprünge lagen somit in den „Freiräumen" der Kirche. Auch wenn das Umfeld weitgehend beibehalten wurde und somit kirchlich prägend blieb, suchte der Kreis eine maximal mögliche Öffentlichkeit, beteiligte sich an den Friedensdekaden und war Bestandteil des größten Netzwerks kirchlicher und außerkirchlicher Friedens-, Ökologie- und Menschenrechtsgruppen der DDR: „Frieden konkret/Konkret für den Frieden". Wie der Name verdeutlicht, reagierte die Initiative auf die prägenden Ereignisse der frühen 1980er Jahre. Die Friedensthematik war die Antwort auf die zunehmende Militarisierung der DDR und die aus ihrer Sicht missbräuchliche Verwendung des Friedensbegriffes durch die SED. Da der Friedenskreis informieren, aufklären und Menschen auch außerhalb der realsozialistischen Lebenswelten verbinden wollte, gerieten die Mitglieder und Initiatoren schnell in den Fokus der DDR-Obrigkeit. Die Offenheit war für die Gruppe entscheidend, zugleich aber auch das Einfallstor für das MfS. In der Abteilung XX/4 der Bezirksverwaltung Berlin bestätigte deren Leiter, Oberst Manfred Häbler, die geplanten Aktionen gegen den „Friedenskreis Pankow" und quittierte den „Plan zur Zersetzung" zum Operativen Vorgang „Virus" am 9. August 1983:

> Mit dem Ziel, den Einfluß, die Aktivitäten und die Teilnehmerzahlen des „Friedenskreises Pankow" zurückzudrängen, den vom Gegner angestrebten Aufbau einer „staatlich unabhängigen Friedensbewegung" zu unterbinden und die führenden Personen des Friedenskreises zu verunsichern und deren Einfluß zu neutralisieren sowie das Ehepaar [geschwärzt] unschädlich [überschrieben mit: unwirksam] zu machen, werden folgende Maßnahmen der Zersetzung vorgeschlagen:
>
> 1. Zu den öffentlichen Veranstaltungen des „Friedenskreises", wie zum Beispiel „Großer Friedenskreis", „Teestube" und anderen Aktivitäten werden positiv auftretende, offensiv diskutierende und parteilich handelnde Personen geschickt.
> Hierdurch soll erreicht werden, daß erstmalig die negativ auftretenden Personen im „Friedenskreis" mit progressiven Argumenten konfrontiert werden und ihnen eine Diskussion aufgezwungen wird, in deren Verlauf sie in die Defensive gezwängt werden. Des Weiteren soll durch die offensive Diskussion und Argumentation erreicht werden, daß die sogenannte „Szene" von den negativ verfestigten Personen abrückt und letztendlich den Veranstaltungen des „Friedenskreises" fernbleibt.
> Zur Realisierung dieser Zielstellung wird veranlaßt, daß ca. 25-[manuell unterstrichen: 30 MfS-Direktstudenten] [hand-

> schriftliche Ergänzung: HA/KuSch [Kader und Schulung] [abgeklärt?]] ausgewählt werden, die die oben genannte Zielstellung realisieren können.[73]

Der Plan legte neben der detaillierten Zielvorgabe zugleich die anzuwendende Methode offen: Elemente der Zersetzung. An Begriffen wie „unschädlich“ oder „Einsatzgruppen“ eröffnet sich neben den planerischen Fakten ein Blick auf die Denkmuster innerhalb des MfS. Zur historischen Doppeldeutigkeit der Begriffe gesellt sich eine menschenverachtende und selbst überschätzende Einstellung. Zusätzlich ist zu sehen, dass das MfS neben anderen Praktiken der Beeinflussung auch das Prinzip des „politisch-operativen Zusammenwirkens“ (POZW) als ein klassisches Mittel der 1980er Jahre zur Anwendung brachte. Neben den „parteilich handelnden Personen“ werden Direktstudenten des MfS aufgeführt. Für den Operativen Vorgang (OV) „Virus“ waren sie anstelle ausgewählter Parteimitglieder oder Angehöriger der sozialistischen Massenorganisationen die Wahl der Stunde. Im hier nicht zitierten Teil des Planes wurde ferner festgehalten, dass die eingesetzten Personen in die Thematik des Friedenskreises eingeführt und mit den Aktivitäten der Gruppe vertraut gemacht werden sollten. Die Geheimdienstler versorgten ihre „Einsatzgruppen“ mit sogenannten Legenden: absichernde Geschichten der Konspiration, die sie im Umfeld des Friedenskreises als unauffällig erscheinen ließen.[74]

Besondere Sorgfalt legte das MfS auf die Zielsetzung, „die Stellung der [Name anonymisiert] in ihrer Gemeinde und die Ehe der Familie erheblich zu belasten und zu erschüttern“[75]. Um das Ziel in der anvisierten Art zu erreichen, beschloss das MfS folgenden Plan:

> 2.1. Der IMB [Inoffizielle Mitarbeiter mit „Feindberührung“, Anm. des Verf.] „Horst Hoffmann“ wird [Name anonymisiert] in einem vertraulichen Gespräch „von Mann zu Mann“ das ihm zur Kenntnis gelangte angeblich außereheliche Verhältnis von [Name

anonymisiert] und [Name anonymisiert] mitteilen. Hiermit soll das gestörte Vertrauensverhältnis zwischen beiden Ehepartnern, das durch das von [Name anonymisiert] entdeckte außereheliche Verhältnis seiner Frau zu [Name anonymisiert] entstanden ist, weiter erschüttert werden. […]
2.2. Ein „Zeuge Jehova" (sic!) (IM der Diensteinheit) wird bei [Name anonymisiert] und bei ausgewählten, vorwiegend älteren Gemeindemitgliedern der Kirchengemeinde Pankow vorsprechen. Er wird seinen Glauben „verkünden" und versuchen die Angesprochenen von seiner Lehre zu überzeugen. Hierbei wird er unter anderem auch über die „Verdorbenheit der [Name anonymisiert]" im Allgemeinen und speziell über die Ehebrecherin [Name anonymisiert] sprechen. In den Gesprächen wird der „Zeuge Jehova" über das „Lotterleben" der im Friedenskreis organisierten Personen berichten und wird Fotos vorweisen, die dieses unterstreichen. Er wird darüber informieren, daß im „Friedenskreis" schweinische Themen abgehandelt werden und für die „Freie Liebe" geworben wird.

Die Gespräche sollen so geführt werden, daß die Gemeindemitglieder beim Superintendanten oder bei [Name anonymisiert] vorsprechen und um eine Klärung der aufgeworfenen Anschuldigungen bitten, daß [Name anonymisiert] (sie fotografierte während der „Mecklenburgwanderung des Friedenskreises" die Teilnehmer während des FKK-Badens) in Verdacht gerät, dem „Zeugen Jehova" die Bilder in die Hand gespielt zu haben und daß auch [Name anonymisiert] verdächtigt wird, Indiskretionen begangen zu haben. […]

Die „Fotos" werden gemeinsam mit der Bildstelle der BV durch entsprechendes Retuschieren, Kopieren und durch Bildmontagen hergestellt.
2.3 In Abstimmung mit der Abteilung VI beziehungsweise mit dem Genossen F u h l r o t t e r der HA II/12 [Spionageabwehr/Überwachung der ständigen Vertretung, Anm. d. Verf.] wird ein weiblicher IM in das Blickfeld des [Name anonymisiert] ge-

> schoben. Durch entsprechende Aktivitäten des IM soll [Name anonymisiert] veranlaßt werden, außereheliche sexuelle Kontakte aufzunehmen. Das „Verhältnis" soll dazu genutzt werden, kompromittierendes Material gegen [Name anonymisiert] zu schaffen, um die Ehe weiter zu zerrütten.[76]

Erneut zeigen sich vertraute Muster aus der Arbeit des MfS. Durch gezielt platzierte Desinformationen zum Privatleben der Protagonisten sollten Misstrauen und interne Zerwürfnisse innerhalb der Gruppierungen geschürt werden. Der breit aufgestellte Zersetzungsplan und der offenkundige Detailreichtum unterstreichen den betriebenen Aufwand: Wenig sollte dem Zufall überlassen werden. Die Zusammenarbeit mit der Hauptabteilung II, der Einbezug der geheimdienstlichen Bildstelle und auch der Einsatz eines IM als „Zeuge Jehovas" verweisen auf die Komplexität des Unterfangens. Des Weiteren wurde eine als Einbruch getarnte „konspirative Wohnungsdurchsuchung" beschlossen. Der inszenierte Einbruch sollte durch die Mitnahme von westlichen Produkten und Wertgegenständen als echt und plausibel erscheinen, zudem für Angst und Verunsicherung bei den Bewohnern sorgen. Primär sollten jedoch Materialen für eine strafrechtliche Einschätzung beschafft werden, die es dem MfS erlauben würden, gegen „führende Personen des ‚Friedenskreises'" mit juristischen Mitteln vorzugehen. Parteiausschlüsse und Jobverlust vervollständigten das geheimdienstliche Arsenal der im Maßnahmenplan beschriebenen Zersetzung. Eine gebündelte Aktion, die durchaus Erfolge zeigte: Die Aktivitäten des Friedenskreises waren in den Folgejahren stark vom Wissen um die Unterwanderung durch das MfS geprägt. Werner Schulz erinnert sich als Mitbegründer des Friedenskreises an die hohe Dichte und die Arbeitsweise der Inoffiziellen Mitarbeiter, deren Engagement sie unterschätzt hätten:

> Natürlich hat das auch Enttäuschung hinterlassen, weil man es von bestimmten Leuten nicht erwartet hat. Ich bin auch über die

> Dichte dieser Bespitzelung entsetzt. Ich hatte geglaubt, das sei nicht ganz so schlimm. Ich habe immer gedacht, dass die Stasi davon profitiert, wenn wir alle Angst haben, dass sie überall sein könnte, ein Mythos, den sie bewusst schüren, damit wir uns gegenseitig verdächtigen, als eine perverse Zersetzungsstrategie. [...] Das für mich Frappierende ist, dass diese IMs uns zwar bespitzelt haben, aber sie haben sehr fleißig mitmachen müssen. Sie waren eigentlich die Aktivsten im Friedenskreis, denn sie hatten immer Zeit, sie waren immer da, auf sie war Verlass. Sie haben Butterbrote geschmiert und Kaffee gekocht und dieses und jenes. Natürlich, sie mussten ja praktisch, um berichten zu können, auch überall dabei sein und möglichst unauffällig sein. Das heißt, sie mussten widerwillig auch unsere Arbeit erledigen.[77]

Im Rahmen einer internen Dienstberatung am 20. Juni 1985 beschrieb der spätere Leiter der Berliner Bezirksverwaltung des MfS, Oberst Siegfried Hähnel, die als Erfolg deklarierte Situation in Bezug auf den Friedenskreis Pankow:

> Insbesondere im „Friedenskreis" Pankow wurden gute Ergebnisse erzielt. Hier kommen seit September 1983 von der SED-Kreisleitung Pankow ausgewählte Genossen zum Einsatz. Nach anfänglichen Problemen, die vorwiegend auf eine unzweckmäßige Auswahl der Genossen zurückzuführen war, vollzog sich seit September 1984 ein qualitativer Wandel. Die Einweisung und Schulung der Genossen erfolgte durch die Abt. XX/4 über den Leiter der KD Pankow an die SED-Kreisleitung, wodurch ein überzeugendes und offensives Auftreten bei Veranstaltungen des „Friedenskreises" erreicht wurde. Durch das Auftreten der gesellschaftlichen Kräfte, der Direktstudenten des MfS sowie ausgewählter Fachkräfte entsprechend der Thematik ist es gelungen, daß seitdem keine Veranstaltung des „Friedenskreises" die von den Führungskräften beabsichtigte Zielstellung erreichte.[78]

Zum Informationsgehalt interner MfS-Papiere kann festgehalten werden, dass sie sich von den Berichten des MfS an die Partei- und Staatsführung der DDR, etwa den ZAIG-Berichten, insofern unterscheiden, als sie ein höheres Maß an Realität und fallaktueller Bestandsaufnahme enthielten. Für den internen Dienstgebrauch gedacht, enthielten sie Analysen zur Planerfüllung, zum Personalstand innerhalb der Kreis- und Bezirksverwaltungen und etwa zum Alters- oder Qualifikationsniveau des IM-Bestands. Im Bereich der geheimdienstlichen Arbeit kam in den 1980er Jahren verstärkt eine MfS-spezifische Fachkompetenz zum Tragen, die auch in Bezug auf Richtlinien (etwa 1/76 – „Entwicklung und Bearbeitung Operativer Vorgänge") oder etwa der neuen Dienstanweisung Nr. 2/85 „zur vorbeugenden Verhinderung, Aufdeckung und Bekämpfung politischer Untergrundtätigkeit" ersichtlich wurde. Im Dienst für die DDR sozialisiert, den beruflichen Werdegang im MfS vollzogen, entwickelte sich neben dem hierarchischen Druck in der Dienststelle auch ein innerer Antrieb, das Niveau der MfS-Arbeit weiterhin anzuheben. Im Gegensatz zur MfS-Gründergeneration, die mehrheitlich nur über einen Volksschulabschluss verfügte, verkehrte sich das Verhältnis in sein Gegenteil. 1988 verfügten mehr als 80 Prozent über einen Abschluss an einer Polytechnischen Oberschule (POS) – rund 27 Prozent waren Absolventen einer Hoch- oder Fachhochschule. Aus diesen Zahlen auf eine Akademisierung des MfS zu schließen, wäre zu weit gegriffen. Dennoch beeinflussten junge und besser ausgebildete MfS-Mitarbeiter den Stil der geheimdienstlichen Arbeit. Ihre Treue galt dem SED-Staat, den sie in Unterordnung gegenüber der Partei selten infrage stellten.[79]

Auch wenn Mielke und Honecker sich jeden Dienstag nach der Sitzung des Politbüros trafen, der Minister für Staatssicherheit seit 1976 auch Vollmitglied dieses Machtzirkels war, verstand Mielke seine Position als die eines Weisungsempfängers.[80] Die Mitarbeiter des MfS in den 1980er Jahren galten in den Augen ihrer Führung als pflichtbewusste „Parteisoldaten". Ihr persönlicher Werdegang war auf das Engste durch das Ministerium sowie die Partei geprägt worden und erzeugte so ein festes Band der Loyalität.

Die obige Passage aus einer MfS-internen Beratung zur Durchsetzung der Dienstanweisung Nr. 2/85 nimmt hierbei auf Inhalte des Zersetzungsplans zum OV „Virus“ Bezug und attestiert nach anfänglichen Schwierigkeiten die nachweisbaren Erfolge. Dass sich der Friedenskreis Pankow in den Ausführungen wiederfand, war der Tatsache geschuldet, dass die Gruppierung durch das MfS als Teil der „politischen Untergrundtätigkeit“ (PUT) gesehen und demnach offensiv bearbeitet wurde. Die MfS-Kategorie PUT war ein Produkt der Etablierung und Emanzipation der inländischen Opposition – sie bezeichnete eindeutig oppositionelle oder widerständige Aktionen, die sich vor allem auf Basis gewachsener Strukturen entwickelt hatten. Nonkonforme Aktivitäten konnten so vom MfS eingestuft, hierarchisiert und wenn nötig als gefährlich deklariert werden.

Die im Februar 1985 in Kraft getretene DA Nr. 2/85 war die erste eigenständige und alle Linien des MfS einbeziehende Vorgabe auf dem Gebiet der „vorbeugenden Verhinderung, Aufdeckung und Bekämpfung politischer Untergrundtätigkeit“. Die Dienstanweisung bildete die geheimdienstliche Grundlage im Umgang mit der erstarkenden Opposition in der DDR. Inhaltlich spiegelten sich in ihr die entscheidenden Punkte der zeitgenössischen Wahrnehmung wider. Zum einen wurde definiert, dass die PUT durch eine

> langfristige und zielgerichtete Inspirierung und Organisierung seitens äußerer Feinde, die Entwicklung von personellen feindlichen Stützpunkten, von Renegaten und von Exponenten politischer Untergrundtätigkeit sowie durch ein enges Zusammenwirken zwischen äußeren Feinden und inneren feindlich-negativen Kräften[81]

gekennzeichnet sei. Sie würde demnach eine vom Westen gelenkte und forcierte Bewegung darstellen. Diese Denkweise wurde neben der Überwindung aller gesellschaftlichen Widerstände zum Aufbau des Sozialismus zum offiziellen Narrativ für die ausgeübte Repression nach innen. Des Weiteren wurden jene Kreise definiert, in denen das MfS zur Mitte der 1980er Jahre oppositionelles Handeln verortete. Indem der Geheimdienst jene Milieus in den Fokus nahm, aus denen vorrangig IM zu gewinnen seien, wurden die Problembereiche definiert:

> – kirchlich gebundene bzw. aktiv tätige Personen, einschließlich Jugendlicher oder Studenten, die in der evangelischen oder katholischen Studentengemeinde, in der offenen Jugendarbeit, in den Jungen Gemeinden wirken,
> – Studenten der Fachrichtungen Kunst/Kultur und Literatur sowie der Theologie,
> – Angehörige der wissenschaftlich-technischen, gesellschaftswissenschaftlichen und medizinischen Intelligenz,
> – Künstler und Kulturschaffende, besonders aus dem Nachwuchsbereich,
> – Personen, die sich beruflich mit Fragen des Natur- und Umweltschutzes beschäftigen,
> – Personen mit ausgeprägten Interessen und Neigungen für den Natur- und Umweltschutz oder für so genannte alternative Lebensformen.[82]

Nicht unerheblich, da die Denkweise des MfS erhellend, bleibt eine einleitende Passage der Dienstanweisung. Das MfS unterschied Personen in ihrem Grad politischer Gegnerschaft zum sozialistischen Staat. Neben den „Führungskräften der politischen Untergrundtätigkeit" gab es noch jene, deren Verhalten als „irregeleitet" oder „labil" definiert wurde:

> Im Zusammenhang mit Aktivitäten politischer Untergrundtätigkeit treten vielfach Sympathisanten, politisch irregeleitete oder zeitweilig getäuschte sowie politisch schwankende, labile, unge-

> festigte und unzufriedene Personen in Erscheinung, die oft keine verfestigten feindlich-negativen Positionen einnehmen, aber von den Führungskräften der politischen Untergrundtätigkeit als ihr Potential einbezogen bzw. mißbraucht werden.[83]

Durch diese nuancierten Sichtweisen vergrößerte sich einerseits der Personenkreis, den es zu observieren galt, andererseits schienen bestimmte DDR-Bürger in den Augen des MfS noch nicht gänzlich an den „politischen Untergrund" verloren. Im Gegensatz zu den Jahren der Herrschaftsdurchsetzung und -etablierung in der frühen DDR, als politische Gegnerschaft weniger stark ausdifferenziert wurde und kleinste Delikte zu drakonischen Strafen führen konnten, ging das MfS in den 1980er Jahren analytischer vor. Die „missbrauchten" und aus Sicht des Geheimdienstes fehlgeleiteten Personen sollten durch disziplinierende, jedoch oft als nicht minder repressiv wahrgenommene Maßnahmen an den DDR-Sozialismus gebunden bleiben.

Die Dienstanweisung Nr. 2/85 bildete den Kern einer über Jahre hinweg vollzogenen Entwicklung. Schon 1983 formulierte die Abteilung XX der MfS-Bezirksverwaltung Potsdam in den für 1984 vorgesehenen Schwerpunkten der Planvorgabe ähnlich lautende Grundlagen der Arbeit:

> 1. Kompromißlose Unterbindung jedweder Bestrebung zur Formierung, zum Ausbau und zur Institutionalisierung einer legalen „Oppositionsbewegung" bzw. Oppositionsbasis und die Zersetzung bereits bestehender derartiger Gruppierungen.
> 2. Unbedingte vorbeugende Verhinderung öffentlichkeitswirksamer provokatorisch-demonstrativer Handlungen und Aktivitäten.
> 3. Zielstrebige und rechtzeitige Herausarbeitung der Hintermänner und aktivsten Elemente bei der Inspirierung und Organisation von Handlungen der politischen Untergrundtätigkeit, der Schaffung überzeugender und unwiderlegbarer

Beweismittel zu deren Entlarvung sowie die Einleitung geeigneter differenzierter Maßnahmen zu ihrer Isolierung und Disziplinierung (einschließlich strafrechtliche- und Ordnungsstrafmaßnahmen).

4. Systematische Unterstützung der Partei sowie staatlicher Organe und gesellschaftlicher Organisationen und Kräfte bei der offensiven ideologischen Auseinandersetzung mit reaktionären kirchlichen und feindlich-negativen Kräften, deren Sympathisanten sowie politisch irregeleiteten Personen mit dem Ziel, zeitweilig getäuschte Personen zurückzugewinnen.[84]

Die Planvorgaben gewähren auch hier Einblicke in die Arbeit des MfS in den 1980er Jahren sowie deren Wandel. Eine frühe Zeit der Willkür, in der bewusst auf offene Repression, ein hohes Strafmaß, Intransparenz und Abschreckung gesetzt wurde, veränderte sich hin zu einer verdeckten und längerfristig angelegten Vorgehensweise. Im MfS-Engagement war zu erkennen: Bürger, die diszipliniert oder zurückgewonnen werden sollten, bedurften einer längeren „Bearbeitung". Neben der Zersetzung bestehender oppositioneller Gruppierungen – was als klares Eingeständnis ihrer Existenz zu verstehen war – schrieb das MfS die Art ihres Vorgehens ebenso fest wie seine Verortung innerhalb des von der Partei dominierten Herrschaftssystems als „systematische Unterstützung der Partei".

4.2.4 Ein ideologischer Kreuzzug – Die Parteitreue des MfS

Anlässlich des 35-jährigen Bestehens des Ministeriums für Staatssicherheit am 8. Februar 1985 berichtete das Parteiorgan *Neues Deutschland* über den zwei Tage zuvor begangenen Festakt im Palast der Republik. Die Verleihung von Orden und Ehrenbannern war ebenso prägender Bestandteil der Veranstaltung wie das militärisch-kämpferische Vokabular der gehaltenen Reden. Die

Staatspresse der DDR sprach demnach nicht von Minister Erich Mielke, sondern vom „Armeegeneral“, der weniger eine Festansprache als vielmehr eine Kampfrede hielt. Im Auszug des Redebeitrags dominierten demnach Begriffe wie „Kreuzzug“, „Opfer“, „Kriegspläne“ oder „militärischer Schutz“ und „Kampf“. Das MfS stilisierte sich als „zuverlässiger Schild und scharfes Schwert“ und formulierte eine fortgesetzte Kampfansage. Zusätzlich unterstrich Mielkes Redebeitrag jene angedeutete Unterordnung unter den Primat der Partei:

> Wir haben keine Illusionen über den Imperialismus. Die aggressiven imperialistischen Kreise setzen den Hochrüstungs- und Konfrontationskurs, den Kreuzzug gegen den Sozialismus, die ideologische Diversion, die hinterhältige und heimtückische Subversion gegen die sozialistischen Länder mit unverminderter Intensivität fort. Wir Angehörigen des Ministeriums für Staatssicherheit haben aus der gefährlichen Zuspitzung der internationalen Lage die Schlußfolgerung gezogen, weder Mühe noch Opfer zu scheuen, um die Kriegspläne und subversiven Absichten der aggressiven Kräfte des Imperialismus aufzudecken und ihre Friedens- und Menschenrechtsdemagogie zu entlarven.
> […]
> Der enge Zusammenhang zwischen ökonomischer Stärkung, militärischem Schutz der sozialistischen Errungenschaften und staatlicher Sicherheit verpflichtet das MfS in besonderem Maße, die Partei im Kampf um die Erreichung des notwendigen weiteren bedeutenden volkswirtschaftlichen Leistungsanstiegs auf dem Weg der umfassenden Intensivierung maximal zu unterstützen. 35 Jahre harten, ununterbrochenen Kampfes gegen die äußeren und inneren Feinde haben uns in der Erkenntnis gestärkt, daß die Errichtung der Arbeiter-und-Bauern-Macht, ihre ständige Stärkung, die Erhöhung ihrer Autorität und ihre zuverlässige Sicherung die wichtigsten Voraussetzungen für die erfolgreiche Fortführung der sozialistischen Revolution, für den Aufbau des Sozialismus sind.

> [...]
> Diese klare, prinzipielle Position unserer Partei bestimmt auch in Zukunft das Handeln der Angehörigen des MfS. Gemeinsam mit den anderen Schutz- und Sicherheitsorganen behüten wir die Arbeiter-und-Bauern-Macht wie unseren Augapfel und gestatten niemandem, sie anzugreifen. Die Pläne des Gegners sind das eine, ihre Verwirklichung ist jedoch eine ganz andere Sache. Seine Machenschaften sind – wie alle in der Vergangenheit gegen unsere sozialistische Staats- und Gesellschaftsordnung gerichteten konterrevolutionären Anschläge – zum Scheitern verurteilt. Wer die Hand gegen unseren sozialistischen Staat und seine auf das Wohl des Volkes und die Sicherung des Friedens gerichtete Politik erhebt, bekommt die sozialistische Macht gebührend zu spüren. Gegen Feinde – unter welcher Tarnung sie auch glauben, gegen die sozialistische Ordnung operieren zu können – werden wir auch weiterhin konsequent vorgehen.
> [...]
> Die Staatssicherheit wird sich jederzeit als zuverlässiger Schild und scharfes Schwert der Partei und der Arbeiter-und-Bauern-Macht erweisen![85]

Um die Wichtigkeit des Ministeriums für das Fortbestehen der sozialistischen Gesellschaftsordnung zu unterstreichen, wurde darauf verwiesen, dass das Handeln des MfS vom Kurs der Partei geprägt war und niemand die Vorgaben der SED sowie den Staat würde angreifen können. Eine Rückbesinnung auf die „Kampftradition“ des MfS mit Bezug auf die sowjetrussisch-kommunistische Tscheka[86] sowie die Glorifizierung geheimdienstlicher Helden wie Richard Sorge oder Ruth Werner rundeten die Berichterstattung ab.

Die vermeintliche Parteitreue wurde jedoch in den 1970er Jahren besonders von Teilen dissidentischer Kreise als Trugbild kritisiert. Nach Rudolf Bahro und seinen ab 1977 zirkulierenden Ideen einer Sozialismuskritik in der DDR galt das Schutzversprechen des MfS weder der gesamten Partei oder dem Staatsapparat und noch weniger der sozialistischen Gesellschaft in Gänze, sondern nur dem Machterhalt ihrer Führungsriege, einer sogenannten politbürokratischen Diktatur.[87] Die DDR hätte demnach keine historischen Gegensätze aufgehoben, sondern einen neuen erschaffen: den Gegensatz zwischen arbeitender Bevölkerung und den herrschenden Eliten in der DDR.[88]

Aus den Beweggründen einer umfänglichen Herrschaftssicherung sah es das MfS als seine Pflicht an, auch den Staats- und Parteiapparat sowie die staatsnahen Institutionen zu observieren. In einem besonderen Maße traf dies etwa auf die MfS-Hauptabteilung VII zu, die beispielsweise für das Ministerium des Innern, die Deutsche Volkspolizei (DVP), aber auch die Kampfgruppen[89], den Strafvollzug und die Feuerwehr verantwortlich war. Dies war keine neue Entwicklung, da die HA VII seit der deutsch-deutschen Annäherung der 1970er Jahre eine Schlüsselposition in Bezug auf die innere Absicherung der DDR einnahm. Besonders der DVP unterstellte das MfS bei kleinsten Anzeichen von Westkontakten Geheimnisverrat oder Spionage. In den 1980er Jahren standen – im Zuge der innerdeutschen Entspannung – Hunderte Mitarbeiter der Volkspolizei bzw. des Ministeriums des Innern auf der Beobachtungsliste des MfS.[90] Misstrauen gegen alles und jeden war stets Basis geheimdienstlicher Arbeit in der DDR, doch nahm der Argwohn des MfS selbst gegen vermeintliche Stützen des Systems absurde Züge an.

In den Planunterlagen des Leiters der Bezirksverwaltung Potsdam für das Jahr 1985 lassen sich unter dem Punkt „Politische Untergrundtätigkeit – Staatsapparat/befreundete Parteien/gesellschaftliche Organisationen" jene Personengruppen finden, die aus Sicht der Potsdamer Bezirksverwaltung vorrangig zu durchleuchten waren:

> In diesen Sicherungsbereichen sind 1985 folgende Aufgabenstellungen vorrangig zu lösen:

- weitere Klärung der Frage „Wer ist wer?“ unter besonderer Beachtung solcher Personenkategorien, die Zielgruppen des Gegners darstellen, wie
  - Geheimnisträger
  - Personen, die in operativ-bedeutsamen Bereichen tätig sind
  - Personen, die für leitende Funktionen vorbereitet werden
  - Personen, die in Justizorganen tätig sind;
- konsequente Durchsetzung einer hohen Ordnung und Sicherheit und eines wirksamen Geheimnisschutzes, insbesondere in spionagegefährdeten Bereichen;
- Realisierung der Schlußfolgerungen/Festlegungen aus der Analyse zur Aktion „Symbol 84“ (Kommunalwahlen);
- verstärkte operative Durchdringung solcher Teilbereiche, die Ausgangspunkte für den Mißbrauch legaler Organisationsmöglichkeiten im Sinne politischer Untergrundtätigkeit bilden könnten, wie CDU, NDPD, Ratsbereich Umweltschutz/ Wasserwirtschaft, Kulturbund (Gesellschaft für Natur und Umwelt) u. a.[91]

Es galt als unabdingbar, Personen in besonderen Positionen (auch im Hinblick auf zukünftige Verwendungen) auf ihre Regimetreue hin zu kontrollieren. Die geheimpolizeiliche Überprüfung bezog aber Fragen nach der fachlichen und persönlichen Eignung, wie die Loyalität gegenüber der Staats- und Parteiführung sowie zum sozialistischen Gesellschaftsmodell, gleichermaßen mit ein. Der Quellenauszug verdeutlicht, dass das MfS besonders in den Bereichen der Blockparteien und Kultur sowie den Belangen des Umweltschutzes oppositionelles Potenzial sah. Unter dem Codenamen „Symbol xyz“ subsumierte das MfS Unternehmungen, die der Absicherung von Kommunal- oder Volkskammerwahlen dienen sollten – hier galt es, den reibungslosen Ablauf der Wahlen abzusichern und etwa SED-kritische Transparente oder Flugblätter zu verhindern. Im Zusammenspiel aus MfS, DVP und der SED sollten Demonstrativhandlungen möglichst im Vorfeld unterbunden werden.[92]

Das Misstrauensparadigma des MfS gegenüber der eigenen Bevölkerung verstärkte sich nicht zuletzt dadurch, dass der Widerspruch zwischen Schein und Sein, zwischen theoretischem Anspruch und gelebter Wirklichkeit, in der Öffentlichkeit wahrgenommen wurde. Neben den Menschen, die das System befürworteten, wuchs die Zahl der Stillen und Angepassten ebenso wie die Gruppe derjenigen, die Fragen stellte und Alternativen diskutierte.[93] Mielke warnte eindringlich auch vor oppositionellen Einbrüchen in den Massenmedien und nahm hierbei besonders die vermeintlich loyalen Kader ins Visier:

> Viele Kader in diesem Bereich [die Massenmedien] bei uns geben sich progressiv, zeigen sich sehr loyal. Dennoch müssen wir sehr gewissenhaft aufklären und verantwortungsbewusst einschätzen, wie sie sich in einer komplizierten Lage verhalten würden, wenn eine eindeutige Parteilichkeit notwendig ist, wenn Standhaftigkeit von ihnen verlangt wird.[94]

4.2.5 Misstrauen und Angst als Ressourcen des MfS

Wie oben bereits skizziert wurde, war die (Teil-)Öffentlichkeit, in der sich nonkonforme Strukturen innerhalb der DDR-Wirklichkeit entfalten und auch etablieren konnten, mitverantwortlich für die Entwicklung und das Überleben der Opposition. Besonders die deutsch-deutsche Annäherung beförderte die Arbeit ausländischer Journalisten und somit deren Berichterstattung über die DDR im westlichen Ausland. Zudem ermöglichte der Status quo zwischen SED-Regime und Kirche konfessionelle und somit republikübergreifende Netzwerke. Für das MfS boten internationale Zusammentreffen kirchlicher oder weltlicher Vertreter nicht nur Anlass zur Sorge, sondern auch Möglichkeiten der Einflussnahme und Bespitzelung. Zum einen stellten etwa die kirchlichen Friedensdekaden die Gelegenheit dar, ein umfängliches Stimmungsbild zu erarbeiten, wie es das MfS vermochte, und belastende Informationen für einen möglichen späteren Gebrauch gegen „Zielpersonen" zu sammeln.

Das Engagement eines jungen Medizinstudenten dient als Beispiel für jene Unangepassten, denen durch fehlende Bekanntheit ein medialer Schutz weitestgehend verwehrt blieb.

Beim Zusammentreffen einer niederländischen Studentengemeinde aus Utrecht mit der Partnergemeinde aus Greifswald im Jahr 1979 wurde kritisch über die Einführung des Wehrkundeunterrichts in der DDR gesprochen. In den Erinnerungen des Studenten hätten die Utrechter Kommilitonen nach ihrer Heimreise eine Broschüre herausgegeben, die auch auf die Kritik zu sprechen kam. Das MfS wertete die damaligen Vorkommnisse Jahre später erneut aus und stufte sie im Zusammenhang mit einem neuen „Sachverhalt" als staatsfeindliche Aktion im Sinne der Paragraphen 214, 219 und 220 ein.[95] Der Medizinstudent wurde daraufhin von der Staatssicherheit beobachtet und im April 1985 verhaftet:

> Als ich am Morgen dieses Tages, aufgeschreckt durch ein Klingeln, aus dem Fenster schaute, wusste ich sehr wohl, dass diese zivilen Männer draußen vor der Tür Staatssicherheitsbeamte waren, aber ich war völlig unvorbereitet, trotz all der drohenden Zeichen und Sorgen, die wir seinerzeit hatten bei unserer Tätigkeit, als Drucker, als Schreiber. Wir wussten, dass in diesem Land die Vervielfältigung von Texten und Grafik nicht erwünscht ist. Aber es war doch eigentlich eine rein künstlerische Arbeit, und damit verdrängten wir immer wieder die drohende Gefahr, mit der man auch nicht leben konnte, denn wenn man vorhatte zu arbeiten, konnte man sich nicht die Allmacht eines Überwachungsapparates ständig vor Augen halten. Man musste es verdrängen, um überhaupt Möglichkeiten, um überhaupt

> Kraft zu finden, eine geistige Tätigkeit voranzuführen. […] Aber das zu einer realen Situation zu konstruieren hätte bedeutet, wir hätten Schluss machen müssen mit unserer Tätigkeit, wir hätten uns eingraben müssen. Und damit auch so viel Inneres verlieren, so dass eben ein Verdrängungsprozess stattfand. […] Die Angst, die man dann im Gefängnis erlebt hat, war eigentlich die Angst wegen der Dinge, die dann dank der vorsorgenden Tätigkeiten meiner Freunde, meiner Frau, kurz nach meiner Verhaftung, doch nicht gefunden wurden. Aber davon wusste ich damals nichts, ich habe im Gefängnis fünf Monate damit leben müssen, dass sie alles über mich wissen, alles haben, alles irgendwo speichern, und dass sie aus ihren Schubfächern in entscheidenden Situationen dann diese angeblichen Beweise ziehen, und dieser Druck war schwer zu tragen. […]
>
> Man erfährt sehr bald, dass mit dem Augenblick des Anlegens der Handschellen die Existenz als Mensch ein für alle Mal vorbei ist, dass man mit der Nummer, die man bekommt, und mit den Beschuldigungen, die einem vorgelegt werden, leben muss, denn es gibt da nur eine allumfassende Wahrheit, das ist ihre Wahrheit, und dagegen gibt, gab es keine Argumente.[96]

Dem Inhaftierten wurde 1985 durch den MfS-Vernehmer vorgeworfen, einer „öffentlichen Fahnenverbrennung“ beigewohnt zu haben – der Vorwurf wurde später als das Verbrennen eines Putzlappens identifiziert, mit welchem vorher ausgelaufene Farbe aufgewischt worden war.[97] Unter dem Druck der Verhöre, der Drohung, auch die „alten Straftaten“ erneut zur Verhandlung zu bringen, und in ständiger Angst um seine Familie und sich unterschrieb er die angeführten Anschuldigungen. Wegen der „Missachtung staatlicher Symbole“ (Paragraph 222) wurde er daraufhin zu einer Haftstrafe von fünf Monaten verurteilt und für drei Jahre vom Studium ausgeschlossen.

In seinen 2008 veröffentlichten Erinnerungen ging er detailliert auf die Bedingungen und den Alltag während der Untersuchungshaft des MfS in Rostock sowie im Strafvollzug in Stralsund ein. In der Tat war es das vom MfS geplante Spiel mit den Emotionen, das den damals Inhaftierten nachhaltig prägte. So schlossen die Vernehmer die Verhöre mit Informationen zur Verhaftung der Ehefrau sowie zur Einweisung der Kinder in den DDR-Heimbetrieb ab. Als Untersuchungshäftling habe er nach solchen Mitteilungen Tage und Wochen allein in der Zelle verbracht und sich mit seiner Sorge und dem Erlebten auseinandergesetzt: „Dafür, dass man das alles in seiner Grausamkeit bis zu Ende ausleben durfte, wurde gesorgt." Hatte ihn die Angst um seine Familie schon zum „Gestehen" der ihm vorgeworfenen Tat veranlasst, erhöhte das MfS-Personal den psychischen Druck somit noch weiter. In den Passagen der laut Gefängnisordnung im stark eingeschränkten Umfang und Inhalt zulässigen Briefen spiegelt sich die seelische Anspannung unter den Bedingungen der Haft:

> [H]eute kam nun Dein Brief. Es ist doch das einzige, was ich hier habe. Hoffnung – was ist das? Sommer, den es nicht gibt, Mauern, Erstarrung. Es ist nicht nur, das da draußen alles nicht mehr haben zu dürfen, es ist etwas ganz anderes. Der Unterschied zwischen einer vorübergehenden Verzweiflung und der Unmöglichkeit, leben zu können, wird erschreckend klar. […] Aber die Träume sind eingesperrt, und zu einer Hoffnung besteht kein Anlass. Ach [Name anonymisiert], das tut alles so sehr weh. Weißt Du, Trost ist schwer, darum geht es hier nicht. Hier stehst Du vor einer Wirklichkeit, die Dich trifft wie ein Granatsplitter. Vokabeln wie Leid, Angst, Verzweiflung gibt es nicht mehr, es hätte zu sehr mit menschlichen Regungen zu tun, es ist Erstarrung.[98]

Der Auszug aus einem Brief vom 3. Mai 1985, gut einen Monat nach der Festnahme, verdeutlicht die innere Auseinandersetzung mit den spärlichen und durch die vom MfS kuratierten Informationen. Zudem wurde die Möglichkeit des Schreibens von Briefen zu einem aus verhörtaktischen Gründen verwehrten bzw. bewilligten Privileg, das man sich als Häftling zu verdienen hatte.[99] Die besondere Erzeugersituation, die für den Wert und den Charakter von Haftbriefen entscheidend bleibt, macht diese Ego-Dokumente zu einem Gegenstück des eher technisch normierten Schriftguts der staatlichen Institutionen. So bilden etwa (Haft-)Briefe oft fehlende Ergänzungen, um ein repressives Regime aus den Überlegungen und Wahrnehmungen der Beherrschten heraus zu verstehen. Der Inhalt des Briefes vom Mai 1985 erfüllte die Funktion eines klassischen Gespräches in Abwesenheit zwischen zwei vertrauten Menschen: ein Brief der versagten Emotionen, nicht der Sachverhalte. Was in einem Gespräch in kürzester Zeit auf den Punkt gebracht und weitergesponnen werden könnte, gerinnt hier zu einer emotionalen Essenz, in der kein Raum für Details der Bestrafung oder für Themen des Haftalltags bleibt. Der Brief dient der Selbstvergewisserung und Verortung außerhalb der Gefängnismauern als einer totalen Institution.

Die Erzeugung von und der Umgang mit Emotionen – in diesem Falle der Angst – blieben im gesamten Zeitraum des Bestehens der DDR herrschaftsrelevant. Was sich veränderte, waren der Adressatenkreis sowie die Methoden des MfS, Emotionen zu nutzen, und der persönliche Umgang der Betroffenen mit dem Erfahrenen. Durch Willkür oder gesteuerte Informationen, durch verdeckte oder offene Kontrolle der Lebensbereiche erzeugte die Staatssicherheit nicht selten eine Angst der Menschen vor dem nächsten Schritt. Im Verlauf der 40-jährigen DDR-Geschichte veränderte sich der Bezug zu negativen Emotionen von einer erlebten Erfahrung hin zu einem erlernten Umgang. Jens Reich fasste in einem Text unter der Passage „Herkunft der Angst“ seine Überlegungen zum Thema rückblickend wie folgt zusammen:

> Das alles sieht aus wie ein Mechanismus, der im Unterbewussten verhakt ist. Ich kann den Auslöser zur Probe betätigen. Gewisse Seiten aus Koestlers „Sonnenfinsternis“. Oder Solschenizyns „Erstem Kreis der Hölle“. Die Angst ist auch sofort da, wenn

> mir der Moskauer Freund vom Klingel- und Klopfsturm morgens um sechs Uhr erzählt, zur Zeit des Terrors. Niemand in der kommunalen Wohnung wusste, wem es gelten würde, alle waren besinnungslos vor Angst. „Gott sei Dank, es brennt nur!“ soll jemand laut einer alten Anekdote erleichtert gerufen haben, nachdem er sich ein Herz gefasst und die Tür geöffnet hatte. Bei Berichten über Gestapo und Reichssicherheitshauptamt kann ich kühler bleiben. Offenbar ist meine Angst vor der Staatssicherheit vor allem ein Erbe der Stalinzeit.[100]

Als Basis für ein staatskritisches Engagement entwickelte sich eine als rational zu verstehende Widerstandskraft bei den Repressierten. Den Protagonisten konnte es so gelingen, schwierige Lebenssituationen trotz anhaltender Beeinträchtigung zu überstehen. Im Brief einer Hallenser Bibliothekarin an einen Freund in Westberlin findet sich die Passage: „Die Repressalien, denen wir ausgesetzt sind, stehen wir durch, mit denen rechnen wir und die bestärken uns in der Arbeit.“[101] Sie kann als ein Mantra der Selbstüberzeugung, ein Zuspruch von Mut, gelesen werden. In weiteren Briefen reflektierte sie ihre Situation zwischen Entschlossenheit, Aktionismus und einer Hilflosigkeit, die in Formulierungen wie „wir werden zwischen den Steinen der Macht zerrieben“[102] deutlich wurde. Sie hatte sich aktiv in die kirchliche „Offene Jugendarbeit“ in Halle-Neustadt eingebracht und war Mitunterzeichnerin des „Berliner Appells“, bevor das MfS sie im August 1983 unter dem Vorwand der „staatsfeindlichen Hetze“ festnehmen und in die Untersuchungshaftanstalt „Roter Ochse“ überstellen ließ. Ihre Briefe, wie auch jene von anderen staatskritischen Zeitgenossen, verdeutlichen das Wissen um mögliche Repressionen. Sie akzeptierten das über ihnen schwebende Damoklesschwert; offenbar spornte es sie in ihrer Hartnäckigkeit und hohen Risikobereitschaft eher noch zu Handlungen an, als dass es sie vor Furcht lähmte.[103] Während es als wenig aussichtsreich erschien, Einzeleingaben einzureichen, erregten kollektive Eingaben nach Art des „Berliner Appells“ nahezu automatisch die Aufmerksamkeit der Staatssicherheit. Es war die „Macht der Unterschriften", der das MfS unter dem Etikett der „staatsfeindlichen Gruppenbildung" auf das Äußerste misstraute.

Nach der Haftentlassung in die DDR im November 1983, maßgeblich infolge von Protesten der Evangelischen Kirche in der Bundesrepublik, setzt die Bibliothekarin ihr Engagement fort: Als Mitglied in der Gruppe „Frauen für den Frieden" sowie Teil der IFM unterzeichnete sie 1986 erneut eine erstaunlich fokussierte und wissende Gruppeneingabe, die die IFM im Vorfeld des XI. Parteitages der SED an das Zentralkomitee sandte. Die Auszüge aus einer neunseitigen im Archiv der DDR-Opposition der Robert-Havemann-Gesellschaft überlieferten Version der Eingabe verweisen darauf, wie breit die Opposition den Katalog an Missständen in der DDR im Jahre 1986 aufstellen und mit Fakten argumentieren konnte. Das Dokument kommt einem Manifest an politischen Forderungen und einer Analyse der DDR gleich.

> „Die Partei, die Partei, die hat immer Recht!" Dieses gegenwärtig zu Ehren des XI. Parteitages so häufig von FDJ-Singegruppen dargebrachte Lied zeigt eindeutig den Anspruch der Partei, alle Bereiche des staatlichen, gesellschaftlichen und öffentlichen Lebens allein zu beherrschen und zu kontrollieren. Sie bestimmt demzufolge Ökonomie, Ideologie sowie Innen- und Außenpolitik des Staates, also Wirtschafts-, Wissenschafts-, Kultur- und Sozialpolitik sowie den Schutz des Staates nach innen und außen (Polizei und Armee).
>
> […]
>
> Ausschlüsse [63 000 Ausschlüsse und rund 25 000 Austritte, Anm. d. Verf.] zur Wahrung der Einheit und Reinheit: Diese pseudoreligiöse Formel dient dazu, Genossen, die im Prozeß ihrer Parteizugehörigkeit lernen, den Parteimechanismus und gesellschaftliche Strukturen zu hinterfragen, Fehler beim Namen zu nennen, sich mit diesen öffentlich auseinanderzusetzen und andere Meinungen zu vertreten als die derzeit offizielle Parteilinie,

ins gesellschaftliche Abseits zu drängen, sie bewußt zu kriminalisieren und zu asozialisieren!

[…]

Ihre traditionelle Wirtschaftskraft und die Sonderrolle als stiller RGW-Teilhaber ließ die DDR innerhalb der sozialistischen Bruderländer in den letzten Jahren in Bezug auf die Exportmöglichkeiten und die Westverschuldung noch gut wegkommen. Steigender Devisenhunger und volle Orientierung auf westliche Technologie führten dann aber zu einer Reihe riskanter Außenwirtschafts- und Außenhandelsmanöver, als 1982/83 ein deutlicher Knick im Wirtschaftswachstum eintrat. Auf dem Markt schlug das Ende 1983 als akute Versorgungsstörung durch und konnte nur bedeuten, daß alles, was ging, zu Sonderbedingungen und Schleuderpreisen kurzfristig in den Export geworfen wurde. Billige DDR-Arbeitskräfte bilden einen besonders makabren Exportschlager.

[…]

Die hohe Energie- und Verschmutzungsintensivität vieler Industriezweige in der DDR wirft das Problem der ökologischen Belastung in Gegenwart und Zukunft auf. Einem Bedürfnis nach sauberer und unzerstörter Zukunft wird bei aller Bedürfnisbefriedigung kaum entsprochen, denn die DDR nimmt bei Luftverschmutzung, Gewässerbelastung und Zerstörung der Böden europäische Spitzenpositionen ein.

[…]

Nicht die Konsumgier der Bevölkerung treibt die Partei zur Einrichtung von Devisenhotels, Delikat-Ladenketten und Renommierpaläste, sondern ihr eigenes Konzept, die Bevölkerung über gesteigerten individuellen Verbrauch ruhig zu stellen und politisch zu entmündigen.

[…]

Die medizinische Versorgung ist trotz aller Entwicklung in der Breite immer noch ungenügend. Die Ausstattung und die Arbeitsbedingungen vieler Polikliniken, kleiner Arztpraxen, das

Problem der Wartezeiten und der Versorgung mit Medikamenten stehen in scharfem Gegensatz zur Ausstattung von Sonderkrankenhäusern und -stationen für zahlungskräftige oder privilegierte Patienten.

[…]

Anstelle des sozialen Bildungsprivilegs wurde in der DDR ein politisches Bildungsprivileg gesetzt, […]. Dieser Anpassungsdruck setzt sich auf dem weiteren Bildungsweg verstärkt fort. Die Militarisierung des Bildungswesens beginnt schon im frühen Kindesalter (Kindergarten). Sie setzt sich im Wehrkundeunterricht an den Schulen durch die größere Bedeutung der GST [Gesellschaft für Sport und Technik] und vormilitärischen Ausbildung fort. Im weiteren Ausbildungsweg und Berufsleben hat außerdem die Mitgliedschaft in der ZV [Zivilverteidigung] eine große Bedeutung. Eine höhere Schulbildung (Abitur), der Abschluß eines Lehrvertrages bzw. ein Studium sind ohne Verpflichtung zur vormilitärischen Ausbildung nahezu unmöglich. […]

So wurden zahllose Vorschläge der Friedensbewegung nicht zur Kenntnis genommen oder als indiskutabel abgetan wie z. B. das Verbot von Kriegsspielzeug, Abschaffung des Wehrkundeunterrichts, Schaffung der Möglichkeiten eines sozialen Friedensdienstes, Verzicht auf die Werbung von Jugendlichen für die Ableistung einer längeren Armeedienstzeit und die damit verbundene Bevorzugung bei der Vergabe von Studienplätzen, […]. Viele Probleme […] sind bislang auf keine Resonanz gestoßen. So die Einbeziehung von Frauen für die Vorbereitung zur Mobilmachung, die Forderung nach Änderung des Wehrdienstgesetzes, wonach es Reservisten ermöglicht wird, von ihrem Fahneneid zurückzutreten, und der Einsatz von Bausoldaten im ausschließlich zivilen Sektor.[104]

Die Passagen aus dem Eingabetext verdeutlichen den Informationsgrad der damaligen Opposition. In deutlichen Worten – jedoch ohne Polemik – kritisieren die Verfasser die Strukturen innerhalb der SED und ihren Führungsanspruch und greifen weitere Tabus wie Umweltprobleme oder die Debatte um einen sozialen Friedensdienst auf. Interessant erscheint zudem jene Stelle, in der der SED als Avantgarde-Partei vorgeworfen wird, zu internen Säuberungen zu neigen und sich einem inneren Prozess der Erneuerung zu widersetzen. Studien gehen davon aus, dass jährlich etwa 20 000 interne Verfahren von der Parteikontrollkommission mit Parteistrafen geahndet wurden – die Zahl der erzieherischen Maßnahmen innerhalb der Partei sei mindestens dreimal so hoch gewesen.[105] Um einer Gefährdung der „Einheit und Reinheit der Partei“ entgegenzuwirken, hatte Honecker die eigentliche politische Macht der Partei auf sich und einen engen Personenkreis konzentriert. So konnten missliebige Funktionäre in die Provinz abgeschoben oder wie im Falle des Berliner Ersten Bezirkssekretärs Konrad Naumann 1985 von allen Funktionen entbunden werden. Gegen Naumann wurde argumentiert, er habe aufgrund verbaler Angriffe gegen die Honecker-Linie und somit gegen die Parteigrundsätze verstoßen.[106] Diese hartnäckige Verteidigung parteipolitischer Dogmen basierte auf dem als kämpferisch ausgegebenen Selbstbild des inneren Führungszirkels und machte einen Erneuerungskurs nahezu unmöglich.

Dass der Moskauer Reformkurs vonseiten vermeintlich zuverlässiger Kreise in der Bevölkerung auf ein positives Echo stieß, eröffnete eine durchaus lebhafte Debatte um das „Gesellschaftsmodell DDR“. Als Reaktion auf die vom sowjetischen Generalsekretär Michail Gorbatschow auf dem Januarplenum 1987 in Moskau gehaltenen Rede registrierte das MfS kritische Stimmen in der Bevölkerung. Gorbatschows Aussage: „Wir brauchen die Demokratie wie die Luft zum Atmen“, bestärkte den 1985 begonnenen Reformkurs in der UdSSR und eröffnete eine Diskussion um Presse- und Meinungsfreiheit auch in der DDR.[107] Die Verschärfung der staatlichen Repression gegen die Opposition ab 1987 verdeutlichte, dass die Staats- und Parteiführung einen Dialog mit der Gesellschaft ablehnte.[108] Die Verfasser der zitierten

Eingabe forderten hingegen, Andersdenkende nicht zu isolieren, wie gleichzeitig festgehalten wurde, der Staat würde die Jugend entmündigen. Nach Auffassung der Kritiker waren Ausreiseanträge, Fluchtversuche, Alkoholmissbrauch, Selbstmordversuche und sogar vermehrt auftretende neonazistische Aktivitäten Folgen der verfehlten SED-Politik.[109] Das Dokument besticht durch Faktenreichtum und Offenheit, die bei vielen Mitverfassern Ergebnis eines mitunter jahrelangen oppositionellen Wirkens in der DDR war.

Das MfS ist allgegenwärtig, doch der Mut wächst.

Zur gleichen Zeit arbeitete eine Richterin (Jahrgang 1955) an einem Kreisgericht in der DDR. Als beispielhaftes Gegenstück zu oppositionellen Kreisen innerhalb des ostdeutschen Staates beschreibt sie ihre Arbeit für das System als eine Melange aus idealistischen Vorstellungen, Angepasstheit und Blauäugigkeit.

> In der ersten Zeit bin ich sehr darin bestärkt worden, dass meine Berufswahl die richtige war. Da hatte ich keine Konflikte. Ich

lasse jetzt mal das politische Strafrecht insoweit beiseite, als es durch die speziellen Senate der Bezirksgerichte angewandt wurde. Damit hatte ich nichts zu tun, ich weiß auch nicht, wie ich dort entschieden hätte. Wobei ich der Meinung bin, ich hätte sicher auch solche Entscheidungen getroffen, wenn es hätte sein müssen. Damit will ich sagen, dass ich so furchtbar große Probleme mit einzelnen Bestimmungen des Strafrechts nicht hatte. [...] Für mich war jemand, der ungesetzlich die Grenze der DDR passieren wollte, ein Straftäter.

Problematisch wurde es für mich zum Teil, wenn ich gesehen hab, wie weit unten die Handlung schon als Straftat angesetzt wurde. Wenn also drei, vier Jugendliche in ihrem Heimatort – lassen wir ihn hundert Kilometer von der Grenze entfernt sein – sich in Bewegung setzten, um zur Grenze zu kommen, so war das schon ein Versuch im schweren Fall. [...], aber ich habe bis zum Ende meiner rechtsprechenden Tätigkeit eigentlich nicht daran gezweifelt, dass dieser Tatbestand des ungesetzlichen Grenzübertritts berechtigt ist. Und auch nicht bezweifelt, dass er notwendig ist. Wobei ich sagen muss: Die Menschenrechtskonventionen, die hatten wir mal an der Universität durchgenommen, und das war es dann auch schon. Und auch danach hab ich mir nicht die Mühe gemacht, konkret zu fragen: Wie ist das denn in anderen Ländern geregelt? [...]

Mit dem § 214 [Beeinträchtigung staatlicher oder gesellschaftlicher Tätigkeit, Anm. d. Verf.] bekam ich dann Probleme, als ich mitbekam – da war ich schon aus der Rechtsprechung raus –, dass da Leute verurteilt wurden, weil sie Fähnchen an den Autos hatten oder Kerzen ins Fenster stellten. Das waren Sachen, die mich dazu brachten, mal über bestimmte Dinge nachzudenken, [...]. Ich hätte deshalb auch nicht angenommen, dass die DDR ein Unrechtsstaat ist. Ich hab mich wirklich mit Leib und Seele in meine Arbeit eingebracht, und ich habe gedacht, ich tue etwas für die DDR und helfe auch den Menschen damit.[110]

Diese im unmittelbaren Nachgang zum Ende der SED-Herrschaft im Jahr 1991 verfassten Erinnerungen an das eigene Handeln in der Diktatur lassen auf die Lebenswirklichkeit einer in der DDR sozialisierten Generation schließen. Es wird deutlich, dass partielle Überschneidungen mit den Zielen des Staates durch eine herrschaftsnahe Stellung befördert wurden: Nach eigenen Aussagen verhinderten (fehlende) Studieninhalte einen kritischen Blick. Eine differenzierte Sichtweise entwickelte sich erst dort, wo der gewiesene Weg verlassen wurde. Bis zum Schluss blieb die Richterin den Idealen des DDR-Sozialismus treu – dennoch schien die Skepsis gegenüber der drastischen Auslegung des auch von ihr umgesetzten Rechts zu wachsen. „Fähnchen an den Autos“ hatten jene Bürger der DDR, die einen Ausreiseantrag laufen hatten – als stilles, doch sichtbares Zeichen ihres Protestes. „Kerzen ins Fenster stellen“ wollten jene Bürger, die ihre Solidarität mit der Ausreisebewegung des letzten DDR-Jahrzehnts bekundeten.

Somit deutet das angeführte Erinnerungsbeispiel einen für die 1980er Jahre mitbestimmenden Aspekt an: ein (wenn auch beschränktes) Infragestellen der realsozialistischen Lebenswirklichkeit. War es in den frühen Phasen der Herrschaftsdurchsetzung und -etablierung noch möglich, einer verheißungsvollen Utopie zu folgen und sozialen Aufstieg zu genießen, brach sich im Spätsozialismus eine soziale Unzufriedenheit Bahn. Die in der DDR sozialisierten Generationen der nach 1949 Geborenen verloren verstärkt ihre soziale und räumliche Mobilität. Die Berufswahl blieb an die Treue zum System gebunden, und eine Emanzipation der Jugend scheiterte an den Vorgaben der „Gründergeneration“. Die DDR wurde für viele ihrer Bürger zu eng.

> Ich habe mich extrem eingeengt gefühlt. Ich wollte ein freier Mensch sein, ich wollte mich frei entfalten. Ich war auch auf einer Spezialschule, und ich musste immer über Leistung beweisen, dass ich gut genug bin, um zu studieren. Nicht wie viele andere in meinem Alter, wo die Eltern eine Partei- oder Militärfunktion

> hatten, wo die Kinder automatisch über ihre Eltern dann das geschafft haben auf die Schule. Und ich kann dir meine Zeugnisse zeigen, ich war jedes Jahr Klassenbeste. Nicht, weil ich ein Streber war, es ist mir halt immer leichtgefallen. Und das war schon sehr frustrierend, dann in gewisser Hinsicht auf eine große Dummheit im System zu stoßen, weil, in der DDR wurden nicht die gefördert, die schlau oder klug waren, sondern die, die dem System zum Munde geredet haben.[111]

Die in Erinnerungen auftauchenden immanenten DDR-Mechanismen verdeutlichen einerseits die Grenzen des persönlich Machbaren unter den Bedingungen der Diktatur und legen andererseits eine weitere Facette der „Zwei-Klassen-Gesellschaft" à la DDR offen. Dabei kann aus subjektiver Betrachtung der Zeitzeugin nicht relevant sein, welchem möglichen Erfüllungsdruck auch Mitglieder der sogenannten Nomenklatura ausgesetzt waren – für die eigene Wahrnehmung der Enge und Perspektivlosigkeit war die Annahme von Privilegien für eine als staatsnah empfundene Gruppe ausreichend. Die Ungleichheit der Chancen wurde mit einem „wir hier unten" und „die dort oben" quittiert. Gleichzeitig wurde die aus ihrer Sicht „große Dummheit" des Systems unterstrichen, nicht die Klügsten, sondern die konformsten Personen an den Staat zu binden. Der Zeitzeugin, die zu den Klassenbesten einer Erweiterten Oberschule (EOS) im Norden der Republik gehörte, wird schulseitig der Zugang zur Hochschule versagt. Sie erlangte trotzdem das Abitur und stellte als 19-Jährige einen „Antrag auf Eheschließung mit Wohnort-Wechsel". Nach massiven Schikanen durch das MfS gegen die ganze Familie wurde der Antrag nach eineinhalb Jahren im Februar 1986 bewilligt.[112]

4.2.6 Das Werkzeug des MfS – Schlüsselfigur „Inoffizieller Mitarbeiter“

Den „Inoffiziellen Mitarbeitern“ (IM) kam im Repressions- und Informationssystem des MfS eine Schlüsselposition zu. Ausgestattet mit dem Wunsch, die gesellschaftliche Stimmung in der DDR einerseits auszuloten wie andererseits zu beeinflussen, setzte das Ministerium für Staatssicherheit ihre IM ein, um staatsgefährdende Entwicklungen aufzudecken. Waren die Zahlen der „Hauptamtlichen Mitarbeiter“ schon beträchtlich (1982: etwa 81 500; 1989: 91 015), hatten sich die IM-Zahlen über die Jahre weit stärker entwickelt (1975: rund 180 000 bei in etwa gleich bleibender Tendenz bis 1989).[113] Das MfS setzte seine Mitarbeiter im Inneren der DDR nach territorialen und operativen Schwerpunkten ein – etwa in der Volkswirtschaft, zur Absicherung wichtiger Ministerien (wie dem MdI) oder zur „Bearbeitung“ oppositioneller Kreise, zumeist „politische Untergrundtätigkeit“ genannt.

Intern kategorisierte das MfS seine IM nach Funktions- und Aufgabenbereichen. So gab es etwa den „Führungs-IM“ (FIM), der zur Entlastung des hauptamtlichen Apparates mehrere IM steuerte, oder den IMB, einen Inoffiziellen Mitarbeiter mit „Feindberührung“. Neben dem klassischen IMS „zur politisch-operativen Durchdringung und Sicherung“ sind im MfS-System zwei spezifische Gruppen zusätzlich zu nennen. Nicht weniger wichtig für das konspirative Netz wurden Wohnungen, Telefone oder Deckadressen für den geheimdienstlichen Austausch von „Inoffiziellen Mitarbeitern zur Sicherung der Konspiration und des Verbindungswesens“ (IMK) zur Verfügung gestellt. Eine zahlenmäßig große Gruppe bildeten schließlich auch die „Gesellschaftlichen Mitarbeiter für Sicherheit“ (GMS). In der durch die 1980er Jahre hindurch gültigen MfS-Richtlinie 1/79, die die Arbeit mit Inoffiziellen Mitarbeitern des MfS regelte, war zur Charakterisierung der GMS zu lesen:

GMS sind Bürger der DDR mit einer auch in der Öffentlichkeit bekannten staatsbewußten Einstellung und Haltung, die sich für eine vertrauensvolle Zusammenarbeit mit dem MfS bereit erklären und entsprechend ihrer Möglichkeiten und Voraussetzungen an der Lösung unterschiedlicher politisch-operativer Aufgaben mitarbeiten. Sie stellen eine wertvolle Ergänzung der operativen Basis, ein Reservoir für die Gewinnung von IM sowie für die Schaffung und Entwicklung von Kadern für das MfS dar.

GMS sind vorrangig einzusetzen zur Mitwirkung bzw. Lösung von Teilaufgaben bei der

- politisch-operativen Einflußnahme des MfS auf die offensive Durchsetzung sicherheitspolitischer Erfordernisse, auf die Einhaltung von Gesetzlichkeit, Ordnung, Disziplin und Sicherheit in den verschiedenen gesellschaftlichen Bereichen,
- Stärkung der Position progressiver Kräfte, der ideologischen Einflußnahme auf schwankende, vom Gegner irregeführte und mißbrauchte Personen bei ihrer Zurückgewinnung sowie bei der offensiven Zurückdrängung feindlich-negativer Einflüsse, […]
- Aufdeckung und Beseitigung von Mißständen sowie Bedingungen und Umständen, die feindliche Tätigkeit bzw. das Entstehen anderer schwerwiegender materieller und ideeller Schäden begünstigen oder ermöglichen,
- politisch-operativen Sicherung des Reiseverkehrs, operativen Kontrolle von Ausländern, die sich ständig oder zeitweilig in der DDR aufhalten, sowie anderer festgelegter Personen und Personenkreise,
- Durchführung operativer Ermittlungen, Sicherheitsüberprüfungen sowie von Personen- und Sachfahndungen,
- Durchführung von operativen Aktionen und Einsätzen,
- Untersuchung von operativ bedeutsamen Vorkommnissen sowie Schaffung von Voraussetzungen für den Einsatz operativer Kräfte, Mittel und Methoden.

> GMS dürfen in der Regel nicht zur direkten Bearbeitung feindlich-negativer Personen und Personenkreise sowie zur vorgangs- und personenbezogenen Arbeit im und nach dem Operationsgebiet eingesetzt werden.
>
> Wesentliche Anforderungen an GMS sind vor allem:
>
> – Anerkennung und bewußtes Durchsetzen der Politik von Partei und Regierung in ihrer beruflichen und gesellschaftlichen Tätigkeit sowie in der Öffentlichkeit;[114]

Für das MfS kam in der Funktion des GMS ein Maximum an gesellschaftlichen Kräften für die Sicherung der DDR zum Tragen. Mit einer Stärke von rund 33 000 Personen (Stand: 1988) bildeten die GMS auf dem Papier einen möglichen Pool an zukünftigen IM. Für die operative Arbeit waren sie als Parteifunktionäre oder durch Leitungsfunktionen jedoch zu klar positioniert und zumeist so bekannt, dass ihre konspirative Wirksamkeit eingeschränkt blieb. So konnte die in den 1980er Jahren zur Schlüsselaufgabe eingestufte Funktion eines Eindringens in „nonkonform-feindliche" Gruppen durch GMS nur schwerlich umgesetzt werden.[115] Der Einsatz Inoffizieller Mitarbeiter wurde durch sogenannte Einsatz- und Entwicklungskonzeptionen (EEK) bestimmt. De jure sollte die IM-Kategorie auf dem jeweils aktuellen Stand gehalten werden: Verlor ein Spitzen-IM seine Schlüsselposition durch Umzug, Berufswechsel oder altersbedingt, so konnte er als IMS oder auch GMS weitergeführt werden. De facto befanden sich die federführenden Referate demnach in einem kontinuierlichen Umbau, was genauso Auswirkungen auf die Qualität der IM-Arbeit hatte wie die ständige Erneuerung der IM-Basis.[116] Im besonderen Maße wurden die IM in den 1980er Jahren erneut in den Mittelpunkt geheimdienstlicher Aktivitäten gegen die erstarkende Opposition gestellt und ihre Wichtigkeit hervorgehoben.

Mit der Entfaltung der inneren Opposition in der DDR sollte die Effizienz, „Qualität und Wirksamkeit der IM/GMS-Arbeit" im Wirken gegen die PUT verstärkt auf den Prüfstand gestellt werden.

Die schon zitierte Dienstanweisung Nr. 2/85 schrieb die Federführung bei der Bekämpfung der „politischen Untergrundtätigkeit" der Linie XX zu und zeichnete sie so verantwortlich für die

> [R]echtzeitige Aufklärung der Pläne, Absichten und Maßnahmen sowie Mittel und Methoden des Gegners, insbesondere der Geheimdienste und ihrer legalen Basen in der DDR, sowie solcher Zentren, Organisationen und Kräfte, von denen im besonderen Maße Aktivitäten zur Inspirierung bzw. Organisierung politischer Untergrundtätigkeit in der DDR ausgehen (im weiteren feindliche Stellen und Kräfte), einschließlich des Zusammenwirkens äußerer Feinde und feindlich-negativer Kräfte im Innern der DDR [...] [und die] Vorbeugende Verhinderung, Aufdeckung und Bekämpfung aller Aktivitäten bzw. Bestrebungen äußerer Feinde und feindlich-negativer Kräfte im Innern der DDR zur Schaffung einer wirksamen ideologischen und personellen Basis für politische Untergrundtätigkeit in der DDR.[117]

Im Wissen um die Schlüsselfunktion der IM zur Erfüllung der gesteckten Ziele hielt Oberst Siegfried Hähnel in seiner Funktion als Berliner BV-Leiter in einem Referat die Defizite fest,

> daß bisher nur relativ wenige IM vertrauliche Beziehungen zu den jeweiligen „Führungskräften" besitzen. Deshalb ist bei der Suche, Auswahl und Gewinnung neuer IM stärker darauf zu achten, daß die Kandidaten über Voraussetzungen verfügen, perspektivisch in die Konspiration des Gegners und feindlich-negativer innerer Kräfte einzudringen und ihr Vertrauen zu erlangen. Um es deutlich zu sagen, unsere inoffiziellen Kräfte müssen für die Exponenten politischer Untergrundtätigkeit unentbehrlich sein. Nur dadurch ist gesichert, daß wir über alle feindlich-negativen Pläne, Absichten und Maßnahmen rechtzeitig informiert sind und Überraschungen ausschließen können. Zu beachten ist dabei, daß durch eine kluge Instruierung

> und Steuerung der IM auf jeden Fall vermieden werden muß, daß diese selbst zu Organisatoren feindlich-negativer Aktivitäten werden. Die IM müssen bei zu erwartenden strafrechtlichen und -prozessualen Maßnahmen rechtzeitig herausgelöst werden.[118]

Die Bezirksverwaltungen unterzogen daraufhin ihren IM-Bestand einer minutiösen Kontrolle. IM-Vorgänge wurden auf mögliche Fehlerquellen und Schwachstellen durchforstet – gefordert durch die Berliner Zentrale widmete man sich etwa in den einzelnen Referaten der Abteilungen XX dem Ist- und Sollbestand unter den Inoffiziellen Mitarbeitern.

Die nachfolgenden Hinweise und Auszüge aus der Kontrolle und Analyse des IM-Vorgangs „Manuela“ bezogen sich auf einen 1981 geworbenen IM der Linie XX in der Bezirksverwaltung Potsdam. Eingesetzt im Referat 2 (Jugendpolitik) sollte der Inoffizielle Mitarbeiter „vorrangig zur Durchdringung unter dem Dach der Kirche agierender (zumeist Jugendlicher) oppositioneller Kräfte eingesetzt“ werden. Den Ausführungen der 1987 durch die Mitarbeiter der BV vollzogenen Analyse waren die Schwierigkeiten im Umgang mit dem IM zu entnehmen. Ausschlaggebend war eine „Erweiterung der Einsatzrichtung“, verstärkt zu oppositionellen Kräften auf dem „Gebiet der PUT/Kirche“ arbeiten zu müssen, sowie eine Aufwertung zum IMB. Interessant erscheint etwa der „ständige Widerstreit der ideologischen Positionen“, in dem sich der IM zu befinden schien. Ob es sich hierbei um eine fachliche oder persönliche Überforderung bei der Nachjustierung der geheimdienstlichen Arbeit handelte, ob der IM sogar ins oppositionelle Milieu abzudriften drohte, lässt sich den Quellen nicht entnehmen.

> Aktenvermerke und Ausspracheberichte des IM-führenden MA zu den „inneren Problemen“ des IM, beginnend mit April 84 bis in die jüngste Zeit, verweisen auf komplizierte Persönlichkeits-

eigenschaften, Widersprüchlichkeiten in Lebenszielen, sehr stark stimmungsbedingte Reaktionen bis hin zu Disziplinverletzungen bzw. Nichteinhaltung von Instruktionen.

IM betont mehrmals, die Einsatzrichtung PUT/Kirche auf die Dauer nicht bewältigen zu können, weil er sich im ständigen Widerstreit der ideologischen Positionen befindet, aber auch großen psychischen Belastungen unterliegt, insbesondere bezogen auf Legendierung/Konspirierung seines Verhaltens bzw. seiner Handlungen sowohl gegenüber der Arbeitsstelle als auch der „oppositionellen Szene" (Bericht 10.4.84).

Dem IM gefallen nicht die seinen Handlungsspielraum einschränkenden Auflagen des MfS (z. B. Forderung des Stellv. Operativ Nichtteilnahme an öffentlichen Aktivitäten der oppositionellen Kräfte); schätzt das als Überängstlichkeit des MfS ein, die er nicht akzeptiert. In diesem Zusammenhang wird dargelegt, daß der IM seine Perspektive in den bewaffneten Organen sieht. (Vermerke 12./15./22.11.84).

Am 10.4.85 fand ein Gespräch zwischen einem Kirchenvertreter und dem IM statt, in dem jener den IM der Tätigkeit für das MfS bezichtigte. Der IM konnte nach eigenen Angaben die Verdächtigungen entkräften und dessen Entschuldigung erreichen. In einer Information der Abt. 26 [Telefonkontrolle, Abhörmaßnahmen, Anm. d. Verf.] vom 15.6.85 wird jedoch dargelegt, daß unter den „Schmiede-Leuten" offenbar immer noch der IM für einen potentiellen „Spitzel" gehalten wird.

Der seit 1985 im Interesse einer Effektivierung der Zusammenarbeit vorgesehene Wechsel des Führungsoffiziers stößt auf Ablehnung des IM.

[...]

Dieser begründet seine Haltung mit dem besonderen Vertrauensverhältnis zum MA, ohne das er die Aufgaben des MfS unmöglich bewältigen könne (IM-Bericht vom 28.4.85 und Treffbericht des Leiters der Abt. XX vom 8.5.87).[119]

Die Bezirksverwaltung in Potsdam stellte sich die generelle Frage, welche IM überhaupt noch einsetzbar waren – passte das Alter der Mitarbeiter zur anvisierten Zielgruppe, wie hoch war die tatsächliche Anzahl der SED-Mitglieder unter den IM, was konnte zum Erfüllungsstand bei den Operativen Vorgängen gesagt werden und wo bestanden mögliche Gefahren der Dekonspiration (Enttarnung)? So stellte die bewertende Kontrollgruppe zur operativen Sicherung der Hochschulen im Bezirk fest, dass an der Pädagogischen Hochschule (PH) alle IM männlich waren. Ein Umstand, der negativ auffiel, bestand doch die Studierendenschaft vorrangig aus Frauen. Dem Referat 3 der Abteilung XX wurde nahegelegt, „die geschlechtliche Struktur der IM-Basis den objektiven Gegebenheiten an der PH anzupassen" – obwohl die Arbeit mit weiblichen IM von der Kontrollgruppe als komplizierter eingeschätzt wurde.[120]

In einem weiteren Fall wurde festgestellt, dass die „politisch-operative Sicherung des Schwerpunktbereiches Sozialfürsorger qualitativ und quantitativ unzureichend [ist]". Der 1981 eingerichtete Studiengang bot aus Sicht des MfS erhebliches Potenzial für nonkonformes Verhalten und Schwierigkeiten bei der operativen Durchdringung. Die Einschätzung hatte ergeben, dass:

> in Vorbereitung auf das Studienjahr 1982 die Werbung zweier IMS bereits vor Aufnahme des Studiums [gelang]. Es zeigte sich in der Zusammenarbeit jedoch sehr schnell, daß der Erziehungseinfluß der negativen Kräfte erheblich größer war als der des MfS. Der IM [„Michael Laufer"] entzog sich jeder weiteren Zusammenarbeit, obwohl von Seiten der operativen Mitarbeiter große Anstrengungen unternommen wurden. Obgleich er objektiv gute Möglichkeiten hatte, erfüllte er seine Aufträge nicht, kannte nie Personen und Sachverhalte und gab von sich heraus keine Informationen preis.
> [...]
> Der IM [„Franziska"] hat sehr gute objektive Möglichkeiten zur Informationsgewinnung, da er unmittelbar mit den bearbeiteten

> Personen zusammen war. Er identifiziert sich aber vollkommen mit den religiösen pazifistischen Ansichten der negativen Kräfte im Kollektiv und beteiligte sich an deren Aktivitäten.
> [...]
> Einen Widerspruch in seiner Persönlichkeit bildet der Umstand, daß er trotz ständig wiederholter Ablehnung der Zusammenarbeit und seiner Weigerung, Fragen zu eigenen Freunden zu beantworten, immer wieder zum Treff erschien. Es besteht der Eindruck, der jedoch nicht operativ belegt werden kann, daß sich der IM dekonspiriert hat und mit Wissen der anderen Studenten Kontakt zum MfS aufrechterhält. Der Stellvertreter Operativ, Oberst Weißbach, hat daher angewiesen, den IM nur noch zur Desinformation der politisch-indifferenten Studenten einzusetzen.[121]

Das MfS hinkte offenbar gesellschaftlichen Strömungen in mancher Hinsicht hinterher. Perspektivisch hätte eine ansonsten planungsaffine Institution auf mittelfristige Entwicklungen reagieren können, wäre das „hochgradig formalisierte Informationsnetz"[122] auch ausreichend effektiv gewesen. Personelle Ressourcen etwa waren gebunden, um das enorme Informationsaufkommen zu kanalisieren. Auch wenn im Sicherheitsdienst verstärkt auf Rechentechnik gesetzt wurde, behinderten finanzielle Schwierigkeiten den Ausbau der Digitalisierung. Die nahezu dogmatische Fokussierung auf die Frage „Wer ist wer?"[123] führte bei einer wachsenden Zahl unterschiedlichster Kontakte zwischen Ost und West zu riesigen Datenmengen.[124] Die Summe aller zu berücksichtigen Faktoren erschwerte die geheimdienstliche Wirksamkeit. In den 1980er Jahren war das Ministerium besonders im IM-Bereich um eine Steigerung der Effizienz bemüht. Während sich die BV Potsdam im Umfeld der „Punker und Tramper" gut aufgestellt sah, bemängelte man die Durchdringung der homosexuellen Szene, die „im DDR-Maßstab Aktivitäten zur Selbstorganisation" unternehmen würde. Auch der neonazistische Untergrund sollte überprüft werden. Zum Referat 4 (Kirchen und Religionsgemeinschaften) der Linie XX analysierte die BV:

> Mit dem vorhandenen IM-Bestand kann kaum in den Untergrund eingedrungen werden. Wenn negative Entwicklungen rechtzeitig erkannt werden sollen, werden IM mit spezifischen Anforderungsprofilen benötigt, wie
> - Pseudopazifisten
> - Umweltschützer
> - Lesben und Homosexuelle und
> - andere Randgruppen, die sich unter dem Dach der Kirche sammeln.[125]

Innerhalb des Referats 7 (Kultur und Massenmedien) nahm man die Situation an der Hochschule für Film und Fernsehen (HFF) in Potsdam-Babelsberg in den Blick und attestierte die besondere Situation durch eine vom MfS definierte „intellektuelle PUT", der es zu begegnen galt:

> Die Form der PUT bzw. der Tätigkeiten in deren Vorfeld weicht im Bereich der Kunst und Kultur erheblich von den Erscheinungsformen unter der Jugend ab. Wir haben es mit einer „intellektuellen PUT" zu tun, mit den Versuchen, die sozialistische Lebensweise und Kultur zu verwässern bzw. auftretende Fehler gegen den Sozialismus in Film und Literatur nutzbar zu machen. Diese Versuche sind nicht immer so spektakulär wie Zusammenrottungen auf den Straßen, aber in der Endkonsequenz öffentlichkeitswirksamer und nachhaltiger in der Auswirkung. Die vorhandene Basis ist auf diese Probleme ausgerichtet. Einen Schwerpunktbereich bildet die HFF, dort sind Anstrengungen des Gegners spürbar, die jungen Film- und Fernsehkünstler auf eine ideologisch filmkünstlerische Konfrontation mit der staatlichen Film- und Kunstpolitik festzulegen.[126]

Dass es sich bei der Kultur um ein Schwergewicht in der Abteilung XX der Bezirksverwaltung Potsdam handelte, war zudem am Bestand der IM abzulesen. Zum Zeitpunkt der Revision gehörte das Referat mit 170 IM/GMS in diversen Funktionen zu den wichtigsten Abteilungen. Zudem wurde analysiert, dass die IM besonders gut in der Kulturszene des Bezirkes quervernetzt seien – für die Führungsoffiziere des MfS bedeutete dies, dass zusätzlich weitere eigens definierte Schwerpunkte, wie die DEFA-Spielfilmstudios, der Schriftstellerverband in Potsdam oder auch die „FDJ-Singebewegung", operativ abgesichert werden konnten.[127] Im Verdacht, die Künstlerszene könne unterschwellige antisozialistische Agitation betreiben und interpretierte Fehler der SED-Bezirksverwaltung gegen die sozialistische Gesellschaftsordnung verwenden, wird die intellektuellenfeindliche Haltung des MfS ersichtlich. Dieser Umstand bezog sich nicht ausschließlich auf die Szene der Kunstschaffenden, sondern fand sich auch gegenüber weiteren gesellschaftlichen Teilbereichen (etwa dem medizinischen Bereich) wieder. In einer insgesamt als desaströs einzuschätzenden Bestandsaufnahme auf dem Gebiet der Gesundheitsversorgung Ostberlins bemängelte die Abteilung XX der dortigen Bezirksverwaltung etwa den zu großen Anteil von Kindern der Intelligenz unter den Medizinstudenten. So sei ein elitäres Denken dafür mitverantwortlich, dass das „marxistisch-leninistische Grundlagenstudium" nicht ausreichend greife. Zudem sei es schwierig, „alle Medizinstudenten im Sinne unserer Weltanschauung zu erziehen und zu motivieren".[128]

Auf oppositionelle Kräfte im Umfeld alternativer Kulturveranstaltungen ging die Abteilung XX der Berliner Bezirksverwaltung zusätzlich ein und attestierte bei der Analyse der Wirksamkeit der Dienstanweisung Nr. 2/85 ein besonderes Potenzial im Zusammenhang mit der Umwelt-Bibliothek (UB) in der Zionsgemeinde in Berlin-Mitte.[129] Die UB stellte hierbei ein Beispiel für die Durchdringung der oppositionellen Szene mit IM sowie deren fehlerhaften Einsatz in der „Aktion Falle" vom November

1987 dar. Gleichzeitig zeigten die Aktivitäten im Umfeld der UB die Möglichkeiten oppositioneller Milieus zu dieser Zeit auf. Die Umwelt-Bibliothek, die sich im September 1986 gründete, wurde zu einem zentralen Treffpunkt sowohl kirchennaher als auch religiös ungebundener Personen. Das MfS bewertete die UB als „Anlauf- und Koordinierungszentrum politischer Untergrundtätigkeit" und darüber hinaus als „Kommunikationszentrum feindlicher Zusammenschlüsse". In der Einschätzung heißt es:

> Ein weiteres Beispiel für die Versuche relevanter Personen des politischen Untergrundes, organisierend und koordinierend auch über den Rahmen der Hauptstadt hinaus wirksam zu werden, ist die seit 2.9.1986 existierende „Umweltbibliothek" in den Räumen der Zionskirchgemeinde. In den 11 Monaten der Existenz der „Umweltbibliothek" wurden durch den Führungskreis Jordan, Rüddenklau, Halbrock und Schefke eine Profilierung hinsichtlich der gebotenen Veranstaltungen und als Anlauf- und Koordinationszentrum politischer Untergrundtätigkeit erreicht. Das Spektrum der in der „Umweltbibliothek" durchgeführten feindlichen negativen Aktivitäten umfaßt u. a.
>
> – die Unterhaltung einer öffentlichen Bibliothek einschließlich der Darbietung eingeschleuster westlicher Literatur und Presseerzeugnisse zu Problemen der „Friedens-, Menschenrechts- und Ökologiebewegung";
> – die regelmäßige Herausgabe und den Vertrieb eines eigenen Informationsmaterials unter dem Titel „Umweltblätter";
> – die Herstellung weiterer schriftlicher Materialien mit feindlichem Inhalt auf der in den Räumen der „Umweltbibliothek" existierenden Vervielfältigungstechnik u. a. des bekannten Machwerks „Grenzfall";
> – das Zusammenwirken mit feindlichen Kräften aus dem Operationsgebiet einschließlich der Publikation in der TAZ, in der übrigens auch das laufende Veranstaltungsprogramm der „Umweltbibliothek" enthalten ist;

> – die Organisation und Durchführung von Diskussionsabenden und alternativen kulturellen Veranstaltungen unter Mitwirkung oppositioneller Kräfte wie Rosenthal, Bomberg, Krawczyk, Maron u. a.
>
> Nicht zu unterschätzen ist die Rolle der „Umweltbibliothek" als Kommunikationszentrum feindlicher Zusammenschlüsse. Regelmäßig nutzen die „Initiative Kirchentag von unten" (jetzt „Kirche von unten"), der „Koordinierungskreis Kernkraftwerksgegner" und die „Informationsrunde der Initiative Frieden und Menschenrechte" die Räumlichkeiten der „Umweltbibliothek" in der Zionsgemeinde, um zusammenzutreffen und gleichzeitig die Möglichkeit zu nutzen, bei dort stattfindenden Veranstaltungen aufzutreten.
>
> Bereits diese wenigen Bemerkungen verdeutlichen, daß das Beispiel der „Umweltbibliothek", wie auch andere Erscheinungsformen des politischen Untergrundes, eine abgestimmte koordinierte Bearbeitung unter Beteiligung verschiedener Diensteinheiten erfordert, um eine weitere Konsolidierung als organisatorisches und geistiges Zentrum oppositioneller Personen und Gruppierungen zu verhindern und die bereits vorhandene Ausstrahlung zurückzudrängen.[130]

Indem Wolfgang Schwanitz als Leiter der BV anerkennen musste, dass sich die UB zu einem Dreh- und Angelpunkt der oppositionellen Arbeit in der DDR entwickelte, unterstrich die Dienststelle auch deren Bedeutung. Diese schlug sich gleichzeitig in der Schlussfolgerung nieder, dass verschiedene Diensteinheiten (etwa die Kreisdienststellen Prenzlauer Berg und Berlin-Mitte) koordiniert vorzugehen hätten. Die „feindlichen negativen Aktivitäten" der UB, die die Geheimdienstler zusammenfassten, wirkten über Berlin hinaus. So gingen die im Selbstverlag publizierten Zeitungen (Samisdat) von Hand zu Hand. Die heimlich vervielfältigten Informationen aus der DDR und dem ost- und ostmitteleuropäischen Raum liefen in Berlin zusammen. Ferner wurden die „Umweltblätter" als staatlich sanktionierte Publikation der Kirche in den Räumen der UB gedruckt. Nach Erkenntnissen des MfS versorgte die innerdeutsche Reisetätigkeit, im Besonderen zwischen den Berliner Sektoren, die Bestände der öffentlichen Bibliothek mit „eingeschleusten westlichen" Printerzeugnissen. Die MfS-Bezirksverwaltung wertete dies als etablierte Kontakte und konstatierte eine Vielzahl an Aktivitäten in diesem Bereich. Für das MfS war die heterogene Zusammensetzung der Aktionen und Gruppierungen – die unter dem Dach der Zionskirchgemeinde nie frei von Konflikten war – das schwerwiegendste Problem. In einem solchen halblegalen kirchlichen Handlungsraum fehlten dem Geheimdienst zudem die unmittelbaren Zugriffsmöglichkeiten.

Aufnahme des MfS nach der Stürmung der Umwelt-Bibliothek.

Im ab März 1987 geführten OV „Bibliothek" wurde die operative Bearbeitung in der Bezirksverwaltung des MfS in Berlin koordiniert. Gleichzeitig wurde auf die Kirchenleitung Druck ausgeübt. Unter Federführung des „Koordinierungsoffiziers" Major Horst Horbank[131] ließen die Bestrebungen zusammen, die Umwelt-Bibliothek etwa durch den IM-Einsatz in ihrer Arbeit einzuschränken. So sollten die verschiedenen aktiven Gruppen gegeneinander ausgespielt werden; Informationsmaterial wurde zur strafrechtlichen Beurteilung mitgenommen, Materialen und Bücher ausgeliehen, aber nicht zurückgegeben. Selbst hygienische Kontrollen wurden angestrebt, um die Räume schließen zu können.[132]

Neben dem Einsatz verdeckter Kräfte konnte das MfS in der „Initiative Frieden und Menschenrechte" zudem einen IM platzieren. Die IFM nutzte gelegentlich die Druckmöglichkeiten der Umwelt-Bibliothek, um den illegalen „Grenzfall", den im Gegensatz zu den „Umweltblättern" keine Genehmigung schützte, zu vervielfältigen. Hier wollte das MfS zuschlagen und in der „Aktion Falle" den Druck auf frischer Tat vereiteln. Zum Charakter des Verhältnisses von Opposition und ostdeutschem Geheimdienst im Spätsozialismus gehörte auch das Wissen um die Repression. Die Mittel der Beobachtung durch das MfS sollten einerseits abschrecken und zu diesem Zweck auch wahrgenommen werden. Andererseits entwickelten die Beobachteten eine Routine der Vorsicht. In der „Aktion Falle" wurden die MfS-Mitarbeiter Opfer ihres eigenen Systems – zwar wurden Fakten zum Druck über den IM an die Zentrale weitergeleitet, doch war sich die Gruppe der IFM der Beobachtung bewusst und war auf Gegenmaßnahmen gefasst. Als die ostdeutsche Geheimpolizei in der Nacht des 24. Novembers 1987 die Räume der Umwelt-Bibliothek stürmte, wurde zwar gedruckt, allerdings waren nur die kircheneigenen und daher nicht strafbaren „Umweltblätter" in der Vervielfältigung.[133] Die anwesenden UB-Mitarbeiter wurden festgenommen, Maschinen und Presseerzeugnisse wurden beschlagnahmt. Vor dem Hintergrund einer Welle der Solidarität, die von der Aktion ausgelöst worden war, lässt sich der Vorgang schwerlich als Erfolg des MfS verbuchen: Umgehend wurden Mahnwachen im Umfeld der Zionskirche eingerichtet, die die sofortige Freilassung der Verhafteten forderten.

MfS-Minister Mielke hingegen bewertete die Aktion positiv:

> In der Nacht vom 24.11. zum 25.11.1987 wurden in den Kellerräumen auf dem Gelände der Zionskirchgemeinde, 1054 Berlin, Griebenowstraße 15, insgesamt 7 Personen auf frischer Tat vorläufig festgenommen, als sie auf dort vorhandenen Vervielfältigungsmaschinen, die unter Umgehung der Zollbestimmungen in die DDR illegal eingeführt wurden, die feindlich-negative Schrift „Grenzfall" vervielfältigten.
>
> Die Tatwerkzeuge und -mittel, u. a. 6 Vervielfältigungsgeräte, wurden beschlagnahmt.
>
> Gegen 2 Täter wurden Ermittlungsverfahren mit Haft, gegen 2 Täter Ermittlungsverfahren ohne Haft gemäß § 218, Abs. 1, StGB, eingeleitet.
>
> Gegen 2 Täter laufen weitere Prüfungshandlungen und ein Jugendlicher wurde nach Verwarnung entlassen.
>
> Kräfte des politischen Untergrundes versuchen, mit Unterstützung westlicher Medienvertreter, mit dem Ziel der Erzwingung der Freilassung der Täter und Herausgabe der beschlagnahmten Gegenstände, auf verschiedene Art und Weise gegen die Maßnahmen der staatlichen Organe vorzugehen. Dabei ist man bestrebt, auch feindliche Kräfte aus anderen Bezirken in derartige Aktivitäten einzubeziehen.
>
> Sie haben umgehend alle erforderlichen Maßnahmen einzuleiten und durchzuführen, um rechtzeitig Pläne und Absichten feindlicher Kräfte im Zusammenhang mit dieser Lage und den erwähnten provokatorischen Aktivitäten aufzuklären und vorbeugend zu verhindern.
>
> Unter Ausnutzung aller gesetzlichen Möglichkeiten ist die Anreise bekannter feindlicher Personen in die Hauptstadt der DDR zu verhindern. Die umgehende Information über relevante politisch-operative Feststellungen an die HA XX ist zu sichern.[134]

Irrtümlicherweise ging der Minister von einem geglückten Schlag gegen den Druck des „Grenzfalls“ aus und bestätigte die Verhaftungen von sieben „Tätern“. Ob Mielke vorschnell handelte oder falsch informiert worden war, lässt sich im Nachgang nicht genau ermitteln. Fest steht, dass das MfS den Burgfrieden zwischen der Kirche und dem SED-Regime durch das Eindringen in die Räume missachtete. Darüber hinaus wurden viele DDR-Bürger erst durch die mediale Berichterstattung in den westlichen Medien sowie Mundpropaganda auf die Umwelt-Bibliothek, ihre Veröffentlichungen und die Oppositionsarbeit aufmerksam.

Die personellen Verbindungen zu oppositionellen Gruppen in andere Städte der DDR schienen sich ausgezahlt zu haben. Landesweit wurde zu Protesten aufgerufen, die mit Nachdruck die Freilassung der vom MfS inhaftierten UB-Mitarbeiter forderten. In Bezug auf die Ereignisse um die Zionskirchgemeinde gerieten die Staatssicherheit und die SED-Führung verstärkt in Bedrängnis. An den Abenden versammelten sich DDR-Bürger um das Kirchenschiff. „Sichtagitation“, nun aus den Händen der vor Ort Aktiven, fand Eingang in den öffentlichen Diskurs und wurde weiterhin (west-)medial aufgearbeitet und verbreitet – die DDR-Opposition bekam ein Gesicht. Die verhältnismäßig schnelle Freilassung der Inhaftierten war das Resultat des wachsenden Druckes vonseiten der Gesellschaft, der Kirche und einer sich verstärkt emanzipierenden Bürgerbewegung. Der November 1987 stellt jene gesellschaftliche Wasserscheide dar, die den Übergang in die abschließende Krise der DDR einläuten sollte.

4.3 Ein Blick in die finale Krise

Die sich wandelnden Methoden und die Schwierigkeiten des MfS, gegen den „inneren Feind“ mit den Mitteln der strafrechtlichen Verfolgung erfolgreich vorzugehen, wiesen auf die Schwächen des SED-Staates hin. Von den Praktiken der offenen Repression hatte das System schon viel früher Abstand nehmen müssen. Das Bestreben des MfS in Theorie und Praxis, alles besser, effektiver und „leiser" machen zu wollen, zeitigte dennoch Erfolge. Für eine junge Generation von Geheimdienstlern wurde es gar zur bestimmenden Aufgabe, die immer komplexer miteinander verknüpften Aktionen zu planen und umzusetzen. Die Arbeit des ostdeutschen Geheimdienstes gegen die oppositionelle Gruppenszene hatte dabei durchaus Erfolg, wie der Historiker Jens Gieseke feststellt. Die Szene hätte unter den Folgen der verdeckten Operationen stark zu leiden gehabt: Mit schwer zu durchschauenden Manövern, etwa Chaos in den Diskussionsrunden zu stiften oder Grundsatzfragen auf Nebenschauplätze der Debatten zu verlagern, brachte das MfS die Lokomotive der Opposition aus dem Gleis.[135] In einigen Fällen liefen repressive Praktiken nichtsdestotrotz ins Leere. Dort, wo sich das MfS den zeitgenössischen Entwicklungen anzupassen versuchte, verfügten auch die DDR-Bürger über eine zunehmende Erfahrung im Umgang mit staatlichen Behörden. So ist den Beobachtungsprotokollen der Staatssicherheit zu entnehmen, dass Personen mit Observationserfahrung auf das MfS reagierten und sich durch Finten oder Ablenkungen der Beobachtung zu entziehen versuchten.[136] Selbst psychischer Druck während Verhaftungen verfehlte zum Teil die vom Geheimdienst erhoffte Wirkung: Die Schikanen galten für einige als der zu zahlende Preis ihrer oppositionellen Aktivitäten. Für nicht wenige Ausreisewillige etwa waren die MfS-Aktionen gegen sie sogar Teil einer gesamtheitlichen Strategie, die schlussendlich den erhofften Häftlingsfreikauf erbringen sollte. Viele DDR-Oppositionelle konnten auf eine rationale Widerstandkraft zurückgreifen. Je nach individueller Stärke und Vernetzung war es ihnen zumindest teilweise möglich, mit der staatlichen Repression umzugehen.

Der Übergang in die abschließende Krise der DDR wurde zu Teilen vom Staat selbst verursacht – indirekt zwar, doch nicht minder bedeutsam in der Wirkung. Als Erich Honecker im September 1987 mit allen protokollarischen Ehren in Bonn als Staatsgast begrüßt wurde, empfing der wiedergewählte Bundeskanzler Helmut Kohl einen SED-Generalsekretär mit eigener Agenda. Auf klaren Abwegen gegenüber der Sowjetunion wurde die Entscheidung des Besuches ohne Moskau getroffen.[137] Zweifelsohne ein propagandistischer Erfolg der SED-Führung im Ringen um Eigenständigkeit und westliche Anerkennung. In Vorbereitung des Treffens wurden den „staatlichen Organen" eine außenpolitisch motivierte Selbstbeherrschung und defensive Vorgehensweise gegenüber der Opposition auferlegt: eine Selbstbeschränkung der Repressionsorgane. Die angeordnete Mäßigung von staatlicher Seite und die mediale Aufmerksamkeit gegenüber der DDR-Opposition bildeten im Ausklang des Jahres 1987 jene Voraussetzungen, unter denen die Aktionen im Umfeld der Umwelt-Bibliothek und weitere Verhaftungen im Zuge der offiziellen Luxemburg-Liebknecht-Demonstration im Januar 1988 an Aufsehen gewannen. Die Existenz oppositioneller Gruppen sowie deren Anliegen waren nicht mehr zu leugnen. Im Rückblick erinnert sich eine Zeitzeugin: „Wir waren so typisch für die Zeit, eine kleine Untergrundszene – wäre die Aktion ‚Falle' der Staatssicherheit nicht gewesen, wir wären in unserem Keller verschimmelt."[138]

Epilog: Der Niedergang der Machthaber – Von der Einheitspartei zum Runden Tisch 1989/90

Im Gegensatz zu seinem polnischen Vorbild war der sogenannte (Zentrale) Runde Tisch in der DDR eine im Rechteck gestellte und umlaufende Tischreihung. Die DDR, wie sie sich noch wenige Wochen zuvor anlässlich des 40. Jahrestages ihres Bestehens zeigte, hatte sich zum Datum der ersten Zusammenkunft des Runden Tisches am 7. Dezember 1989 grundlegend gewandelt. Das Jahr 1989 war geprägt von Bewegung und Umbrüchen. Die Ereignisse begannen sich zu überschlagen und dort, wo in den vergangenen Jahren einzelne Mutige die Finger in gesellschaftliche Wunden gelegt, die Staatssicherheit herausgefordert und ihre Freiheit riskiert hatten, wurden sie im Herbst 1989 von Hunderttausenden unterstützt und mit den ersten freien Volkskammerwahlen in der DDR am 18. März 1990 vergessen.

Erich Honecker war gut zehn Tage nach dem 40. Republikgeburtstag zum Rückzug von seinen Staats- und Parteiämtern gezwungen worden und hatte dem neuen Mann an der Spitze des ZK der SED, Egon Krenz, Platz machen müssen. Offiziell vollzog sich die Ämterrochade in bewährter Tradition und war ein Machtwechsel „aus gesundheitlichen Gründen".[1] Inoffiziell hatte die DDR-Regierung dem Druck der Straße und der Massenabwanderung etwa über die ungarisch-österreichische Grenze, dem Ruf nach Reformen sowie ihrer eigenen Starrköpfigkeit nachgeben müssen. Mit dem Wechsel zu Krenz als dem damals jüngsten Mitglied des SED-Politbüros wollte die Staatspartei ein Zeichen setzen. In Anlehnung an den Reformkurs in der Sowjetunion sollte ein Signal der (begrenzten) Erneuerung gegeben werden – ein Versuch, der gründlich misslang. Kam der Wechsel einerseits zu spät, war Krenz andererseits durch seine Entwicklung innerhalb des Parteiapparates eine denkbar ungünstige Wahl. Wie sein Vorgänger hatte auch Krenz jahrelang als Erster Sekretär des Zentralrates der Freien Deutschen Jugend (FDJ), dem Jugendverband der DDR, agiert und wurde als zweiter Mann hinter Honecker über Jahre hinweg aufgebaut. Zudem wurde er nicht als Reformer wahrgenommen. Ganz im Gegenteil: In seiner Funktion als ZK-Funktionär für Sicherheitsfragen war er für die Bekämpfung der DDR-Opposition verantwortlich und hatte sich als Befürworter der „chinesischen Lösung" gezeigt. Den Einsatz bewaffneter Kräfte der „Volksbefreiungsarmee" gegen Demonstrierende in der chinesischen Hauptstadt Peking hatte Krenz unterstützt.

Den Zweck seiner China-Reise im September 1989 stellte er „als einen Beweis enger freundschaftlicher Zusammenarbeit und gegenseitiger Solidarität" dar.[2] Die DDR und die Volksrepublik China stünden im Zuge „gegenseitiger Klassensolidarität" auf der gleichen „Barrikade der sozialistischen Revolution".[3] Die seit der Niederschlagung der Proteste im Juni 1989 veröffentlichten Erklärungen der SED-Führung waren als internationales, aber auch innenpolitisches Signal zu verstehen. Sie galten als deutliche Drohung, die von der Bürgerbewegung als solche verstanden wurde und wie ein Damoklesschwert noch bis in den Herbst 1989 über den Demonstrationen in den Städten Plauen, Leipzig oder Dresden hing. Daher waren die Bekundungen des neuen Generalsekretärs des ZK, eine „Wende" einleiten zu wollen, mit der die „politische und ideologische Offensive" durch die SED wiedererlangt werden sollte, für viele DDR-Bürger wenig glaubwürdig. In einem medialen Rundumschlag am 19. Oktober 1989 hatte er sich an alle gesellschaftlichen Gruppen und Institutionen des Landes gewandt und versucht, die Kirche und die Intelligenzia, die Arbeiter und Bauern, die Jugend und die Ausreisewilligen zum gesellschaftlichen Erneuerungsprozess aufzurufen.[4] Dieser Appell ging ins Leere und negierte vollständig wichtige Gruppen: die seit Jahren aktiven reformorientierten Kräfte, die die DDR von innen verändern wollten, sowie die oppositionelle Bürgerbewegung.

Die DDR-Opposition blickte im Jahr 1989 abermals über die Oder und verfolgte beim östlichen Nachbarn Polen, wie die kommunistische Regierung am dortigen Runden Tisch in Warschau mit Vertreterinnen und Vertretern von *Solidarność*, der katholischen Kirche und weiteren gesellschaftlichen Gruppen den Übergang zur Demokratie verhandelte. Ein solches Modell forderte die Opposition auch für die DDR, als der Staat nach dem geschlossenen Rücktritt des Ministerrates am 7. November de facto ohne Regierung dastand, die Mauer geöffnet und die Interimsregierung unter Hans Modrow den Übergang zur unvermeidlichen freien Volkskammerwahl 1990 zu gestalten hatte. Egon Krenz sowie das gesamte Politbüro des ZK der SED traten am 3. Dezember 1989 zurück, den Vorsitz des kollektiven Staatsoberhauptes, des Staatsrates, gab die SED drei Tage später ab.[5]

Schon vor dem Fall der Mauer am 9. November hatten einige der oppositionellen Bewegungen politische Programme bzw. Grundsatzerklärungen formuliert. Es war ihr Ziel, den DDR-Bürgern eine politische und gesellschaftliche Alternative anzubieten, um aus der Bevormundung durch die SED herauszutreten. Die Menschen, die die DDR verlassen hatten, galten für die Bewältigung der neuen Aufgaben als verloren – umso wichtiger erschien es, die Dagebliebenen an die sich verändernde DDR zu binden und ihnen Mitbestimmung und -gestaltung auf Augenhöhe zu ermöglichen. Die Arbeit der Erneuerer war durch die Hoffnung geprägt, ein demokratisches Bewusstsein zu entwickeln und die DDR von innen heraus zu reformieren. Vom Aufruf „Wir sind ein Volk" war im Herbst des Jahres 1989 noch wenig zu hören, vielmehr sollte sich die ostdeutsche Bevölkerung ihren Staat neu erschaffen. Im Gründungsaufruf des sogenannten Neuen Forums vom 9./10. September 1989 wurde an das schöpferische Potenzial der DDR-Gesellschaft appelliert und dazu aufgefordert, die Passivität abzulegen und aktiv zu werden:

> Aufbruch 89 – Neues Forum
> In unserem Lande ist die Kommunikation zwischen Staat und Gesellschaft offensichtlich gestört. Belege dafür sind die weitverbreitete Verdrossenheit bis hin zum Rückzug in die private Nische oder zur massenhaften Auswanderung. Fluchtbewegungen dieses Ausmaßes sind anderswo durch Not, Hunger und Gewalt verursacht. Davon kann bei uns keine Rede sein.
>
> Die gestörte Beziehung zwischen Staat und Gesellschaft lähmt die schöpferischen Potenzen unserer Gesellschaft und behindert die Lösung der anstehenden lokalen und globalen Aufgaben. Wir verzetteln uns in übelgelaunter Passivität und hätten doch Wichtigeres zu tun für unser Leben, unser Land und die Menschheit.
>
> In Staat und Wirtschaft funktioniert der Interessenausgleich zwischen den Gruppen und Schichten nur mangelhaft. Auch die Kommunikation über die Situation und die Interessenlage ist gehemmt. Im privaten Kreis sagt jeder leichthin, wie seine Diagnose lautet, und nennt die ihm wichtigsten Maßnahmen. Aber die Wünsche und Bestrebungen sind sehr verschieden und werden nicht rational gegeneinander gewichtet und auf Durchführbarkeit untersucht. Auf der einen Seite wünschen wir uns eine Erweiterung des Warenangebots und bessere Versorgung, andererseits sehen wir deren soziale und ökonomische Kosten und plädieren für die Abkehr von ungehemmtem Wachstum. Wir wollen Spielraum für wirtschaftliche Initiative, aber keine Entartung in eine Ellenbogengesellschaft. Wir wollen das Bewährte erhalten und doch Platz für Erneuerung schaffen, um sparsamer und weniger naturfeindlich zu leben. Wir wollen geordnete Verhältnisse, aber keine Bevormundung. Wir wollen freie, selbstbewußte Menschen, die doch gemeinschaftsbewußt handeln. Wir wollen vor Gewalt geschützt sein und dabei nicht einen Staat von Bütteln und Spitzeln ertragen müssen. Faulpelze

und Maulhelden sollen aus ihren Druckposten vertrieben werden, aber wir wollen dabei keine Nachteile für sozial Schwache und Wehrlose. […]

Um all diese Widersprüche zu erkennen, Meinungen und Argumente dazu anzuhören und zu bewerten, allgemeine von Sonderinteressen zu unterscheiden, bedarf es eines demokratischen Dialogs über die Aufgaben des Rechtsstaates, der Wirtschaft und der Kultur. Über diese Fragen müssen wir in aller Öffentlichkeit, gemeinsam und im ganzen Land, nachdenken und miteinander sprechen. Von der Bereitschaft und dem Wollen dazu wird es abhängen, ob wir in absehbarer Zeit Wege aus der gegenwärtigen krisenhaften Situation finden. Es kommt in der jetzigen gesellschaftlichen Entwicklung darauf an,

– daß eine größere Anzahl von Menschen am gesellschaftlichen Reformprozeß mitwirkt,
– daß die vielfältigen Einzel- und Gruppenaktivitäten zu einem Gesamthandeln finden.

Wir bilden deshalb gemeinsam eine politische Plattform FÜR DIE GANZE DDR, die es Menschen aus allen Berufen, Lebenskreisen, Parteien und Gruppen möglich macht, sich an der Diskussion und Bearbeitung lebenswichtiger Gesellschaftsprobleme in diesem Land zu beteiligen. Für eine solche übergreifende Initiative wählen wir den Namen
NEUES FORUM[6]

Die Zeilen des Aufrufs, unterzeichnet unter anderem von Bärbel Bohley, Katrin Eigenfeld, Katja Havemann und Jens Reich, machten es deutlich: Teilhabe, Mitbestimmung, das Bekenntnis zur Gewaltlosigkeit und gegen Bespitzelung waren zentrale Forderung des Neuen Forums. Gleichzeitig galt es, geschlossen und landesweit zu agieren. Der Mitbegründer des Neuen Forums, Rolf Henrich, bezeichnete das Fehlen des Sozialismusbegriffs im Aufruf als ein taktisches Vorgehen:

> Einen überstrapazierten Begriff einsparen heißt nicht, ihn über Bord werfen. [...] Wir sahen uns angehalten, auch Menschen anzusprechen, die vielleicht schon auf gepackten Koffern saßen. Wenn wir den Begriff „Sozialismus" nicht gebraucht haben, dann also deshalb, weil wir einen möglichst breiten Konsens herstellen wollten. Gleichwohl – das kann ich Ihnen deutlich sagen, ohne jede Einschränkung – ich kenne keinen im „Forum", der den Sozialismus in Frage stellt.[7]

Als entscheidende politische Sammelbewegung im Herbst 1989 entsandte das Neue Forum drei Repräsentanten an den ersten Runden Tisch.

Initiiert wurde der Runde Tisch von der Bürgerbewegung „Demokratie Jetzt", angedacht als Gremium demokratischer Teilhabe und zur Verhinderung von Anarchie und Gewalt in einem bis dato präzedenzlosen Veränderungsprozess mit unbekanntem Ausgang. Gemeinsam mit dem Neuen Forum wurde gesellschaftliche Teilhabe und demokratische Erneuerung gefordert. Dies war eine entscheidende Basis für ein zukünftiges Zusammenwirken der oppositionellen Strömungen. Im Gründungsaufruf der Bewegung wurden deutliche Worte gegen die SED-Führung und für einen reformierten Sozialismus gefunden.

> Unser Land lebt in innerem Unfrieden. Menschen reiben sich wund an den Verhältnissen, andere resignieren. Ein großer Verlust an Zustimmung zu dem, was in der DDR geschichtlich gewachsen ist, geht durch das Land. Viele vermögen ihr Hiersein kaum noch zu bejahen. Viele verlassen das Land, weil Anpassung ihre Grenzen hat. [...]
>
> Trotz seiner unbestreitbaren Leistungen für soziale Sicherheit und Gerechtigkeit ist es heute offenkundig, daß die Ära des Staatssozialismus zu Ende geht. Er bedarf einer friedlichen, demokratischen Erneuerung.

Eingeleitet und gefördert durch die Initiative Gorbatschows wird in der Sowjetunion, Ungarn und Polen der Weg der demokratischen Umgestaltung beschritten. Enorme ökonomische, soziale, ökologische und auch ethnische Probleme stellen sich in den Weg und können die Umgestaltung zum Scheitern bringen mit unheilvollen Konsequenzen für die ganze Welt. Was die sozialistische Arbeiterbewegung an sozialer Gerechtigkeit und solidarischer Gesellschaftlichkeit angestrebt hat, steht auf dem Spiel. Der Sozialismus muß nun seine eigentliche, demokratische Gestalt finden, wenn er nicht geschichtlich verloren gehen soll. Er darf nicht verloren gehen, weil die bedrohte Menschheit auf der Suche nach überlebensfähigen Formen menschlichen Zusammenlebens Alternativen zur westlichen Konsumgesellschaft braucht, deren Wohlstand die übrige Welt bezahlen muß. [...]

Nichts aber deutet darauf hin, daß die SED-Führung zum Umdenken bereit ist. Es scheint, als spekuliere sie auf ein Scheitern der Reformen in der Sowjetunion. Es kommt aber darauf an, die demokratische Umgestaltung mitzuvollziehen.

Die politische Krise des staatssozialistischen Systems der DDR wurde besonders deutlich durch die Kommunalwahlen am 7.5.1989. Die Doktrin von der „moralisch-politischen Einheit von Partei, Staat und Volk“, die das von Wahlen unabhängige Machtmonopol rechtfertigen soll, konnte nur noch durch eine Wahlfälschung vor dem Gegenbeweis geschützt werden. [...]

Der Wunsch vieler Bürgerinnen und Bürger nach einer Demokratisierung des Verhältnisses von Staat und Gesellschaft kann in der DDR noch immer nicht öffentlich zur Sprache gebracht werden. Deshalb rufen wir auf zu einer

Bürgerbewegung „Demokratie Jetzt“[8]

Wo das Gründungspapier des Neuen Forums im allgemeineren Stil verfasst war und in seinen Forderungen unverbindlicher klang, brachte Demokratie Jetzt jene Fakten und Entwicklungen auf den Punkt, mit denen sich der SED-Staat diskreditiert und viele seiner

Bürger dazu bewogen hatte, dem Land entweder den Rücken zu kehren oder offen gegen den real existierenden Sozialismus aufzutreten. Als wichtige Zäsur für eine kritische Auseinandersetzung mit der DDR-Wirklichkeit galt der systematische Wahlbetrug zu den Kommunalwahlen im Mai 1989 und seine gesellschaftliche Thematisierung. Die Unstimmigkeiten waren durch unabhängige Beobachter und kritische Bürger aufgedeckt worden und trugen den Glauben an die „Einheit aus Partei und Volk" auch bei den Letzten zu Grabe. Dennoch sprachen sich die Vertreter von Demokratie Jetzt für einen reformierten Sozialismus aus, der in den „sozialistischen Bruderstaaten" Polen, Ungarn oder der UdSSR schon erprobt wurde – eine Position, die umso erstaunlicher erscheint, wenn man bedenkt, dass Demokratie Jetzt einer breiten kirchlichen Basis entstammte.

Der Wahlbetrug im Mai 1989 läutet das Ende der DDR ein.

Neben der Reaktivierung gesellschaftlicher Teilhabe verstärkten sich die zentralen Forderungen der Bürgerbewegung nach Rechtsstaatlichkeit sowie der Einhegung geheimdienstlicher Aktivitäten in der Zeit des Umbruches. Wohl wissend, dass das MfS, das im Zusammenhang mit der Neubildung der Regierung unter Hans Modrow im November 1989 in „Amt für nationale Sicherheit" (AfNS) umbenannt wurde, weiterhin repressiv gegen die DDR-Bevölkerung vorging, wurden rechtsstaatliche Reformen eingefordert – ein zentrales Anliegen der Opposition in den Gesprächen am Runden Tisch.

In den parallel zum Gründungsaufruf von Demokratie Jetzt formulierten „Thesen für eine demokratische Umgestaltung in der DDR" fand sich der folgende Passus:

> Eine Rechtsreform sollte willkürlich auslegbare Straftatbestände beseitigen und die Unabhängigkeit von Richtern und Verteidigern gewährleisten. Der Strafvollzug sollte so reformiert werden, dass eine öffentliche Kontrolle und ein wirksames Beschwerderecht gewährleistet werden. Eine Verfassungsgerichtbarkeit sollte eingeführt und die Verwaltungsgerichtbarkeit voll verwirklicht werden.[9]

Das Neue Forum wiederum formulierte mit Blick auf die politischen Repressionen und die geforderte Rechtsstaatlichkeit in den eigenen „Argumenten für den ‚Dialog'":

> Was braucht unsere Gesellschaft! Was benötigt unser Land? […]
> – Unabdingbar ist eine umfassende Rechtsreform, besonders der politischen Strafjustiz und des Strafvollzuges.
> – Wir brauchen volle Freizügigkeit für jeden, auch für die Jugend. Unser Verhältnis zu Reisen, Auswanderung und Heimkehr muss vom Kopf auf die Füße gestellt und aus dem Umfeld von Verrat und Verbrechen geholt werden.
> – Wir brauchen eine parlamentarische Kontrolle der Polizei- und Sicherheitsorgane. Sie müssen drastisch auf das Maß der tatsächlichen Bedrohung durch Kriminalität reduziert werden.[10]

Der Vorstoß wurde im vollen Bewusstsein einer im Oktober 1989 zwar angeschlagenen, aber doch omnipräsenten SED-Staatsmacht getätigt. Auch die später mit bundesrepublikanischer Hilfe erfolgreichen Blockparteien (etwa die CDU-Ost und die Liberal-Demokratische Partei (LDP)) hatten sich von ihrer über Jahrzehnte getragenen Parteinahme für den SED-Staat noch nicht verabschiedet. Bis zur ersten Zusammenkunft des Runden Tisches am 7. Dezember 1989 versuchte die SED-Führung mithilfe der weiterhin kontrollierten Presse des Landes, die Zusammenkunft als eigene Idee zu verkaufen und zugleich die Rolle der SED als weiterhin führend und meinungsbildend zu präsentieren.[11] Die Partei- und Staatsführung unternahm demnach bis zur Streichung der Führungsrolle der SED aus der Verfassung im Dezember 1989 alles Erdenkliche, um die unvermeidlichen Veränderungen unter Kontrolle zu halten.

Die Situation bis zum ersten Runden Tisch in der DDR war mithin einerseits durch das Bestreben der Bürgerbewegungen gekennzeichnet, einen Diskursraum für gesellschaftliche Debatten anzubieten. Andererseits waren die „Rückzugsgefechte" der noch immer allgegenwärtigen Staatsmacht prägend. Ulrike Poppe skizzierte den damaligen DDR-Staat als ein weiterhin potenzielles und direktes Unterdrückungsinstrument, das aber nicht in der Lage gewesen sei, auf die zeitgenössischen Herausforderungen zu reagieren. Der Führung habe es an Innovationskraft und Flexibilität gefehlt.[12]

Das harsche Vorgehen der Staatsmacht etwa gegen den „Missbrauch der Kampfdemonstration der Berliner Werktätigen am 17. Januar 1988", so der offizielle Titel einer MfS-internen Information, verdeutlicht, dass die Forderungen der Opposition von den Sicherheitsorganen auch Anfang 1988 nur mit Verhaftungen und Einschüchterung quittiert wurden. So hatte die Staatsmacht die offizielle Liebknecht-Luxemburg Demonstration zum Anlass genommen, unliebsame Personen loszuwerden. In Form einer regelrechten Verhaftungswelle sollte die ganze oppositionelle Szene geschwächt werden.[13] Mehr als 150 Menschen wurden am Rande der „Kampfdemonstration", zum Teil vor laufenden Kameras westlicher Medien, festgesetzt – ihnen drohten jahrelange Haft oder die Ausweisung in den Westen. In der Aktion mit dem bezeichnenden Titel „Enthauptungsschlag" ging das MfS, nachdem es nur wenige Monate zuvor in die Defensive geraten war, gegen die führenden Köpfe der Opposition vor. Für die Sicherheitsorgane war es abermals nur ein Scheinsieg – die Resonanz der Ereignisse war durch die mediale Aufarbeitung in den bundesrepublikanischen Medien vergleichbar zu den Ereignissen im Umfeld der Umwelt-Bibliothek. Die Opposition zog in beiden deutschen Staaten erneut verstärkte Aufmerksamkeit auf sich, da eine Kontrolle der Informationen zum Ende der 1980er Jahren noch schwieriger geworden war. Zusätzlich verstand es die im In- und Ausland mittlerweile gut vernetzte Opposition, sich stärker in den öffentlichen Diskurs einzuschalten. Eine Verflechtung, die schlussendlich den Weg zum Runden Tisch ebnen sollte.

In diesem Zusammenhang offenbarte sich ein weiteres Problem der Übergangszeit: die internationale Vergleichsebene. War die mediale Mauer zwischen Ost und West seit Jahren durchlässig, so erwies sie sich innerhalb des sozialistischen Lagers als erstaunlich stabil. Die medienpolitische Agitation unterstand direkt dem Machtzentrum und unterstützte demnach die isolationistische Position der SED und ihres Zentralkomitees. So fanden Entwicklungen, wie etwa das Ausstellen von Reisepässen für visafreie Westreisen in Ungarn oder die systemkritischen Demonstrationen in den baltischen Sowjetrepubliken Litauen und Estland keinen Widerhall in den Medien der DDR. Einen vorübergehenden Höhepunkt fand die Lenkung der als kritisch wahrgenommenen Informationen aus dem Ostblock im faktischen Verbot des sowjetischen „Auslandsmagazins" *Sputnik* in der DDR im November 1988. Die DDR strich das Magazin von den Bezugslisten mit der Begründung: „[Die Zeitschrift] bringt keinen Beitrag, der der Festigung der deutsch-sowjetischen Freundschaft dient, stattdessen verzerrende Beiträge zur Geschichte."[14] Das SED-Regime reagierte damit auf eine kritische Auseinandersetzung mit der Geschichte des Stalinismus und die Liberalisierung der Informationspolitik in der Sowjetunion. Diese Entwicklungen wurden in Berlin als negativ wahrgenommen, hatten sie doch das Potenzial, entscheidende Legitimationsnarrative des Sozialismus zu untergraben.

Ein letztes Aufbäumen der Staatsmacht zeigte sich im Vorfeld und im Verlauf der Feierlichkeiten zum 40. Jahrestag der DDR-Gründung. Das Ministerium für Staatssicherheit registrierte eine zunehmend kritische Diskussionskultur und eine damit einhergehende Mobilisierung der DDR-Bevölkerung. Bei Veranstaltungen der Bürgerbewegung gingen die Besucherzahlen in die Tausende und landesweit politisierten sich die Menschen. Als beachtenswert beschrieb das MfS die DDR-weite Formierung der verschiedenen Gruppen zu einer gemeinsamen Sammelbewegung im September/Oktober 1989. Als gesichert sah es die Geheimpolizei zudem an, dass Veranstaltungen dieser Art „in anschließende öffentlichkeitswirksame provokatorisch-demonstrative Aktivitäten" münden würden.[15]

Seit den nachgewiesenen Fälschungen zu den Kommunalwahlen am 7. Mai 1989 und der daraus resultierenden Protestwelle hatte sich der Siebente eines jeden Monats zum Demonstrationstag etabliert. Im Schatten des Republikgeburtstages am 7. Oktober erschien es den Demonstranten möglich, dass es aufgrund des medialen Interesses vor Ort in Berlin nicht zu Gewalttaten vonseiten der Sicherheitsorgane kommen würde – ausgeschlossen blieb es jedoch nie. Wo sich der SED-Staat mit einem Fackelzug Tausender FDJ-Mitglieder sowie einer Militärparade in alter Manier feiern ließ, formierte sich ein Protestzug vom Alexanderplatz zum Palast der Republik in Berlin-Mitte. Regimegegner, -kritiker und „normale" DDR-Bürger fanden im Protest nun verstärkt zusammen. Erich Mielke verließ am Abend den Festempfang der Staatsführung für die internationalen Gäste und befahl persönlich, den Rufen „Wir sind das Volk", „Keine Gewalt" und „Gorbi hilf!" Einhalt zu gebieten. Was folgte, war eine Jagd durch die Straßen Berlins. Zum Einsatz kamen zivile Kräfte des MfS, Hundertschaften der Volkspolizei mit Helmen und Knüppeln, Wasserwerfer und Reizgas. Hunderte wurden an Sammelpunkten isoliert und daraufhin verhaftet. Mit dem gewaltsamen Vorgehen gegen friedliche Demonstranten wurden die Feierlichkeiten zu einer Maskerade und die Selbstdarstellung der DDR als friedlicher und offener Staat zur Groteske.[16]

Zukunftsweisende Reformen erwarteten die wenigsten DDR-Bürger vom SED-Führungskreis. Der scheidende Generalsekretär des ZK der SED hatte bis dato weder den Dialog mit der Bürgerbewegung gesucht noch unterstützte er eine parteiinterne Erneuerung. Die Stimmung im Land war angespannt. Selbst der SED-Führung zugewandte Bevölkerungsteile waren in einen Zustand der Verunsicherung und Ratlosigkeit verfallen, wie das MfS in internen Informationen resümierte. Dabei ging es im Ministerium gar nicht um die sonst übliche Kritik an den omnipräsenten inneren und äußeren Feinden, sondern darum, dass die Partei- und Staatsführung keine Durchsetzungskraft für eine Erneuerung zeigte.[17]

Am Ende eines steinigen Weges der Systemkritik vom individuellen Streiter für persönliche Freiheitsrechte in den 1970er Jahren hin zu einer Sammelbewegung aus z. B. der Initiative Frieden und Menschenrechte, Demokratie Jetzt oder der Sozialdemokratischen Partei der DDR in den späten 1980er Jahren stand der schnelle Niedergang der SED-Nomenklatur im zweiten Halbjahr 1989. Die Bürger der DDR begannen, ihre Rechte auf den Straßen und Plätzen der Republik in großem Umfang einzufordern. Im Oktober kam es zu (spontanen) Großdemonstrationen in Plauen, Dresden und in der zum Symbol der Montagsdemonstrationen gewordenen Leipziger Innenstadt. Einen Höhepunkt bildete zudem die sogenannte Alexanderplatz-Demonstration, die größte nicht von staatlichen Akteuren gelenkte Veranstaltung in der Geschichte der DDR. Am 4. November zeigten Hunderttausende Demonstranten aus einem breiten gesellschaftlichen Spektrum den Mut, auf die Straße zu gehen. Neben Vertretern der Bürgerbewegung, Künstlern, Schauspielern und Repräsentanten der aktuellen Regierung waren es vor allem die zuvor wenig aktiven „normalen" Bürger der DDR, die nun aber ihre Angst vor dem Staat überwunden hatten.

Die Rollen im System haben sich verschoben. Keine Gewalt gegen das Volk!

Mit der ersten Zusammenkunft am Runden Tisch fand die Tradition, am Siebenten eines jeden Monats für Teilhabe und freiheitliche Ideen einzutreten, ihren Fortgang. Erstmalig saßen die Vertreter der Bürgerbewegung und der SED an einem Tisch. Das erste Treffen im Dezember 1989 war das Ergebnis einer beharrlich ausgebauten Fähigkeit einzelner Menschen, sich den Herausforderungen im SED-Staat zu stellen, in der DDR zu bleiben und aktiv zu werden. Der Niedergang der DDR hätte deutlicher nicht sein können, als besonders die Vertreter der Bürgerbewegungen ihre Rolle im System verschoben – aus den ehemals Repressierten waren Akteure in einem öffentlichen und staatlich akzeptierten Versuch der Konfliktlösung geworden. Gerade in den besonders heiklen Bereichen, der Auflösung der Staatssicherheit und der Forderung nach Rechtstaatlichkeit, wurde der Mut im Umgang mit den staatlichen Vertretern am Tisch offensichtlich. Bei aller gegenseitigen Skepsis suchte man den Dialog und machte von Seiten der Bürgerrechtsbewegung nicht den Fehler, sich als moralischer Sieger zu präsentieren. Eine Wertung der Ereignisse wollte man der neuen Zivilgesellschaft überlassen. Der Runde Tisch war ein wichtiger Faktor im Prozess der Demokratisierung und Ausdruck einer turbulenten Selbstfindung. Zu diesem Zeitpunkt ging es noch nicht um eine mögliche Wiedervereinigung der beiden deutschen Staaten. Es waren Verhandlungen zwischen politischen Gegnern – allein der Dialog war schon ein Zeichen des Fortschritts. Die Eindrücklichkeit der aktuellen Situation spiegelte sich im Protokoll zur ersten Sitzung des Runden Tisches wider, in dem es hieß:

> 1. Selbstverständnis
> Die Teilnehmer des Rundes Tisches treffen sich aus tiefer Sorge um unser in eine Krise geratenes Land, seine Eigenständigkeit und seine dauerhafte Entwicklung.
>
> Sie fordern die Offenlegung der ökologischen, wirtschaftlichen und finanziellen Situation in unserem Land.
>
> Obwohl der Rundtisch keine parlamentarische oder Regierungsfunktion ausüben kann, will er sich mit Vorschlägen zur Überwindung der Krise an die Öffentlichkeit wenden.
>
> Er fordert von der Volkskammer und der Regierung, rechtzeitig vor wichtigen rechts, wirtschafts- und finanzpolitischen Entscheidungen informiert und einbezogen zu werden.
>
> Er versteht sich als Bestandteil der öffentlichen Kontrolle in unserem Land. Geplant ist, seine Tätigkeit bis zur Durchführung freier, demokratischer und geheimer Wahlen fortzusetzen.
> […]

6. Zur Rechtstaatlichkeit

1. Jede Person, die Amtsmißbrauch und Korruption begangen hat, wird auf der Grundlage des geltenden Strafgesetzbuches zur Verantwortung gezogen. Bei der Durchführung von Ermittlungsverfahren bzw. Strafverfahren werden die Bestimmungen der Strafprozeßordnung angewandt. Dies bedeutet erforderlichenfalls den Erlaß von Haftbefehlen und nicht die Anordnung ungesetzlicher Hausarreste.

[...]

1.4. Die Regierung der DDR wird aufgefordert, einen sofortigen Maßnahmeplan öffentlich bekanntzugeben, wie durch Sicherungskräfte des Ministeriums des Inneren alle Dienststellen des Amtes für Nationale Sicherheit auf allen Ebenen unter Kontrolle gestellt werden, damit keine Vernichtung von Dokumenten bzw. Beweismaterial erfolgen kann und Mißbrauch ausgeschlossen wird.

2. Die Regierung der DDR wird aufgefordert, das Amt für Nationale Sicherheit unter ziviler Kontrolle aufzulösen und die berufliche Eingliederung der ausscheidenden Mitarbeiter zu gewährleisten. Über die Gewährleistung der eventuell notwendigen Dienste im Sicherheitsbereich soll die Regierung die Öffentlichkeit informieren.

3. Die Regierung der DDR wird aufgefordert, zur Unterstützung der Tätigkeit unabhängiger Bürgerkomitees den rechtlichen Rahmen festzulegen.[18]

Fazit

Die Unterdrückung tatsächlicher und vermeintlicher Gegner der SED ist ein integraler Bestandteil der DDR-Geschichte. So war die Staatspartei seit der sowjetischen Besatzungsherrschaft auf den Einsatz politischer Gewalt angewiesen, um ihre Minderheitenherrschaft zu errichten bzw. abzusichern. Dieses Buch hat aufgezeigt, wie sich das Verfolgungsregime im ostdeutschen Teilstaat von der Gründung der DDR bis zu deren Ende veränderte, wie Mittel und Methoden sich wandelten und welche Auswirkungen diese Veränderungen auf verschiedene Gruppen von Betroffenen hatten. Sichtbar gemacht geworden ist diese Entwicklung an der Verfolgung der „Großbauern" in den 1950er, der Disziplinierung unangepasster Jugendlicher in den 1960er, der geheimpolizeilichen Bekämpfung von Ausreiseantragsstellern in den 1970er und der versteckten Beeinflussung und Verfolgung der politischen Opposition in den 1980er Jahren. Auch wenn diese Beispiele die Geschichte der politischen Verfolgung in der DDR keineswegs umfassend abbilden können, verweisen sie dennoch auf Grundmuster des Zwangs-, Straf- und Disziplinierungssystems und seiner Genese im SED-Staat. Die aufgezeigten Veränderungen des repressiven Systems in der DDR waren mehrschichtig. Sie bezogen sich einerseits auf politische Kursänderungen und Auseinandersetzungen im Machtapparat selbst, die sich etwa aus Veränderungen des Führungspersonals und unterschiedlichen Vorstellungen darüber ergaben, welche „Gegner" bzw. „Abweichler" wie zu bekämpfen waren. Andererseits korrespondierten sie mit der sich wandelnden inneren Verfasstheit des SED-Staates und mit der Entwicklung der internationalen Lage; beides Faktoren, die wiederum eine sich schrittweise verändernde gesellschaftliche Wahrnehmung und Reaktion gegenüber den vom Regime angewandten Mitteln und Methoden nach sich zogen. Über die Darstellung des Repressionssystems der DDR werden darüber hinaus jene Merkmale sichtbar, die die Verfolgung politischer Gegner im SED-Staat dauerhaft prägten.

Der Wandel des Repressionsregimes im SED-Staat lässt sich nur mit Blick auf die politische und gesellschaftliche Entwicklung der DDR nachvollziehen. So wurden die Intensität und die Praktiken der Repression immer danach ausgerichtet, mit welchen Herausforderungen sich die Herrschaft der SED konfrontiert sah. In den ersten Jahren nach Gründung der DDR arbeitete die Staatspartei mit Nachdruck auf den Aufbau des Sozialismus hin und setzte Repressionen daher vor allem als ein Mittel der Umgestaltung der Gesellschaft ein. So zeigt das Beispiel der „Großbauern", wie das Regime mittels administrativer und juristischer Zwangsmaßnahmen versuchte, die wirtschaftliche und soziale Struktur auf dem Land zu verändern, die Macht der etablierten Elite zu brechen und auf diese Weise ihren Zugriff auf die dörflichen Strukturen zu sichern. Nachdem die SED-Führung ihre Herrschaft durchgesetzt hatte, machte sie sich in den 1960er Jahren daran, ihre Kontrolle über die Gesellschaft auch in den Bereichen zu verstärken, die bis dahin weniger im Fokus gestanden hatten. Dieser Prozess der Herrschaftsetablierung betraf zunächst in besonderer Weise die junge Generation, die an den Kurs der Partei gebunden und, wenn nötig, mit Schikanen und Zwangserziehung zum Gehorsam gezwungen werden sollte. Wurden repressive Mittel in den ersten beiden Jahrzehnten also vor allem für die aktive Umgestaltung der Gesellschaft eingesetzt, verschob sich der Schwerpunkt ab den 1970er Jahren auf die Absicherung der SED-Herrschaft. So wurde die Ausreisebewegung nicht nur deshalb zum Ziel staatlicher Repressionsmaßnahmen, weil sie durch die Abwanderung von qualifizierten Arbeitskräften die wirtschaftliche Stabilität der DDR gefährdete, sondern auch einen Autoritätsverlust der SED und ihrer

Versprechungen anzeigte und zu verstärken drohte. In den 1980er Jahren besaß die Repression vor allem eine herrschaftsverwaltende Funktion. Zu diesem Zeitpunkt musste sich auch das MfS eingestehen, dass man das Wirken der Opposition nicht mehr vollständig verhindern konnte, und konzentrierte sich daher darauf, die oppositionellen Gruppen in Teilen zu zerschlagen und bestmöglich zu überwachen bzw. zu steuern, um auf diese Weise ein Übergreifen der oppositionellen Ansichten auf die Mehrheitsgesellschaft zu verhindern.

Neben ihrer zentralen Funktion innerhalb des Herrschaftssystems der SED wurde die Intensität der staatlichen Verfolgungsmaßnahmen auch von der Außen- und Deutschlandpolitik der DDR beeinflusst. In den 1950er Jahren spielte hierbei vor allem das enge Abhängigkeitsverhältnis zur Sowjetunion eine zentrale Rolle. So wie das SED-Regime nur mit Stalins Billigung gegen die Großbauern vorgehen konnte, bewirkte das Eingreifen der neuen sowjetischen Führung Anfang Juni 1953 auch das vorläufige Ende der Repressionskampagne auf dem Land. Ab den 1970er Jahren musste die SED-Führung neben der stets zentralen Abhängigkeit von der Sowjetunion auch ihre neuen außenpolitischen Ziele berücksichtigen. Um die deutsch-deutsche Annäherung und das Ziel der internationalen Anerkennung der DDR nicht zu gefährden, sah sich die Staats- und Parteiführung gezwungen, ihr Vorgehen gegenüber Regimekritikern anzupassen und auf den Einsatz offener Repression zunehmend zu verzichten. Diese Entwicklung hin zu einer versteckten Repressionsanwendung verstärkte sich in den 1980er Jahren vor dem Hintergrund der zunehmenden wirtschaftlichen Abhängigkeit von der Bundesrepublik noch zusätzlich und führte dazu, dass die SED-Führung den eigenen Sicherheitsorganen vor und während anstehender Staatsbesuche westlicher Politiker partielle Zurückhaltung auferlegte.

Entsprechend den Herrschaftsphasen der SED und den internationalen Einflussfaktoren veränderten sich die Praktiken und Methoden bei der Ausübung der Repression über die Jahrzehnte hinweg erheblich. In der Anfangszeit der DDR verfolgte das Regime seine Gegner überaus sichtbar und öffentlichkeitswirksam, ließ Schauprozesse abhalten und zerstörte durch entschädigungslose Enteignungen die Existenz vermeintlicher Klassenfeinde. Begleitet wurden diese Maßnahmen durch ein hohes Maß an physischer Gewalt, wobei diese vor allem zum Erpressen von Geständnissen eingesetzt wurde. Auch in den 1960er Jahren gehörten körperliche Übergriffe zum Repertoire von Polizei und Staatssicherheit, jedoch wich deren Einsatz zunehmend dem Versuch der psychischen Brechung der Regimegegner. Immer wichtiger wurde ab dieser Zeit auch die systematische Überwachung der Gesellschaft, die unter anderem durch den verstärkten Einsatz von Inoffiziellen Mitarbeitern gewährleistet werden sollte. Ziel der flächendeckenden Beobachtung, Kontrolle und vorbeugenden Beeinflussung war es, staatsfeindliches Handeln möglichst frühzeitig zu erkennen und zu unterbinden. Anstatt offen gegen Regimegegner vorzugehen, wurde deshalb ab den 1970er Jahren immer stärker versucht, diese möglichst unauffällig und im Geheimen zu verfolgen und zu disziplinieren. Zu diesem Zweck kamen neue, „leise" Methoden der Repression zum Einsatz, die neben der zwangsweisen Aussiedlung auch die sogenannte „Zersetzung" einzelner Personen(gruppen) umfasste.

Ermöglicht wurde der schrittweise Wandel des DDR-Verfolgungssystems durch den stetigen Ausbau des MfS. Während die Geheimpolizei in den Anfangsjahren der DDR über vergleichsweise wenig Personal verfügte und etwa in den ländlichen Gebieten kaum präsent war, entwickelte sie sich bis zu den 1980er Jahren zu einem der zentralen Akteure im DDR-Verfolgungsregime. Entscheidend war dafür nicht nur die kontinuierliche Vergrößerung des Personalbestandes des MfS, sondern auch die stetige Weiterentwicklung seiner Methoden. Dabei agierte die Geheimpolizei jedoch keineswegs losgelöst von den sichtbaren Teilen der Staatsmacht wie der Volkspolizei und der Justiz. Vielmehr gingen die verschiedenen Teile des Repressionsapparates arbeitsteilig vor und deckten auf diese Weise unterschiedliche Bereiche der Verfolgung politischer Gegner ab. Während die Volkspolizei und die Justiz das Machtmonopol der SED öffentlich absichern und den Anschein der Rechtsstaatlichkeit aufrechterhalten sollten, lagen Schwerpunkte des MfS auf dem Sammeln von Informationen über die Bevölkerung und den Staats- und Parteiapparat sowie dem gezielten Eingreifen bei Fällen, die als besonders wichtig angesehen wurden.[1]

Obwohl sich das Repressionsregime zwischen den 1950er und 1980er Jahren in seiner Funktion, seinen Ausprägungen und jeweiligen Opfergruppen also teils stark veränderte, blieben andere Charakteristika über die Jahrzehnte hinweg mehr oder weniger unverändert erhalten. In besonderer Weise trifft das auf die Rolle der Ideologie als Ausgangspunkt und Rechtfertigungsgrund für den Einsatz von Repressionen zu. Drei Aspekte der sozialistischen Weltsicht waren hierfür entscheidend. *Erstens* verstand die SED den Sozialismus als objektiv beste Gesellschaftsform, die zur Gleichberechtigung aller Bürger und zu wirtschaftlichem Wohlstand führe sowie dem kapitalistischen Westen aufgrund ihrer „antifaschistischen" Ausrichtung auch moralisch überlegen sei. *Zweitens* war die Parteiführung gemäß der leninistischen Lehre davon überzeugt, dass die Zeit bis zur Verwirklichung der sozialistischen Utopie vom Klassenkampf geprägt sei, der Auseinandersetzung zwischen einer „ausbeuterischen" Minderheit und der „werktätigen" Mehrheitsgesellschaft. Und *drittens* verstand sich die SED als die einzig legitime Autorität, die über die Auslegung des Sozialismus und seinen schrittweisen Aufbau auf deutschem Boden entscheiden könne.

Ausgehend von diesen unumstößlichen Dogmen wurde jeder, der den DDR-Sozialismus einer kritischen Betrachtung unterzog, infrage stellte oder sich gegen die SED und ihren Alleinherrschaftsanspruch positionierte, als Gegner definiert, den es zu bestrafen bzw. zum Gehorsam zu zwingen galt. Bei der Bekämpfung der Großbauern in den 1950er Jahren zeigte sich vor allem die Bedeutung des Klassenkampfdenkens. Die SED-Führung definierte die Großbauern unabhängig von ihrem individuellen Verhalten als eine homogene soziale Gruppe, die dem Sozialismus per se feindlich gegenüberstehe und deshalb aus ihrer gesellschaftlichen Führungsposition verdrängt werden müsse. In den 1960er Jahren wurde die Beat-Jugendkultur deshalb als primitiv und kriminell stigmatisiert sowie zum legitimen Ziel von Straf- und Zwangserziehungsmaßnahmen erklärt, weil sie sich den von der SED gesetzten Normen zum Aussehen und Verhalten einer „sozialistischen Persönlichkeit" offen widersetzte. Der Glaube an die Überlegenheit des Sozialismus führte in den 1970er Jahren dazu, dass es aus Sicht staatlicher Stellen keinerlei nachvollziehbare Gründe dafür gab, die DDR verlassen zu wollen. Drängten DDR-Bürger dennoch hartnäckig auf ihre Ausreise, wurden sie nicht nur als geistig zurückgeblieben und kleinbürgerlich diffamiert, sondern auch als Gegner des SED-Staates angesehen und dementsprechend unter Druck gesetzt und geheimpolizeilich bekämpft. Der Versuch der Kontrolle und Unterdrückung oppositioneller Gruppen in den 1980er Jahren hatte seinen ideologischen Ursprung in der Vorstellung, dass einzig die Ansichten der SED zulässig seien und es im Sozialismus keine legitime Opposition geben könne. Autonomes Handeln und öffentliche Positionierungen gegen die herrschende Partei waren im politischen System der DDR schlichtweg nicht vorgesehen und wurden deshalb als staatsfeindlich verfolgt.

Die sozialistische Ideologie diente jedoch nicht nur als Begründung für das Vorgehen gegen vermeintliche und tatsächliche Regimegegner, sondern prägte auch ganz grundsätzlich die Wahrnehmung der SED und des MfS von Unangepasstheit und Opposition. Das wiederkehrende Grundmotiv war hierbei die Einteilung der Welt in Freund und Feind. International war damit die Konfrontation zwischen der Sowjetunion, der DDR und den anderen sozialistischen Staaten auf der einen und den kapitalistischen Ländern, allen voran der Bundesrepublik und den USA, auf der anderen Seite gemeint. Während die sozialistische Welt das

Wohl der Menschen und den Frieden im Blick hätten, versuche der als feindlich definierte kapitalistische Westen, diese Bemühungen mit allen Mitteln zu untergraben. Gleichzeitig wurde diese Zweiteilung auch auf die DDR-Gesellschaft übertragen: Demnach stehe der den Sozialismus unterstützenden Mehrheit der Gesellschaft eine kleine Minderheit von Individuen und Gruppen gegenüber, die antisozialistisch und damit staatsfeindlich eingestellt sei. In der SED-Herrschaftspraxis führte dieses Denken einerseits dazu, dass nonkonformes Verhalten in erster Linie auf die negative Beeinflussung von außen, vor allem vonseiten der BRD, zurückgeführt wurde. Andererseits war damit eine Täter-Opfer-Umkehr verbunden. So ging die Gewalt in der Lesart von SED und den Strafverfolgungsbehörden nicht von einem übermächtigen Staatsapparat aus, der gegen meist wehrlose DDR-Bürger vorging, um die eigene Macht zu sichern. Vielmehr seien es feindliche Kräfte im In- und Ausland, die den Sozialismus auf heimtückische Art und Weise bekämpften und auf die der Staat und die Partei dann aus einer Haltung der Selbstverteidigung heraus reagieren müsse.

In diesem Sinne wurde der Volksaufstand am 17. Juni 1953 vom SED-Regime nicht mit der Unzufriedenheit der eigenen Bevölkerung erklärt, sondern vor allem dem Einfluss westlicher „Provokateure“ und „faschistischer Agenten“ zugeschrieben, die in das Land gekommen seien, um Unruhe zu stiften und die Bevölkerung gegen die SED aufzustacheln. Ähnlich argumentierte die Staats- und Parteiführung auch im Hinblick auf die unangepasste Jugendkultur in der zweiten Hälfte der 1960er Jahre: Die junge Generation sei Opfer der psychologischen Kriegsführung des Westens, werde durch westdeutsche Fernseh- und Radiosendungen zu einer „Unkultur“ verführt und auf diese Weise vom SED-Staat entfremdet. Auch bei der Ursachenanalyse der Ausreisebewegung in den 1970er Jahren spielten die Westmedien eine entscheidende Rolle, diskreditierten diese die DDR doch systematisch, um die Bevölkerung zum Verlassen des „sozialistischen Paradieses“ zu bewegen. Wie tief das Motiv der äußeren Beeinflussung auch in den 1980er Jahren noch in der Gedankenwelt der DDR-Elite verankert war, zeigt die Ansicht des MfS, wonach die sich bildenden oppositionellen Gruppen vom Westen initiiert und gelenkt seien.

Neben der gleichbleibend großen Bedeutung der Ideologie zeigen sich Kontinuitäten im Repressionsregime auch im Hinblick auf die Ergebnisse der staatlichen Verfolgungsmaßnahmen. So lässt sich zwar einerseits festhalten, dass das staatliche Disziplinierungs- und Strafsystem seinen *allgemeinen* Zweck, die Herrschaft der SED abzusichern, bis in die späten 1980er Jahre erfüllte. Anderseits fällt mit Blick auf die vier in diesem Buch untersuchten Beispiele aber auf, dass die eingesetzten Repressionen ihrem *spezifischen* Zweck jeweils nur teilweise gerecht wurden und die dabei von der SED-Führung identifizierten Probleme nicht dauerhaft lösen konnten. So führte die Verdrängungskampagne gegen die „Großbauern" zwar zu deren Schwächung und Abwanderung aus der DDR. Gleichzeitig resultierten daraus aber große politische und wirtschaftliche Probleme und eben nicht die Schaffung einer sozialistischen Landwirtschaft mit wirtschaftlich erfolgreichen LPG und einer werktätigen Bauernschaft, die politisch eng an die SED gebunden war. Dies gelang unter veränderten Vorzeichen erst nach einer weiteren staatlichen Kollektivierungskampagne im Jahr 1960. Ebenso wenig war das Regime in der zweiten Hälfte der 1960er Jahre in der Lage, den Einfluss westlicher Musik auf die Jugend dauerhaft einzudämmen und die damit verbundene nonkonforme Jugendkultur zu zerschlagen. Anstatt dem unangepassten Teil der Jugend ihre eigenen Vorstellungen aufzwingen zu können, erreichte die SED-Führung mit ihren Maßnahmen häufig das Gegenteil: die dauerhafte und tiefgreifende Entfremdung der Betroffenen vom sozialistischen Staat. Nur teilweise erfolgreich war in den 1970er Jahren der Versuch staatlicher Stellen, die Ausreisebewegung zu stoppen. Zwar konnte ein Teil der Ausreiseantragsteller durch Hilfsangebote, vor allem aber durch Drohungen, Kriminalisierung oder Zersetzung, von ihrem Ansinnen abgebracht werden, häufig verstärkte der Druck der staatlichen

Stellen auf die Betroffenen aber den Wunsch, den SED-Staat verlassen zu wollen. Am deutlichsten wird das Scheitern der staatlichen Kontroll- und Steuerungsversuche mit Blick auf die 1980er Jahre. Zwar gelang es dem MfS, viele der Oppositionsgruppen zu infiltrieren und durch gezielte Einflussnahme in ihrer Tätigkeit zu stören oder gar gänzlich zu lähmen. Ungeachtet dessen verloren in der zweiten Hälfte der 1980er Jahre aber immer mehr Menschen in der DDR die Angst davor, ihre SED-kritischen Ansichten zu artikulieren, sodass selbst das übermächtig erscheinende MfS das Ende der DDR nicht verhindern konnte.

Die Tatsache, dass die staatlichen Repressionsmaßnahmen ihren Zweck bestenfalls teilweise erfüllen konnten, kann jedoch nicht darüber hinwegtäuschen, dass sie für die Betroffenen häufig dramatische Auswirkungen hatten. Diese beschränkten sich nicht nur auf die unmittelbaren Folgen der Strafmaßnahmen wie den Verlust der Freiheit oder der beruflichen und wirtschaftlichen Existenz. Vielmehr hatten bzw. haben die Aufenthalte in Gefängnissen oder Erziehungseinrichtungen, die Zersetzungsmaßnahmen oder die fortwährenden gesellschaftlichen Stigmatisierungen als kriminell meist auch langfristige Konsequenzen. So leiden viele Betroffene auch Jahrzehnte nach dem repressiven Ereignis und dem Ende der DDR unter körperlichen und psychischen Folgeschäden und müssen häufig bis in die Gegenwart um die Anerkennung ihrer Opferschaft und eine angemessene Rehabilitierung kämpfen. Die Geschichte der Repression in der DDR ist letztlich also weniger die Geschichte des anmaßenden und letztlich gescheiterten Versuches der SED-Führung, die DDR-Bevölkerung gewaltsam zu beherrschen und zu disziplinieren, sondern die Geschichte des Leidens einer Vielzahl von Menschen, die sich dem sozialistischen Herrschafts- und Gestaltungsanspruch wissentlich oder ohne es zu wollen entgegenstellten.

Danksagung

Geschichte(n) ist/sind oft Resultat individuellen Handelns, persönlichen Muts und Engagements sowie dem Schritt heraus aus der persönlichen Sicherheit, hinein in eine Öffentlichkeit, in der nonkonformes Verhalten von allen Seiten wahrgenommen wird. Solche Ereignisse benötigten stets Rezipienten, die das Geschehen erkennen, einordnen, diskutieren und weitertragen. Eine Geschichte der politischen Repression in der DDR könnte nicht geschrieben werden, hätten sich nicht Teile der ostdeutschen Gesellschaft in den Jahren 1949 bis 1989/90 dem zuweilen übermächtig erscheinenden SED-Regime entgegengestellt. Dem Handeln dieser Menschen bleibt es zu verdanken, dass eine solche Abhandlung überhaupt geschrieben werden konnte.

Dieses Buch wäre auch ohne die Unterstützung einer Reihe von Personen nicht entstanden. Unser Dank gilt an erster Stelle Jörg Baberowski und Robert Kindler, die die Arbeit zu diesem Buch angeregt und begleitet haben. Ermöglicht wurde das Projekt durch die Förderung des Bundesministeriums für Bildung und Forschung (BMBF) im Rahmen des interdisziplinären Forschungsverbunds „Landschaften der Verfolgung". Danken möchten wir auch den zahlreichen engagierten Mitarbeiterinnen und Mitarbeitern des Stasi-Unterlagen-Archivs, des Bundesarchivs, der Landesarchive in Brandenburg, Sachsen-Anhalt und Sachsen, des Archivs der DDR-Opposition sowie der Robert-Havemann-Gesellschaft und des Archivs Bürgerbewegung Leipzig, die uns auch unter erschwerten Corona-Bedingungen den Zugang zu Akten und visuellem Material möglich gemacht haben.

Für ihre fundierten Anmerkungen bei der Überarbeitung des Manuskriptes sind wir in besonderer Weise Henrik Bispinck, Alexander Frese und Tobias Wunschik zu Dank verpflichtet. Sie haben mit Engagement und beneidenswerter Ruhe dem Druck der Seiten standgehalten. Bei der Materialsammlung haben uns außerdem die studentischen Hilfskräfte des Lehrstuhls Geschichte Osteuropas an der Humboldt-Universität zu Berlin, namentlich Bennet Ledwig, Martin Stoyanov und Qi Zhang, unterstützt. Antje Pausder war der Fels in der administrativen Brandung des universitären Alltags – auch ihr gilt unser besonderer Dank.

Die Zusammenarbeit mit dem Herder Verlag und insbesondere mit Patrick Oelze und Florentine Schaub war uns eine große Freude. Wir danken ihnen für die kundige Begleitung des Projektes von der ersten Anfrage bis zum fertigen Buch. Tabea Nasaroff und Ivo Komljen übernahmen das Lektorat und haben mit ihrer Umsicht und Kompetenz dazu beigetragen, dass aus dem ersten Entwurf ein druckreifes Buch geworden ist.

Berlin, im Juli 2023

Markus Mirschel und Samuel Kunze

Anhang

Anmerkungen

Einleitung

1 Vgl. Eckhard Jesse, Systemwechsel in Deutschland, 1918/19–1933, 1945/49–1989/90, Köln 2010, S. 14.

2 Vgl. „Information Nr. 150/89 über beachtenswerte Aspekte des aktuellen Wirksamwerdens innerer feindlicher, oppositioneller und anderer negativer Kräfte in personellen Zusammenschlüssen", BArch, MfS, ZAIG 3756, Bl. 2–45.

Prolog – Der sowjetische Terror kommt nach Deutschland: Die SBZ 1945–1946

1 Vgl. Erika Riemann (mit Claudia Hoffmann), Die Schleife an Stalins Bart. Ein Mädchenstreich, acht Jahre Haft und die Zeit danach, Hamburg 2017, S. 12–31.

2 Ebd., S. 32–34.

3 Ebd., S. 42–45.

4 Vgl. ebd., S. 52–165.

5 Nach der Wahlniederlage von Churchills Konservativer Partei übernahm Ende Juli 1945 dessen Nachfolger Clement Attlee die Verhandlungen für die britische Regierung.

6 Vgl. Ulrich Herbert, Geschichte Deutschlands im 20. Jahrhundert, München 2017, S. 549–558. Zur alliierten Deutschlandpolitik unmittelbar nach Kriegsende siehe Matthias Uhl, Die Teilung Deutschlands. Niederlage, Ost-West-Spaltung und Wiederaufbau 1949–1956, Berlin 2009.

7 Der sowjetische Geheimdienstapparat setzte sich aus verschiedenen Diensten zusammen und wurde zwischen 1945 und 1953 mehrfach umstrukturiert und umbenannt. Das NKWD („Volkskommissariat für innere Angelegenheiten") hatte bis November 1946 die Führung über die Verfolgungsmaßnahmen in der SBZ inne. Dann übernahm das NKGB („Volkskommissariat für Staatssicherheit") die Federführung. Im März 1946 wurden beide Volkskommissariate in Ministerien umbenannt und fortan als MWD bzw. MGB bezeichnet. Darüber hinaus ging ab 1945 auch der militärische Nachrichtendienst Smersch (ein russisches Akronym für „Tod den Spionen!") gegen Zivilisten in der SBZ vor, bevor er im Mai 1946 in den MGB eingegliedert wurde. Aus Gründen der Übersichtlichkeit wird zur Beschreibung der Tätigkeit der sowjetischen Geheimpolizei die Bezeichnung NKWD benutzt. Zur Struktur und dem Vorgehen der sowjetischen Sicherheitsdienste siehe Jan Foitzik/Nikita W. Petrow, Der Apparat des NKWD-MGB der UdSSR in Deutschland. Politische Repression und Herausbildung deutscher Staatssicherheitsorgane in der SBZ/DDR 1945–1953, in: dies. (Hg.), Die sowjetischen Geheimdienste in der SBZ/DDR von 1945 bis 1953, Berlin 2009, S. 13–66.

8 Vgl. Bettina Greiner, Verdrängter Terror. Geschichte und Wahrnehmung sowjetischer Speziallager in Deutschland, Hamburg 2010, S. 137–160.

9 GPU steht für „Vereinigte staatliche politische Verwaltung" und war ab 1922 die Bezeichnung für die sowjetische Geheimpolizei, bevor diese 1934 in NKWD umbenannt wurde.

10 Vgl. Greiner, Verdrängter Terror, S. 161–191. Weiterführend zu den „GPU-Kellern" siehe Peter Erler, Zur Geschichte und Topographie der „GPU-Keller". Arrestlokale und Untersuchungsgefängnisse sowjetischer Geheimdienste in Berlin (1945 bis 1949/50), in: Zeitschrift des Forschungsverbundes SED-Staat 17(2005), S. 79–94.

11 Vgl. Greiner, Verdrängter Terror, S. 11–15, 86–106. Zur Tätigkeit der SMTs siehe Hilger, Andreas (Hg.), Sowjetische Militärtribunale,

Band 2: Die Verurteilung deutscher Zivilisten 1945–1955/57, Köln 2003.

12 Bis zur Auflösung der letzten Speziallager im Jahr 1950 starben von den insgesamt geschätzt 154 000 in den Speziallagern Inhaftierten 44 000 und damit fast ein Drittel aller Gefangenen. Vgl. Greiner, Verdrängter Terror, S. 10 f.

13 Welche deutschlandpolitischen Ziele Stalin im Einzelnen verfolgte, ist in der Forschung umstritten. Einen Einstieg in die Forschungskontroverse bietet Hermann Weber, Die DDR 1945–1990, München 2012, S. 150.

14 Vgl. ebd., S. 4 f. Eine ausführliche Darstellung der Nachkriegssituation und der alliierten Beziehungen bietet Uhl, Die Teilung.

15 Bei den „Massenorganisationen" handelte es sich um verschiedene gesellschaftliche Organisationen und Verbände, die sowohl den Freien Deutschen Gewerkschaftsbund (FDGB) und die Vereinigung für gegenseitige Bauernhilfe (VdgB) als auch die Jugendorganisation Freie Deutsche Jugend (FDJ) und den Demokratischen Frauenbund Deutschlands (DFD) umfasste.

16 Vgl. Weber, Die DDR, S. 5–10, 15; Ulrich Mählert, Kleine Geschichte der DDR, München 2007, S. 11–15.

17 Vgl. Weber, Die DDR, S. 15–18; Mählert, Kleine Geschichte, S. 17–19.

1 Kollektivierung und Justizterror – Die Frühphase der Repression auf dem Land

1 Zum Stalinismus siehe einführend Jörg Baberowski, Verbrannte Erde. Stalins Herrschaft der Gewalt, Frankfurt/Main 2014.

2 Vgl. Weber, Die DDR, S. 4 f., 20–26; Zur Entwicklung der SBZ und zur Sowjetisierung Ostdeutschlands vgl. ausführlich Michael Lemke (Hg.), Sowjetisierung und Eigenständigkeit in der SBZ/DDR (1945–1953), Wien 1999.

3 Vgl. Herbert, Geschichte Deutschlands, S. 613 f.

4 Vgl. Dirk Hoffmann, Die DDR unter Ulbricht. Gewaltsame Neuordnung und gescheiterte Modernisierung, Zürich 2003, S. 16–21; Weber, Die DDR, S. 35.

5 Vgl. Hoffmann, Die DDR, S. 21.

6 Vgl. Herbert, Geschichte Deutschlands, S. 699–702.

7 Besondere Bedeutung hatte hierbei die Einführung der sogenannten Einheitsliste. Dabei handelte es sich um eine im Vorfeld einer jeden Wahl ausgearbeitete Liste über die zukünftige Zusammensetzung des jeweiligen Parlaments, die von den Wahlberechtigen durch ihre Stimmabgabe nicht mehr verändert, sondern lediglich bestätigt werden konnte.

8 Vgl. Hoffmann, Die DDR, S. 24–35.

9 Die Bewertung der Stalin-Note ist in der Wissenschaft umstritten. Während viele Forscher die sowjetische Initiative als rein taktisches Manöver interpretieren, sehen andere darin ein durchaus ernst gemeintes Angebot des sowjetischen Diktators. Vgl. dazu Weber, Die DDR, S. 162 f.

10 Vgl. Ulrich Mählert, Geschichte der DDR. 1949–1990, Erfurt 2017, S. 29 f.; Weber, Die DDR, S. 36–41.

11 Vgl. Ilko-Sascha Kowalczuk, Stasi konkret. Überwachung und Repression in der DDR, München 2013, S. 57.

12 Zur Tätigkeit der SMT siehe Andreas Hilger (Hg.), Sowjetische Militärtribunale, Band 2: Die Verurteilung deutscher Zivilisten 1945–1955/57, Köln 2003.

13 Vgl. Kowalczuk, Stasi konkret, S. 36 f.

14 Vgl. dazu ausführlich Hermann Wentker, Die Neuordnung des Justizwesens in der SBZ/DDR 1945–1952/53, in: Roger Engelmann/Clemens Vollnhals (Hg.), Justiz im Dienste der Parteiherrschaft. Rechtspraxis und Staatssicherheit in der DDR, Berlin 2000, S. 93–114.

15 Vgl. Thomas Lindenberger, Volkspolizei. Herrschaftspraxis und öffentliche Ordnung im SED-Staat 1952–1968, Köln 2003, S. 37–49.

16 Zum biografischen Hintergrund und der Sozialisation der ersten Generation der MfS-Führung vgl. Kowalczuk, Stasi konkret, S. 64–84.

17 Vgl. Jens Gieseke, Die Stasi. 1945–1990, München 2011, S. 41–49, 57 f., 135. Zur geheimpolizeilichen Durchdringung der ländlichen Gebiete vgl. Regina Teske, Staatssicherheit auf dem Dorfe. Zur Überwachung der ländlichen Gesellschaft vor der Vollkollektivierung 1952 bis 1958, (BF informiert 27/2006), https://www.stasi-unterlagen-archiv.de/assets/bstu/de/Publikationen/BFi27_Teske_Stasi-auf-Dorfe.pdf (abgerufen am 19.6.2023).

18 Vgl. Jens Schöne, Frühling auf dem Lande? Die Kollektivierung der DDR-Landwirtschaft, Berlin 2005, S. 75.

19 Da es sich bei dem Begriff des „Großbauern" um einen politischen Kampfbegriff und nicht um eine neutrale Zuschreibung handelt, wird der Begriff im Folgenden in Anführungszeichen gesetzt.

20 Vgl. Armin Mitter, „Am 17.6.1953 haben die Arbeiter gestreikt, jetzt aber streiken wir Bauern." Die Bauern und der Sozialismus, in: ders./Stefan Wolle/Ilko-Sascha Kowalczuk (Hg.), Der Tag X – 17. Juni 1953. Die „Innere Staatsgründung" der DDR als Ergebnis der Krise 1952/53, Berlin 1995, S. 75–128, hier S. 78.

21 Vgl. Arnd Bauerkämper, Vertreibung als Exklusion gesellschaftlicher Führungsgruppen. Die Verdrängung der „Großbauern" in der SBZ/DDR und die Vernichtung der „Kulaken" in der UdSSR im Vergleich, in: Günter Schulz, Vertriebene Eliten. Vertreibung und Verfolgung von Führungsschichten im 20. Jahrhundert, München 2001, S. 125–164, hier S. 144–146.

22 Vgl. ebd., S. 146 f.; Mitter, „Der 17.6.1953", S. 78.

23 Vgl. Bauerkämper, Vertreibung, S. 147–150.

24 Vgl. ebd., S. 150 f.

25 Ein besonders eindrückliches Beispiel für eine Solidarisierungsaktion der Dorfbevölkerung mit einem „Großbauern" spielte sich im Dezember 1951 im altmärkischen Dähre ab. Nachdem der Bauer F. wegen Ablieferungsrückständen in einem öffentlichen Prozess zu einer Haftstrafe verurteilt worden war, erzwang eine protestierende Menge von Dorfbewohnern die Freigabe des Verurteilten aus dem Polizeigewahrsam. Vgl. Falco Werkentin, Politische Strafjustiz in der Ära Ulbricht, Berlin 1995, S. 75–79.

26 Vgl. Mitter, „Der 17.6.1953", S. 79–81; Elke Scherstjanoi, SED-Agrarpolitik unter sowjetischer Kontrolle 1949–1953, Quellen und Darstellungen zur Zeitgeschichte, Bd. 70, München 2007, S. 345–348.

27 Vgl. dazu Manfred Hildermeier, Geschichte der Sowjetunion 1917–1991. Entstehung und Niedergang des ersten sozialistischen Staates, München 2017, S. 33–35.

28 Siehe dazu exemplarisch die zwei Artikel aus dem Neuen Deutschland (ND) aus dem Jahr 1951: „Warum sind die MAS keine Vorstufe der Kollektivierung? Konsultation der Abt. Propaganda des ZK

der SED“, ND, 6.5.1951, S. 4; „Wie unsere Propagandisten Antwort geben sollen“, ND, 14.4.1951, S. 4.

29 Vgl. Scherstjanoi, Agrarpolitik, S. 353 f.

30 Vgl. „Aufzeichnung des Gesprächs des Gen. J.W. Stalin mit den Führern des ZK der Sozialistischen Einheitspartei Deutschlands, W. Pieck, W. Ulbricht und O. Grotewohl am 1. April 1952“, zitiert aus: Bernd Bonwetsch/Sergej Kudrjašov, Stalin und die II. Parteikonferenz der SED. Ein Besuch der SED-Führung in Moskau, 31. März–8. April 1952, und seine Folgen (Dokumentation), in: Jürgen Zarusky (Hg.), Stalin und die Deutschen. Neue Beiträge der Forschung, München 2006, S. 173–206, hier S. 191 f.

31 Auszug aus „Aufzeichnung des Gesprächs des Gen. J.W. Stalin mit den Führern des ZK der SED, W. Pieck, W. Ulbricht und O. Grotewohl am 7. April 1952“, zitiert aus: Bonwetsch, Stalin und die II. Parteikonferenz, in: Zarusky (Hg.), Stalin und die Deutschen, S. 202–204.

32 Vgl. dazu Scherstjanoi, Agrarpolitik, S. 359–373.

33 Auszug aus der Entschließung der II. SED-Parteikonferenz, zitiert nach Ilse Spittmann/Gisela Hellweg (Hg.), DDR-Lesebuch, Band 2: Stalinisierung 1949–1955, Köln 1991, S. 154–155.

34 Vgl. Scherstjanoi, Agrarpolitik, S. 374–378, 386–389.

35 Vgl. Schöne, Frühling auf dem Lande?, S. 105 f.

36 Auszug aus „Sekretariatsvorlage, Betr.: Entwicklung der Produktionsgenossenschaften im Bezirk Potsdam“, vom 27.8.1952, Brandenburgisches Landeshauptarchiv (BLHA), 03 SED BL Pdm 1421, Bl. 6–9.

37 Vgl. Schöne, Frühling auf dem Lande?, S. 106.

38 Auszug aus „Bericht an die Bezirksleitung Potsdam“, o. D., BLHA, 03 SED BL Pdm 1421, Bl. 36–37.

39 Vgl. Schöne, Frühling auf dem Lande?, S. 107 f.

40 Auszug aus „Formen der Gegnerarbeit bei der Gründung von Prod. Gen.“, vom 15.9.1952, Landesarchiv Sachsen-Anhalt, Abteilung Merseburg (LSA), M555, Nr. 313, Bl. 138.

41 Auszug aus „Bericht an die Bezirksleitung Potsdam“, o. D., BLHA, 03 SED BL Pdm 1421, Bl. 38.

42 Zu den Hintergründen vgl. Schöne, Frühling auf dem Lande?, S. 81–83.

43 Auszug aus „Beschluss des Politbüros des ZK der SED vom 31.10.52 zu den Vorgängen bei der Gründung der Produktionsgenossenschaft im Kreis Seelow“, BArch, DY 30/42212, Bl. 7–13.

44 Vgl. Schöne, Frühling auf dem Lande?, S. 84 f.

45 Auszug aus dem Artikel „Das opportunistische Verhalten von leitenden Parteifunktionären gegenüber feindlichen Elementen im Dorf“, ND, 2.11.1952, S. 1–2.

46 Zwischen 1.8.1952 und 31.1.1953 wurden insgesamt 583 „Großbauern“ verurteilt. Gegen die weitaus höhere Zahl an Klein- und Mittelbauern wurden im gleichen Zeitraum 353 bzw. 311 Urteile verhängt. Vgl. Werkentin, Politische Strafjustiz, S. 81.

47 Auszug aus dem Urteil gegen Franz Schlottermann vom 24.2.1953 vor dem Kreisgericht Demmin, zitiert nach: Karl Wilhelm Fricke, Politik und Justiz in der DDR. Zur Geschichte der politischen Verfolgung 1945–1968. Berichte und Dokumente, Köln 1979, S. 270–272, hier 270–272.

48 Auszug aus „Terminsbericht in der Strafsache gegen den Grossbauer [Name anonymisiert], Neustassow“, vom 24.2.1953, BArch, DP 3/982, o. P.

49 Vgl. Schöne, Frühling auf dem Lande?, S. 120 f.; Jutta Braun, Wirtschaftsstrafrecht und Enteignungspolitik in der SBZ/DDR. Die Zentrale Kommission für Staatliche Kontrolle 1948–1953, Diss., München 1999, S. 80 f.

50 Vgl. dazu Falco Werkentin, Der totale soziale Krieg. Auswirkungen der II. Parteikonferenz der SED im Juli 1952, HJK (2002), S. 27–31, abrufbar unter: https://kommunismusgeschichte.de/fileadmin/user_upload/02Werkentin_2002.pdf (abgerufen am 29.6.2022).

51 Auszug aus „An alle Gerichte und Justizverwaltungsstellen der Bezirke in der Deutschen Demokratischen Republik, Betr.: Strafverfahren gegen Großbauern“, vom 5.3.1953, abgedruckt in: Untersuchungsausschuss freiheitlicher Juristen (Hg.), Unrecht als System. Dokumente über planmäßige Rechtsverletzungen in der Sowjetzone Deutschlands, Teil II, Bonn 1955, S. 159.

52 Vgl. Petra Weber, Justiz und Diktatur. Justizverwaltung und politische Strafjustiz in Thüringen 1945–1961, München 2000, S. 365–368.

53 Auszug aus „An die Sowjetische Kontrollkommission Abt. Justiz z. Hd. v. Herrn Oberst Titow, Berlin-Karlshorst, Betr.: Strafsache

gegen den Großbauern [Name anonymisiert]", vom 31.3.1953, BArch, DP 3, 982, o. P.

54 „An den Staatsanwalt des Kreises Meissen, z. H. Herrn Staatsanwalt Brendel, Meissen, Betr.: Strafsache gegen [Name anonymisiert]", vom 11.5.1953, BArch, DP 3/68, o. P.

55 „An den Staatsanwalt des Bezirkes Schwerin, Betr. Strafsache gegen den Großbauern [Name anonymisiert]", vom 17.4.1953, BArch, DP 3/982, o. P.

56 „An die Sowjetische Kontrollkommission Abteilung Justiz Herrn Oberst Titow, Berlin-Karlshorst, Betr.: Strafsache gegen den Großbauern [Name anonymisiert]", o. D., BArch, DP 3/68, Bl. 390 f.

57 Da neben den „Großbauern" auch andere Gruppen, insbesondere selbstständig Gewerbetreibende und die bürgerliche Intelligenz, in den Fokus der staatlichen Verfolgungsmaßnahmen gerieten, stieg die Anzahl der Gefängnisinsassen von 31 000 im Juli 1952 auf mehr als 66 000 im Mai 1953 an. Vgl. Werkentin, Strafjustiz, S. 114.

58 Auch wenn die Strafmaße im Einzelfall weiterhin variierten, lässt sich dieser Trend exemplarisch an einer Analyse des Kreisgerichtes Halle von Ende Mai 1953 ablesen. „Übersicht zu Strafverfahren gegen Großbauern des Kreisgerichtes Halle", vom 20.5.1953, LSA, M530, Nr. 45, o. P.

59 Auszug aus „An den Herrn Generalstaatsanwalt der Deutschen Demokratischen Republik; Betr.: Strafsache gegen Großbauer [Name anonymisiert]", vom 22.4.1953, BArch, DP 3/68, Bl. 82.

60 „Großbauer Bockholdt gehört hinter Schloß und Riegel", o. Angaben zum Erscheinungsort und zum exakten Veröffentlichungstag im März 1953, BArch, DP 3/982, o. P.

61 Vgl. Schöne, Frühling auf dem Lande?, S. 118–122.

62 Vgl. Bauerkämper, Vertreibung, S. 152–154.

63 Auszug aus „Sitzungsbericht, Betr.: Strafsache gegen [Name anonymisiert] und andere", o. D., BArch, DP 3/68 o. P.

64 Wilhelm Lindecke, Zwischen Heimat und zu Hause – Erfahrungen eines geflüchteten Bauern, abgedruckt in: Hartwig Prange, Bauernschicksale. Die Landwirtschaft im Osten Deutschlands seit dem Zweiten Weltkrieg, Dößel 2007, S. 414–426, hier S. 416–418.

65 Vgl. Bauerkämper, Vertreibung, S. 154; Schöne, Frühling auf dem Lande?, S. 135 f.

66 Vgl. Schöne, Frühling auf dem Lande?, S. 134 f.; Scherstjanoi, SED-Agrarpolitik, S. 520–522.

67 Vgl. Werkentin, Der totale „soziale Krieg", S. 44–46.

68 Vgl. Schöne, Frühling auf dem Lande? S. 135–137; Zur Entwicklung der sowjetischen Position vgl. Scherstjanoi, SED-Agrarpolitik, S. 531–551.

69 Auszug aus „Über die Maßnahmen zur Gesundung der politischen Lage in der Deutschen Demokratischen Republik", abgedruckt in: Rolf Steininger, Deutsche Geschichte seit 1945. Darstellung und Dokumente in vier Bänden, Band 2: 1948–1955, Frankfurt/M. 1997, S. 241–246, hier S. 241.

70 Vgl. ebd., S. 243–244.

71 Vgl. Schöne, Frühling auf dem Lande?, S. 136–138.

72 Auszug aus „Kommuniqué des Politbüros des Zentralkomitees der SED vom 9. Juni 1953", abgedruckt in: Wilfriede Otto (Hrg.), Die SED im Juni 1953. Interne Dokumente, Berlin 2003, S. 96–99, hier S. 96–99.

73 Vgl. Mitter, „Der 17.6.1953", S. 99 f.

74 Auszug aus „Analyse des Bezirkes Suhl. Entstehung des Ausbruches und der Entwicklung des faschistischen Abenteuers", vom 29.6.1953, BArch, DY 30/72061, Bl. 195 f.

75 Beim RIAS handelte es sich um den westdeutschen Radiosender „Rundfunk im Amerikanischen Sektor".

76 Auszug aus Tagesbericht Nr. IV, vom 12.6.1953, zitiert nach Schöne, Frühling auf dem Lande?, S. 144.

77 Vgl. Mitter, „Der 17.6.1953", S. 99–107; Stefan Wolle/Armin Mitter (Hg.), Untergang auf Raten. Unbekannte Kapitel der DDR-Geschichte, München 1993, S. 73–87; Schöne, Frühling auf dem Lande?, S. 145 f.

78 Einen umfassenden Überblick zum Volksaufstand am 17. Juni ist zu finden bei Udo Grashoff, Wir wollen freie Menschen sein! Der Volksaufstand vom 17. Juni 1953, Erfurt 2022.

79 Welche Rolle die Ereignisse in Berlin für die Proteste in den ländlichen Gebieten spielten, wird in der Forschung unterschiedlich bewertet. Während Mitter die Arbeiterrevolte als Auslöser für die Proteste in den ländlichen Gebieten bezeichnet, vertritt Schöne die Ansicht, dass es sich dabei lediglich um einen Katalysator für die

ohnehin schon eskalierende Situation auf dem Land handelte. Klar ist in jedem Fall, dass sich die Proteste in den ländlichen Gebieten infolge der Streiks und Demonstrationen enorm verstärkten. Vgl. Mitter, „Der 17.6.1953", S. 108; Schöne, Frühling auf dem Lande?, S. 142–152.

80 Auszug aus „Meldung der Bezirksleitung Neubrandenburg vom 18.6.1953", BArch, DY 30/72043, Bl. 130 f.

81 Auszug aus „Stimmungsbericht zur Lage in den Betrieben im Bezirk Schwerin", vom 18.6.1953, BArch, DY 30/72043, Bl. 71.

82 Auszug aus der Anklageschrift gegen die Landwirte [Name anonymisiert] und [Name anonymisiert] vom 11.7.1953, BArch, MfS, BV Mgdb, AU, Nr. 118/53, Bd. 2, Bl. 58 f.

83 Auszug aus „Auswertung der Ereignisse seit dem 17.6.1953", Bezirksbehörde Deutsche Volkspolizei Erfurt, vom 29.6.1953, abgedruckt in: Torsten Diedrich/Hans-Herrman Hertle (Hg.), Alarmstufe „Hornisse". Die geheimen Chef-Berichte der Volkspolizei über den 17. Juni 1953, Berlin 2003, S. 155–224, hier S. 159.

84 „Situationsbericht" über die Vorgänge in Jessen, Rat des Kreises Jessen (Abschrift), vom 17.6.1953, abgedruckt in: Burghard Ciesla, Freiheit wollen wir! Der 17. Juni 1953 in Brandenburg. Eine Dokumentenedition, Berlin 2003, S. 101–104.

85 Vgl. dazu den Leitartikel im ND vom 18.6.1953: „Was ist in Berlin geschehen?", ND, 18.6.1953, S. 1.

86 Vgl. Schöne, Frühling auf dem Lande?, S. 147 f.

87 Vgl. Wolle/Mitter, Untergang, S. 92.

88 Vgl. Scherstjanoi, Agrarpolitik, S. 565 f.

89 Gemeint ist hier entweder die National-Demokratische Partei Deutschlands (korrekt: NDPD) oder die Demokratische Bauernpartei Deutschlands (DBD), die als Blockparteien im DDR-Parlament vertreten waren, jedoch faktisch keine Einflussmöglichkeiten auf die Regierung hatten.

90 Auszug aus „Fragen der Landwirtschaft", gerichtet an die Leitung des Operativstabes der VP Halle, vom 10.7.1953, LSA, M555 Nr. 314, Bl. 1–3.

91 Vgl. Mitter, „Der 17.6.1953", S. 117.

92 Vgl. Scherstjanoi, Agrarpolitik, S. 565 f., 574–577; Werkentin, Politische Strafjustiz, S. 121–131, 158–165; zu den Zahlen: Braun, Wirtschaftsstrafrecht, S. 83 f., FN 215.

93 Zur zweiten Phase der Kollektivierung vgl. Schöne, Frühling auf dem Lande?, S. 154–234.

2 Erziehung zur Konformität – Die Disziplinierung der unangepassten Jugend

1 Vgl. Herbert, Geschichte Deutschlands, S. 716 f.; Weber, Die DDR, S. 43.

2 Vgl. Weber, Die DDR, S. 43.

3 Vgl. Herbert, Geschichte Deutschlands, S. 717 f.

4 Vgl. Mählert, Geschichte der DDR, S. 37–39; Herbert, Geschichte Deutschlands, S. 718 f.; Weber, Die DDR, S. 48 f. Zu den Auswirkungen der Geheimrede auf die DDR siehe Hermann Wentker, Bedroht von Ost und West. Die Entstalinisierungskrise von 1956 als Herausforderung für die DDR, in: Roger Engelmann u. a. (Hg.), Kommunismus in der Krise. Die Entstalinisierung 1956 und die Folgen, Göttingen 2008, S. 149–168. Wichtige zeitgenössische Quellen sind abgedruckt in: Josef Gabert, SED und Stalinismus. Dokumente aus dem Jahr 1956, Berlin 1990.

5 Vgl. Herbert, Geschichte Deutschlands, S. 722–724; Mählert, Geschichte der DDR, S. 39 f.; Weber, Die DDR, S. 54 f.

6 Die Grenze bzw. Demarkationslinie zur Bundesrepublik war bereits ab 1952 schrittweise geschlossen und mit Grenzsicherungsanlagen versehen worden. Für einen Einstieg in das Thema siehe Ingolf Hermann u. a. (Hg.), Lexikon der innerdeutschen Grenze. Das Grenzsicherungssystem, die Folgen und der zeitgeschichtliche Rahmen der innerdeutschen Grenze und der Berliner Mauer in Stichworten, Zella-Mehlis 2020.

7 Vgl. Weber, Die DDR, S. 58 f.; Herbert, Geschichte Deutschlands, S. 724 f.

8 Vgl. Herbert, Geschichte Deutschlands, S. 727–729.

9 Vgl. Weber, Die DDR, S. 60–65; Mählert, Geschichte der DDR, S. 47 f.

10 Vgl. Werkentin, Politische Strafjustiz, S. 167.

11 Siehe dazu Roger Engelmann/Karl Wilhelm Fricke (Hg.), Konzentrierte Schläge. Staatssicherheitsaktionen und politische Prozesse in der DDR 1953–1956, Berlin 1998; Ronny Heidenreich/Daniela Münkel/Elke Stadelmann-Wenz (Hg.), Geheimdienstkrieg in Deutschland. Die Konfrontation von DDR-Staatssicherheit und Organisation Gehlen 1953, Berlin 2016.

12 In Ungarn hatte sich im Zuge der Entstalinisierung aus Studentenprotesten ein Volksaufstand entwickelt, der von der sowjetischen Armee gewaltsam niedergeschlagen wurde. Siehe dazu György Dalos, 1956. Der Aufstand in Ungarn, Bonn 2006.

13 Zur Anwendung justizieller Repressionen bei der Zwangskollektivierung siehe Werkentin, Strafjustiz, S. 96–100.

14 Zur Entwicklung der politischen Strafverfolgung zwischen 1953 und 1965 siehe ebd., S. 243–280; Tobias Wunschik, Honeckers Zuchthaus. Brandenburg-Görden und der politische Strafvollzug der DDR 1949–1989, Göttingen 2018, S. 262–282.

15 Vgl. Werkentin, Strafjustiz, S. 237.

16 Vgl. Gieseke, Die Stasi, S. 63–67.

17 Zum Ausbau der MfS-Strukturen auf dem Lande siehe Regina Teske, Staatssicherheit auf dem Dorfe.

18 Vgl. Gieseke, Die Stasi, S. 58 f., 71–75.

19 Vgl. Jens Gieseke, Psychologisches Wissen in der Verfolgungspraxis der DDR-Staatssicherheit. Ein historischer Überblick, in: ders./Maercker, Andreas (Hg.), Psychologie als Instrument der SED-Diktatur. Theorien – Praktiken – Akteure – Opfer, Bern 2021, S. 37–56, hier S. 38–42.

20 Vgl. Gieseke, Die Stasi, S. 81–84; Kowalczuk, Stasi konkret, S. 141.

21 Unter Jugendlichen wurde in der Regel die Gruppe der 14- bis 25-Jährigen verstanden. Lediglich das Jugendstrafrecht galt ausschließlich für die Gruppe der 14- bis 18-Jährigen. Vgl. Jörn Mothes, Die vom MfS entwickelten Strukturen und Strategien zur Durchsetzung der Jugendpolitik der SED, in: ders., u. a. (Hg.), Beschädigte Seelen. DDR-Jugend und Staatssicherheit, Bremen 1996, S. 49–108, hier S. 53.

22 Vgl. Elke Stadelmann-Wenz, Widerständiges Verhalten und Herrschaftspraxis in der DDR. Vom Mauerbau bis zum Ende der Ulbricht-Ära, Berlin 2009. S. 145; Christian Sachse/Rainer Buchwald, „Durchschnittlich intelligent und sehr vergammelt". Das illegale Ar-

beits- und Erziehungslager 1966/1967 in Rüdersdorf, Torgau 2014, S. 14. Zu Geschichte und Bedeutung der FDJ siehe Mählert, Ulrich: FDJ. 1946–1989, Erfurt 2001.

23 Vgl. Peter Wurschi, Rennsteigbeat. Jugendliche Subkulturen im Thüringer Raum, Weimar 2007, S. 53–71.

24 Vgl. Stadelmann-Wenz, Widerständiges Verhalten, S. 146; Sachse/Buchwald, „Durchschnittlich intelligent", S. 18 f. Zur Entwicklung der Jugendpolitik zwischen 1949 und 1961 siehe auch Peter Skyba, Vom Hoffnungsträger zum Sicherheitsrisiko. Jugend in der DDR und Jugendpolitik der SED 1949–1961, Weimar 2000.

25 Vgl. Stadelmann-Wenz, Widerständiges Verhalten, S. 147 f.; Stefan Wolle, Der Traum von der Revolte. Die DDR 1968, Berlin 2008, S. 56. Zur Vorgeschichte und zum Inhalt des Jugendkommuniqués siehe Monika Kaiser, Machtwechsel von Ulbricht zu Honecker. Funktionsmechanismen der SED-Diktatur in Konfliktsituationen 1962 bis 1972, Berlin 1997, S. 133–159.

26 Eine nähere Einordnung zur Planung und Durchführung des Deutschlandtreffens ist zu finden bei Kaiser, Machtwechsel von Ulbricht zu Honecker, S. 159–167.

27 Vgl. Stadelmann-Wenz, Widerständiges Verhalten, S. 147–150.

28 Vgl. Wolle, Traum, S. 59 f. Für eine ausführliche Darstellung zur Entwicklung dieser Jahre siehe Michael Rauhut, BEAT in der Grauzone. DDR-Rock 1964–1971. Politik und Alltag, Berlin 1993, S. 49–106.

29 Bernd-Lutz Lange, Mauer, Jeans und Prager Frühling, Berlin 2006, S. 117 f.

30 Vgl. Wolle, Traum, S. 60.

31 Vgl. ebd., S. 61; Marc-Dietrich Ohse, Jugend nach dem Mauerbau. Anpassung, Protest und Eigensinn. DDR 1961–1974, Berlin 2003, S. 89–92; Dorothee Wierling, Die Jugend als innerer Feind. Konflikte in der Erziehungsdiktatur der sechziger Jahre, in: Jürgen Kocka/Hartmut Kaelble/Helmut Zwahr (Hg.), Sozialgeschichte der DDR, Stuttgart 1994, S. 404–425, hier S. 421.

32 Einige Jahre später stellte der Direktor der Sektion Rechtswissenschaften der Humboldt-Universität Berlin fest, dass die Jugendkriminalität zwischen 1963 und 1965 tatsächlich leicht zurückgegangen war. Vgl. Kaiser, Machtwechsel, S. 171.

33 Auszug aus „Einschätzung auf dem Gebiet der Jugendkriminalität, der Beat-Gruppen, des Gammler- und Arbeitsbummelantentums“, vom 28.10.1965, Sächsisches Staatsarchiv, 20250 Bezirksbehörde der Deutschen Volkspolizei Leipzig, Nr. 2511, Bl. 219–220.

34 Zum Ablauf und der propagandistischen Ausschlachtung der Ausschreitungen siehe Rauhut, BEAT in der Grauzone, S. 116–118.

35 Der Vorwurf des „Rowdytums“ wurde 1968 zu einem eigenen Straftatbestand und diente als Grundlage für die Bestrafung von abweichendem Verhalten vor allem von Jugendlichen.

36 ZK-Beschluss „Zu einigen Fragen der Jugendarbeit und dem Auftreten der Rowdygruppen“, vom 10.11.1965, abgedruckt in: Günter Agde, Kahlschlag. Das 11. Plenum des ZK der SED 1965. Studien und Dokumente, Berlin 1991, S. 320.

37 Vgl. Rauhut, BEAT in der Grauzone, S. 128–131.

38 Auszug aus dem Zeitungsartikel „Dem Missbrauch der Jugend keinen Raum!“, Leipziger Volkszeitung (LVZ), 20.10.1965, S. 6.

39 Ausschnitt aus „Der Amateurgammler“, Neues Deutschland (ND), 17.10.1965, S. 12; https://www.jugendopposition.de/node/149972?guid=3817 (abgerufen am 5.12.2022).

40 Die „Asozialität“ wurde genau wie das vermeintliche „Rowdytum“ ab 1968 ein eigener Straftatbestand. Zu den Ursprüngen und den Ausdrucksformen der „Asozialität“ siehe Katharina Lenski, „Asozialität“ in der DDR. Re-Konstruktion und Nachwirkung eines Ausgrenzungsbegriffes, in: Enrico Heizer (Hg.), Nach Auschwitz. Schwieriges Erbe DDR. Plädoyer für einen Paradigmenwechsel in der DDR-Zeitgeschichtsforschung. Schwalbach 2021, S. 166–179.

41 In der Forschung wird dieses Phänomen unter dem Begriff „Sozialrassismus“ zusammengefasst. Vgl. dazu Dorothee Wierling, Geboren im Jahr Eins. Der Jahrgang 1949 in der DDR. Versuch einer Kollektivbiographie, Berlin 2002, S. 219–233.

42 Zeitzeugengespräch mit dem ehemaligen Beat-Fan D. aus Leipzig, Interviewsammlung des Archiv Bürgerbewegung Leipzig e. V., ohne Signatur.

43 Vgl. Yvonne Liebing, All you need is beat. Jugendsubkultur in Leipzig 1957–1968, Leipzig 2005, S. 71 f.

44 Zur Vorgeschichte der Beat-Demonstration vgl. Rauhut, BEAT in der Grauzone, S. 137–144.

45 Erinnerungen von Jürgen Wede an der BEAT-Demonstration, abgedruckt in: Rauhut, BEAT in der Grauzone, S. 151 f.

46 Vgl. ebd., S. 155.

47 Vgl. Rauhut, BEAT in der Grauzone, S. 148–155.

48 Vgl. dazu den entsprechenden Bericht „Untersuchung über die Beat-Demonstration in Leipzig (1), Info Nr. 966/65", BStU, MfS, ZAIG, Nr. 1129, Bl. 1–5. Digital veröffentlicht unter: https://www.ddr-im-blick.de/jahrgaenge/jahrgang-1965/report/untersuchung-ueber-die-beat-demonstration-in-leipzig-1 (abgerufen am 1.4.2023).

49 Vgl. Liebing, All you need, S. 96.

50 Auszug aus „Bericht des Politbüros an die 11. Tagung des Zentralkomitees der SED, 15.–18.12.1965", abgedruckt in: Agde, Kahlschlag, S. 239–251, hier S. 247.

51 Auszug aus der Rede von Walter Ulbricht auf dem 11. Plenum des ZK der SED, abgedruckt in: Rauhut, BEAT in der Grauzone, S. 162.

52 Vgl. ebd., S. 155–164.

53 Seit Anfang der 1960er Jahre hatte sich in der DDR eine von der Folk-Musik inspirierte Musikkultur entwickelt, die vor allem in sogenannten Singeklubs praktiziert und vor allem ab Mitte der 1960er zunehmend von der FDJ vereinnahmt wurde. Siehe dazu: Cornelia Bruhn, Die FDJ-Singebewegung – eine staatliche Veranstaltung? Engagement und Entfremdungsprozesse in der Sphäre staatssozialistischer Jugendkultur in der DDR, in: Jörg Ganzenmüller (Hg.), Gesellschaft als staatliche Veranstaltung?, Orte politischer und kultureller Partizipation in der DDR, Köln 2022, S. 151–182.

54 Zur Neuausrichtung der FDJ vgl. Rauhut, BEAT in der Grauzone, S. 197–208; Ohse, Jugend, S. 126 f.

55 Lange, Mauer, S. 45 f.

56 Brief des FDJ-Mitgliedes Johannes Handschack vom 17.7.1967, abgedruckt in: Rauhut, BEAT in der Grauzone, S. 171–172. Ein ähnlicher Bericht findet sich auch in der Biografie Silke Kettelhake, Sonja: „negativ-dekadent". Eine rebellische Jugend in der DDR, Hamburg 2014, S. 76–78.

57 Vgl. dazu Kettelhake, „negativ-dekadent", S. 77.

58 Dieses Mittel der Unterwerfung hatte in Deutschland unrühmliche Tradition und war bereits von den Nationalsozialisten angewandt worden. Vgl. dazu Lenski, „Asozialität", S. 162–175.

59 Bericht eines Leutnants vom Volkspolizeikreisamtes Glauchau vom 20.6.1967, abgedruckt in: Michael Rauhut/Thomas Kochan (Hg.), Bye Bye, Lübben City. Bluesfreaks, Tramps und Hippies in der DDR, Berlin 2009, S. 329.

60 Vgl. dazu Rauhut, BEAT in der Grauzone, S. 177.

61 Auszug aus „18. Bericht zur Aufklärung und Beseitigung operativer Schwerpunkte und zur Verhinderung von Zusammenrottungen, Provokationen und Ausschreitungen negativer Jugendlicher in der Hauptstadt der DDR" vom 1.12.1966, BArch, MfS HA XX Nr. 6166, Teil 1 von 2, Bl. 81 f.

62 Vgl. Ohse, Jugend, S. 124.

63 Vgl. „Bericht über das Auftreten von kriminellen und gefährdeten Gruppierungen Jugendlicher in der DDR", vom 14. Juli 1965, BArch, MfS, HA XX, Nr. 6190, Teil 1 von 2, Bl. 393.

64 Vgl. Ohse, Jugend, S. 127.

65 Vgl. Befehl Nr. 11/66 zur politisch-operativen Bekämpfung der politisch-ideologischen Diversion und Untergrundtätigkeit unter jugendlichen Personenkreisen der DDR, MfS, vom 15. Mai 1966, abrufbar unter: https://www.stasi-mediathek.de/medien/befehl-1166-zur-bekaempfung-von-unangepassten-jugendlichen/blatt/120/ (abgerufen am 6.1.2023).

66 Auszug aus „Dienstanweisung 4/66 zur politisch-operativen Bekämpfung der politisch-ideologischen Diversion und Untergrundtätigkeit unter jugendlichen Personenkreisen der DDR", MfS, vom 15.5.1966, https://www.stasi-mediathek.de/medien/dienstanweisung-nr-466-zur-bekaempfung-politisch-ideologischer-diversion-unter-jugendlichen/ (abgerufen am 6.1.2023], Bl. 2–6.

67 Vgl. Wurschi, Rennsteigbeat, S. 56 f.

68 Vgl. dazu Wolle/Mitter (Hg.), Untergang auf Raten, S. 378 f.; Dorothee Wierling, „Negative Erscheinungen" – Zu einigen Sprach- und Argumentationsmustern in der Auseinandersetzung mit der Jugendsubkultur in der DDR der 60er Jahre, in: Werkstatt Geschichte 5 (1993), S. 29–37, hier S. 32 f.

69 Auszug aus Dienstanweisung 4/66, Bl. 10.

70 Vgl. Ohse, Jugend, S. 128.

71 Vgl. Dienstanweisung 4/66, Bl. 12.

72 Zur Aufgabenstellung der IM vgl. die entsprechenden Passagen in einer an der MfS-eigenen Hochschule im Jahr 1968 entstandenen Diplomarbeit mit dem Titel „Ursachen und Bedingungen für die Begehung von Delikten der staatsgefährdenden Propaganda und Hetze, dargestellt am Beispiel einer rowdyhaften Gruppierung Jugendlicher in Berlin und die Möglichkeiten ihrer Beseitigung durch die Arbeit einer Kreisdienststelle des MfS, BArch, MfS, JHS, MF, Nr. 560, Bl. 26 f.

73 Ausschnitt aus „14. Bericht zur Aufklärung und Beseitigung operativer Schwerpunkte und zur Verhinderung von Zusammenrottungen, Provokationen und Ausschreitungen negativer Jugendlicher in der Hauptstadt der DDR", Verwaltung für Staatssicherheit Groß-Berlin, Arbeitsgruppe Operativ, vom 26.11.1966, BArch, MfS, HA XX, Nr. 6166, Teil 1 von 2, Bl. 58 f.

74 Ausschnitt aus „50. Bericht zur Aufklärung und Beseitigung operativer Schwerpunkte und zur Verhinderung von Zusammenrottungen, Provokationen und Ausschreitungen negativer Jugendlicher in der Hauptstadt der DDR", Verwaltung für Staatssicherheit Groß-Berlin, Auswertungs- und Informationsgruppe, vom 11.2.1967, BArch, MfS, HA XX, Nr. 6166, Teil 1 von 2, Bl. 213.

75 Vgl. Sachse/Buchwald, „Durchschnittlich intelligent", S. 23 f.

76 Vgl. Wierling, „Negative Erscheinungen", S. 33.

77 Vgl. dazu exemplarisch die „1. Durchführungsbestimmung zum Befehl 11/66 zur Verhinderung der Gefährdung der öffentlichen Ordnung durch Verbreitung dekadenter Einflüsse unter jugendlichen Personenkreisen, insbesondere in Vorbereitung des 20. Jahrestages der Deutschen Demokratischen Republik", vom 8.8.1969, BArch, MfS, BV Bln, KD Mitte, Nr. 9324, Bl. 23.

78 1964 existierten in der DDR bereits 23 Arbeitslager bzw. Arbeitserziehungskommandos, die entweder Außeneinrichtungen von Gefängnissen oder direkt in Betrieben angesiedelt waren. Im Verlaufe der DDR änderten sich die offiziellen Bezeichnungen für diese Einrichtungen mehrfach. Aus Gründen der Übersichtlichkeit wird fortan die einheitliche Bezeichnung Arbeitslager verwendet. Zum System der Arbeitslager in der SBZ und DDR siehe: Marcus Sonntag, Die Arbeitslager in der DDR, Essen 2011.

79 Bei den Jugendwerkhöfen handelte es sich um ein System von Spezialheimen der DDR-Jugendhilfe, in die als schwererziehbar geltende Jugendliche eingewiesen werden konnten. Zur Rolle der Jugendwerkhöfe im Erziehungssystem der DDR siehe: Verena Zimmermann, „Den neuen Menschen schaffen". Die Umerziehung von schwererziehbaren und straffälligen Jugendlichen in der DDR (1945–1990), Köln 2004, S. 257–410.

80 Vgl. Wierling, „Negative Erscheinungen", S. 34–35.

81 Vgl. Sachse/Buchwald, „Durchschnittlich intelligent", S. 7 f.

82 Auszug aus „Protokoll der 25. Sitzung des Staatsrates am 15. April 1966 zur Diskussion des „Berichtes über Erfahrungen und neue Probleme bei der Durchführung des Rechtspflegeerlasses vom 4. April 1963", BArch, DA 5/506, o. Bl.

83 Zu den Hintergründen und den Auswirkungen der Verordnung siehe: Sven Korzilius, „Asoziale" und „Parasiten" im Recht der SBZ/DDR. Randgruppen im Sozialismus zwischen Repression und Ausgrenzung, Weimar 2005, S. 262–301.

84 Vgl. Sachse/Buchwald, „Durchschnittlich intelligent", S. 20 f.

85 Vgl. ebd., S. 44–63.

86 Auszug aus Zeitzeugenbericht von Clemens Lindenau, abgedruckt in: Die Konferenz der Landesbeauftragten für die Unterlagen des Staatssicherheitsdienstes der ehemaligen DDR und zur Aufarbeitung der Folgen der kommunistischen Diktatur und der Bundesstiftung zur Aufarbeitung der SED-Diktatur (Hrsg.), „Antreten zur Arbeit!" Haftarbeit in Rüdersdorf, Broschüre, o. O. 2012, https://www.bundesstiftung-aufarbeitung.de/sites/default/files/shop/2012-12-03-rz-broschuere.pdf (abgerufen am 19.1.2023), S. 48–55, hier S. 48 f.

87 Ebd., S. 49, 53.

88 Vgl. Sachse/Buchwald, „Durchschnittlich intelligent", S. 54–58.

89 Auszug aus Zeitzeugenbericht von Rainer Buchwald, abgedruckt in: Sachse/Buchwald, „Durchschnittlich intelligent", S. 57.

90 Auszug aus Zeitzeugenbericht von Reinhard Herbermann, abgedruckt in: Konferenz der Landesbeauftragten, S. 56–60, hier S. 57 f.

91 Auszug aus „34. Bericht zur Aufklärung und Beseitigung operativer Schwerpunkte und zur Verhinderung von Zusammenrottungen, Provokationen und Ausschreitungen negativer Jugendlicher in der Hauptstadt der DDR", Verwaltung für Staatssicherheit Groß-Ber-

lin, Arbeitsgruppe Operativ, vom 20.12.1966, BArch, MfS, HA XX, Nr. 6166, Teil 1 von 2, Bl. 152–154, hier Bl. 154.

92 Vgl. dazu u. a. die Erinnerungen von Sonja Rachow in: Kettelhake, „negativ-dekadent", S. 76–78.

93 Auszug aus „Vorschlag für die materiell- und verfahrensrechtliche Regelung der Einweisung Jugendlicher und junger Erwachsener in das Objekt Rüdersdorf", vom 5. April 1967, in: Sachse/Buchwald, „Durchschnittlich intelligent", S. 95.

94 Siehe dazu Falco Werkentin, Das Sozialistische Strafgesetzbuch der DDR vom Januar 1968, in: Deutschland Archiv 41 (2008), S. 645–655.

95 Vgl. Sachse/Buchwald, „Durchschnittlich intelligent", S. 88–98.

96 Vgl. ebd., S. 24 f.

97 Vgl. Wierling, Geboren im Jahr Eins, S. 227 f.

98 Vgl. Ohse, Jugend, S. 144–146, 156–160.

99 Da sich dieser Begriff als Bezeichnung für den Reformkurs in der ČSSR in den 1960er Jahren in der Forschung und im allgemeinen Sprachgebrauch durchgesetzt hat, wird im Folgenden auf die Anführungsstriche verzichtet.

100 Vgl. Ilko-Sascha Kowalczuk, »1968« – ein ostdeutscher Erinnerungsort? Ereignisse, Reaktionen, Nachwirkungen, in: Bernd Florath (Hg.), Annäherungen an Robert Havemann. Biographische Studien und Dokumente, Göttingen 2016, S. 351–406, hier S. 354 f.; Stefan Karner, Der „Prager Frühling". Moskaus Entscheid zur Invasion. Einleitung, https://www.bpb.de/themen/zeit-kulturgeschichte/68er-bewegung/52007/der-prager-fruehling/ (abgerufen am 27.2.2023).

101 Auszug aus „Informationsmaterial. Zur Entwicklung der politischen Kampagne der konterrevolutionären Kräfte in der CSSR", vom 31.7.1968, BArch, DY 30/61695, Bl. 99 f.

102 Vgl. Wolle, Stefan, Die versäumte Revolte. Die DDR und das Jahr 1968, in: Aus Politik und Zeitgeschichte 22–23 (2001), S. 37–46, hier S. 41–43.

103 Lange, Mauer, S. 285 f., 288.

104 Vgl. Wolle, Die versäumte Revolte, S. 43–45; für einen ausführlichen Bericht zu einer solchen Prag-Reise siehe Lange, Mauer, S. 297–303.

105 Die offizielle Bezeichnung lautete „Mitgliedsstaaten des Warschauer Vertrages“.

106 Zu den Verhandlungen der KPČ mit den KP der anderen Warschauer Vertragsstaaten und der Vorgeschichte der Intervention vgl. Lutz Prieß u. a, Die SED und der „Prager Frühling“ 1968. Politik gegen einen „Sozialismus mit menschlichem Antlitz“, Berlin 1996, S. 72–225.

107 Vgl. Kowalczuk, »1968«; S. 355 f.

108 Die Universitätskirche in Leipzig war am 30. Mai 1968 auf Betreiben der örtlichen SED-Leitung hin gesprengt worden.

109 Lange, Mauer, S. 318–320.

110 Ebd., S. 321–325.

111 Zu den Besonderheiten der Quellengattung der MfS-Stimmungsberichte siehe Daniela Münkel/Henrik Bispinck, Dem Volk auf der Spur. Staatliche Berichterstattung über Bevölkerungsstimmungen im Kommunismus. Deutschland – Osteuropa – China, Göttingen 2018, S. 29–102.

112 Auszug aus „Einschätzung der bisherigen Feststellung feindlicher Aktionen gegen die Maßnahmen zur Sicherung der sozialistischen Verhältnisse in der Tschechoslowakischen Sozialistischen Republik“, 23.8.1968, BArch, MfS, HA IX, Nr. 2679, Bl. 2–6.

113 Vgl. Wurschi, Rennsteigbeat, S. 126; Wierling, Die Jugend als innerer Feind, S. 415.

114 Auszug aus „Thesen für die Dienstbesprechung des Leiters der BV mit den Leitern der DE am 18.9.1968, 9.00 Uhr“, vom 16.9.1968, BArch, MfS BV Karl-Marx-Stadt, AKG, Nr. 1297, S. 5 f.

115 Auszug aus „Einschätzung der bisherigen Feststellung feindlicher Aktionen gegen die Maßnahmen zur Sicherung der sozialistischen Verhältnisse in der Tschechoslowakischen Sozialistischen Republik“, vom 23.8.1968, BArch, MfS, HA IX, Nr. 2679, Bl. 3 f.

116 Ab März 1968 begann das MfS damit, für die SED-Führung ausführliche Berichte über die Reaktionen der DDR-Bevölkerung auf die Entwicklung in der ČSSR anzufertigen. Vgl. Daniela Münkel, Stimmungen, Proteste, Repression. 1968 in der DDR-Provinz im Blick der Staatssicherheit, in: Lu Seegers (Hg.), 1968. Gesellschaftliche Nachwirkungen auf dem Lande, Göttingen 2020, S. 269–282, hier S. 273.

117 Wolle/Mitter (Hg.), Untergang auf Raten, S. 450 f.; Wolle, Traum, S. 158, 164 f.

118 Auszug aus „Thesen für die Dienstbesprechung", Bl. 11 f.

119 Vgl. Wolle/Mitter (Hg.), Untergang auf Raten, S. 481.

120 Vgl. dazu exemplarisch Zeitzeugenbericht von Reinhard Herbermann, S. 60.

121 Vgl. dazu exemplarisch die Erinnerungen von Sonja Rachow in: Kettelhake, „negativ-dekadent".

3 Verhinderte Träume: Bewegung in einem erstarrten Land

1 Vgl. Wolfgang Engler, Strafgericht über die Moderne. Das 11. Plenum im historischen Rückblick, in: Günter Adge (Hg.), Kahlschlag. Das 11. Plenum des ZK der SED. Studien und Dokumente, Berlin 2000, S. 16–36, S. 26.

2 Vgl. Jochen Stelkens, Machtwechsel in Ost-Berlin. Der Sturz Walter Ulbrichts 1971, in: Vierteljahreshefte für Zeitgeschichte 45 (1997), Heft 4, S. 503–533, hier S. 513.

3 „Beschluss der 16. Tagung des Zentralkomitees der SED", Neues Deutschland (ND), 4.5.1971, S. 1.

4 Vgl. „Gemeinsamer Beschluß des Zentralkomitees der SED, des Bundesvorstandes des FDGB und des Ministerrates der DDR über sozialpolitische Maßnahmen in Durchführung der auf dem VIII. Parteitag der SED beschlossenen Hauptaufgabe des Fünfjahrplanes", in: Günter Benser (Hg.), Dokumente zur Geschichte der SED, Bd. 3, 1971–1986, Berlin 1986, S. 73–74.

5 Mit Blick auf die Sozialversicherung der DDR standen 1973 9,3 Mrd. Einnahmen den Ausgaben von 16,1 Mrd. gegenüber. Der Deckungsbeitrag durch den Staat lag demnach bei enormen 42 Prozent. Vgl. Marcel Boldorf, Sozialpolitik, in: Thomas Rahlf (Hg.), Deutschland in Daten. Zeitreihen zur Historischen Statistik, Bonn 2015, S. 88–102, hier: S. 99. Bis zum Krisenjahr 1982 erhöhte sich die Verschuldungslast auf 25,1 Mrd. Valutamark gegenüber den westlichen Ländern. Siehe hierzu: Deutsche Bundesbank, Die Zahlungsbilanz der ehemaligen DDR 1975 bis 1989, Frankfurt/Main 1999, S. 59.

6 Vgl. Rossen Djagalov/Christine Evans, Moskau, 1960. Wie man sich eine sowjetische Freundschaft mit der Dritten Welt vorstellte, in: Andreas Hilger (Hg.), Die Sowjetunion und die Dritte Welt. UdSSR, Staatssozialismus und Antikolonialismus im Kalten Krieg. 1945–1991, Münster 2009, S. 83–105.

7 Vgl. „Vertrag über die Grundlagen der Beziehungen zwischen der Deutschen Demokratischen Republik und der Bundesrepublik Deutschland“, 1972, BArch, MfS, Rechtsstelle, Nr. 121, Bl. 1–7.

8 Vgl. „Information der Kriminalpolizei zu verhinderten Reisen „negativer Personen“ zu den X. Weltfestspielen der Jugend“, 1973, BArch, MfS, HA IX, Nr. 5355, Bl. 1–4, Bl. 1.

9 Vgl. Kowalczuk, Stasi konkret, S. 308.

10 Vgl. Verhaltensregeln für Teilnehmerinnen und Teilnehmer aus der DDR an den X. Weltfestspielen der Jugend, vom 21.3.1973, BArch, MfS, HA XX, Nr. 17371, Bl. 49–53, Bl. 53.

11 „Ständige Kommission des Festivalkomitees zum Ableben Walter Ulbrichts“, ND, 2.8.1973, S. 1.

12 Vgl. „Informationen über Erscheinungen und Entwicklungstendenzen bei der Unterbindung rechtswidriger Versuche von Übersiedlungen nach der BRD bzw. Westberlin“, o. D., BArch, DO 1/16488, VVS I 053 569, o. P.

13 Vgl. „Anträge auf Ausreise in die Bundesrepublik, Information Nr. 104/76“, o. D., BArch, MfS, ZAIG 2477, Bl. 8–21, zu finden unter https://www.ddr-im-blick.de/jahrgaenge/jahrgang-1976/report/antraege-auf-ausreise-in-die-bundesrepublik/ (abgerufen am 13.4.2023).

14 Vgl. Bernd Eisenfeld, Strategien des Ministeriums für Staatssicherheit zur Steuerung der Ausreisebewegung, in: BStU (Hg.), Ausreisen oder dableiben? Regulierungsstrategien der Staatssicherheit, Analysen und Berichte Nr. 1/97, Berlin 1998, S. 7–19, hier: S. 9. Zu finden unter: http://www.nbn-resolving.org/urn:nbn:de:0292-97839421304316, (abgerufen am 24.5.2022).

15 Allgemeine Erklärung der Menschenrechte. Artikel 13 – Freizügigkeit und Auswanderungsfreiheit: 1. Jeder Mensch hat das Recht auf Freizügigkeit und freie Wahl seines Wohnsitzes innerhalb eines Staates. 2. Jeder Mensch hat das Recht, jedes Land, einschließlich seines eigenen, zu verlassen sowie in sein Land zurückzukehren.

16 So etwa die Aktionen bezüglich der Familien Faust und Hauptmann im sächsischen Pirna aus dem Jahr 1973, in denen die Ausreiseanträge via Unterschrift von 45 Bürgern unterstützt wurde. Vgl. Anja Hanisch, Die DDR im KSZE-Prozess 1972–1985. Zwischen Ostabhängigkeit, Westabgrenzung und Ausreisebewegung, München 2012, S. 169. „Beabsichtigte Ausreise des Schriftstellers Siegmar Faust, Information Nr. 521b/76", vom 23.7.1976, BArch, MfS, ZAIG 2528, Bl. 1–10.

17 Vgl. „Feierliche Unterzeichnung der Schlußakte von Helsinki", Berliner Zeitung, 2.–3.8.1975, S. 1.

18 Siehe etwa: Andreas Petersen, Die Moskauer. Wie der Stalintraum die DDR prägte, Frankfurt/Main 2019.

19 Gieseke, Die Stasi, S. 56; ders., Psychologisches Wissen, S. 42.

20 Vgl. Gieseke, Stasi, S. 359.

21 Vgl. Gieseke, Psychologisches Wissen, S. 41.

22 Vgl. ebd., S. 42.

23 Vgl. „Richtlinie Nr. 1/71 über die operative Personenkontrolle", Januar 1971, BArch, MfS, BdL-Dok. 2600.

24 Vgl. Christian Booß, Vom Scheitern der kybernetischen Utopie. Die Entwicklung von Überwachung und Informationsverarbeitung beim MfS, Göttingen 2020. Zum zeitlichen Verlauf und internen Problemen der EDV-Entwicklung bei der Staatssicherheit der DDR siehe auch Rüdiger Bergien, „Big Data" als Vision. Computereinführung und Organisationswandel in BKA und Staatssicherheit (1967–1989), in: Zeithistorische Forschungen/Studies on Contemporary History 14 (2017), S. 258–285.

25 Siehe etwa: „Richtlinie Nr. 1/76 zur Entwicklung und Bearbeitung Operativer Vorgänge (OV)", vom 1.1.1976, BArch, MfS, AGM, Nr. 198, Bl. 307–367. Bl. 355.

26 Zur Einordnung und Qualität des Akademischen beim MfS siehe: Gieseke, Psychologisches Wissen, S. 41–43.

27 Vgl. „Informationen über den gegenwärtigen Stand der Übersiedlung von Bürgern der DDR in die BRD bzw. nach Westberlin", vom 6.5.1974, BLHA, 601 RdB FfO 20952, o. P.

28 Siehe etwa: „Informationen über die Unterbindung und Zurückdrängung rechtswidriger Ersuchen auf Übersiedlung nach der BRD

und nach Westberlin", o. D., BArch, DO 1/16488, VVS I 066833, o. P.

29 Vgl. „1. Änderung zur Anweisung Nr. 24/67 des MdI, Bearbeitung von Anträgen auf Verleihung der Staatsbürgerschaft, Entlassung aus der Staatsbürgerschaft, Widerruf der Verleihung der Staatsbürgerschaft und auf Aberkennung der Staatsbürgerschaft der DDR", 6.6.1973, in: Hans-Hermann Lochen/Christian Meyer-Seitz (Hg.), Die geheimen Anweisungen zur Diskriminierung Ausreisewilliger. Dokumente der Stasi und des Ministeriums des Innern, Köln 1992, S. 304–307, besonders: Allgemeine Bestimmungen 11 (3), S. 305; Anweisung Nr. 42/71 des MdI, 25.1.1971 in der Fassung vom 6.6.1973, „Bearbeitung und Entscheidung von Anträgen auf Übersiedlung von Bürgern der DDR in die BRD und nach Westberlin", in: ebd., S. 321–331, S. 322–325.

30 Etwa Protokoll zur Aussprache im RdK Senftenberg, 8.3.1974, BLHA, 801 RdB Ctb 23101, o. P.; Bericht des RdK Guben, vom 24.4.1975, BLHA, 801 RdB Ctb 23105, o. P.

31 Vgl. „Schlußakte der Konferenz über Sicherheit und Zusammenarbeit in Europa", ND, 2.–3.8.1975, S. 5–10.

32 Vgl. „Informationen über Erscheinungen und Entwicklungstendenzen im Zusammenhang mit der Bearbeitung und Entscheidung von Anträgen auf Übersiedlung nach der BRD bzw. Westberlin und Eheschließungen mit Bürgern der BRD und Westberlinern", o. D., BArch, DO 1/17286, o. P.

33 Grundsätzlich waren das MdI und die Deutsche Volkspolizei für die legale Ausreise zuständig. Das MfS entschied letztendlich die „Sonderfälle" – diese wurden ab 1984 alleinig durch die Staatssicherheit bearbeitet. Vgl. Bernd Eisenfeld, Die Ausreisebewegung – eine Erscheinungsform widerständigen Verhaltens, in: Ulrike Poppe/Rainer Eckert/Ilko-Sascha Kowalczuk (Hg.), Zwischen Selbstbehauptung und Anpassung Formen des Widerstandes und der Opposition in der DDR, Berlin 1995, S. 195–223, hier: S. 179. Zur Meldepflicht vgl. Anweisung Nr. 42/71, in: Lochen/Meyer-Seitz, Anweisungen, S. 329.

34 Zum konfliktreichen Zusammenwirken der verschiedenen staatlichen und gesellschaftlichen Akteure siehe: Tobias Wunschik, Risse in der Sicherheitsarchitektur des SED-Regimes. Staatssicherheit und Ministerium des Inneren zwischen Kooperation und Konfrontation in der Ära Honecker, in: Deutschland Archiv 4 (2011), S. 200–207.

35 Vgl. Hanisch, Die DDR im KSZE-Prozess, S. 122.

36 Vgl. Befehl Nr. 6/77, in: Lochen/Meyer-Seitz, Anweisungen, S. 23.

37 Vgl. Befehl Nr. 6/77, in: Lochen/Meyer-Seitz, Anweisungen, S. 29.

38 Dieser Umstand ist auf eine zunehmende Vernetzung zurückzuführen sowie der verstärkten Zirkulation von Informationen zur Ausreise geschuldet. Vgl. „Angaben zu politisch-operativ bedeutsamen Problemen der Entwicklung der Antragstellung auf Übersiedlung und zu Wiedereinreisen Übergesiedelter", vom 16.6.1976, BArch, MfS, AKG 464, Bl. 3–11, Bl. 5.

39 Vgl. Bericht eines IMS, 10.3.1970, BArch, MfS, HA IX, Nr. 10391, o. P.; Eingabe Nr. 858/76, RdK Döbeln, vom 9.6.1976, BArch, DO 1/16817, o. P.

40 Vgl. Abgefangener Brief mit Hinweisen auf eine mögliche Republikflucht, vom 10.2.1962, BArch, MfS, AS Nr. 109/65, Bd. 5, o. P.

41 Vgl. Eingabe, RdB Suhl, vom 14.4.1976, BArch, DO 1/16815, o. P.

42 Auszug aus dem transkribierten „Zeitzeugeninterview mit Edda Schönherz", Gedenkstätte Berlin-Hohenschönhausen (HSH), 22./23.2.2004, S. 35.

43 Vgl. Antrag auf Ausreise in die BRD, BArch, vom 5.3.1976, DO1/16816, o. P.

44 Der Erstantrag erfolgte als Eingabe an das Ministerium des Innern in Berlin, daraufhin wurde der Rat der Stadt Leipzig um Sachverhaltsklärung und Informationen ersucht. Der Rat des Stadtbezirkes Nord der Stadt Leipzig informierte über erfolgte Aussprachen und Hinweise zur Verurteilung (§§ 58/6; 58/10; 58/11) in Weimar. Vgl. Stellungnahmen Rat des Stadtbezirkes Nord der Stadt Leipzig, Abt. Inneres, vom 7.4.1976 und 9.9.1976, BArch, DO1/16816, o. P.

45 Auszug aus dem Antrag auf Ausreise in die BRD, vom 5.3.1976, BArch, DO1/16816, o. P.

46 Ebd.

47 Genehmigungskriterien regelte die Anweisung Nr. 42/71: Genehmigungen waren nach eingehender Prüfung für Personen im Rentenalter, Invalide oder Pflegebedürftige sowie in Fällen der Eheschließung und Familienzusammenführung möglich. Vgl. Anweisung Nr. 42/71, in: Lochen/Meyer-Seitz, Anweisungen, S. 322 und S. 329. Die Anweisung regelt zusätzlich mögliche Ausschlussgründe. Geheimnisträger, Berufssoldaten oder -polizisten waren ebenso betrof-

fen wie Offiziere, deren Entlassung weniger als 15 Jahre zurücklag. Fehlende Unterlagen wie eine Schuldenfreiheitserklärung oder die schriftliche Zustimmung der Arbeitsstelle wirkten sich ebenfalls negativ aus. Vgl. Lochen/Meyer-Seitz, Anweisungen, S. 324.

48 Auszug aus dem Antrag auf Ausreise, vom 26.2.1976, BArch DO1/16815, o. P.

49 Vgl. Anweisung Nr. 42/71, in: Lochen/Meyer-Seitz, Anweisungen, S. 321 f.

50 Gotthard Hubrich war Generalmajor der Deutschen Volkspolizei. Über Jahrzehnte hinweg war er Inoffizieller Mitarbeiter der MfS-Hauptabteilung VII (die HA VII war zuständig für das MdI und die nachgeordneten Bereiche, etwa die Deutsche Volkspolizei, den Strafvollzug oder die Feuerwehr).

51 Etwa: Schreiben Bruno Wansierski an Erich Honecker, vom 9.5.1973, BArch, DY 30/ IV B 2, 12, 17.

52 Auszug aus der Eingabe, vom 8.4.1976, BArch, DO 1/16815, o. P.

53 Auszug aus den Informationen zur Übersiedlung vom Rat des Bezirkes Potsdam, vom 2.2.1977, BLHA, 401 RdB Pdm 21977, Bl. 1–6, Bl. 1.

54 So war die Familie Krüger aus Magdeburg durch ihren offenen Umgang mit der Ausreiseabsicht auf vielen Ebenen mit Missgunst, Schikanen und Hürden im Alltag konfrontiert. Die Palette reichte von beruflicher Degradierung bis hin zum Ausschluss von gesellschaftlichen Ämtern. Vgl. Waltraut Krüger, Ausreiseantrag. Sie nannten mich Nervensäge, München 1989.

55 Auszug aus der Ordnung Nr. 0118/77 des Ministers des Innern und Chefs der Deutschen Volkspolizei, BArch, MfS, BdL/Dok. Nr. 009772, Bl. 1–45, Bl. 30; 34.

56 Vgl. Schulungsmaterial der HA IA beim MdI, in: Mayer, Wolfgang: Flucht und Ausreise. Botschaftsbesetzung als wirksame Form des Widerstands und Mittel gegen die politische Verfolgung in der DDR, Berlin 2002, S. 164–165.

57 Vgl. Krüger, Ausreiseantrag, S. 94.

58 Ebd.

59 Auszug aus der Stellungnahme zur Eingabe durch die HA IA, vom 27.3.1975, BArch, DO 1/ 16815, o. P.

60 Auszug aus der „Information über den gegenwärtigen Stand der Übersiedlung von Bürgern der DDR in die BRD bzw. nach Westberlin“, RdB Frankfurt/Oder, vom 6.5.74, BLHA, 601 RdB FfO 20952, o. P.

61 Vgl. Angaben zur Aussprache beim Rat des Kreises Calau, vom 18.3.1975, BLHA, 801 RdB Ctb 23104, o. P.

62 Auszug aus dem Kündigungsschreiben des VEB Taxi Dresden, vom 8.3.1976, BArch, DO 1/18517, o. P.

63 Auszug aus der Eingabe an das Sekretariat des Ministers des Innern, vom 19.3.1976, BArch, DO 1/18617, o. P.

64 Auszug aus der „Information über den Stand der Antragsteller auf Übersiedlung in die BRD bzw. Berlin-West im Zeitraum vom 1.1. bis 30.10.76“, vom 8.12.1976, BLHA, 401 RdB Pdm 33736/3, Bl. 1–7, Bl. 2; 5.

65 Vgl. „Hinweise auf Tendenzen der Unzufriedenheit in der Reaktion der Bevölkerung der DDR [Bericht O/50]“, vom 19.9.1977, BArch, MfS, ZAIG 4119, Bl. 13–21.

66 Vgl. Information RdK Hoyerswerda an RdB Cottbus, BLHA, vom 3.12.1975, 801 RdB Ctb 23105, o. P.

67 Auszug aus der „Einschätzung zu der zahlenmäßigen Übersicht der Antragsteller auf Übersiedlung in die BRD bzw. Westberlin“, vom 6.8.1976, BLHA, 401 RdB Pdm 11740, o. P.

68 Auszug aus den „Methoden von Personen, die mittels rechtswidriger Versuche die Übersiedlung erreichen wollen“, vom 23.1.1979, BLHA, 401 RdB Pdm 21977, o. P.

69 Auszug aus „Erscheinungsformen rechtswidriger Ersuchen auf Übersiedlung in das NSA“, vom 23.6.1977, BArch, MfS BV Cottbus, AKG 10170, Bl. 8–12, Bl. 12.

70 Auszug aus den „Informationen zur Übersiedlung vom Rat des Bezirkes Potsdam“, vom 2.2.1977, BLHA, 401 RdB Pdm 21977, Bl. 1–6, Bl. 3.

71 Auszug aus dem transkribierten „Zeitzeugeninterview mit Edda Schönherz“, Gedenkstätte Berlin-Hohenschönhausen (HSH), 22./23.2.2004, S. 53.

72 Krüger, Ausreiseantrag, S. 87–89.

73 Auszug aus dem MfS-Befehl Nr. 6/77, in: Lochen/Meyer-Seitz, Anweisungen, S. 49.

74 Die angegebene Prozentzahl für das Jahr 1977 basiert wohl auf einem Flüchtigkeitsfehler – richtig wären 20 Prozent. Auszug aus dem „Bericht über die Ergebnisse bei der Durchsetzung der Verfügung 34/77 und der Ordnung 0118/77 im Jahre 1978“, vom 23.1.1979, BLHA, 401 RdB Pdm 21977, o. P.

75 Auszug aus der „Information Nr. 104/76“, o. D., BArch, MfS, ZAIG 2477, Bl. 8–21.

76 Auszug aus dem „Bericht über die Ergebnisse bei der Durchsetzung der Verfügung 34/77 und der Ordnung 0118/77 im Jahre 1978“, vom 23.1.1979, BLHA, 401 RdB Pdm 21977, o. P.

77 Auszug aus „Vorbereitungsmaßnahmen zur Durchführung der Verfügung Nr. 34/77 des Vorsitzenden des Ministerrates der DDR“, vom 4.4.1977, BArch, MfS, BV Cottbus, AKG 10185, Bl. 1–8, Bl. 5.

78 Auszug aus dem Schreiben Hubrichs an Wansierski, vom 3.1.1975, BArch, Do 1/16815, o. P.

79 Vgl. MfS-Befehl Nr. 6/77, in: Lochen/Meyer-Seitz, Anweisungen, S. 26.

80 Auszug aus der „Information über Erscheinung und Entwicklungstendenzen bei der Unterbindung rechtswidriger Versuche von Übersiedlungen nach der BRD bzw. Westberlin“, o. D., BArch, DO 1/16488, VVS I 053 560, o. P.

81 Siehe Eisenfeld, Die Ausreisebewegung, S. 195–223.

82 Siegmar Faust, Ich will hier raus, Berlin-West 1983, S. 114–115.

83 https://www.jugendopposition.de/themen/145402/weisser-kreis-jena?video=145194 (abgerufen am 22.6.2022).

84 Auszug aus der Eingabe an den Rat des Bezirkes Cottbus, vom 2.4.1975, BLHA 801 RdB Ctb 23112, o. P.

85 „Information über den Stand der Antragsteller auf Übersiedlung in die BRD bzw. Berlin-West im Zeitraum vom 1.1. bis 30.10.76“, vom 8.12.1976, BLHA, 401 RdB Pdm 33736/3, Bl. 1–7, Bl. 2.

86 Auszug aus der „Einschätzung zu der zahlenmäßigen Übersicht der Antragsteller auf Übersiedlung in die BRD bzw. Westberlin“, vom 6.8.1976, BLHA 401 RdB Pdm 11740, o. P.

87 Auszug aus der „Information über den Stand der Antragsteller auf Übersiedlung in die BRD bzw. Berlin-West im Zeitraum vom 1.1.

bis 30.10.76", vom 8.12.1976, BLHA, 401 RdB Pdm 33736/3, Bl. 1–7, Bl. 2–3; 5.

88 Bericht des Rates des Kreises Guben zur Aussprache, vom 24.4.1975, BLHA, 801 RdB Ctb 23105, o. P.

89 Vgl. Hanisch, Die DDR im KSZE-Prozess, S. 15.

90 Auszug aus der „Information über Erscheinungen und Entwicklungstendenzen im Zusammenhang mit der Bearbeitung und Entscheidung von Anträgen auf Übersiedlung nach der BRD bzw. Westberlin und Eheschließungen mit Bürgern der BRD und Westberlinern", o. D., BArch, DO 1/17286, GVS I 030199, o. P.

91 Ebd.

92 Auszüge aus den Eingaben an den Rat des Kreises Calau, vom 9.4.1974, 6.5.1974, 14.5.1974, BLHA, 801 RdB Ctb 23104, o. P.

93 Aus dem Schreiben an das MdI in Berlin, vom 15.7.1974, BLHA, 801 RdB Ctb 23104, o. P.

94 Vgl. ebd.

95 Auszug aus der „Information über Erscheinungen und Entwicklungstendenzen im Zusammenhang mit der Bearbeitung und Entscheidung von Anträgen auf Übersiedlung nach der BRD bzw. Westberlin und Eheschließungen mit Bürgern der BRD und Westberlinern", o. D. BArch, DO 1/17286, GVS I 030199, o. P.

96 Vgl. Hanisch, Die DDR im KSZE-Prozess, S. 146.

97 Auszug aus dem Artikel „Die DDR gehört zu den weltoffensten Staaten", in: Der Spiegel, 32/1975, S. 24.

98 Zum Sachstand und der Petition im Wortlaut siehe: „Hinweise über feindlich-negative Aktivitäten einer Gruppe von Bürgern der Stadt Riesa, Bezirk Dresden, die im Zusammenhang mit ihrer Antragstellung auf Übersiedlung nach der BRD eine ‚Petition zur Erlangung der vollen Menschenrechte' unterzeichneten und versandten [Bericht O/29]", September 1976, BArch, MfS, ZAIG 4016, Bl. 1–8.

99 Auszüge aus der „Information Nr. 624/76 über die bisherigen Ergebnisse der Untersuchungen zu einer feindlich-negativen Konzentration von Bürgern der DDR, die im Zusammenhang mit ihrer Antragstellung auf Übersiedlung nach der BRD eine ‚Petition zur Erlangung der vollen Menschenrechte' unterzeichneten, 7.9.1976", BArch, MfS, ZAIG 2557, Bl. 1–6. Zu finden unter: https://www.ddr-im-blick.de/jahrgaenge/jahrgang-1976/report/untersuchun-

gen-zu-einer-petition-von-ausreisewilligen-in-riesa/ (abgerufen am 10.4.2023).

100 Siehe etwa: Gerald Hacke, Zeugen Jehovas in der DDR. Verfolgung und Verhalten einer religiösen Minderheit, Dresden 2000.

101 Siehe etwa: „Richtlinie Nr. 1/76 zur Entwicklung und Bearbeitung Operativer Vorgänge (OV)", vom 1.1.1976, BArch, MfS, AGM, Nr. 198, Bl. 307–367, Bl. 354.

102 Vgl. Information an alle Räte der Kreise und Städte, vom 23.6.1975, 801 RdB Ctb 30004, o. P. Normiert in der Ordnung Nr. 118/77, in: Lochen/Meyer-Seitz, Anweisungen, S. 410.

103 Anweisung Nr. 42/71 des MdI, vom 25.1.1971 in der Fassung vom 6.6.1973, Bearbeitung und Entscheidung von Anträgen auf Übersiedlung von Bürgern der DDR in die BRD und nach Westberlin, in: Lochen/Meyer-Seitz, Anweisungen, S. 321–331, S. 322 und 328 f.

104 Auszug aus „Hinweisen für Entscheidungen zu Problemen der Übersiedlung von Bürgern der DDR nach nichtsozialistischen Staaten und Westberlin", vom 26.5.1976, BArch, MfS, BV Frankfurt/Oder, AKG 458, Bl. 1–39, Bl. 18.

105 Das DDR-Komitee für Menschenrechte (offizieller Name ab Mai 1969) verfolgte die Propagierung der Menschenrechtspraxis und -auffassung der DDR, etwa die Solidarität mit Opfern der „imperialistischen Gewaltpolitik". Das Komitee ging auf eine Initiative des Freien Deutschen Gewerkschaftsbundes (FDGB) von 1959 zurück und war Bestandteil der ostdeutschen Machtvertikale.

106 Auszug aus dem Sachverhaltsbericht, vom 26.5.1976, BLHA, 801 RdB Ctb 23105, o. P.

107 Aus der „Einschätzung zur Übersiedlung", vom 29.9.1975, BLHA, 801 RdB Ctb 23101, o. P.

108 Auszüge aus der „Information über den Stand der Antragsteller auf Übersiedlung in die BRD bzw. Berlin-West im Zeitraum vom 1.1. bis 30.10.76, 8.12.1976", BLHA, 401 RdB Pdm 33736/3, Bl. 1–7, Bl. 3–4.

109 Auszug aus den „Hinweisen für Entscheidungen zu Problemen der Übersiedlung von Bürgern der DDR nach nichtsozialistischen Staaten und Westberlin", vom 26.5.1976, BArch, MfS, BV Frankfurt/Oder, AKG 458, Bl. 1–39, Bl. 19–21.

110 Auszug aus den „Hinweisen für Entscheidungen zu Problemen der Übersiedlung von Bürgern der DDR nach nichtsozialistischen Staaten und Westberlin", vom 26.5.1976, BArch, MfS, BV Frankfurt/Oder, AKG 458, Bl. 1–39, Bl. 28–34.

111 Ebd., S. 26.

112 Titelauszug der Ordnung Nr. 0118/77.

113 Vgl. Hanisch, Die DDR im KSZE-Prozess, S. 121.

114 Vgl. ebd., S. 122.

115 Auszug aus Anträgen auf Ausreise in die Bundesrepublik, Information Nr. 104/76, o. D., BArch, MfS, ZAIG 2477, Bl. 8–21, zu finden unter https://www.ddr-im-blick.de/jahrgaenge/jahrgang-1976/report/antraege-auf-ausreise-in-die-bundesrepublik/ (abgerufen am 13.4.2023).

116 Auszug aus der „Information über Erscheinungen und Entwicklungstendenzen im Zusammenhang mit der Bearbeitung und Entscheidung von Anträgen auf Übersiedlung nach der BRD bzw. Westberlin und Eheschließungen mit Bürgern der BRD und Westberlinern", o. D., BArch, DO 1/17286, GVS I 030199, o. P.

117 Vgl. Handschriftliche Eingabe einer Berlinerin, Oktober 1976, BArch, DO 1/16817, o. P.

118 Auszug aus der Stellungnahme zum Vorschlag des Leiters der BV Cottbus zur Übersiedlung der Familie [Name anonymisiert] in die BRD, vom 19.9.1977, BArch, MfS, ZKG Nr. 19878, Bl. 2–4, Bl. 3 f.

119 Siehe exemplarisch: „Informationen über die Selbstverbrennung des Pfarrers Oskar Brüsewitz am 18. August 1979 in Zeitz", vom 3.9.1976, BArch, MfS, ZAIG 2617, Bl. 17–28.

120 Vgl. „Du sollst nicht falsch Zeugnis reden", ND, 31.8.1976, S. 2.

121 Auszug: „Vorläufiger Bericht über die Tätigkeit der Kirche am 19.9.1976", vom 20.9.1976, BLHA, 531 SED KL Pwk 700, o. P.

122 Auszug: Abgehörtes Telefoninterview von Wolf Biermann mit dem NDR, vom 21.9.1976, BArch, MfS, AOP, Nr. 11806/85, Bd. 47, Bl.71–77, zu finden unter: https://www.stasi-mediathek.de/medien/abgehoertes-telefoninterview-von-wolf-biermann-mit-dem-ndr/blatt/71/ (abgerufen am 12.4.2023). Das Konzert in der Prenzlauer Nikolaikirche war das erste öffentliche Konzert Biermanns seit dem Auftrittsverbot von 1965.

123 Auszug aus der „Information über Ergebnisse und Entwicklungstendenzen bei der Zurückdrängung rechtswidriger Versuche von Bürgern der DDR, die Übersiedlung nach der BRD bzw. Westberlin zu erreichen", vom 27.9.1977, VVS I 044 167, BLHA, DO 1/16488, o. P.

124 „Durchführung von Maßnahmen zur Zurückweisung von Versuchen revanchistischer Kreise in der BRD", vom 29.10.1976, BArch, ZA, HA IX 1983, Bl. 23–26.

125 Vgl. Verfügung Nr. 34/77, in: Lochen/Meyer-Seitz, Anweisungen, S. 44–51, S. 49.

4 Durch Emanzipation zum Wandel – Opposition als Initiative im Spätsozialismus

1 Vgl. Landesumweltamt Brandenburg (Hg.), Luftqualität 1975 bis 1990. Rückblick für das Gebiet des heutigen Landes Brandenburg, Potsdam 1995, S. 7, 50.

2 Vgl. Frank Bösch, Zeitwende 1979. Als die Welt von heute begann, München 2020, S. 316.

3 Vgl. „Eine historische Tat, die auch das deutsche Volk befreite", Neues Deutschland (ND), 23./24.3.1985, S. 3 f.

4 Vgl. Agnes Bresselau von Bressensdorf, Islam as an Underestimated Challenge. NATO States and the Afghan Crisis of 1979, in: Agnes Bresselau, Elke Seefried und Christian F. Ostmann (Hg.), German Yearbook of Contemporary History, 2, Berlin 2017, 173–210, hier: S. 173.

5 Vgl. „Mit Initiative, Schöpfertum und Tatkraft verwirklichen wir die Beschlüsse unseres XI. Parteitages", ND, 22./23.11.1986, S. 3 f.

6 Vgl. „Der Sozialismus hat in Polen nicht nur Millionen Anhänger, sondern auch Millionen Verteidiger", ND, 12.2.1981, S. 3.

7 Siehe: Filip Gańczak, „Polen geben wir nicht preis". Der Kampf der DDR-Führung gegen die Solidarność 1980/81, Leiden 2020.

8 Vgl. „Österreichische Presseagentur APA über das Gespräch mit Erich Honecker", ND, 06.10.1983, S. 2. Der allgemein verwendete Begriff „Selbstschussanlage" ist im strengen Sinne irreführend – die am Grenzzaun montierten „Splitterminen" (SM-70) wurden durch

einen Draht ausgelöst und „verschossen" eine gerichtete Ladung von 80 Stahlsplittern.

9 Etwa Daniela Münkel (Hg.), Die DDR im Blick der Stasi. Die geheimen Berichte an die SED-Führung. 1977, Göttingen 2012, S. 10.

10 Etwa „Maßnahmenplan zur Gewährleistung einer hohen öffentlichen Ordnung und Sicherheit während des 454. Wasunger Karnevals", vom 26.1.1989, BArch, MfS, BV Suhl, Abt. XIX, Nr. 1, Bl. 53–57; „Maßnahmenplan zur vorbeugenden Verhinderung und Bearbeitung von Erscheinungen der politischen Untergrundtätigkeit in Vorbereitung und Durchführung des ‚Wasunger Karnevals'", vom 9.2.1980, BArch, MfS, BV Suhl, BdL, Nr. 1351, Bl. 1–7.

11 Siehe Gerhard Barkleit, Mikroelektronik in der DDR. SED, Staatsapparat und Staatssicherheit im Wettstreit der Systeme, Dresden 2000.

12 Vgl. Weber, Die DDR, S. 101.

13 „Genex" ist das Akronym für „Geschenkdienst- und Kleinexporte GmbH". Später kurz: Genex Geschenkdienst GmbH. Über den „Genex-Katalog" war es Bundesbürgern möglich, für Verwandte und Bekannte in der DDR Waren (zumeist hochwertige DDR-Produkte) zu bestellen. Bezahlt wurden die „Geschenke" in Devisen.

14 Vgl. Eisenfeld, Strategien, S. 7–19, S. 10. Zu finden unter: http://www.nbn-resolving.org/urn:nbn:de:0292-97839421304316 (abgerufen am 24.5.2022).

15 Vgl. Eisenfeld, Die Zentrale Koordinierungsgruppe. Bekämpfung von Flucht und Übersiedlung (MfS-Handbuch), Berlin 1996, S. 42, 44.

16 Vgl. Eisenfeld, Strategien, S. 13. Vgl. Frank Wolf, Die Mauergesellschaft. Kalter Krieg, Menschenrechte und die deutsch-deutsche Migration 1961–1989, Berlin 2019, S. 451–470.

17 Vgl. Eisenfeld, Strategien, S. 10.

18 Vgl. „Über 20 000 Ehemalige wollen zurück", Berliner Zeitung, 6.3.1985, S. 3 f.; „Reaktionen auf die Veröffentlichung aus Briefen ehemaliger DDR-Bürger", ND, 8.3.1985, S. 2; Ulrich Stoll, Einmal Freiheit und zurück. Die Geschichte der DDR-Rückkehrer, Berlin 2009, S. 152.

19 Vgl. Ralf Ulrich, Die Übersiedlungsbewegung in die Bundesrepublik und das Ende der DDR, Berlin 1990, S. 15 f.

20 Etwa „Im Wohnungsbau höchstes anteiliges Jahresergebnis“, ND, 20.9.1984, S. 1; „Vierte Neubauschule in Rostock-Dierkow“, ND, 13.9.1986, S. 7.

21 Zur Entwicklung der Zahlen siehe Stefan Wolle, Die heile Welt der Diktatur. Alltag und Herrschaft in der DDR 1971–1989, Berlin 1998, S. 108.

22 Vgl. Weber, Die DDR, S. 100.

23 Vgl. Karsten Timmer, Vom Aufbruch zum Umbruch. Die Bürgerbewegung in der DDR 1989, Göttingen 2000, S. 51.

24 Vgl. „Konstruktives, freimütiges Gespräch beim Vorsitzenden des Staatsrates“, ND, 7.3.1978, S. 1.

25 Vgl. Markus Meckel, Zu wandeln die Zeiten. Erinnerungen, Leipzig 2020, S. 80–81.

26 Vgl. Philipp Gassert, Bewegte Gesellschaft. Deutsche Protestgeschichte seit 1945, Stuttgart 2019, S. 200.

27 Etwa „UdSSR betont Willen zur Friedenssicherung“, ND, 7.8.1981, S. 5.

28 Vgl. „Gesetz über den Wehrdienst in der Deutschen Demokratischen Republik – Wehrdienstgesetz – vom 25. März 1982“, ND, 27.3.1982, S. 9 f.

29 Vgl. „Eingabe an Erich Honecker“, vom 12.10.1982, Robert-Havemann-Gesellschaft (RHG), Frauen für den Frieden (1), BBo 048.

30 Vgl. Timmer, Aufbruch, S. 57.

31 In Anlehnung an das Prophetenbuch Micha (4,1–5), in dem es heißt: „Sie werden ihre Schwerter zu Pflugscharen und ihre Spieße zu Sicheln machen. Es wird kein Volk wider das andere das Schwert erheben, und sie werden hinfort nicht mehr lernen, Krieg zu führen.“ Die symbolische Darstellung orientierte sich am Denkmal des sowjetischen Bildhauers Jewgenij Wutschetitsch, das die Sowjetunion in den 1950er Jahren der UNO geschenkt hatte.

32 Vgl. „Pläne der Landeskirche zur Durchführung der Friedensdekade 1981“, vom 21.10.1981, BArch, MfS, ZAIG 3170, Bl. 1–3.

33 Vgl. Anke Silomon, „Schwerter zu Pflugscharen“ und die DDR. Die Friedensarbeit der evangelischen Kirche in der DDR im Rahmen der Friedensdekaden 1980–1982, Göttingen 1999, S. 253; Gassert, Bewegte Gesellschaft, S. 200.

34 Die Parteipresse unterstrich turnusmäßig die positiven Entwicklungen in der wirtschaftlichen Zusammenarbeit. Vgl. „BRD-Wirtschaft für Ausweitung des Handels mit der DDR", ND, 10.3.1984, S. 5; „Treffen Erich Honeckers mit Martin Bangemann", ND, 13.3.1985, S. 1.

35 Zwischen 1945 und 1989 durchliefen circa 250 000 Bürger der DDR als politische Häftlinge das Straf- und Haftsystem der DDR. Siehe Wilhelm H. Schröder/Jürgen Wilke, Politische Strafgefangene in der DDR. Versuch einer statistischen Beschreibung, in: Historical Social Research, 23 (4) 1998, S. 3–78, hier: S. 3.

36 Vgl. „Informationen über den Verlauf des Kirchentages in Wittenberg 1983", vom 3.10.1983, BArch, MfS, ZAIG, 3317, Bl. 1–7.

37 Vgl. Walter Süß, Die Staatssicherheit im letzten Jahrzehnt der DDR, Berlin 2009, S. 37.

38 Ebd.

39 Unter einer sogenannten Legende sind inszenierte fiktive Sachverhalte und Vorwände zu verstehen, bei denen der geheimdienstliche Hintergrund der Vorgänge unerkannt bleiben sollte.

40 Vgl. Meckel, Erinnerungen, 118–119; Gieseke, Die Stasi, S. 202–203.

41 So geschehen im Falle Wolfgang Templins. Als Mitbegründer der IFM galt er als einer der führenden Vertreter der Bürgerbewegung in der DDR. Vgl. Gieseke, Die Stasi, S. 204.

42 Vgl. Gieseke, Die Stasi, S. 205.

43 Die HA XX/5 zeichnete sich unter anderem für die „politischen Feindorganisationen" im Westen, die organisierte Fluchthilfe oder entschiedene SED-Gegner in der Bundesrepublik verantwortlich.

44 Auszug aus der JHS-Arbeit „Die politisch-operative Zersetzung – eine wesentliche Methode zur Bekämpfung der Organisatoren und Inspiratoren politischer Untergrundtätigkeit im Operationsgebiet, besonders unter ehemaligen DDR-Bürgern", vom 16.3.1986, BArch, MfS, JHS, Nr. 20475.

45 Zu den Zahlen siehe: Walter Süß, MfS-Lexikon: Begriffe, Personen und Strukturen der Staatssicherheit der DDR, Berlin 2016, S. 217; 390; Bernd Eisenfeld, Widerständiges Verhalten im Spiegel von Statistiken und Analysen des MfS, in: Roger Egelmann/Klaus-Dieter Henke (Hg.), Aktenlage. Die Bedeutung der Unterlagen des Staats-

sicherheitsdienstes für die Zeitgeschichtsforschung, Berlin 2010, S. 157–176, hier: S. 161.

46 Vgl. „Differenzierte Einschätzung zur Qualität und Wirksamkeit der IM/GMS-Arbeit zur vorbeugenden Verhinderung, Aufdeckung und Bekämpfung von Erscheinungsformen der PUT in den damit befaßten Referaten der Abteilung XX", vom 2.8.1984, BArch, MfS, BVfS, Pdm. AKG, 1037, Bl. 106–140, Bl. 112; 119.

47 Vgl. „Ausführungen des Genossen Oberst Hähnel auf der Dienstberatung des Leiters der BV am 20. Juni 1985 zur Durchsetzung der Dienstanweisung 2/85 des Genossen Ministers", vom 20.6.1986, BArch, MfS, BV Berlin, AKG, Nr. 4126, Bl. 1–29, Bl. 12.

48 Vgl. Süß, Die Staatssicherheit, S. 46.

49 Vgl. Vortrag „Probleme der politisch-operativen Bekämpfung reaktionärer Kräfte der Kirchen und Sekten sowie ihrer Einrichtungen", vom 20.10.1981, BArch, MfS, HA VIII, Nr. 15034, Bl. 128–152, Bl. 128.

50 Vgl. Reinhard Henkys (Hg.), Die Evangelischen Kirchen in der DDR. Beiträge zu einer Bestandsaufnahme, München 1982, S. 70.

51 „Konstruktives, freimütiges Gespräch beim Vorsitzenden des Staatsrates", ND, 7.3.1978, S. 1.

52 Vgl. Hedwig Richter, Rechtsunsicherheit als Prinzip. Die Herrnhuter Brüdergemeine und wie der SED-Staat seine Untertanen in Schach hielt, in: Susanne Muhle/Hedwig Richter/Juliane Schütterle (Hg.), Die DDR im Blick. Ein zeithistorisches Lesebuch, Berlin 2008, S. 77–85, hier: S. 80.

53 Auszug aus dem Vortrag „Probleme der politisch-operativen Bekämpfung reaktionärer Kräfte der Kirchen und Sekten sowie ihrer Einrichtungen", vom 20.10.1981, BArch, MfS, HA VIII, Nr. 15034, Bl. 128–152, Bl. 128.

54 Vgl. Vortrag „Probleme der politisch-operativen Bekämpfung reaktionärer Kräfte der Kirchen und Sekten sowie ihrer Einrichtungen", vom 20.10.1981, BArch, MfS, HA VIII, Nr. 15034, Bl. 128–152, Bl. 130.

55 Meckel, Erinnerungen, S. 101–102.

56 In der DDR bestand ab 1964 das theoretische Recht, den Dienst an der Waffe zu verweigern. In gesonderten „Baueinheiten" zusammengefasst, verrichteten die Verweigerer einen speziellen „waffenlosen Wehrdienst". Siehe Bernd Eisenfeld/Peter Schicketanz, Bausoldaten

in der DDR. Die „Zusammenführung feindlich-negativer Kräfte" in der NVA, Berlin 2012.

57 Entwurf „Berliner Appell ‚Frieden schaffen ohne Waffen'", vom 15.12.1981, RHG, Offener Brief an Helmut Schmidt, Leonid Breschnew und Berliner Apell, RH 022/2 Bd. 080.

58 Vgl. https://www.havemann-gesellschaft.de/aktuelles/aus-dem-archiv/frieden-schaffen-ohne-waffen-40-jahre-berliner-appell/ (abgerufen am 15.11.2022).

59 Vgl. „Information Nr. 662/81 über Aktivitäten von Havemann zur Popularisierung eines sogenannten Berliner Appells als ‚eigenständiger Beitrag' zur Friedenssicherung", vom 21.12.1981, BArch, MfS, ZAIG 3181, Bl. 23–25; zur Predigt siehe: „Vermerk Stellvertreter für Inneres des Rates des Stadtbezirkes Berlin-Friedrichshain", vom 1.3.1982, BArch, DO 4/1192, o. P.

60 Vgl. „Brief von Bischof Gottfried Forck an Pfarrer Rainer Eppelmann", vom 5.4.1982, RHG, Evangelische Kirche in Berlin-Brandenburg, KI 02/1.

61 Auszug aus „Ich bin immer eine Trümmerfrau gewesen". Ein Porträt von Bärbel Bohley, in: Doris Liebermann, Gespräche mit Oppositionellen, Berlin 2016, S. 235.

62 Auszug aus den „Erinnerungen von Bärbel Bohley", in: Liebermann, Gespräche, S. 235–236.

63 Auszug aus „Rückkehr nach Europa. Interview mit Jens Reich", in: Liebermann, Gespräche, S. 257–261.

64 Ebd., S. 263–264.

65 Ebd., S. 265.

66 Auszug aus „Die Chance sich zu verändern." Interview mit Wolfgang Templin, in: Liebermann, Gespräche, S. 218–219.

67 Auszug aus „Lebensgeschichtliches Interview mit Ulrike Poppe", 20.3.2014/8.5.2014, in: Quellen zur Geschichte der Menschenrechte, herausgegeben vom Arbeitskreis Menschenrechte im 20. Jahrhundert, https://www.geschichte-menschenrechte.de/personen/ulrike-poppe (abgerufen am 25.6.2023).

68 Auszug aus dem „Dokument III der Sprechergruppe der Initiative ‚Frieden und Menschenrechte' (Menschenrechtseminar)", vom 24.1.1986, RHG, Initiative Frieden und Menschenrechte (IFM) (1), GP 006. Der Bezugsrahmen zur Charta 77, wie gleichzeitig ein

Statement für die DDR-spezifische Eigenständigkeit, wird deutlich in: „Brief der Initiative Frieden und Menschenrechte zum zehnten Jahrestag der Charta 77", TAZ, 13.1.1987, S. 6.

69 Vgl. Eisenfeld, Widerständiges Verhalten, S. 168.

70 Vgl. ebd., S. 168–170.

71 Auszug aus den „Ausführungen des Leiters der Bezirksverwaltung für Staatssicherheit Berlin zur Beratung der Bezirkseinsatzleitung", vom 10.3.1986, BArch, MfS, BV Berlin, AKG 1937, Bl. 1–12.

72 Auszug aus der „MfS-Akte Wolfgang Templin", in: Liebermann, Gespräche, S. 221.

73 Auszug aus dem „Plan zur Zersetzung zum OV ‚Virus'", vom 9.8.1983, BArch, MfS, BV Berlin, APO, Nr. 5125/88, Bl. 24–28, Bl. 24.

74 Vgl. ebd., Bl. 25.

75 Vgl. ebd.

76 Auszug aus dem „Plan zur Zersetzung zum OV ‚Virus'", vom 9.8.1983, BArch, MfS, BV Berlin, APO, Nr. 5125/88, Bl. 24–28, Bl. 25–26.

77 Auszug aus „Niederschrift der Diskussion mit Zeitzeuginnen und Zeitzeugen, Werner Schulz", Die Dynamik der Bürgerbewegung, 23.4.2009. Zu finden unter https://www.boell.de/de/2010/05/11/1989-der-ddr-zeitzeuginnen-und-zeitzeugen-erinnern-sich (abgerufen am 16.4.2023).

78 Auszug aus den „Ausführungen des Genossen Oberst Hähnel auf der Dienstberatung des Leiters der BV am 20. Juni 1985 zur Durchsetzung der Dienstanweisung 2/85 des Genossen Minister", vom 20.6.1985, BArch, MfS, BV Berlin AKG Nr. 4126, Bl. 1–29, Bl. 10.

79 Vgl. Jens Gieseke, Bundesarchiv/Stasi-Unterlagen-Archiv (Hg.), Anatomie der Staatssicherheit. Die hauptamtlichen Mitarbeiter des Ministeriums für Staatssicherheit, Berlin 1996, S. 48 f., 68.

80 Vgl. Walter Süß, „Schild und Schwert" – Das Ministerium für Staatssicherheit und die SED, in: Roger Egelmann/Klaus-Dieter Henke (Hg.), Aktenlage. Die Bedeutung der Unterlagen des Staatssicherheitsdienstes für die Zeitgeschichtsforschung, Berlin 2010, S. 83–97, hier: S. 91.

81 Auszug aus der „Dienstanweisung Nr. 2/85 zur vorbeugenden Verhinderung, Aufdeckung und Bekämpfung politischer Untergrund-

tätigkeit", vom 20.2.1985, BArch, MfS, HA VIII 474 146, Bl. 498–536, Bl. 500.

82 Ebd., Bl. 509.

83 Auszug aus der „Dienstanweisung Nr. 2/85 zur vorbeugenden Verhinderung, Aufdeckung und Bekämpfung politischer Untergrundtätigkeit", vom 20.2.1985, BArch, MfS, HA VIII 474 146, Bl. 498–536, Bl. 501.

84 Auszug aus der „Zuarbeit zur Planvorgabe des Leiters der BV 1984, Abt. XX", vom 21.11.1983, BArch, MfS, BV Pdm, Abt. XX, Nr. 799, Bl. 1–76, Bl. 2.

85 Auszug aus der Rede von Armeegeneral Erich Mielke, „Zuverlässiger Schild der Arbeiter-und-Bauern-Macht", ND, 7.2.1985, S. 3.

86 Die Tscheka war die politische Polizei – der Staatssicherheitsdienst – Sowjetrusslands zwischen der Oktoberrevolution (1917) und der Gründung der UdSSR (1922). Die Tscheka entwickelte sich zum brutalen Instrument der Revolution gegen sogenannte Klassenfeinde sowie jegliche Opposition.

87 Vgl. Alexander Amberger, Bahro – Harich – Havemann. Marxistische Systemkritik und politische Utopie in der DDR, Paderborn 2014, S. 174.

88 Vgl. ebd., S. 142.

89 „Kampfgruppen der Arbeiterklasse" oder „Betriebskampfgruppen", kurz: Kampfgruppen, waren legale paramilitärische Einheiten aus Mitarbeitern staatlicher Institutionen, Betrieben oder etwa Hochschulen.

90 Vgl. Tobias Wunschik, Hauptabteilung VII, Ministerium des Innern, Deutsche Volkspolizei (MfS-Handbuch), Berlin 2009, S. 3–5.

91 Auszug aus der „Zuarbeit zu den Plandokumenten des Leiters der BV 1985", vom 10.11.1984, BArch, MfS, BV Pdm Abt. XX, Nr. 799, Bl. 26–58, Bl. 30.

92 Die Aktion „Symbol 84" bedeutete etwa die Absicherung der Kommunalwahlen vom 6. Mai 1984. „Symbol 86" stand für absichernde Aktionen zur Volkskammerwahl vom 8. Juni 1986.

93 Siehe etwa Eckhard Jesse, Alltag in der DDR, in: Andreas Kötzing u. a. (Hg.), Vergleich als Herausforderung. Festschrift zum 65. Geburtstag von Günther Heydemann, Göttingen 2015, S. 217–229, hier: S. 221.

94 Zitiert nach Süß, Die Staatssicherheit, S. 23.

95 §§ 214: „Gefährdung der öffentlichen Ordnung“, 219: „Ungesetzliche Verbindungsaufnahme“ und 220: „Öffentliche Herabwürdigung“.

96 Auszug aus den „Erinnerungen“ veröffentlicht in: Gilbert Furian, Mehl aus Mielkes Mühlen. Politische Häftlinge und ihre Verfolger. Erlebnisse, Briefe, Dokumente, Berlin 2008, S. 133; 138.

97 Vgl. ebd., S. 135.

98 Auszug aus einem Haftbrief vom 3.5.1985, veröffentlicht in: ebd., S. 139.

99 Vgl. Julia Spohr, In Haft bei der Staatssicherheit. Das Untersuchungsgefängnis Berlin-Hohenschönhausen 1951–1989, Göttingen 2015, S. 45, 260.

100 Beide im Zitat aufgeführten Autoren setzten sich als „Abkehrer“ in ihren Romanen kritisch mit dem kommunistischen System auseinander. Zitiert aus: „Rückkehr nach Europa. Interview mit Jens Reich“, in: Liebermann, Gespräche, S. 262.

101 „Brief von Katrin E. an einen Freund“, vom 11.5.1982, RHG, Korrespondenz (6), PR 18.

102 „Brief von Katrin E. an einen Freund“, vom 14.7.1982, RHG, Korrespondenz (6), PR 18.

103 Das Ministerium für Staatssicherheit führt Katrin E. in internen Berichten noch 1989 als eine der wichtigsten Protagonistinnen der „Frauengruppen“ in der DDR. Vgl. „Anlage zur Information Nr. 150/89“, vom 1.6.1989, RHG, Informationen und Berichte des MfS, SEI 120.

104 Auszüge aus der „Eingabe an die SED anlässlich des XI. Parteitags“, vom 2.4.1986, RHG, Initiative Frieden und Menschrechte (1), WFi 15.

105 Vgl. Gerd-Rüdiger Stephan, SED-interne Auseinandersetzungen und Disziplinierung in der Ära Honecker. Überlegungen zum Verhältnis zwischen totalitär verfaßter Herrschaft und den Spielräumen innerparteilicher Diskussion um das SED-Gesellschaftskonzept, in: Heiner Timmermann (Hg.), Die DDR – Politik und Ideologie als Instrument, Berlin 1999, S. 557–580, hier: S. 568.

106 Vgl. ebd., S. 569.

107 Vgl. „Information über Reaktionen unter Bürgern der Hauptstadt der DDR, Berlin“, vom 16.2.1987, BArch, MfS, BV Berlin, AKG, Nr. 167, Bl. 1–6.

108 Das rigorose Vorgehen gegen die Umwelt-Bibliothek sowie die Verhaftungen am Rande der traditionellen Liebknecht-Luxemburg-Demonstration sind hierfür Beispiele.

109 Auszüge aus der „Eingabe an die SED anlässlich des XI. Parteitags“, vom 2.4.1986, RHG, Initiative Frieden und Menschrechte (1), WFi 15.

110 Auszug aus den „Erinnerungen“ veröffentlicht in: Furian, Mielkes Mühlen, S. 241 f.

111 Auszug aus den „Beweggründen zur Ausreiseentscheidung“, in: Laura Wehr, Geteiltes Land, gespaltene Familien? Eine Oral History der DDR-Ausreise von Familien, Berlin 2020, S. 120. Die Namen sind von der Autorin gänzlich pseudonymisiert worden.

112 Vgl. ebd., S. 85–86.

113 Zu den Zahlen der IM siehe Helmut Müller-Enbergs, Inoffizielle Mitarbeiter des Ministeriums für Staatssicherheit. Teil 3: Statistik, Berlin 2008, S. 17. Ilko-Sascha Kowalczuk plädiert für ein Rechenmodell, das die IM-Kategorien der GMS sowie der IMK aus der Gesamtzahl herausrechnet. Siehe hierzu: Kowalczuk, Stasi konkret.

114 Auszug aus der „Richtlinie Nr. 1/79 für die Arbeit mit Inoffiziellen Mitarbeitern (IM) und Gesellschaftlichen Mitarbeitern für Sicherheit (GMS), vom 8.12.1979, BArch, MfS, ZAIG, Nr. 26648, Bl. 6–70, Bl. 63–64.

115 Vgl. Gieseke, Die Stasi, S. 125.

116 Vgl. „Vorläufige Festlegung zur Organisation der politisch-operativen Arbeit bei der vorbeugenden Verhinderung, Aufdeckung und Bekämpfung politischer Untergrundtätigkeit“, vom 2.8.1984, BArch, MfS, BVfS Pdm, AKG 1037, Bl. 106–140, Bl. 135.

117 Auszug aus der „Dienstanweisung Nr. 2/85 zur vorbeugenden Verhinderung, Aufdeckung und Bekämpfung politischer Untergrundtätigkeit“, vom 20.2.1985, BArch, MfS, HA VIII 474 146, Bl. 498–536, Bl. 504 f.

118 Auszug aus den „Ausführungen des Genossen Oberst Hähnel auf der Dienstberatung des Leiters der BV am 20. Juni 1985 zur Durchsetzung der Dienstanweisung 2/85 des Genossen Ministers“, vom

20.6.1986, BArch, MfS, BV Berlin, AKG, Nr. 4126, Bl. 1–29, Bl. 6–7.

119 Auszug aus „Sicherheitsrelevante Aspekte beim IMB ‚Manuela‘ IV/1502/81 Abt. XX/2 (Ergebnis Durcharbeitung IM-Vorgang)“, vom 25.6.1987, BArch, MfS, BVfS Pdm, AKG 1037, Bl. 82–85, Bl. 82–84.

120 Auszug aus „Differenzierte Einschätzung zur Qualität und Wirksamkeit der IM/GMS-Arbeit zur vorbeugenden Verhinderung, Aufdeckung und Bekämpfung von Erscheinungsformen der PUT in den damit befaßten Referaten der Abteilung XX“, vom 2.8.1984, BArch, MfS, BVfS, Pdm. AKG, 1037, Bl. 106–140, Bl. 126. In den 1980er Jahren befanden sich unter den rund 180 000 IM etwa 26 000 (14,4 Prozent) Frauen. Zur Rolle der Frau im MfS siehe: Angela Schmole, Die Spitzenfrauen des MfS. Bei der Staatssicherheit diente das weibliche Personal nur selten in gehobenen Stellungen, in: ZdF 18/2005, S. 107–114.

121 Ebd., Bl. 112–113.

122 Vgl. Gieseke, Die Stasi, S. 106.

123 Die geheimdienstliche Leitfrage „Wer ist wer?“ wurde zur vorbeugenden Überwachung eingeführt. Die gesellschaftlichen Bereiche, in denen das MfS aktiv zu werden hatte, wurden bis zum Ende der DDR stetig erweitert.

124 Vgl. Süß, Die Staatssicherheit, S. 44–45.

125 Auszug aus „Differenzierte Einschätzung zur Qualität und Wirksamkeit der IM/GMS-Arbeit zur vorbeugenden Verhinderung, Aufdeckung und Bekämpfung von Erscheinungsformen der PUT in den damit befaßten Referaten der Abteilung XX“, vom 2.8.1984, BArch, MfS, BVfS, Pdm. AKG, 1037, Bl. 106–140, Bl. 130.

126 Ebd., Bl. 136.

127 Vgl. ebd., Bl. 135–136.

128 Vgl. „Einschätzung der Ergebnisse der durchgeführten Maßnahmen zur weiteren Verwirklichung der Parteipolitik auf dem Gebiet des Gesundheitswesens, einschließlich des medizinischen Bereiches des Hochschulwesens, insbesondere zur Verhinderung und Zurückdrängung des ungesetzlichen Verlassens der DDR sowie den Übersiedlungsersuchen durch Angehörige dieses Bereiches“, vom 30.10.1987, BArch, MfS, BV Berlin, AKG, 5333, Bl. 37–46, Bl. 38.

129 Vgl. „Die politisch-operative Lage im politischen Untergrund, aktuelle Ergebnisse bei der Durchsetzung der Federführung der Abteilung XX, gemäß der DA 2/85 und Wirksamkeit der Koordinierungstätigkeit, vom 22.7.1987, BArch, MfS, BV Berlin, AKG, 5333, Bl. 18–36, Bl. 25–26.

130 Auszug aus „Die politisch-operative Lage im politischen Untergrund, aktuelle Ergebnisse bei der Durchsetzung der Federführung der Abteilung XX, gemäß der DA 2/85 und Wirksamkeit der Koordinierungstätigkeit, vom 22.7.1987, BArch, MfS, BV Berlin, AKG, 5333, Bl. 18–36, Bl. 25–26.

131 Horst Horbank war ab 1986 „Koordinierungsoffizier" in der Abt. XX der BV Berlin. Er hatte die Gesamtverantwortung im OV „Bibliothek" und lenkte die einzuleitenden Maßnahmen sowie den IM-Einsatz. Zur neuen Rolle der Koordinierungsoffiziere zur Steigerung der Effizienz siehe etwa: „Ausführungen des Genossen Oberst Hähnel auf der Dienstberatung des Leiters der BV am 20. Juni 1985 zur Durchsetzung der Dienstanweisung 2/85 des Genossen Ministers", vom 20.6.1986, BArch, MfS, BV Berlin, AKG, Nr. 4126, Bl. 1–29, Bl. 23–24.

132 Vgl. „Die politisch-operative Lage im politischen Untergrund, aktuelle Ergebnisse bei der Durchsetzung der Federführung der Abteilung XX, gemäß der DA 2/85 und Wirksamkeit der Koordinierungstätigkeit, vom 22.7.1987, BArch, MfS, BV Berlin, AKG, 5333, Bl. 18–36, Bl. 33 und https://www.ddr89.de/vor/umweltbibliothek.html (abgerufen am 18.1.2023).

133 Vgl. https://www.ddr89.de/vor/umweltbibliothek.html (abgerufen am 19.1.2023).

134 Auszug aus „Minister Mielke an Leiter der Diensteinheiten", vom 25.11.1987, BArch, MfS, BdL/Dok., Nr. 8812, Bl. 1–3.

135 Vgl. Gieseke, Die Stasi, S. 206 f.

136 Etwa „Auftragsersuchen – Beobachtung", vom 8.3.1985, BArch, MfS, HA VIII, 1098, Bl. 148–151, Bl. 150.

137 Vgl. Andreas Malycha/Peter Jochen Winters, Die SED. Geschichte einer deutschen Partei, München 2009, S. 277.

138 Zit. aus Silke Kettelhake, Vom Suchen und Finden. Stasi-Razzia in der Umweltbibliothek, in: Deutschland Archiv, 26.11.2018, www.bpb.de/281016 (abgerufen am [zuletzt: 25.1.2023).

Epilog: Der Niedergang der Machthaber – Von der Einheitspartei zum Runden Tisch 1989/90

1 Vgl. „9. Tagung des Zentralkomitees der SED“, in: Neues Deutschland (ND), 19.10.1989, S. 1.

2 „Volksrepublik China feiert den 40. Jahrestag ihrer Gründung“, in: ND, 2.10.1989, S. 1.

3 Vgl. „Generalsekretär des ZK der KP Chinas empfing Delegation der DDR“, in: ND, 27.9.1989, S. 1.

4 Vgl. „Rede des Genossen Egon Krenz“, in: ND, 19.10.1989, S. 1–2.

5 Vgl. „Erklärung von Egon Krenz“, in: ND, 7.12.1989, S. 1.

6 Auszug aus dem Dokument „Aufbruch 89 – Neues Forum“, 9./10. September 1989, zu finden unter: https://www.hdg.de/lemo/bestand/objekt/dokument-aufbruch-89.html (abgerufen am 14.3.2023).

7 „Aussage Rolf Henrichs vom 26. Oktober 1989“. Zitiert nach Bernd Lindner, Wege in die Opposition. Widerständiges Verhalten in der DDR, in: Deutschland Archiv, 6.6.2014, http://www.bpb.de/185289 (abgerufen am 14.3.2023).

8 Auszug aus dem Gründungsaufruf „Demokratie Jetzt“, „Aufruf zur Einmischung in eigener Sache“, vom 12.9.1989, Robert-Havemann-Gesellschaft (RHG), Demokratie Jetzt – Schriftgut der Vereinigung (1), DJ 01.

9 Auszug aus den „Thesen für eine demokratische Umgestaltung in der DDR“, Demokratie Jetzt, vom 12.9.1989, in: https://www.ddr89.de/mfs/mfs1.html#Anlage4a (abgerufen am 15.3.2023).

10 Auszug aus „Argumente für den ‚Dialog‘“, Neues Forum, vom 28.10.1989, in: https://www.ddr89.de/nf/NF5.html (abgerufen am 15.3.2023).

11 Etwa „Für den Dialog am ‚Runden Tisch‘“, in: ND, 24.11.1989, S. 2; „Kapitalismus bietet auch keine Antwort“, in: ND, 25.11.1989, S. 5.

12 Vgl. Timmer, Aufbruch, S. 70.

13 Vgl. „Lebensgeschichtliches Interview mit Ulrike Poppe“, 20.3.2014 und 8.5.2014, in: Quellen zur Geschichte der Menschenrechte, herausgegeben vom Arbeitskreis Menschenrechte im 20. Jahrhundert,

https://www.geschichte-menschenrechte.de/personen/ulrike-poppe (abgerufen am 26.6.2023).

14 „Mitteilung der Pressestelle des Ministeriums für Post- und Fernmeldewesen“, in: ND, 19.11.1988, S. 2.

15 Die MfS-interne Information 451/89 fasst die Ereignisse vom September und frühen Oktober zusammen. Eine gemeinsame Erklärung aller wichtigen Gruppen, Bewegungen und Initiativen folgte am 4.10.1989. Vgl. „Informationen Nr. 451/89 über die weitere Formierung DDR-weiter oppositioneller Sammelbewegungen“, vom 9.10.1989, BArch, MfS, ZAIG, Nr. 3756, Bl. 128–142.

16 Vgl. Klaus Bästlein, Der letzte „Tag der Republik“. Aus den staatsanwaltlichen Ermittlungen zum 7./8. Oktober 1989 in Berlin, in: Deutschland Archiv 5/42 (2009), S. 821–831.

17 Vgl. „Hinweise auf Reaktionen progressiver Kräfte zur innenpolitischen Lage in der DDR“, vom 8.10.1989, BArch, MfS, ZAIG, Nr. 5351, Bl. 55–61.

18 Auszüge aus dem Protokoll der ersten Sitzung des Zentralen Runden Tisches in der DDR, vom 7.12.1989, BArch, MfS, ZKG, Nr. 3516, Bl. 1–6.

Fazit

1 Zur Bedeutung der DDR-Justiz für die politische Strafverfolgung im Verhältnis zum MfS siehe Christian Booß, Die Staatsanwaltschaft und die Steuerung der politischen Justiz in der DDR, in: Jörg Baberowski/Robert Kindler (Hg.), Kontrollregime und Stabilitätserwartungen im Spätsozialismus, Jahrbuch für historische Kommunismusforschung 2023, Berlin 2023, S. 223–238.

Literatur

Agde, Günter, Kahlschlag. Das 11. Plenum des ZK der SED 1965. Studien und Dokumente, Berlin 1991.

Amberger, Alexander, Bahro – Harich – Havemann. Marxistische Systemkritik und politische Utopie in der DDR, Paderborn 2014.

Baberowski, Jörg, Verbrannte Erde. Stalins Herrschaft der Gewalt, Frankfurt/Main 2014.

Barkleit, Gerhard, Mikroelektronik in der DDR. SED, Staatsapparat und Staatssicherheit im Wettstreit der Systeme, Dresden 2000.

Bästlein, Klaus, Der letzte „Tag der Republik". Aus den staatsanwaltlichen Ermittlungen zum 7./8. Oktober 1989 in Berlin, in: Deutschland Archiv 5/42 (2009), S. 821–831.

Bauerkämper, Arnd, Vertreibung als Exklusion gesellschaftlicher Führungsgruppen. Die Verdrängung der „Großbauern" in der SBZ/DDR und die Vernichtung der „Kulaken" in der UdSSR im Vergleich, in: Günter Schulz, Vertriebene Eliten. Vertreibung und Verfolgung von Führungsschichten im 20. Jahrhundert, München 2001, S. 125–164.

Benser, Günter (Hg.), Dokumente zur Geschichte der SED, Bd. 3, 1971–1986, Berlin 1986.

Bergien, Rüdiger, „Big Data" als Vision. Computereinführung und Organisationswandel in BKA und Staatssicherheit (1967–1989), in: Zeithistorische Forschungen/Studies on Contemporary History 14 (2017), S. 258–285.

Boldorf, Marcel, Sozialpolitik, in: Thomas Rahlf (Hg.), Deutschland in Daten. Zeitreihen zur Historischen Statistik, Bonn 2015, S. 88–102.

Bonwetsch, Bernd/Kudrjašov, Sergej, Stalin und die II. Parteikonferenz der SED. Ein Besuch der SED-Führung in Moskau,

31. März–8. April 1952, und seine Folgen (Dokumentation), in: Jürgen Zarusky, (Hg.), Stalin und die Deutschen, Neue Beiträge der Forschung, München 2006, S. 173–206.

Booß, Christian, Die Staatsanwaltschaft und die Steuerung der politischen Justiz in der DDR, in: Jörg Baberowski/Robert Kindler (Hg.), Kontrollregime und Stabilitätserwartungen im Spätsozialismus, JHK (2023), Berlin 2023, S. 223–238.

Ders., Vom Scheitern der kybernetischen Utopie. Die Entwicklung von Überwachung und Informationsverarbeitung beim MfS, Göttingen 2020.

Bösch, Frank, Zeitwende 1979. Als die Welt von heute begann, München 2020.

Braun, Jutta, Wirtschaftsstrafrecht und Enteignungspolitik in der SBZ/DDR. Die Zentrale Kommission für Staatliche Kontrolle 1948–1953, Diss., München 1999.

Bresselau von Bressensdorf, Agnes, Islam as an Underestimated Challenge. NATO States and the Afghan Crisis of 1979, in: Agnes Bresselau/Elke Seefried/Christian F. Ostmann (Hg.), German Yearbook of Contemporary History, 2, Berlin 2017, S. 173–210.

Bruhn, Cornelia, Die FDJ-Singebewegung – eine staatliche Veranstaltung? Engagement und Entfremdungsprozesse in der Sphäre staatssozialistischer Jugendkultur in der DDR, in: Jörg Ganzenmüller (Hg.), Gesellschaft als staatliche Veranstaltung? Orte politischer und kultureller Partizipation in der DDR, Köln 2022, S. 151–182.

Ciesla, Burghard, Freiheit wollen wir! Der 17. Juni 1953 in Brandenburg. Eine Dokumentenedition, Berlin 2003.

Dalos, György, 1956. Der Aufstand in Ungarn, Bonn 2006.

Deutsche Bundesbank (Hg.), Die Zahlungsbilanz der ehemaligen DDR 1975 bis 1989, Frankfurt/Main 1999.

Diedrich, Torsten/Hertle, Hans-Herrman (Hg.), Alarmstufe „Hornisse“. Die geheimen Chef-Berichte der Volkspolizei über den 17. Juni 1953, Berlin 2003.

Die Konferenz der Landesbeauftragten für die Unterlagen des Staatssicherheitsdienstes der ehemaligen DDR und zur Aufarbeitung der Folgen der kommunistischen Diktatur und der Bundesstiftung zur Aufarbeitung der SED-Diktatur (Hg.), „Antreten zur Arbeit!" Haftarbeit in Rüdersdorf, Broschüre, o. O. 2012, https://www.bundesstiftung-aufarbeitung.de/sites/default/files/shop/2012-12-03-rz-broschuere.pdf (abgerufen am 19.1.2023), S. 48–55.

Djagalov, Rossen/Evans, Christine, Moskau, 1960. Wie man sich eine sowjetische Freundschaft mit der Dritten Welt vorstellte, in: Andreas Hilger (Hg.), Die Sowjetunion und die Dritte Welt. UdSSR, Staatssozialismus und Antikolonialismus im Kalten Krieg. 1945–1991, Münster 2009, S. 83–105.

Eisenfeld, Bernd/Schicketanz, Peter, Bausoldaten in der DDR. Die „Zusammenführung feindlich-negativer Kräfte" in der NVA, Berlin 2012.

Eisenfeld, Bernd, Widerständiges Verhalten im Spiegel von Statistiken und Analysen des MfS, in: Roger Egelmann/Klaus-Dieter Henke (Hg.), Aktenlage. Die Bedeutung der Unterlagen des Staatssicherheitsdienstes für die Zeitgeschichtsforschung, Berlin 2010, S. 157–176.

Ders., Strategien des Ministeriums für Staatssicherheit zur Steuerung der Ausreisebewegung, in: BStU (Hg.), Ausreisen oder dableiben? Regulierungsstrategien der Staatssicherheit, Analysen und Berichte Nr. 1/97, Berlin 1998, S. 7–19.

Ders., Die Zentrale Koordinierungsgruppe. Bekämpfung von Flucht und Übersiedlung (MfS-Handbuch), Berlin 1996.

Ders., Die Ausreisebewegung – eine Erscheinungsform widerständigen Verhaltens, in: Ulrike Poppe/Rainer Eckert/Ilko-Sascha Kowalczuk (Hg.), Zwischen Selbstbehauptung und Anpassung Formen des Widerstandes und der Opposition in der DDR, Berlin 1995, S. 195–223.

Engelmann, Roger/Fricke, Karl Wilhelm (Hg.), Konzentrierte Schläge. Staatssicherheitsaktionen und politische Prozesse in der DDR 1953–1956, Berlin 1998.

Engler, Wolfgang, Strafgericht über die Moderne. Das 11. Plenum im historischen Rückblick, in: Günter Adge (Hg.), Kahlschlag. Das 11. Plenum des ZK der SED. Studien und Dokumente, Berlin 2000, S. 16–36.

Erler, Peter, Zur Geschichte und Topographie der „GPU-Keller". Arrestlokale und Untersuchungsgefängnisse sowjetischer Geheimdienste in Berlin (1945 bis 1949/50), in: Zeitschrift des Forschungsverbundes SED-Staat (17/2005), S. 79–94.

Faust, Siegmar, Ich will hier raus, Berlin 1983.

Fricke, Karl Wilhelm, Politik und Justiz in der DDR. Zur Geschichte der politischen Verfolgung 1945–1968. Berichte und Dokumente, Köln 1979.

Foitzik, Jan/Petrow, Nikita W., Der Apparat des NKWD-MGB der UdSSR in Deutschland. Politische Repression und Herausbildung deutscher Staatssicherheitsorgane in der SBZ/DDR 1945–1953, in: dies. (Hg.), Die sowjetischen Geheimdienste in der SBZ/DDR von 1945 bis 1953, Berlin 2009, S. 13–66.

Furian, Gilbert, Mehl aus Mielkes Mühlen. Politische Häftlinge und ihre Verfolger. Erlebnisse, Briefe, Dokumente, Berlin 2008.

Gabert, Josef, SED und Stalinismus. Dokumente aus dem Jahr 1956, Berlin 1990.

Gańczak, Filip, „Polen geben wir nicht preis". Der Kampf der DDR-Führung gegen die Solidarność 1980/81, Leiden 2020.

Gassert, Philipp, Bewegte Gesellschaft. Deutsche Protestgeschichte seit 1945, Stuttgart 2019.

Gieseke, Jens, Psychologisches Wissen in der Verfolgungspraxis der DDR-Staatssicherheit – ein historischer Überblick, in: Andreas Maercker/Jens Gieseke (Hg.), Psychologie als Instrument der SED-Diktatur. Theorien – Praktiken – Akteure – Opfer, Bern 2021, S. 35–56.

Ders., Die Stasi. 1945–1990, München 2011.

Ders., Bundesarchiv/Stasi-Unterlagen-Archiv (Hg.), Anatomie der Staatssicherheit. Die hauptamtlichen Mitarbeiter des Ministeriums für Staatssicherheit, Berlin 1996.

Grashoff, Udo, Wir wollen freie Menschen sein! Der Volksaufstand vom 17. Juni 1953, Erfurt 2022.

Greiner, Bettina, Verdrängter Terror. Geschichte und Wahrnehmung sowjetischer Speziallager in Deutschland, Hamburg 2010, S. 137–160.

Hacke, Gerald, Zeugen Jehovas in der DDR. Verfolgung und Verhalten einer religiösen Minderheit, Dresden 2000.

Hanisch, Anja, Die DDR im KSZE-Prozess 1972–1985. Zwischen Ostabhängigkeit, Westabgrenzung und Ausreisebewegung, München 2012.

Henkys, Reinhard (Hg.), Die Evangelischen Kirchen in der DDR. Beiträge zu einer Bestandsaufnahme, München 1982.

Heidenreich, Ronny/Münkel, Daniela/Stadelmann-Wenz, Elke (Hg.), Geheimdienstkrieg in Deutschland. Die Konfrontation von DDR-Staatssicherheit und Organisation Gehlen 1953, Berlin 2016.

Herbert, Ulrich, Geschichte Deutschlands im 20. Jahrhundert, München 2017.

Hermann, Ingolf u. a. (Hg.), Lexikon der innerdeutschen Grenze. Das Grenzsicherungssystem, die Folgen und der zeitgeschichtliche Rahmen der innerdeutschen Grenze und der Berliner Mauer in Stichworten, Zella-Mehlis 2020.

Hildermeier, Manfred, Geschichte der Sowjetunion 1917–1991. Entstehung und Niedergang des ersten sozialistischen Staates, München 2017.

Hilger, Andreas (Hg.), Sowjetische Militärtribunale, Band 2: Die Verurteilung deutscher Zivilisten 1945–1955/57, Köln 2003.

Jesse, Eckhard, Alltag in der DDR, in: Andreas Kötzing u. a. (Hg.), Vergleich als Herausforderung. Festschrift zum 65. Geburtstag von Günther Heydemann, Göttingen 2015, S. 217–229.

Ders., Systemwechsel in Deutschland, 1918/19–1933, 1945/49–1989/90, Köln 2010.

Kaiser, Monika, Machtwechsel von Ulbricht zu Honecker. Funktionsmechanismen der SED-Diktatur in Konfliktsituationen 1962 bis 1972, Berlin 1997, S. 133–159.

Kettelhake, Silke, Vom Suchen und Finden. Stasi-Razzia in der Umweltbibliothek, in: Deutschland Archiv, 26.11.2018, www.bpb.de/281016 (abgerufen am 25.1.2023).

Dies., Sonja, „negativ-dekadent". Eine rebellische Jugend in der DDR, Hamburg 2014.

Korzilius, Sven, „Asoziale" und „Parasiten" im Recht der SBZ/DDR. Randgruppen im Sozialismus zwischen Repression und Ausgrenzung, Weimar 2005, S. 262–301.

Kowalczuk, Ilko-Sascha, »1968« – ein ostdeutscher Erinnerungsort? Ereignisse, Reaktionen, Nachwirkungen, in: Bernd Florath (Hg.), Annäherungen an Robert Havemann. Biographische Studien und Dokumente, Göttingen 2016, S. 351–406.

Ders., Stasi konkret. Überwachung und Repression in der DDR, München 2013.

Krüger, Waltraut, Ausreiseantrag. Sie nannten mich Nervensäge, München 1989.

Landesumweltamt Brandenburg, Luftqualität 1975 bis 1990. Rückblick für das Gebiet des heutigen Landes Brandenburg, Potsdam 1995.

Lange, Bernd-Lutz, Mauer, Jeans und Prager Frühling, Berlin 2006.

Lemke, Michael (Hg.), Sowjetisierung und Eigenständigkeit in der SBZ/DDR (1945–1953), Wien 1999.

Lenski, Katharina, „Asozialität" in der DDR. Re-Konstruktion und Nachwirkung eines Ausgrenzungsbegriffes, in: Enrico Heizer (Hg.), Nach Auschwitz. Schwieriges Erbe DDR. Plädoyer für einen Paradigmenwechsel in der DDR-Zeitgeschichtsforschung. Schwalbach 2021, S. 166–179.

Liebermann, Doris, Gespräche mit Oppositionellen, Berlin 2016.

Liebing, Yvonne, All you need is beat. Jugendsubkultur in Leipzig 1957–1968, Leipzig 2005.

Lindenberger, Thomas, Volkspolizei. Herrschaftspraxis und öffentliche Ordnung im SED-Staat 1952–1968, Köln 2003.

Lindner, Bernd, Wege in die Opposition. Widerständiges Verhalten in der DDR, in: Deutschland Archiv, 6.6.2014, Link: http://www.bpb.de/185289 (abgerufen am 14.3.2023).

Lochen, Hans-Hermann/Meyer-Seitz, Christian (Hg.), Die geheimen Anweisungen zur Diskriminierung Ausreisewilliger. Dokumente der Stasi und des Ministeriums des Innern, Köln 1992.

Mählert, Ulrich, Geschichte der DDR. 1949–1990, Erfurt 2017.

Ders., FDJ. 1946–1989, Erfurt 2001.

Malycha, Andreas/Winters, Peter Jochen, Die SED. Geschichte einer deutschen Partei, München 2009.

Meckel, Markus, Zu wandeln die Zeiten. Erinnerungen, Leipzig 2020.

Mitter, Armin, „Am 17.6.1953 haben die Arbeiter gestreikt, jetzt aber streiken wir Bauern.“ Die Bauern und der Sozialismus, in: ders./Stefan Wolle/Ilko-Sacha Kowalczuk (Hg.), Der Tag X – 17. Juni 1953. Die „Innere Staatsgründung“ der DDR als Ergebnis der Krise 1952/53, Berlin 1995, S. 75–128.

Mothes, Jörn, Die vom MfS entwickelten Strukturen und Strategien zur Durchsetzung der Jugendpolitik der SED, in: ders., u. a. (Hg.), Beschädigte Seelen. DDR-Jugend und Staatssicherheit, Bremen 1996, S. 49–108.

Müller-Enbergs, Helmut, Inoffizielle Mitarbeiter des Ministeriums für Staatssicherheit. Teil 3, Statistik, Berlin 2008.

Münkel, Daniela, Stimmungen, Proteste, Repression. 1968 in der DDR-Provinz im Blick der Staatssicherheit, in: Lu Seegers (Hrsg.), 1968. Gesellschaftliche Nachwirkungen auf dem Lande, Göttingen 2020, S. 269–282.

Dies.,/Bispinck, Henrik, Dem Volk auf der Spur. Staatliche Berichterstattung über Bevölkerungsstimmungen im Kommunismus. Deutschland – Osteuropa – China, Göttingen 2018.

Dies., (Hg.), Die DDR im Blick der Stasi. Die geheimen Berichte an die SED-Führung. 1977, Göttingen 2012.

Ohse, Marc-Dietrich, Jugend nach dem Mauerbau. Anpassung, Protest und Eigensinn. DDR 1961–1974, Berlin 2003.

Otto, Wilfriede (Hg.), Die SED im Juni 1953. Interne Dokumente, Berlin 2003.

Petersen, Andreas, Die Moskauer. Wie der Stalintraum die DDR prägte, Frankfurt/Main 2019.

Prange, Hartwig, Bauernschicksale. Die Landwirtschaft im Osten Deutschlands seit dem Zweiten Weltkrieg, Dößel 2007.

Prieß, Lutz, u. a, Die SED und der „Prager Frühling“ 1968. Politik gegen einen „Sozialismus mit menschlichem Antlitz“, Berlin 1996.

Rauhut, Michael/Kochan, Thomas (Hg.), Bye Bye, Lübben City. Bluesfreaks, Tramps und Hippies in der DDR, Berlin 2009.

Ders., BEAT in der Grauzone. DDR-Rock 1964–1971. Politik und Alltag, Berlin 1993.

Riemann, Erika (mit Claudia Hoffmann), Die Schleife an Stalins Bart. Ein Mädchenstreich, acht Jahre Haft und die Zeit danach, Hamburg 2017.

Richter, Hedwig, Rechtsunsicherheit als Prinzip. Die Herrnhuter Brüdergemeine und wie der SED-Staat seine Untertanen in Schach hielt, in: Susanne Muhle/Hedwig Richter/Juliane Schütterle (Hg.), Die DDR im Blick. Ein zeithistorisches Lesebuch, Berlin 2008, S. 77–85.

Sachse, Christian/Buchwald, Rainer, „Durchschnittlich intelligent und sehr vergammelt“. Das illegale Arbeits- und Erziehungslager 1966/1967 in Rüdersdorf, Torgau 2014.

Scherstjanoi, Elke, SED-Agrarpolitik unter sowjetischer Kontrolle 1949–1953, in: Quellen und Darstellungen zur Zeitgeschichte 70 (2007), S. 345–348.

Schöne, Jens, Frühling auf dem Lande? Die Kollektivierung der DDR-Landwirtschaft, Berlin 2005.

Schröder, Wilhelm H./Wilke, Jürgen, Politische Strafgefangene in der DDR. Versuch einer statistischen Beschreibung, in: Historical Social Research, 23 (4) 1998, S. 3–78.

Skyba, Peter, Vom Hoffnungsträger zum Sicherheitsrisiko. Jugend in der DDR und Jugendpolitik der SED 1949–1961, Weimar 2000.

Sonntag, Marcus, Die Arbeitslager in der DDR, Essen 2011.

Spittmann, Ilse/Hellweg, Gisela (Hg.), DDR-Lesebuch, Band 2: Stalinisierung 1949–1955, Köln 1991.

Spohr, Julia, In Haft bei der Staatssicherheit. Das Untersuchungsgefängnis Berlin-Hohenschönhausen 1951–1989, Göttingen 2015.

Stadelmann-Wenz, Elke, Widerständiges Verhalten und Herrschaftspraxis in der DDR. Vom Mauerbau bis zum Ende der Ulbricht-Ära, Berlin 2009.

Steininger, Rolf, Deutsche Geschichte seit 1945. Darstellung und Dokumente in vier Bänden, Band 2: 1948–1955, Frankfurt/M. 1997.

Stelkens, Jochen, Machtwechsel in Ost-Berlin. Der Sturz Walter Ulbrichts 1971, in: Vierteljahreshefte für Zeitgeschichte 45 (1997), Heft 4, S. 503–533.

Stephan, Gerd-Rüdiger, SED-interne Auseinandersetzungen und Disziplinierung in der Ära Honecker. Überlegungen zum Verhältnis zwischen totalitär verfaßter Herrschaft und den Spielräumen innerparteilicher Diskussion um das SED-Gesellschaftskonzept, in: Heiner Timmermann (Hg.), Die DDR – Politik und Ideologie als Instrument, Berlin 1999, S. 557–580.

Stoll, Ulrich, Einmal Freiheit und zurück. Die Geschichte der DDR-Rückkehrer, Berlin 2009.

Süß, Walter, „Schild und Schwert" – Das Ministerium für Staatssicherheit und die SED, in: Roger Egelmann/Klaus-Dieter Henke (Hg.), Aktenlage. Die Bedeutung der Unterlagen des Staatssicherheitsdienstes für die Zeitgeschichtsforschung, Berlin 2010, S. 83–97.

Ders., MfS-Lexikon. Begriffe, Personen und Strukturen der Staatssicherheit der DDR, Berlin 2016.

Ders., Die Staatssicherheit im letzten Jahrzehnt der DDR, Berlin 2009.

Teske, Regina, Staatssicherheit auf dem Dorfe. Zur Überwachung der ländlichen Gesellschaft vor der Vollkollektivierung 1952 bis 1958 (BF informiert 27/2006), http://www.nbn-resolving.org/urn:nbn:de:0292-97839421306848 (abgerufen am 19.6.2023).

Timmer, Karsten, Vom Aufbruch zum Umbruch. Die Bürgerbewegung in der DDR 1989, Göttingen 2000.

Uhl, Matthias, Die Teilung Deutschlands. Niederlage, Ost-West-Spaltung und Wiederaufbau 1949–1956, Berlin 2009.

Ulrich, Ralf, Die Übersiedlungsbewegung in die Bundesrepublik und das Ende der DDR, Berlin 1990.

Untersuchungsausschuss freiheitlicher Juristen (Hg.), Unrecht als System. Dokumente über planmäßige Rechtsverletzungen in der Sowjetzone Deutschlands, Teil II, Bonn 1955.

Weber, Hermann, Die DDR. 1945–1990, München 2006.

Weber, Petra, Justiz und Diktatur. Justizverwaltung und politische Strafjustiz in Thüringen 1945–1961, München 2000.

Wehr, Laura, Geteiltes Land, gespaltene Familien? Eine Oral History der DDR-Ausreise von Familien, Berlin 2020.

Wentker, Hermann, Bedroht von Ost und West. Die Entstalinisierungskrise von 1956 als Herausforderung für die DDR, in: Roger Engelmann u. a. (Hg.), Kommunismus in der Krise. Die Entstalinisierung 1956 und die Folgen, Göttingen 2008, S. 149–168.

Ders., Die Neuordnung des Justizwesens in der SBZ/DDR 1945–1952/53, in: Roger Engelmann/Clemens Vollnhals (Hg.), Justiz im Dienste der Parteiherrschaft. Rechtspraxis und Staatssicherheit in der DDR, Berlin 2000, S. 93–114.

Werkentin, Falco, Das Sozialistische Strafgesetzbuch der DDR vom Januar 1968, in: Deutschland Archiv 41 (2008), S. 645–655.

Ders., Der totale soziale Krieg. Auswirkungen der II. Parteikonferenz der SED im Juli 1952, HJK (2002), S. 27–31, https://kommunismusgeschichte.de/fileadmin/user_upload/02Werkentin_2002.pdf (abgerufen am 29.6.2022).

Ders., Politische Strafjustiz in der Ära Ulbricht, Berlin 1995.

Wierling, Dorothee, Geboren im Jahr Eins. Der Jahrgang 1949 in der DDR. Versuch einer Kollektivbiographie, Berlin 2002.

Dies., „Negative Erscheinungen“ – Zu einigen Sprach- und Argumentationsmustern in der Auseinandersetzung mit der Jugendsubkultur in der DDR der 60er Jahre, in: Werkstatt Geschichte 5 (1993), S. 29–37.

Dies., Die Jugend als innerer Feind. Konflikte in der Erziehungsdiktatur der sechziger Jahre, in: Jürgen Kocka/Hartmut Kaelble/Helmut Zwahr (Hg.), Sozialgeschichte der DDR, Stuttgart 1994, S. 404–425.

Wolf, Frank, Die Mauergesellschaft. Kalter Krieg, Menschenrechte und die deutsch-deutsche Migration 1961–1989, Berlin 2019.

Wolle, Stefan, Der Traum von der Revolte. Die DDR 1968, Berlin 2008.

Ders., Die versäumte Revolte. Die DDR und das Jahr 1968, in: Aus Politik und Zeitgeschichte 22–23 (2001), S. 37–46.

Ders., Die heile Welt der Diktatur. Alltag und Herrschaft in der DDR 1971–1989, Berlin 1998.

Ders./Mitter, Armin (Hg.), Untergang auf Raten. Unbekannte Kapitel der DDR-Geschichte, München 1993.

Wunschik, Tobias, Honeckers Zuchthaus. Brandenburg-Görden und der politische Strafvollzug der DDR 1949–1989, Göttingen 2018.

Ders., Risse in der Sicherheitsarchitektur des SED-Regimes. Staatssicherheit und Ministerium des Inneren zwischen Kooperation und Konfrontation in der Ära Honecker, in: Deutschland Archiv 4 (2011), S. 200–207.

Ders., Hauptabteilung VII, Ministerium des Innern, Deutsche Volkspolizei (MfS-Handbuch), Berlin 2009.

Wurschi, Peter, Rennsteigbeat. Jugendliche Subkulturen im Thüringer Raum, Weimar 2007.

Zimmermann, Verena, „Den neuen Menschen schaffen“. Die Umerziehung von schwererziehbaren und straffälligen Jugendlichen in der DDR (1945–1990), Köln 2004.

Abbildungsverzeichnis

Seite 292: Abbildung 7: Die Friedensbewegung unter dem Dach der Kirche.
Robert-Havemann-Gesellschaft/Norbert Milzow/RHG_Fo_NM _11-27

Seite 333: Abbildung 8: Das MfS ist allgegenwärtig, doch der Mut wächst.
Kerzenprotest zum Weltfriedenstag am 1. September 1983. BArch, MfS, HA XX, Fo, Nr. 106, Bild 0009

Seite 349: Abbildung 9: Aufnahme des MfS nach der Stürmung der Umwelt-Bibliothek.
Stasi-Razzia in der Umweltbibliothck dei Berliner Zionskirche. BArch, MfS, HA XX, Fo, Nr. 59, Bild 0012, 26. November 1987

Seite 362: Abbildung 10: Der Wahlbetrug im Mai 1989 läutet das Ende der DDR ein.
Demonstration gegen Fälschung der Kommunalwahlen 1989. BArch. MfS, BV Berlin, Fo, Nr. 866, Bild 4

Seite 368: Abbildung 11: Die Rollen im System haben sich verschoben. Keine Gewalt gegen das Volk!
Robert-Havemann-Gesellschaft/Rolf Zöllner/RHG_Fo_RZ_0048

Abkürzungsverzeichnis

AfNS	Amt für Nationale Sicherheit
AGM	Arbeitsgruppe des Ministers
APA	Austria Presse Agentur
APO	Abteilungsparteiorganisation
ARD	Arbeitsgemeinschaft der öffentlich-rechtlichen Rundfunkanstalten der Bundesrepublik Deutschland
BArch	Bundesarchiv
BEK	Bund der Evangelischen Kirchen
BDM	Bund Deutscher Mädel
BDVP	Bezirksbehörde der Deutschen Volkspolizei
BHG	Bäuerliche Handelsgenossenschaft
BLHA	Brandenburgisches Landeshauptarchiv
BKA	Bundeskriminalamt
BKG	Bezirkskoordinierungsgruppe
BRD	Bundesrepublik Deutschland
BStU	Bundesbeauftragter für die Stasi-Unterlagen
BV	Bezirksverwaltung
BVfS	Bezirksverwaltung für Sicherheit
BZA	Berliner Zeitung am Abend
CDU(D)-Ost	Christlich-Demokratische Union (Deutschlands) (DDR)
ČSSR	Tschechoslowakische Republik
CtB	Cottbus
DA	Dienstanweisung
DBD	Demokratische Bauernpartei Deutschlands
DDR	Deutsche Demokratische Republik
DFB	Demokratischer Frauenbund Deutschlands
DSF	Gesellschaft für Deutsch-Sowjetische Freundschaft
DVP	Deutsche Volkspolizei
EDV	Elektronische Datenverarbeitung
EEK	Einsatz- und Entwicklungskonzeption

EOS	Erweiterte Oberschule
FDGB	Freier Deutscher Gewerkschaftsbund
FDJ	Freie Deutsche Jugend
FIM	Führungs-IM
FfO	Frankfurt (Oder)
GBA	Gesetzbuch der Arbeit
Genex	Geschenkdienst- und Kleinexporte GmbH
GMS	Gesellschaftlicher Mitarbeiter für Sicherheit
GPU	Vereinigte staatliche politische Verwaltung (Geheimdienst der UdSSR)
GST	Gesellschaft für Sport und Technik
GVS	Geheime Verschlusssache
HA	Hauptabteilung
HA IA	Hauptabteilung Innere Angelegenheiten
HFF	Hochschule für Film und Fernsehen
HJ	Hitler-Jugend
HO	Handelsorganisation
IFM	Initiative Frieden und Menschenrechte
IM	Inoffizieller Mitarbeiter
IMB	Inoffizieller Mitarbeiter mit „Feindberührung“
IMK	Inoffizieller Mitarbeiter zur Sicherung der Konspiration und des Verbindungswesens
IMS	Inoffizieller Mitarbeiter zur politisch-operativen Durchdringung und Sicherung
KD	Kreisdienststelle
KoKo	Kommerzielle Koordinierung
KOR	Komitee zur Verteidigung der Arbeiter
KP	Kommunistische Partei
KPČ	Kommunistische Partei der Tschechoslowakei
KPD	Kommunistische Partei Deutschlands
KPdSU	Kommunistische Partei der Sowjetunion
KSZE	Konferenz über Sicherheit und Zusammenarbeit in Europa
K5	(Abteilung) Kriminalpolizei 5

LDP(D)	Liberal-Demokratische Partei (Deutschlands)
LPG	Landwirtschaftliche Produktionsgenossenschaft
LSA	Landesarchiv Sachsen-Anhalt
LVZ	Leipziger Volkszeitung
MAS	Maschinen-Ausleih-Station
MdI	Ministerium des Innern (DDR)
MfS	Ministerium für Staatssicherheit (DDR)
MGB	Ministerium für Staatssicherheit (UdSSR)
ND	Neues Deutschland
NDPD	National-Demokratische Partei Deutschlands
NDR	Norddeutscher Rundfunk
NKWD	Volkskommissariat für innere Angelegenheiten
NSA	Nichtsozialistisches Ausland
NSDAP	Nationalsozialistische Deutsche Arbeiterpartei
NVA	Nationale Volksarmee
o. D.	ohne Datum
OibE	Offiziere im besonderen Einsatz
o. P.	ohne Paginierung
OPO	Ortsparteiorganisation
OV	Operativer Vorgang
PdM	Potsdam
PGH	Produktionsgenossenschaft des Handwerks
PH	Pädagogische Hochschule
PiD	politisch-ideologische Diversion
POS	Polytechnische Oberschule
POZW	politisch-operatives Zusammenwirken
PUT	politische Untergrundtätigkeit
Pwk	Pritzwalk
RGW	Rat für Gegenseitige Wirtschaftshilfe
RdB	Rat des Bezirkes
RdK	Rat des Kreises
RHG	Robert-Havemann-Gesellschaft
SBZ	Sowjetische Besatzungszone
SED	Sozialistische Einheitspartei Deutschlands

SKK	Sowjetische Kontrollkommission
SM-70	Splittermine 70
SMA	Sowjetische Militäradministration
SMAD	Sowjetische Militäradministration Deutschlands
SMERCH	Militärischer Nachrichtendienst der UdSSR
SMT	Sowjetisches Militärtribunal
SPD	Sozialdemokratische Partei Deutschlands
StA	Staatsanwalt
StGB	Strafgesetzbuch
StVA	Strafvollzugsanstalt
SU	Sowjetunion
Tscheka	Allrussische außerordentliche Kommission zur Bekämpfung von Konterrevolution, Spekulation und Sabotage
UB	Umwelt-Bibliothek
UdSSR	Union der Sozialistischen Sowjetrepubliken
UNO	Organisation der Vereinten Nationen
USA	Vereinigte Staaten von Amerika
VdgB	Vereinigung für gegenseitige Bauernhilfe
VEB	Volkseigener Betrieb
VPKA	Volkspolizeikreisamt
VR	Volksrepublik
WStVO	Wirtschaftsstrafverordung
VVS	Vertrauliche Verschlusssache
ZAIG	Zentrale Auswertungs- und Informationsgruppe
ZDF	Zweites Deutsches Fernsehen
ZK	Zentralkomitee
ZKG	Zentrale Koordinierungsgruppe
ZV	Zivilverteidigung